ANGER MANAGEMENT

TECHNOLOGY OF CONVERGENCE AND COMMUNICATION

분노 관리

융합과 소통의 기술

이순배 · 홍자영 · 김명희 · 신동열 · 정문경 · 백형기 지음

교문사

PREFACE

분노의 감정으로부터 자유롭지 못한 이들을 위하여

현대 사회는 사회·문화의 급속한 발달로 인해 인간의 생활은 풍요로워진 반면, 이기주의와 물질주의로 빠르게 변화하고 있다. 인간은 사회적 동물로서 인위적이든 자연적이든 사람들과의 관계 속에서 살아가며 감정을 인식하고 있다. 감정은 자유롭게 자신의 모습을 표현하는 것이지만 긍정적 감정과 부정적 감정은 인간에게 최고의 선물이며, 그 가운데 분노는 어쩌면 당연한 소산일지도 모른다. 즉, 수준의 차이는 있을 수 있지만, 분노를 경험하지 않은 사람은 없다. 특히 사회복지사, 심리상담자, 유아교육기관의 교직원, 콜센터 종사자, 의료시설 종사자, 교육시설 종사자, 산업 종사자 등 대부분의 현장 종사자들은 감정 노동으로 인해 분노를 억제하면서 살아가고 있다고 해도 과언이 아닐 것이다.

현장에서 주역을 담당하고 있는 전문가들과 이 책을 공동 집필하게 된 이유는 다음과 같다.

첫째, 대학교(대학원)에서 사회복지, 상담심리, 유아교육 등 다양한 영역을 강의하고 실천해 오면서, 인공지능시대에 학문을 전공하는 학생은 물론 현장에서 이들 영역에서 종사하는 전문가 또는 실무자에게 분노 관리에 대한 학습은 매우 중요하다고 여겼기 때문이다.

둘째, 일반인, 특히 분노관리사 자격증을 준비하는 수험생들을 위한 전문적이

분노 관리

융합과 소통의 기술

고 체계적인 교재의 필요성을 인식하였기 때문이다.

셋째, 독자들이 분노 관리를 쉽고 간결하게 이해하고 실생활과 현장에서 적용하고 실천할 수 있는 교재를 쓰고 싶었기 때문이다.

본서는 분노의 기본 원리를 상담심리, 복지학 이론을 바탕으로 현대인들이 분노를 잘 이해하고 대처할 수 있도록 돕는다는 면에서 아주 좋은 필독서라고 할 수 있다. 또한 분노에 대한 기초적인 이해를 토대로 융합과 소통을 실천할 수 있도록 분노관리사의 입장에서 분노 조절방법과 치료(변화)방법 및 다양한 영역의 사례별 관리법을 밝히고 있다. 특히 발달주기에 따라 영아기, 유아기, 아동기, 청년기, 성인기, 노년기의 분노조절 프로그램을 각각 체계적이고 융합적인 시각으로 개발하여 단계에 따른 맞춤교육을 실천 현장과 연계하여 제시하고 있다. 이를 토대로 분노를 문제로만 보지 않고 우리 사회의 한 현상으로 이해하고 이에 대한 해결방안을 제시함으로써 분노 관리의 수준을 한 차원 높이는 데 기여하고, 이론과 실천 경험을 체계화시키고자 하였다.

본서는 분노관리사가 되려고 준비하는 학생들, 그리고 현장에서 감정 노동으로 인해 분노를 경험해 본 모든 사람들에게 영아기부터 노년에 이르기까지 다양한 연령대의 융합과 소통의 기술로 분노를 관리하는 방법에 대해 소개하는 데 최선을 다하였다. 또한 상담 현장과 사회복지 및 영유아교육 영역에서 활동하는 실무자와 전문가들이 직면하는 분노 문제를 해결하는 데 도움이 되는 책이 되었으면 하는 작은 바람이 있다.

미흡한 부분에 대한 독자들의 다양한 충고를 겸허히 받아들여서 후속 연구에서는 학문의 깊이를 보완하고자 최선의 노력을 하겠다.

끝으로 이 책이 나오기까지 많은 도움을 주신 교문사 류원식 대표님과 영업부 정용섭 팀장님, 그리고 편집부 여러분들의 노고에 깊은 감사를 드린다.

2021년 2월

대표저자 이순배

CONTENTS

PART 2 분노 관리에 대한 융합과 소통

CHAPTER 8 분노 관리에 대한 융합

CHAPTER 9 분노 관리에 대한 소통 기술

CHAPTER 10 분노관리사

PART 3 분노 관리 프로그램 기술

분노 관리 체계도

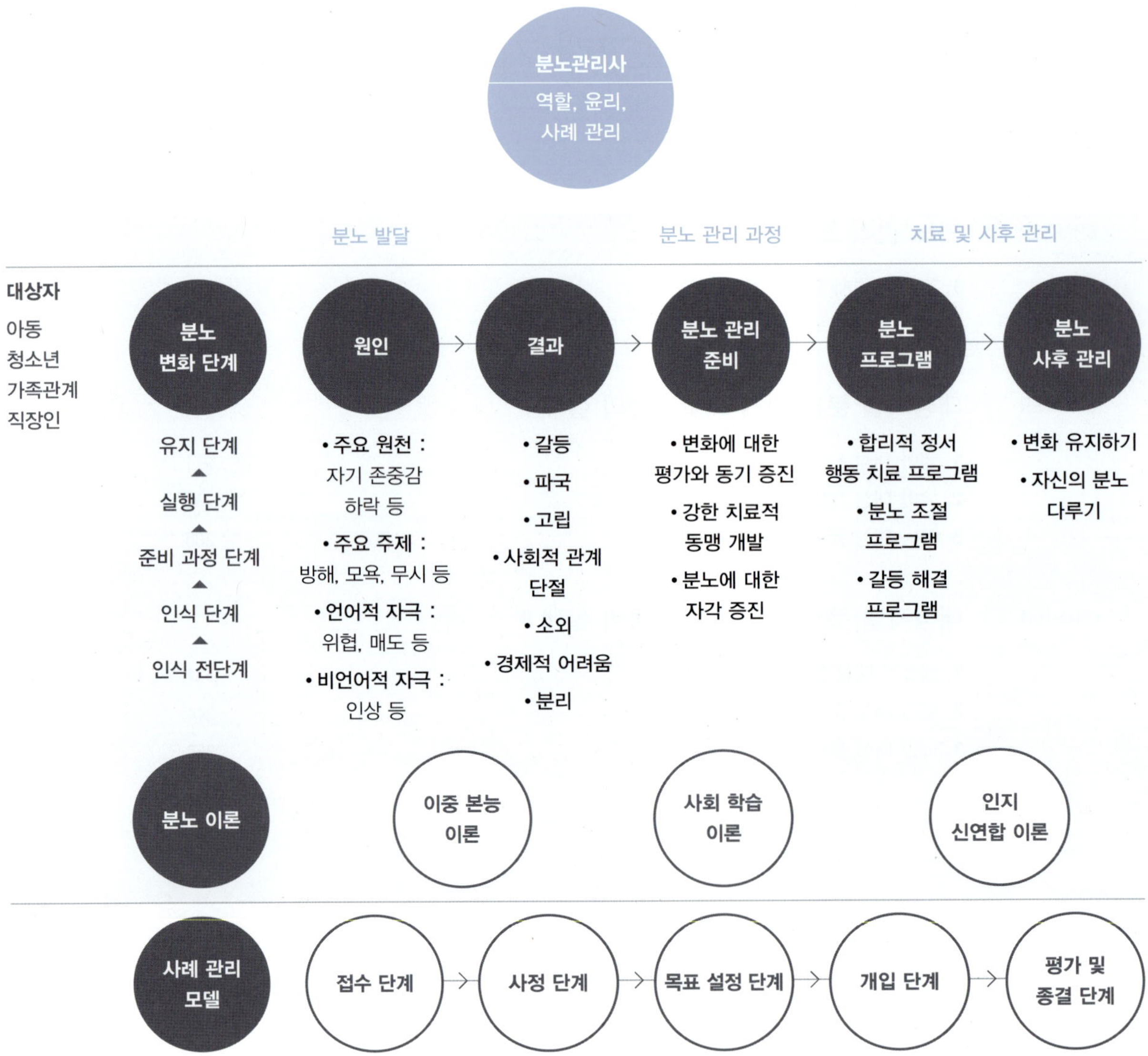
분노관리사
역할, 윤리,
사례 관리
분노 발달
분노 관리 과정
치료 및 사후 관리
대상자
아동
청소년
가족관계
직장인
분노
변화 단계
원인
결과
분노 관리
준비
분노
프로그램
분노
사후 관리
유지 단계
실행 단계
준비 과정 단계
인식 단계
인식 전단계
• 주요 원천 :
자기 존중감
하락 등
• 주요 주제 :
방해, 모욕, 무시 등
• 언어적 자극 :
위협, 매도 등
• 비언어적 자극 :
인상 등
• 갈등
• 파국
• 고립
• 사회적 관계
단절
• 소외
• 경제적 어려움
• 분리
• 변화에 대한
평가와 동기 증진
• 강한 치료적
동맹 개발
• 분노에 대한
자각 증진
• 합리적 정서
행동 치료 프로그램
• 분노 조절
프로그램
• 갈등 해결
프로그램
• 변화 유지하기
• 자신의 분노
다루기
분노 이론
이중 본능
이론
사회 학습
이론
인지
신연합 이론
사례 관리
모델
접수 단계
사정 단계
목표 설정 단계
개입 단계
평가 및
종결 단계

분노 관리 융합과 소통의 기술을 이해하려면 다음과 같은 구성을 이해하면 쉽게 접근할 수 있다.

이 책은 **1부 분노의 이해와 발달, 2부 분노 관리에 대한 융합과 소통, 3부 분노관리 프로그램의 기술** 등으로 구성되어 있다. 3부는 다양한 연령대별 내용이 유기적으로 구성되어 있어 전체적으로 책의 내용을 파악하는 데 도움이 될 것이다. 세부적으로 살펴보면 다음과 같다.

1부 분노의 개념과 발달의 이해

분노의 이해, 분노의 원인과 결과, 분노 발달 이론, 분노 변화 과정, 분노에 대한 발달심리 이론, 인간발달 과정과 분노, 뇌과학과 분노 등에 대해 설명한다.

2부 분노 관리에 대한 융합과 소통

분노 관리에 대한 융합, 분노 관리에 대한 소통기술, 분노관리사 등에 대해 설명한다.

3부 분노 관리 프로그램 기술

분노 치료 프로그램 및 전략, 분노 관리 프로그램의 실제 I, II로 구성되어 있다.

세부적인 내용은 본문에서 자세히 살펴보자.

PART 1

1. 분노의 개념

2. 분노의 원인과 결과

3. 분노 발달 이론

4. 분노 변화 과정

5. 분노에 대한 발달 심리 이론

6. 인간발달 과정과 분노

7. 뇌과학과 분노

분노의 개념과 발달의 이해

CHAPTER 1

분노의 개념

이 장에서는 분노의 정의를 살펴보고, 화와 분노에 대해 논의한다. 또한 분노의 실태와 관리방법에 대해 살펴보고자 한다.

+ 분노에 대한 개념 정의를 다양한 이론가를 통해 파악한다.
+ 화와 분노에 대해 개념 정의를 살펴본다.
+ 분노의 순기능과 역기능을 파악하여 논의한다.

1. 분노의 정의

인간은 개별화의 존재이다. 그러므로 현대를 살아가는 대인관계에서 자기의 사고나 느낌, 의견 등 본인이 간절하게 나타내고 싶은 것이 있어도 체면이나 자존심 등으로 인하여 자기 자신의 권익을 스스로 포기하고 얌전한 체하며 자신의 내면을 표현하지 못하는 경우가 있는가 하면, 상대방의 기분을 맞추기 위해서 전혀 마음에도 없는 말이나 행동을 하는 경우도 있다. 이것으로 인하여 혼자 고민하면서 분노를 경험하기도 한다(이순배, 2021).

분노는 목표를 추구하는 행동이 방해받을 때 느낄 수 있는 인간의 기본 정서 중 하나로서, 비인격화된 사회 세계의 역경에 대처하는 데 상당히 적응적 가치를 가지고 있고, 통제감을 느끼게 하며, 좌절이나 부당함에 직면했을 때 인내심을 촉진시킬 수 있는 정상적인 정서이기도 하다. 그러나 분노가 부적절한 방식으로 표현될 경우, 타인과의 중요한 인간관계를 해치거나 혹은 사회적으로 문제가 되는 반사회적 행동을 표출하게 되는 등 부정적인 결과를 가져오게 된다.

억눌린 분노는 여러 가지 방식으로 나타날 수 있다. 이것은 성격 장애, 약물 남용, 외상 후 스트레스 장애(PTSD, post traumatic stress disorder)와 다른 정신과적 장애의 맥락 안에서 부적절하게 표현될 수 있으며, 신체적·언어적 공격성과 타인에 대한 폭력 등 분노의 부적절한 표현과 관련되어 있다. 모든 분노는 갈등이나 공격성으로 이어지는 것이 아니라 하더라도, 충동적인 공격성과는 관련되어 있다는 연구 결과에서도 알 수 있듯이, 조절되지 않은 분노는 너무나 쉽게 파괴적인 공격성으로 전환되고 불필요한 공격을 초래한다(Taylor & Novaco, 2005).

공격적인 사람의 중요한 특징은 생활 경험에서 많은 심리적 상처를 입고 분노가 억압되어 있을 가능성이 크며, 이러한 분노는 대상에 대한 복수 심리를 유발할 뿐만 아니라 자신을 방어하고자 하는 욕구에서 특정한 대상으로 분노가 집중될 수도 있다. 따라서 인간의 가장 기본적인 감정 중 한 가지인 분노를 다루는 방식의 변화를 통하여, 개인의 심리적·내적인 요인들을 효과적으로 통제함으로써, 분노의 공격적인 표현을 감소시켜 분노로 인해 야기되는 여러 가지 문제점들을 효율적으로 해결해야 할 필요가 있다.

1) 분노의 개념

분노란 자신도 모르게 폭발하는 성질이라 할 수 있다. 이것은 마치 뇌가 없는 사람처럼 자신의 행동에 대한 통제력을 잃기도 하고 훗날 반드시 후회할 말들을 자신도 모르게 내뱉기도 한다. 분노(憤怒·忿怒)는 화, 분(憤·忿), 성, 성질(性質), 노여움, 역정(逆情) 등과 같은 의미를 내포한다.

성질은 무엇을 의미할까? 원래 사람이 타고난 마음의 본바탕을 의미하는데, 성질이 나면 화가 난다는 의미로 변하였다. 사전에서는 '화'를 '몹시 못마땅하거나 언짢아서 나는 성'으로 설명하지만, 그냥 성이 난다고만 해도 화나는 상태를 의미한다. 또한, 귀찮게 느낀다든지 짜증이 나는 것은 크게 보면 화나는 것에 속하기는 하지만 분노와는 다르다. 사전에서는 '화'를 '불'을 의미하는 '火'와 관련지어 설명한다. '화'라는 의미의 영어는 'anger'이고, 'rage'나 'fury'는 좀 더 강력한 분노의 감정을 의미한다. 'anger'라는 단어는 근심, 괴로움, 고통을 의미하는 고대 스칸디나비아어 'anger'에서 유래했다(네이버 사전). 분노는 개인의 정서 상태에 따른 주관적인 경험으로, 경미한 짜증으로부터 격노에 이르기까지 다양한 인간관계 속에서 가장 빈번히 경험되는 기본 정서 중 하나이다. 정서로서 분노라는 감정에 대한 관심은 고대부터 시작되었다. 학자별 분노의 정의를 [표 1-1]을 통해 살펴보자.

표 1-1 학자별 분노의 정의

학자	정의
Schacter & Singer(1962)	분노는 상황을 어떻게 해석하느냐 하는 인지적 요인에 의해 좌우된다.
Novaco(1975)	공격의 저변에 깔려 있는 주요 요소이며, 감정적인 문제에 직면했을 때 나타나는 공격적 행동이다.
Novaco(1979)	스트레스에 대한 생리적 반응이다.
Spielberger & London(1982)	미미한 짜증 혹은 곤혹감으로부터 강한 격분이나 격노에 이르기까지의 여러 강도를 가지는 정서 상태이다.
Price(1982)	교감 신경계를 자극하여 노르에피네프린(norepinephrine)을 방출시키고, 말초혈관을 수축시켜 혈압을 높이며, 맥박을 증가시킨다.
Spielberger(1985)	인간의 기본적인 정서들 중 하나이며, 모든 사람들이 공통적으로 지니고 있는 감정이다.
Feindler & Ecton(1986)	인지적 관점에서 분노 유발 사건에 대한 정서적 스트레스 반작용이다.
Carter & Minirth(1993)	개인적인 성장, 필요한 욕구, 기본적인 확신을 보존하려는 의지이다.
이성정(2006)	분노는 인간이 살아가기 위한 하나의 적응 기제로서의 긍정적인 면이 있는 반면 과도한 분노 표현은 신체적·정신적·사회적으로 문제를 야기시키는 부정적인 면도 포함한다.
이정숙 외(2010)	상당히 객관적인 사실로부터 추상적인 사실에 이르기까지를 모두 포함한다.
안정미(2013)	분노를 구성하고 있는 정서적·생리적·인지적·환경적·행동적 영역들 각각은 서로 상호 작용하며, 수많은 상황적인 변인들에 따라 그 반응이 달라진다.

자료 : 이순배 재구성(2021).

2) 화와 분노

> *"네가 화낸 날들을 헤아려 보라. 나는 매일같이 화를 냈었다. 그러던 것이 이틀 만에, 그 다음에는 사흘 만에 화를 내게 되었다. 그리하여 만일 너희가 성냄을 한 달 동안 잊게 되거든 그때는 신께 감사의 제물을 올려라."*
>
> *– 에픽테토스*

(1) 분노와 우울함은 종이 한 장 차이

분노는 괴로움과 동격인 감정이다. 어떤 형태의 우울증은 분노의 감정으로 나타나기도 하는데, 이는 분노를 뜻하는 영어 단어 'anger'가 괴로움을 뜻하는 'anguish'와 같은 어원이라는 면에서도 유사성을 확인할 수 있다. 우리나라 사람에게 많은 '화병(火病)'은 형태적으로는 신체형 장애와 유사하지만 감정적으로는 우울증과 유사하다. 그래서 '울화병(鬱火病)'이라는 말을 쓰기도 한다. 그런 면에서 '화병'은 우리나라의 억압적 문화 속에서 변형된 우울 장애로 볼 수도 있을 것이다.

어떠한 이유로 분노에 휩싸이면 사람들은 위압적인 태도를 취하게 된다. 험한 말과 행동을 하기도 하고, 심하게는 폭력이나 살인 같은 극단적인 사건을 저지르기도 한다. 이러한 분노는 질투나 두려움, 원한 등 여러 가지 원인에서 시작되지만, 대개는 부정적인 결과를 낳고 끝나 버린다. 또한 분노의 대상은 가까운 가족이나 동료인 경우가 많아서 인간관계에 큰 악영향을 미치고, 주변 사람들을 불행하게 만들기도 한다.

그렇다고 해서 억지로 화를 참는 것도 능사는 아니다. 마음속에 꾹꾹 눌러 담은 화는 스트레스가 되어 여러 신체 증상으로 나타나기도 하고, 정서적으로는 우울감이나 불안감 등으로 표현되기도 하며, 때로는 이러한 억압된 분노가 대상에 대한 수동 공격형 방어로 나타나는 경우도 있다.

수동 공격성이란 잘 드러나지 않는 방법으로 고집을 부리거나 삐딱한 태도를 취하고 지시에 꾸물거리는 등의 소극적인 방법으로 상대에게 분노를 표출하는 것을 말한다. 요즘 말로 흔히 얘기하는 '소심한 복수'이다. 직장이나 군대 등 조직 사회에서 불만을 가진 부하들이 이런 식으로 분노를 표출하는 것을 심심찮게 볼 수 있다. 그러나 이는 결국 인간관계와 작업 능률에 지장을 주어 스스로에게 피해를 가져오는 결과를 낳는다.

(2) 우리는 왜 화를 내는가?

인간은 화와 분노의 감정을 도대체 왜 가지고 있는 것일까? 인간은 사회적 동물이다. 하루에도 수많은 만남을 통해 사람들과 관계를 맺으며 살아가고 있다. 이들 중에는 이해관계에 부딪히거나, 적대적인 감정 교감이 일어나는 등의 위협적인 대상이 생겨나기도 하며, 우리는 위협적인 대상에 맞닥뜨리게 될 경우 협상, 도망, 투쟁의 세 가지 전략 중 하나를 선택하게 되는데 처음에는 우선 협상을 통해서 대상의 공격성을 누그러뜨리려고 하지만, 그것이 통하지 않으면 대뇌 편도체가 활성화되면서 도망치는 전략을 구사한다. 그러나 이마저 여의치 않으면 편도체가 최대로 활성화되어 '분노가 동반된 적극적인 공격을 시도'하게 된다. 이것이 화이다.

Middleby-Clements & Grenyer(2007)는 분노의 표현이 주는 효과에 대해서 이른바 '무관용 접근(zero-tolerance approach)'이라는 개념을 제시하였다. 분노를 표현하면 당장은 큰 비용으로 비난, 신체 고통 등이 나타나게 된다. 그러나 장기적으로 봤을 때 분노하는 사람에게 다른 사람들이 함부로 대적하지 않게 되기 때문에, 원시 사회에서 분노는 '생존을 위한 유리한 전략'이었을 것이라는 주장을 했다. 연구자들은 컴퓨터를 이용한 게임 이론으로 접근하여 이러한 가설을 제시했다. 이는 어떻게 보면 그럴듯한 가설이지만, 이것을 현대에 적용하려고 하면 곤란하다. 현대 사회에서 투쟁이라는 전략을 타인과의 관계에서 사용한다면, 원시 시대보다 훨씬 심각한 결과를 초래할 것이 분명하기 때문이다. 예를 들어 자신을 나무라는 직장 상사에게 곧바로 분노를 보이면서 화를 내면 직장 생활이 상당히 힘들어질 것이다. 고분고분하지 않다고 하여 자신의 배우자에게 분노를 보이거나 신체적 위협을 가하면, 즉시 이혼 서류를 받거나 심지어는 경찰서

신세를 지게 될 수도 있을 것이다.

우리는 어떤 일이 옳지 못하다고 느꼈을 때 분노한다. 분노 표출은 때로는 부당한 대우에 항거하는 매우 정당한 행위라고 믿곤 한다. 사람들이 분노를 표출한 이후에 감정적으로 후련함을 느끼는 것도 어떤 면에서는 자신이 할 일을 했다고 믿기 때문이다. 그러나 연구에 의하면 사람들이 분노할 때는 분노 감정에 관여하는 편도체의 활성이 먼저 일어나고, 뒤따라서 상황을 해석하는 신피질이 작동한다. 쉽게 말해서 분노가 먼저 일어나고 그에 대해서 적당한 이유를 찾는 것이지, 정당한 이유가 있기 때문에 분노하는 것은 아니라는 것이다.

(3) 표현할수록 커지는 분노, 분노도 중독된다

사회적 부조리에 항거하는 정당한 분노는 우리 사회를 발전시키는 큰 힘이 되어 온 것이 사실이다. 그러나 개인의 수준에서 분노를 다스리지 못하는 것은 여러모로 대단히 불리하다. 한때 마음속 분노를 모두 분출하면 신경증이 좋아진다고 하여 '카타르시스 치료법'이 인기를 끈 적도 있었다. 그러나 대다수의 의사들은 이런 방법이 거의 치료 효과가 없다고 하였다.

사실 분노는 표현하면 할수록 점차 증폭되고 강화된다. 처음에는 소리를 지르던 수준에서 점차 물건을 던지고 사람을 때리는 수준으로 발전하게 된다. 그리고 그런 수준에 이르면 스스로는 도저히 억제할 수 없는 상황에 빠지곤 한다. 특히 청소년의 우울 장애는 종종 분노를 동반한 탈선으로 나타난다. 아이들은 자신의 부적절함과 불편한 감정을 감당해 내는 성숙함이 부족하기 때문에 분노를 원색적으로 드러내면서 폭력이나 비행으로 표현하는 것이다.

성인들 또한 화나 분노를 잘 참지 못한다면 마음이 충분히 성숙하지 못한 사람이라고 할 수 있다. 분노가 잘 조절되지 않는 것은 상대가 나를 화나게 했기 때문이 아니라 '나의 마음이 충분히 수양되지 않았기' 때문이다. 설령, 정말 부당한 대우를 받는 상황이라도 분노를 직접 겉으로 드러내는 것보다는 '평온하고 침착한 마음으로 차분하게 대처하는 것'이 훨씬 유리하다. 분노로 감정을 쏟아내기 전에 자기 자신의 마음을 다스리는 방법을 먼저 배워야 한다(네이버 건강백과).

(4) 분노와 화병의 관계

화병(火病)은 우리나라의 민간인들이 오랫동안 사용해 오던 용어로서, 문화 관련 증후군으로 알려진 장애이다. 이것은 화, 억울하고 분한 감정, 피해 의식, 열등감, 치밀어 오름, 심계항진, 목과 가슴의 덩어리, 가슴의 답답함, 좌불안석인 상태, 눈물, 한숨, 하소연, 비관, 허무함, 더운 상태나 갇힌 상태에 대한 거부감 또는 집 밖으로 뛰쳐나가고 싶은 마음 등이 특징인 증후군이다. 환자는 분노, 억울함과 분함, 그리고 때때로 증오에 대해서는 눈물을 흘리면서 길게 이야기하나, 폭력성은 거의 보이지 않는 것이 특징이다.

환자들은 오랫동안 화나는 것, 억울하고 분한 것 등을 참고 참아 억눌린 것이 쌓여서 화병이 생긴다고 말하고 있다. 그 원인은 대개 '부부간의 갈등', '시댁 어른들과의 갈등', 그리고 '가난이나 사회적 약자이기 때문에 당하는 피해' 등으로 인한 분노이다. 이들은 억울하고 분하나 이를 표현하면 사회적 관계가 위태해지기 때문에 참아야 했었다. 따라서 화병은 사회적 약자, 우리나라의 전통문화적 관습에 의해 피해를 받아 온 여성, 특히 중년 이후의 가정주부에서 많이 발생한다.

DSM-IV(Diagnostic and Statistical manual of Mental disordersthird edition) 진단 기준에 의하면 화병은 우리나라의 농촌 지역 인구의 4.21%에서 나타나고, 중년 이후의 여자에게 많이 나타나며, 그 증세는 우울증과 신체적 장애의 복합 증후군으로 나타난 것으로 보인다. 화병은 이와 같이 정신 역동적으로 분노를 억제한 결과로 볼 수 있다(이순배 재구성, 2021).

2. 분노의 기능

1) 분노의 순기능과 역기능

분노는 순기능과 역기능이 있는데 일반적으로 역기능이 많이 나타난다. 분노는 '가족 문제, 직장 문제, 심리적 건강이나 신체적 건강 문제'들과 밀접한 상관을 보이고, 이러한 문제들을 예측하는 데 중요한 요인으로 작용되어 나타난다. 이것은 고대로부터 동서양을 불문하고 분노의 부정적인 결과들이 지적되었으며, 대다수의 철학자나 종교 지도자들은 분노를 잘 조절하여야 한다고 하였다(이순배 재구성, 2021).

이에 분노 조절에 대한 관심과 연구가 많아지고 있다. 최근 연구들에서 분노의 경험이나 표현에서 인지적 요인이 강조되고 있다(이근배, 2008; 서수균, 2004; Beck, 2000). 이러한 인지적 요인들 중에서, 정서 조절 중의 하나로서 공통된 주제를 보이며 상황적 요구가 없는 데도 반복적으로 되풀이되어 의식되는 사고(conscious thoughts)인 '반추'에 대한 관심이 증가하고 있다.

반추는 첫째, 의식되는 인지적 활동이고, 둘째, 부정적 기분이나 내용에 관한 것이며, 셋째, 과거 사건에 관한 것이고, 넷째, 자동적이거나 통제할 수 없는 것이며, 다섯째, 개인이 반추하는 동안 밖으로 표현하지 않는다(Papageorgiou & Wells, 2004). 그들은 반추를 '부정적 정서를 유발시킨 과거 사건들에 대해서 의식되고, 자동적이고, 되풀이되는 사고 혹은 심상'이라고 정의하였다.

대부분의 사람들은 이러한 되풀이되는 혹은 반복되는 사고가 도움이 된다고 생각하는 경향이 있다. 부정적 기분이 발생했을 때 통찰을 얻거나 문제를 해결하기 위해 자신의 내부에 집중하여 감정이나 상황을 평가해야 한다고 믿는다. Lyubomirsky & Nolen-Hoeksema(1993)에 의하면, 반추하도록 한 우울 집단은 자신이나 자기 문제에 대해 통찰할 수 있었다고 보고하였고, 자신이 문제를 잘 해결하지 못하였을 때조차도 통찰에 도움이 된다고 하였다. 즉, 반추가 문제를 해결하거나 기분을 호전시키는 데 도움이 된다고 생각하는 것이다.

이와 다르게 많은 연구들에서는 부정적 기분에 대한 반추는 부정적 기분이나 증상들을 유지시키거나 문제 해결 능력을 손상시키는 등 부정적 영향을 낳는 것으로 나타났다. 부정적 감정을 경험할 경우 자연스럽게 반복 사고를 보이지만, 문제를 해결하기 위한 행동을 하지 않으면서 자신의 감정과 증상들의 의미는 원인과 결과를 계속적으로 생각하는 경향이 있다. Lyubomirsky & Tkach(2004)는 반추의 부정적 결과를 다음과 같이 제시하였다. 반추는 부정적 감정이나 증상들을 지속시키거나 악화시킬 수 있고, 부정적으로 편향된 사고를 하게 하며, 문제 해결 능력을 손상시키고, 문제를 해결하고자 하는 동기를 약화시키거나 억제하고, 집중력을 떨어뜨리거나 인지 능력을 손상시키며, 문제를 악화시킬 수 있다는 것이다.

그러나 정서 조절에 관한 이론이나 연구들에서는 부정적 정서들에 직면하고 그것을 다루는 것이 도움이 된다고 본다. 즉, 불쾌한 경험에서 발생하는 자신의 부정적 정서들을 분석하거나 표현하는 것이 신체 건강이나 정신 건강에 도움이 된다는 것이다. Martin & Tesser(1996)는 반추가 항상 개인이 원하는 목표를 달성할 수 있도록 해 주는 것은 아니지만, 목표 불일치를 감소시키거나 상위 목표를 달성하기 위한 수단이 된다고 주장하였다. 반응 양식 이론을 제시한 Nolen Hoeksema(1991)도 반추가 개인에게 내부에 집중하도록 하여 '자신의 감정이나 문제 상황을 평가하도록 하여 통찰을 주는 역할을 할 수 있다'고 주장하였다. 그에 의하면, 다른 경험이나 행동을 처리할 수 있는 정도에서 자신이 경험하는 부정적 정서에 몰입하거나 벗어나는 과정을 정서 처리(emotional processing)라 하였는데, 부정적 정서 자체에 지속적으로 주의를 집중하는 것이 정서를 성공적으로 처리하는 데 중요한 요소라고 하였다.

(1) 분노의 순기능

분노는 외부 자극에 대한 자연스러운 반응이기도 하지만, 부정적 결과를 일으키는 경우가 많아 일반적으로 좋지 않게 지각되는 정서이다. 분노는 부당하다고 생각되는 외부 자극에 대해 감정적 혹은 행동적으로 반응을 보이는 것이다. 따라서 부당한 대우나 자신을 평가 절하하는 외부 자극에 대한 감정적 혹은 행동적 반응은 자연스러운 것이다. 이러한 분노는 위협 상황에서 인간의 생존을 도울 수 있고, 자신의 욕구에 대한 위험이 있을 때, 이를 피하도록 동기화시켜 줄 수도 있다(서수균, 2004).

이와 같이 분노는 부정적인 기능만 있는 것은 아니다. 분노는 다른 정서와 마찬가지로 생존에 필수적인 정서로서, 개인으로 하여금 어떠한 상황에 부딪혔을 때 적절하게 대응할 수 있도록 한다. 사람들은 역경에 처했을 때 우리의 에너지를 활성화시키고 좌절이나 부당함에 직면했을 때 인내심을 증진시키며 가치감을 공고하게 한다(Novaco, 1994). 또한 분노는 대인 관계 시 행동 조절뿐만 아니라 자기 방어 및 통제력과 관련된 내부의 생리적·심리적 과정을 조직화하고 조절해 주는 등 다양한 적응적인 기능을 제공한다(심유진, 2008).

안정미(2013)는 분노를 적절히 잘 표현하면 대인 관계를 향상시킬 수 있고 자신의 심리적 방어로 불안을 감소시키며, 얻고자 하는 것을 더 많이 얻을 수 있다고 하였다. 또한 분노 표현은 돌보아 주는 사람에 대해서 의사소통인 사회적 신호를 제공할 뿐 아니라, 유아에게는 어떻게 행동해야 하는가에 대한 방법으로서의 신호를 제공하기도 한다(김경희, 2004).

(2) 분노의 역기능

분노는 인간에게 있어서 빈번히 경험되는 일차적이고 보편적인 정서로 다른 사람과 상호 작용하는 동안에 종종 발생하며 여러 가지 형태로 표현된다. 분노가 제대로 표현되지 못하거나 지나칠 경우 공격성이 표현되며, 분노 표현이 부적절하게 이루어질 때, 육체적·심리적·정서적 상해를 입거나 인간관계의 어려움과 사회적 문제가 나타나는 반사회적 성향이 표출되고 인격 장애로 발전하기도 한다(이순배 재구성, 2021).

Deffenbacher & Oetting(1996)는 특성 분노가 높은 학생들이 특성 분노가 낮은 학생들에 비해 전반적으로 더 강한 분노를 경험했으며, 분노를 억압하거나 부정적으로 표출하는 모습을 보였고, 일상적인 스트레스에 대한 취약한 대처, 낮은 자존감, 약물과 알코올 문제에 더 큰 위험성을 보인다고 하였다. 또한 Hazebroek 등(2001)의 연구에서는 특성 분노가 높은 사람들이 특성 분노가 낮은 사람들보다 해석 편향, 타인 비난, 타인의 의도에 대한 부정적인 평가와 같은 역기능적인 인지적 특성과 관련이 있는 것으로 보고되었다.

분노는 우울증을 비롯하여 현대인이 경험하는 정신 장애와 관계가 깊다(최성일 외, 2001). 이경은(2011)은 분노를 표출할 때 사회적 상호 작용의 실패로 인해 대인 관계가 손상될 수 있다는 점, 그리고 분노를 억제하면 사회적 위축이나 신체화 장애, 우울증 등이 관련될 수 있다고 하였다.

또한 분노는 심리적 건강뿐만 아니라 신체적 건강에도 부정적 영향을 주는 것으로 나타난다. 분노는 질병에 대한 취약성을 증가시키거나 면역 체계를 약화시킬 수 있으며 심혈관계 질병으로 인한 사망 위험을 증가시킬 수 있다. Suinn(2001)은 이러한 결과가 일어나는 이유로 '분노가 건강에 도움이 되는 행동들을 감소시키거나 건강을 해칠 수 있는 심리사회적 특성들을 증가시킨다'고 주장하였다.

즉, 분노를 역기능적으로 표출하면 신체적·정신적·사회적 문제가 발생할 수 있으므로 분노를 적응적으로 조절하도록 자신의 가치나 욕구, 신념뿐 아니라 상대방의 정서 또한 고려할 수 있어야 한다.

2) 분노의 다른 기능

(1) 에너지를 주는 기능

분노는 인류가 진화하고 발전해 가는 과정에서 교류하는 수많은 도전과 위험에 대처하기 위해서, 종족의 생존을 위해서 필요한 요소이다. 이러한 분노의 기능 중 하나는 '행동을 하기 위한 에너지를 준다'는 것이다. 이것은 '문을 쾅 닫는다든지', '목소리를 높이는 것'과 같이 강한 반응으로 나타난다. 또한, 에너지를 주는 효과들은 분노 유발 자극에 자신감 있게 직면하며, 어떤 사람들은 분노를 경험할 때 활력과 자신감, 신체적인 강인함, 용감함을 느끼게 된다. 그들은 사회적 변화를 추구하는 거의 모든 사회적 운동들에 분노를 추진력으로 삼고 있다.

(2) 표현적 기능

분노는 의사소통 기능을 한다. 사람들은 자신의 기대나 욕구가 좌절될 때 분노를 경험할 수 있는데, 이것이 과도하고 부적절하게 표현될 경우 친밀한 인간관계를 파괴할 수 있다. 건강한 관계는 분노를 제대로 표현하는 것에 달려 있다. 대인관계 속 여러 문제들은 사람들이 자신의 분노를 표현하는 방식에 따라 다양하게 일어난다.

(3) 방어 기능

불안과 분노는 밀접하게 관련되어 있다. 분노는 자신이 아닌 대상으로 주의를 돌림으로써 자신의 문제와 책임감을 방어한다. 즉, 분노를 경험하는 사람들은 "나에게 잘못된 것은 아무것도 없다. 너에게 무엇인가가 잘못이 있다"라는 식으로 분노의 원인을 자신에게 찾지 않고, 주의를 외부로 돌림으로써 자신에 대한 문제를 방어한다.

(4) 유능화 기능

사람들이 분노를 경험할 때는 유능감을 유발하기 때문에, 분노는 때때로 우리 뜻대로 일을 이루는 데 효과적으로 이용되기도 한다(Novaco, 1979). 사람들은 강렬하게 분노를 표현함으로써 다른 사람에게 충격이나 위협을 주어서 굴복시킬 수 있으며, 건설적인 행동과 문제 해결 쪽으로 분노를 사용한다면 분노는 적응적인 가치로 본다. 이처럼 분노는 사람들이 분노를 유발한 자극을 다루기 위한 능력이 있다고 자각하면 할수록 더 효과적으로 조절될 수 있다.

학습과제

1. 분노에 대한 다양한 이론가의 정의를 제시해 보자.
2. 중독이라는 관점에서의 분노를 논해 보자.
3. 반추를 설명하고, 이를 순기능과 역기능 관점에서 논해 보자.

CHAPTER

2

분노의 원인과 결과

분노는 현상이나 변화가 사람마다 다르게 나타날 수 있다. 이 장에서는 분노의 유형, 분노의 원인과 증상, 그리고 분노의 결과와 표현에 대해 다루어 본다.

+ 분노의 유형을 정의한다.
+ 분노의 원인과 증상을 살펴본다.
+ 분노의 원인과 증상으로부터 나타나는 결과와 표현을 살펴보고 자신의 유형을 분석해 본다.

1. 분노의 유형과 증상

오늘날 많은 사람들이 욱하고 치미는 성질을 조절하지 못해 고민하는 경우가 많다. 물론 전 세계 인구의 대부분이 상습적으로 살인을 저지를 만큼 심각한 분노를 보인다는 것은 아니지만 많은 사람들이 때때로 분노를 참지 못해 나중에 후회할 말이나 행동을 하고 있다. 이런 분노의 모습은 다양하게 나타날 수 있다. 이에 이 장에서는 먼저 분노의 유형을 살펴보고, 분노의 원인과 증상, 그리고 분노가 우리 삶에 미치게 되는 영향과 표현방식을 알아보고자 한다.

1) 분노의 유형

Potter-Efron(2007)은 분노를 6가지 유형으로 분류하여 다음과 같이 설명하였다.

(1) 돌발성 분노

돌발성 분노란 갑자기 예기치 않게 성격이 돌변할 정도로 화가 치밀어 감정 표현이나 생각, 행동을 전혀 하지 못하거나 일부밖에 통제하지 못하는 상황이다. 돌발성 분노는 무의식 중에 일어난다. 다른 사람들에게는 대수롭지 않은 사건인데도 불구하고 자신만 욱해서 이성을 잃고 악을 쓰며 상대방을 위협하고 억압하며 공격한다. 마치 폭주 기관차처럼 엄청난 속도로 보통 수준의 화를 넘어 폭발한다.

(2) 잠재적 분노

분노가 항상 특정 사건에 대해 즉각적인 반작용으로 나타나는 것은 아니다. 때로는 자신이 불공평하다고 느끼는 상황에 대한 반응으로 천천히 누적되기도 한다. 이 같은 화는 이성이라는 장막 아래에서 수년간 용암처럼 이글거리고 있다가 결국 바깥으로 분출되며, 이를 잠재적 분노라고 한다.

특정 개인이나 자신에게 피해를 주었다고 생각하는 모임이나 집단을 향해 분노가 장기적으로 쌓였을 때, 자신이 불공평하다고 느끼는 상황에 대해 병적인 집착을 보인다. 그리고 가해자 집단에게 도덕적인 분노와 증오를 나타내며 성격 변화, 복수를 하는 상상, 가해자를 계획적으로 습격하는 등의 행동을 한다. 잠재적 분노를 가지고 있는 사람들은 보통 자기가 얼마나 화가 났는지를 감추곤 한다. 그래서 눈에 보이지 않는 곳에 엄청난 크기의 분노가 쌓여 있는데도 그것을 한눈에 알아차리기가 힘들다.

(3) 생존성 분노

생존성 분노는 자신의 육체적 안위와 생존이 크게 위협받았거나 위협받고 있다는 상상을 했을 때 밀려오는 강력한 분노이다. 생존성 분노의 증상을 보이는 사람들 중 대부분은 살아오면서 생명이 심각하게 위험했던 경험이 있다. 자신이 작고 약했던 어린 시절이었든, 청소년 시절 조직 생활을 했을 때이든, 심한 교통사고 혹은 성폭행을 당했거나 현재 폭력적인 만남이 진행되는 상황이든 생명이 위험한 상황에 놓여 있었다면 모두 포함된다. 이 생존성 분노를 가진 사람들은 분노하는 성질을 고치기가 가장 어렵다. 왜냐하면 이들은 본인의 욱하는 성질을 관리하려고 진지하게 노력하기보다는 자신은 희생자라는 생각을 갖고 이런저런 핑계를 대기 때문이다.

(4) 체념성 분노

인생을 자기 마음대로 조절할 수 없거나 중요한 상황에서 아무런 역할을 할 수 없다는 사실을 참기 힘들 때 폭발하는 분노다. 이러한 분노는 하늘에 대고 삿대질을 하며 왜 내 아들을 데려갔냐고 신을 향해 절규하는 아버지의 분노처럼 자신이 아무것도 할 수 없다는 무력감에서 비롯된다.

(5) 수치심에서 비롯된 분노

자신이 창피 혹은 비난, 모욕을 당했다고 느꼈을 때, 이는 누구나 싫어하는 상황으로, 이럴 때 민감하게 반응하는 사람들이 있다. 이를 수치심에서 비롯된 분노라고 하며, 자신을 수치스럽게 만든 사람에게 욕설을 퍼붓는다거나 폭력적인 행동을 한다.

수치심에서 비롯된 분노는 위험할 수 있으며 때로는 치명적이기까지 하다. 자신이 모욕을 당했다는 생각 때문에 수많은 살인 사건이 일어난다. 수치심은 감정인 동시에 확신이다. 그것은 불쾌한 감정이다. 사람들은 흔히 수치심에 대해 이야기할 때 얼굴이 빨개지는 것을 느끼거나, 숨고 싶지만 몸이 꿈쩍도 않는다거나 다른 사람과 눈을 못 맞추겠다거나, 몸에서 힘이 쭈욱 빠지면서 나약하고 무력한 느낌이 들었다고 말한다. 이런 감정을 견디기란 무척 힘들다. 그래서 수치심을 분노로 바꾸기도 하는 것이다. 수치심이 심한 사람들은 자신을 쓸모없고 부족한 존재라고 생각한다. 그래서 자신이 싫어지고 그럴수록 수치심을 줄 수 있는 것들을 더욱 피하려고 한다. 그러한 행동들이 수치심에 대해 더욱 민감하게 반응하도록 하고, 작은 사건에도 어마어마한 크기의 수치심을 느끼는 상황에 이르는 것이다.

(6) 버림받음에서 비롯된 분노

버림받음에서 비롯된 분노는 어린 시절부터 시작된다고 한다. 애착 이론의 아버지로 알려진 Bowlby(1958)는 어린이들이 세상이 얼마나 믿을 만한 곳인지에 대해 오래 지속되는 판단을 내린다고 하였다. 비록 말로 표현하지 못해도 다음과 같은 질문을 자신에게 한다고 한다.

- 내 보호자들은 힘들 때 내 곁에 있어 줄까?
- 나를 걱정한다는 사람들이 내게 정말로 잘해 줄까(혹은 못해 줄까)?
- 내 보호자들의 말을 얼마만큼 믿어도 될까?
- 내 보호자들은 얼마나 안전한가? 나를 위험에서 보호하는가, 아니면 그들 자체가 위험한 사람은 아닌가?
- 내 보호자들은 일관된 사람들인가, 아니면 변덕이 많은 사람들인가?
- 내 보호자들은 끝까지 내 곁을 지킬 것인가(혹은 언젠가 나를 버릴 것인가)?
- 내 보호자들은 나를 전적으로 조건 없이 사랑할까? 아니면 내가 눈 밖에 나는 말이나 행동을 하면 날 사랑하지 않게 될까?
- 사람들은 안전한 존재인가, 위험한 존재인가? 이 세상은 안전한 곳인가, 위험한 곳인가?

놀랍게도 어린이들은 18개월만 되면 이 질문에 대한 답을 거의 정한다고 한다. 그리고 뇌 속에서 일단 모형이 형성된다는 것이다. 이때 아무도 사람을 믿지 말라는 결정을 내리게 되면 성인이 되어서 아무도 믿지 못하게 된다는 것이다. 이때 형성된 개념은 뇌에 깊고 굳게 뿌리 내린다. 어린 시절 부모에게 버림받은 경험이 있는 사람은 어른이 되어서 버림받음에서 비롯된 분노의 토대가 된다는 것이다.

인간의 애착 관계를 연구한 Gapp 등(2007)은 "나는 다른 사람들과 심적으로 금방 친밀감을 느낀다. 나는 다른 사람이 나에게 의지하는 것도, 내가 다른 사람에게 의지하는 것도 편안하게 생각한다. 혼자가 된다거나 거절당한 것에 대해 걱정하지 않는다" 등의 말에 전적으로 공감하는 사람들을 '안정형'이라 하였다.

안정형인 사람들은 기본적으로 다른 사람을 믿을 수 있으며, 배우자와 몇 시간 혹은 그 이상을 떨어져 있어도 극심한 초조함을 느끼지 않는다. 그러나 반대로 안정형의 애착 관계를 갖고 있지 못하는 사람들은 "나는 다른 사람과 가까워지는 게 불편하다. 사람들과 가까운 관계를 맺고 싶지만 누군가를 전적으로 믿지도 못하겠고, 누군가에게 마음 편하게 기대지도 못하겠다. 다른 사람과 지나치게 가까워지면 마음이 다칠까 봐 걱정이 된다"는 말에 공감을 한다고 한다. 이들은 자신이 사랑하고 필요로 하는 사람들에게 버림받을까 봐 끊임없이 걱정을 한다. 항상 불안해하며 자신의 애인이나 배우자와 계속 연락을 주고받아야 한다는 부담감에 시달린다.

이들은 거절당할 것을 가장 두려워한다. 처음에는 지나치게 깊은 관계를 맺지 않으려고 하지만 결국 푹 빠지게 된다. 배우자들 눈에는 이들이 한없이 약하고 상처받기 쉬운 존재로 보이는데, 그것은 이들이 여전히 언젠가는 배우자가 자신을 버릴 것이라고 믿기 때문이다. 또한 이들은 세상에 순수한 의도로 자신에게 충실한 사람이 있기도 하다는 사실을 납득하지 못한다.

버림받음에서 비롯된 분노의 원인은 어린 시절의 상처만이 아니라 성인이 되어서 맺은 유익하지 못한 관계도 큰 영향을 미칠 수 있다. 자신이 사랑한 사람이 거짓말을 하고, 배신을 했을 때 나타나기도 한다. Bowlby(1958)는 이상과 같은 분노의 6가지 유형의 판단 기준을 다음과 같이 제시하였다.

분노 유형 판단 기준

다음의 주어진 답 가운데 자신과 가장 비슷한 것을 각 문항 끝 빈칸에 적으시오.

- Y : 네, 저는 종종 그렇습니다.
- N : 아니요, 그런 생각이나 행동은 하지 않습니다.
- M : 잘 모르겠습니다. 이 문장이 내 행동이나 생각과 일치한다고 확신할 수 없습니다.
- ★ : 네, 정말 그렇습니다. 매우 심각하고 위험하며 무서운 일입니다.

1. 돌발성 분노

(01) 화가 급속도로 극심하게 치솟는다. ☐

(02) 가끔 너무 화가 나서 행동이나 말을 주체할 수 없다. ☐

(03) 사람들은 내가 화가 많이 났을 때 나더러 이상하다, 무섭다, 혹은 미친 것 같다고 말한다. ☐

(04) 화가 많이 났을 때(술이나 약물 때문이 아니라) 기억이 끊어져서 내가 한 말이나 행동이

기억나지 않은 적이 있다. ☐
(05) 나는 화가 많이 났을 때 누군가를 심하게 다치게 하거나 죽일까 봐 걱정된다. ☐
(06) 화가 나면 내 평상시 모습이 아니라 다른 사람이 된 것 같다. ☐
(07) 누군가가 나를 모욕하거나 협박하면 즉각 화가 치민다. ☐
(01)~(07)번 중 Y 또는 ★로 답한 문항 개수 :

2. 잠재적 분노

(08) 과거에 모욕을 당했거나 상처받았던 일을 계속 곱씹는다. ☐
(09) 과거에 모욕당한 일 때문에 화났던 게 누그러지거나 풀리기는커녕 시간이 갈수록 더 심해진다. ☐
(10) 나는 가끔 나를 다치게 한 사람들에게 복수하는 강렬한 환상에 사로잡힌다. ☐
(11) 다른 사람이 내게 저지른 짓 때문에 그 사람을 증오한 적이 있다. ☐
(12) 내가 겉으로 드러내지 않아서 그렇지 속으로 얼마나 화가 났는지를 알면 사람들은 놀랄 것이다. ☐
(13) 사람들이 은근슬쩍 넘어가려는 것을 보면 화가 머리끝까지 난다. ☐
(14) 쉽게 용서하지 못한다. ☐
(15) 화가 점점 쌓여가도 다른 사람에게는 아무 말도 하지 않는다. ☐
(16) 당한 만큼 갚아 주기 위해 상대를 고의적으로 다치게(육체적으로나 말로나) 한다. ☐
(08)~(16)번 중 Y 또는 ★로 답한 문항 개수 :

3. 생존성 분노

(17) 내가 다른 사람과 몸싸움이 났을 때 여러 사람이 달려들어서야 간신히 나를 떼어 냈다. ☐
(18) 많이 나면 다른 사람을 크게 다치게 하거나 죽이겠다고 협박한다. ☐
(19) 곧잘 깜짝 놀란다. 가령 누가 뒤에서 어깨만 살짝 쳐도 화들짝 놀란다. ☐
(20) 화가 나면 마치 내가 살아남기 위해 싸우는 것 같은 기분이 든다. ☐
(21) 상상 속 위험에서든 진짜 위험에서든 나 자신을 지키기 위해 물불 안 가리고 분노를 터뜨린 적이 있다. ☐
(22) 다른 사람들이 나를 해칠 것이라고 믿는 것은 거짓이며 편집증 증세가 있다는 말을 자주 듣는다. ☐

(23) 나는 정말 화가 나면서도 사실은 두려운 투쟁 도주 반응(위기 상황에서 본능적으로 싸울 것인지, 도망칠 것인지를 결정하는 반응)을 보인다. ☐

(17)~(23)번 중 Y 또는 ★로 답한 문항 개수 :

4. 체념성 분노

(24) 사람들이 나를 인정하지 않고 내 말을 듣지 않을 때 폭발할 것만 같다. ☐

(25) 혼자 '더 이상 못 참아'라고 생각한 뒤에 욱하는 성질이 폭발한 적이 있다. ☐

(26) 내가 통제할 수 없는 상황에 처하면 화가 나고 무기력한 느낌이 든다. ☐

(27) 내 뜻대로 일이 되지 않으면 물건을 부수고, 바닥을 주먹으로 내려치거나 악을 쓴다. ☐

(28) 너무 화가 나면 설혹 그것이 상황을 악화시키는 일이라 해도 무슨 일이든 해야 직성이 풀린다. ☐

(29) 나를 조절할 수 있는 통제권이나 힘이 있는 사람에게 폭력을 행사하거나 복수하는 생각을 품은 적이 있다. ☐

(24)~(29)번 중 Y 또는 ★로 답한 문항 개수 :

5. 수치심에서 비롯된 분노

(30) 사람들이 나를 존중하지 않으면 분노가 치민다. ☐

(31) 나에게는 내 평판을 지키는 일이 무척 중요하다. ☐

(32) 사람들이 나를 바보, 못난이 혹은 무능력자라고 생각할까 봐 자주 걱정한다. ☐

(33) 나는 누군가가 내 잘못을 지적했을 때처럼, 창피를 당하면 정말 화가 난다. ☐

(34) 비판에 지나치게 민감하다는 소리를 자주 듣는다. ☐

(35) 사람들이 나에 대한 혹평을 했다 싶으면 계속 마음에 담아 둔다. ☐

(36) 사람들이 나를 무시하면 화가 난다. ☐

(30)~(36)번 중 Y 또는 ★로 답한 문항 개수 :

6. 버림받음에서 비롯된 분노

(37) 내가 버림받았거나 배신당했던 때를 생각하면 분노가 치민다. ☐

(38) 질투심이 너무 강해서 괴롭다. ☐

(39) 소위 나를 걱정한다는 사람들이 못 믿을 사람들임을 증명하기 위해 증거를 찾는다. ☐

(40) 사랑하는 사람들로부터 냉대를 받거나 무시를 당하면 견딜 수 없다. □

(41) 나를 버리고 떠나거나 냉대한, 혹은 배신한 옛 배우자나 현 배우자에게 복수하겠다는 생각에 집착하게 된다. □

(42) 내 배우자나 자녀들, 혹은 친구들이 나를 사랑하고, 챙겨 주고, 관심을 가져 주는 것보다 내가 주는 게 훨씬 많아서 손해 보는 기분이 든다. □

(43) 일단 누군가에게 화가 많이 나면 그 사람이 어떤 따뜻한 말이나 안심시키는 말을 해 주어도 전혀 받아들이지 못한다.

(37)~(43)번 중 Y 또는 ★로 답한 문항 개수:

[진단]

- 최소한 몇 점 이상이면 화를 조절하는 데 문제가 있다고 정해진 것은 없지만 대답 가운데 Y 또는 ★이 많이 있다면 끓어오르는 화를 조절하는 데 어려움이 있다는 의미이다.
- 일반적으로 Y 또는 ★이 많을수록 분노 문제가 심각하다는 것이며, 어느 특정 유형에서 Y와 ★이 더 많이 나왔다면 해당 유형의 분노 문제를 갖고 있을 확률이 높다는 의미이다.

2) 분노의 증상

분노는 사람들이 일상생활에서 가장 빈번하게 경험하는 정서로서, 예상되는 목표를 획득하는 데 방해를 받을 때, 자존심이 손상당한다고 지각될 때, 혹은 위협을 받을 때 유발되는 정서이다.

(1) 분노의 생리적 변화

사람들이 분노를 경험하면 대뇌의 변연계를 자극하게 되는데, 이때 2가지 과정을 거치게 된다(Davitz et al., 1969). 첫 번째 과정은 뇌 속에 카테콜아민(catecholamine)이 방출되어서 공격 혹은 회피 상황에서 격렬한 행동을 일으키는 강한 에너지를 분출하게 된다. 이것은 수분 동안 지속되는데, 이때 사람들은 상대방을 공격할 것인지 혹은 회피할 것인지를 결정하게 된다.

두 번째 과정은 부신피질 신경계가 흥분하면서 언제라도 행동을 일으키는 긴장 상태를 만드는데, 이것은 몇 시간 혹은 며칠씩 지속된다. 이러한 생리적인 변화 때문에 분노는 다른 어떤 정서보다도 건강에 중요한 영향을 미치게 된다.

분노를 경험할 때는 특히 심혈관계의 반응이 강하게 일어나는데, 에피네프린(epinephrine)과 노르에피네프린(norepinephrine)의 혼합된 반응으로 일어나며, 운동할 때의 심장 반응과 유사하다.

(2) 분노의 주관적 경험

Davitz 등(1969)은 사람들에게 분노를 느낄 때 어떤 것이 경험되는가를 기술하게 한 결과, 혈압이 상승하며, 몸 전체가 긴장되고, 맥박이 빨라지며, 이를 꽉 다물게 되고, 치거나 부수거나 발로 차고 싶거나 물고 싶은 충동을 느끼며, 지각의 범위가 좁아져서 한 가지에만 주의를 기울이게 되는 것으로 나타났다. 그리고 분노를 유발한 대상에게 상처를 줄 만한 말을 하고 싶은 욕구를 느끼며, 계속 복수를 생각하고, 분노에 사로잡혀서 압도당하는 것 같은 느낌이 드는 것으로 나타났다.

따라서 사람들이 분노를 느끼면 강한 생리적 변화를 경험하며, 분노를 유발한 대상을 공격하고 때려눕히려는 충동적인 힘을 느끼게 된다. 분노가 강하면 강할수록 분노를 경험하는 사람은 신체적 행동을 해야 겠다는 강렬한 욕구를 느끼게 된다. 사람들이 강한 분노를 경험할 때는 강렬한 충동성도 느끼기 때문에, 사회는 다른 정서보다도 분노 표현에 대한 규칙을 더 중요하게 생각한다.

(3) 분노의 행동 경향성

분노를 경험하는 사람들은 분노를 유발한 상황을 자기 방식대로 바로잡고 싶어 한다. 따라서 사람들이 강하고 격렬한 분노를 경험할 때는 언어적인 공격성과 신체적인 공격성이 강하게 나타날 수 있다.

Averill(1982)은 사람들에게 최근에 분노를 경험했던 때를 회상하고 어떻게 반응하였는지를 말하도록 한 결과, 반응 유형은 크게 비공격적인 반응들과 공격적인 반응들로 구분되었다. 구체적으로 살펴보면, 비공격적인 반응들은 첫째, 진정시키는 행동하기, 둘째, 무례한 사람을 해치려는 의도 없이 중립적인 입장에서 사건에 대해 말하기, 셋째, 적개심을 드러내지 않고 무례한 사람과 함께 사건에 대해 말하기, 넷째, 분노 자극에 반대되는 행동하기 등이었다.

공격적인 반응들은 첫째, 간접적인 공격이 있는데, 이것은 분노를 유발한 대상에게 복수하기 위해서 제삼자에게 말하기, 분노를 유발한 대상에게 중요한 어떤 것에 해를 입히기 등을 포함하였다. 둘째, 대체된 공격, 즉 일종의 전위라고 할 수 있는데, 사람뿐 아니라 사람이 아닌 대상에 대한 공격 모두를 포함하였다. 셋째, 직접적인 공격으로, 말 혹은 상징적인 공격뿐 아니라 육체적인 공격이나 처벌을 포함하였다.

2. 분노의 원인과 결과

1) 분노의 원인

여러 학자들이 분노의 원인에 대해서 기술하였다. 예를 들어 Bandura(1989)는 4가지 유형의 자극, 즉 언어적 모욕이나 위협, 신체적 공격, 활동을 방해받는 것, 보상을 박탈당하는 것 등이 분노를 일으킨다고 보았다. 처음의 2가지는 회피하고 싶은 사건들에 의해서 영향을 받는 것이고, 다음의 2가지는 긍정적인 강화를 받지 못하는 것과 관련된다.

Izard(1977)는 분노를 일으키는 다양한 원인들을 다음과 같이 제시하였다.

첫째, 일상적인 생활에서 자신이 강렬하게 바라던 것을 심리적 또는 육체적으로 제지당했을 때 분노가 유발된다고 보았다. 이러한 제지는 육체적인 장벽, 규범, 제한 또는 자신의 무능력 등이다. 만약 이러한 제한점이 포착하기 어려운 형태로 나타나거나 위장된 형태로 나타날 때, 이에 대한 즉각적인 반응은 분노가 아닐 수도 있다. 그러나 이러한 제한점이 실제로 자신이 원하는 바를 달성하지 못하게 할 때, 대부분의 경우 분노가 발생한다고 보았다. 그러나 이러한 좌절이 분노를 일으키기 위해서는 그 좌절이 우리 자신의 자존감과 개인적으로 의미 있게 관련되어 있어야 한다. 그렇지 않을 때, 좌절은 죄책감, 불안, 수치심, 질투, 경멸 등의 정서를 유발하기도 한다(Lazarus, 1991).

둘째, 성인의 분노를 일으키는 주요 유발 요인은 자신 또는 자신에게 중요하다고 생각하는 것을 평가 절하하는 공격이다. 자의적이고 깊은 고려가 없는 상태에서 이루어지는 악의적인 공격은 개인의 자아 정체감을 위협하고 그에게 모욕을 느끼게 한다. 그리고 이 모욕이 분노를 일으키는 정도는 개인과 문화에 따라 상이하다.

셋째, 만성적이고 해결되지 않는 일반적으로 강하고 지속적인 스트레스가 분노의 유발 요인이라고 보았다. 지속적인 신경 흥분은 스트레스의 유발 요인도 되기 때문에 이것이 분노의 유발 요인이 되기 위해서는 얼마나 지속적으로 강하게 유지되느냐에 달려 있다는 것이다. 스트레스 상황에서 경험하는 자극의 정도가 증가할수록 분노가 발생할 확률이 높아지는 것이다.

이 밖에도 분노의 원인들은 다양하게 있을 수 있다.

(1) 자아 가치의 보존

사람들은 자신이 모욕된다고 지각할 때 강한 분노를 경험하면서, 보복을 하려는 충동을 느낀다. 그리고 때때로 자신을 모욕한 사람을 공격해야만 상처받은 자신의 자아가 온전하게 복구된다고 생각한다. 또한 사람들은 타인에게 거부를 당하거나 무가치한 존재로 취급당할 때, 그리고 존중받지 못한다고 느낄 때 분노를 느낀다. 예를 들어 식당에서 종업원이 불친절하게 행동할 때, 직장 상사가 다른 직원들 앞에서 자신을 노골적으로 비난할 때 사람들은 분노를 경험하게 된다.

(2) 욕구 보존

사람들은 서로 다른 욕구를 가지는데, 자신의 욕구가 충족되지 않거나 무시당할 때 분노를 느낀다. 욕구 중 특히 분노에 영향을 미치는 것은 사랑의 욕구이다. 사람들의 분노는 자신이 사랑하고 몰입하고 있는 조건에서 가장 빈번하게 일어난다. 발달 과정에서 아동은 자신의 욕구와 사랑이 충족되지 않을 때 부모에게 분노를 느끼게 되며, 동일한 방식으로 나중에 성인이 되었을 경우 자신이 사랑하고, 몰입한 대상에서 사랑이 충족되지 않을 때 강하고 빈번한 분노를 느끼게 된다.

(3) 신념 보존

사람들은 다른 사람이 자신이 지닌 신념을 인정해 주지 않는다고 느낄 때, 다른 사람이 자신이 중요하게 생각하는 신념과 어긋나는 행동을 하는 것을 볼 때 분노를 느낀다. 사람들이 중요하게 생각하는 신념으로는 약속이나 신의 등이 있으며, 중요하게 생각하는 신념은 사람들마다 서로 다르다. 사람들이 신념 때문에 분노를 경험하는 이유는 자신이 중요하게 생각하는 신념 역시 자아에 속하는 중요한 부분이기 때문이다.

(4) 지배성

지배성을 지닌 사람들이 전하는 기본적인 메시지는 "나는 올바르고, 너는 틀렸다"는 것이므로, 지배성에 대한 분노는 타인의 의견 대로 행동해야 한다는 강요에 대해서 반항을 표시하는 것이다. 이것은 전술한 Izard(1991)의 구속과 비슷한 개념이다. 사람들은 어떤 경우 자신이 선호하는 삶의 틀과 방식이 있지만, 타인이 강요할 때는 화가 나게 된다.

(5) 다른 정서

통증의 감각이 생각이나 기억이 끼어들 틈도 없이 분노를 일으킬 수 있는 것과 같이 다른 정서도 분노를 일으킬 수 있다. 지속되는 슬픔은 분노를 일으킬 수도 있는데, 우울증에서 분노는 매우 빈번하게 슬픔과 연관되어 있다. 나는 너무 뚱뚱하다거나 못생겼다는 등의 자신에 대한 혐오 감정이나 타인에 대한 혐오 감정도 분노를 일으킬 수 있다.

2) 분노의 결과

Potter-Efron(2007)은 분노의 결과로서 우리의 생활에 미치는 부정적인 영향, 분노 때문에 치르는 삶의 대가, 그리고 지혜로운 분노 관리의 필요성 등을 제시하였다.

(1) 분노가 우리 생활에 미치는 영향

- 화를 잘 내는 사람은 해고당하기 쉬우며, 스스로 직장을 그만두기도 쉽다. 또한 원하지 않는 직장을 전전하는 경향이 있다.
- 화를 잘 내는 아이는 다른 아이보다 학업을 중단하기 쉽고, 결과적으로 성공하기 어렵다.
- 화를 심하게 내는 사람은 그렇지 않은 사람에 비해 흡연할 확률이 65% 높다.
- 화를 적절하게 표현하지 못하는 여학생일수록 비만인 경향이 있다.
- 화를 심하게 내는 사람은 그렇지 않은 사람에 비해 심장마비나 협심증에 걸릴 가능성이 3배나 높다.
- 화를 지나치게 낼수록 뇌졸중 발병 확률이 약 2배 높다.
- 화를 잘 내지 않는 사람 가운데 67%는 아침에 상쾌한 기분으로 기상하는 반면, 화를 자주 내는 사람은 오직 33%만이 비교적 상쾌한 기분으로 기상한다.

분노는 이외에도 오늘날의 주요 사망 원인인 당뇨병, 자살 등과도 밀접하며, 뿐만 아니라 두통, 요통, 불면증, 위궤양, 호흡기 질환, 비뇨기 질환, 관절염, 천식, 만성 피로 증후군, 만성 가려움증, 습진, 녹내장, 알코올 중독, 비만, 거식증, 과식증, 우울증, 가정 폭력, 약물 남용 등과도 밀접한 관계를 맺고 있다.

(2) 분노 때문에 치르는 삶의 대가

- 자유가 제한된다 : 수감, 접근 금지 명령, 법원의 분노 관리 혹은 가정 폭력 방지 프로그램 교육 명령은 욱하는 성질이 있는 사람들이 자주 맞이하는 결과

이다.

- 다른 이들에게 정신적·육체적 피해를 준다 : 다른 사람은 물론 자신이 사랑하고 아끼는 사람들에게까지 해를 끼친다. 나중에 아무리 죄책감으로 괴로워한다 해도 이미 때늦은 후회이다.
- 인간관계가 깨진다 : 결혼, 우정, 가족관계가 망가진다. 언제 터질지 모르는 시한폭탄 곁에 그 누가 있고 싶겠는가?
- 자신과의 약속을 항상 깨뜨리게 된다 : 다시는 누군가에게 그런 상처를 주지 않겠다고 맹세하지만 얼마 안 가서 성질이 또 폭발하고 만다.
- 해고, 정학, 퇴학 등을 당할 수 있다 : 회사나 학교에서 자주 욱하고 성질을 내는 사람은 결국 아무 일도 못하게 된다.
- 재정적인 압박을 받는다 : 망가뜨린 물건을 변상하거나 일을 못해서 급여 등에 손해를 본다.
- 사람들에게 두려움의 대상이 되며 신뢰를 잃는다 : 자주 분노하는 성질 때문에 일으킨 사고로 소중한 사람들에게 신뢰를 받지 못한다거나, 자기가 집에 왔을 때 자신의 자녀가 무서워서 방에 숨는다는 사실은 가슴 아픈 일이다.
- 집착, 편집증, 고립된 생활을 하게 된다.

인디언이 곰을 잡는 법

아메리카 인디언들이 곰을 잡을 잡는 방법은 독특하다. 우선 커다란 돌덩이에 꿀을 바르고 나뭇가지에 밧줄로 매달아 놓는다. 그것을 발견한 곰은 꿀을 먹기 위해 앞발을 들고 돌덩이를 잡으려 한다. 그러면 돌덩이가 곰의 앞발에 차여 진자 운동을 시작한다. 앞으로 밀려갔던 돌덩이가 뒤로 돌아오면서 곰을 때린다. 곰은 화가 나서 점점 더 세게 돌덩이를 치고, 그럴수록 돌덩이는 더 큰 반동으로 곰을 후려친다. 결국 곰이 나가떨어진다. 곰은 '폭력의 악순환을 중단시키는 방법'을 모른다. 그저 욕구에 대한 반응만 생각할 뿐이다. '저 놈이 나를 때렸겠다. 그럼 나도 본때를 보여줘야지!'하는 마음뿐이다.

곰의 분노는 결국 그 스스로를 죽이고 만다. 인디언들은 곰 사냥을 통해 복수가 결국 자신을 죽인다는 것을 배운다. 사람 역시 분노가 우리를 죽인다는 사실을 모르면 마치 곰처럼 점점 화를 내서 스스로의 생명을 단축시키게 된다. 그리고 때로는 우리의 목숨까지 잃게 된다.

- 자기 혐오에 빠진다 : 욱하는 성질을 가진 사람들 중 자기 감정을 조절하지 못하고 사랑하는 사람들에게 상처만 주는 상황에서 분노를 자신에게 돌려 스스로를 벌주는 사람을 흔히 볼 수 있다. 자신의 얼굴을 할퀴거나, 머리로 벽을 들이받거나, 심지어 욱하고 성질을 낸 후 부끄러움과 죄책감으로 자살을 생각하기도 한다.

(3) 신체적 건강에 미치는 영향

분노를 밖으로 드러내어 표현하는 방법이 폭력적이고 공격적일 경우 대인관계를 해치고, 자신에게도 많은 문제를 발생하게 만들지만, 분노를 억제할 때에도 이에 못지 않은 부정적 결과들이 발생한다. 분노의 강도, 빈도, 그리고 지속 정도가 과도할 때, 또한 분노 표현의 문제에 있어서 분노 억압이 장기화될 때 개인의 심리적 건강에도 악영향을 미칠 뿐 아니라 자신의 신체에 여러 질병을 일으키는 원인이 된다.

민성길(2003)의 연구에 의하면, 심혈관계 질환에 있어서 가장 핵심적인 원인으로 지목되고 있는 것이 분노 감정이다. 분노 감정이 심혈관계 질환에 영향을 미친다는 사실은 이미 오래전부터 알려져 오다가, 현대에 이르러 이와 같은 인식이 과학적으로 증명되기에 이르면서, 분노가 다양한 건강 문제와 밀접하게 관련되어 있음이 증명되고 있다. 분노와 관련된 생리적 각성은 동공 확장과 심장 박동률의 증가, 혈압 상승, 안면 근육의 긴장, 소화 기능의 저하, 그리고 심호흡과 관계가 있다. 또한 최근에 수행된 많은 연구에서 분노가 고혈압을 비롯한 심혈관계 질환에 대하여 중요한 심리적 요인임이 밝혀지고 있으며, 적개심과 관상 동맥 심장 질환의 출현, 심각도 및 치사율 간에 정적인 상관이 있음을 발견하였다.

Deffenbacher & Lynch(1996)의 연구에서 높은 분노를 보이는 피험자들이 낮은 분노를 보이는 피험자들보다 자기 보고식 생리적 반응 측정치에서 더 강렬한 생리적 증상들을 보고하였다. 그들에 의하면, 분노는 생리적 각성을 일으키고 동공 확장, 심장 박동률의 증가, 혈압 상승, 안면 근육의 긴장, 소화 기능의 저하를 가져오고 심호흡과 관계가 있다고 한다. 또한 그들은 분노를 특성 분노와 상태 분노로 분리해서 이해하고, 높은 특성 분노의 문제를 가진 사람은 특히 심혈관계 질환과 상관이 있으며 학업, 직무, 대인 관계, 자존감에 부정적인 영향을 주고, 매우 역기능적인 방식으로 자신의 분노를 표현하고, 내적 혼란 및 고통을 유발하는 경향이 있다고 하였다.

(4) 심리적 건강에 미치는 영향

분노와 우울이 서로 관계가 있다는 이론적 기반과 경험적 연구들은 많이 보고되고 있다. 정신분석 이론가들은 내부로 향한 분노가 죄책감과 우울을 초래한다고 주장하였다. 즉, 우울한 사람은 욕구 좌절로 인해 분노 감정이 일어날 때, 그 분노의 원인을 타인이나 바깥의 상황에서 찾지 않고, 분노가 자기 내면을 향하여 자기 탓을 하는 것으로 표현될 때 우울 감정을 느낀다는 것이다. 이는 자기를 상실된 대상과 동일시하여, 분노를 자기 내면을 향하여 표현하기 때문이다(최성일 외, 2001).

Riley 등(1989)에 의하면, 우울한 사람들과 우울하지 않은 사람들이 대략적으로 동등한 수준의 분노 표현을 보고하지만, 우울한 사람들이 보다 강한 주관적 분노 경험을 보고하고 있고, 또한 우울한 사람들이 그렇지 않은 사람들보다 분노를 억압하기 위해 더욱 많은 노력을 기울인다고 하였다.

이러한 선행 연구들을 종합해 보면, 분노는 우울 정서와 연관되는데, 분노를 억압할수록 우울 정서를 경험하게 된다는 것이다. 즉, 우울 정서의 한 원인으로 분노 억압이 있을 수 있음을 보여주는 것으로서, 정신분석학에서 주장하는 관점을 지지해 준 것이었다. 이는 인간이 적절히 분노를 표출해야 심리적 건강이 유지될 수 있음을 보여준 것이며, 우울증이 반드시 분노 억압으로부터 온다고 주장하는 것은 아니다. 우울은 분노 억압 외에도 편집적 성격, 약극성 장애, 반사회적 성격 등 많은 임상적 특성과 관련되어 있다. 그러나 이들 연구가 제시하고 있는 것은 우울을 주로 호소하는 환자들이 많은데, 이들의 상담과 치료에 있어서 분노의 문제를 탐색하는 것은 내담자에 대한 이해의 폭을 넓혀주는 것이며, 분노 조절을 통해 우울을 감소시키려는 계획에 중요한 시사점을 제공한다.

(5) 지혜로운 분노 관리의 필요성

분노가 우리 생활에 부정적인 영향을 미친다고 화를 참기만 할 것인가? 불행하게도 화를 무조건 참는 것도 그리 좋은 방법이 아니라고 학자들은 말한다. 미국 보스턴 대학교의 연구 결과에 의하면 무작정 참고 사는 아내가 남편과 싸우는 아내보다 심장병 등 각종 질병에 걸려 사망할 확률이 4배나 높았고, 분노를 표현하지 않는 '병리적으로 착한 사람들'이 암이 걸리기 쉬운 C형 성격으로 나타났다. 즉, 겉으로는 허허 웃으면서도 속으로는 끙끙 앓는 사람일수록 암에 걸리기 쉽다는 뜻이다. 이런 이유로 우리는 분노 관리방법을 익힐 필요성이 있는 것이다.

3. 분노의 표현

정상적인 정서가 비정상적인 상태로 갈 경우, 슬픔은 우울증, 불안은 불안 장애, 그리고 공포는 공포증이라는 양상으로 드러난다. 그러나 분노의 경우에는 다른 부정적인 정서들과는 달리 분노 장애라는 말을 쓰지 않는다.

만일 분노 장애라는 것을 가정한다면 그것은 종종 격노(rage)로 표현되는 너무 강한 분노인가, 아닌가? 분노 조절이 되는가, 되지 않는가? 상황에 적절한가, 그렇지 않은가일 것이다. 그러나 분노가 정상적인가, 그렇지 않는가는 여러 가지 점에서 문제가 될 수 있다. 그 이유는 첫째, 분노의 강도는 매우 강하지만 상황에 대해서는 적절한 반응일 경우가 있다. 예를 들어, 애인이 강도에게 가방을 도둑맞는 것을 본 사람이 표현하는 강한 분노는 상황에 적절한 반응일 수 있다. 둘째, 분노 조절이 되는가, 그렇지 않은가의 문제도 첫 번째 경우와 마찬가지로 어떤 때는 분노 조절을 하지 않는 것이 그 상황에서 유용하고 적절한 경우가 있다. 셋째, 사람들이 어떤 상황에서 조금이라도 화를 내는 것이 특정한 사회에서는 부적절하게 간주될 수 있다. 예를 들어, 서구와는 달리 우리나라에서는 연장

자나 상사에게 화를 내는 것이 부적절하게 간주된다.

분노를 경험하는 사람들은 언어적으로 분노를 부드럽게 표현할 수도 있고, 육체적으로 표현할 수도 있다. 분노를 느낀다는 것은 공격적인 충동을 주관적으로 자각하는 것을 포함한다. 그러나 분노를 느낀다고 해서 항상 공격성을 보이는 것은 아니다. 분노 표현방식에 대하여 학자들마다 조금씩 다르게 설명하고 있는데, Spielberger 등(1983)은 분노 표출, 분노 억제, 분노 조절로 구분하였다.

1) 분노 표출

분노 표출(anger-out)은 분노를 타인이나 다른 대상을 향해 표현하는 것이며, 분노를 비난, 폭언, 욕설, 모욕과 같은 언어적 폭력과 과격한 행동으로 표현하는 것이 그 예가 될 수 있다. 물론 분노 표출은 공격 행동의 형태로 나타날 수도 있지만, 분노가 반드시 공격 행동을 일으키지는 않는다. 오히려 분노 표출은 화난 표정을 짓거나, 자신의 발을 구르는 등의 행동과 같이 비공격적인 행동으로 나타난다. 분노 표출은 고혈압 또는 심혈관계 질환의 핵심 유발 요인이며, 알코올 관련 문제와 소화계 질환에도 높은 관련이 있다.

2) 분노 억제

분노 억제(anger-in)는 화는 나 있지만 이를 겉으로 드러내지 않는 것으로, 화가 나면 오히려 말을 하지 않거나 사람을 피하고 속으로만 상대방을 비판하는 경우가 이에 해당된다. 분노를 억제하는 것은 분노를 유발한 상황에서 냉정하고 긴장하지 않은 체 행동하는 것이다. 사람들이 분노를 억제하는 이유는 첫째, 자신의 감정을 무시하는 권위적인 인물에 대한 두려움으로 인해서 분노를 억제하는 법을 배웠기 때문이거나, 둘째, 도덕적인 우월감 때문에, 즉 교양이 없는 사람만이 화를 낸다고 생각하기 때문이다. 그러나 분노를 억제하는 것은 분노를 제거하는 것과는 무관하며, 정서를 억제하는 것은 강한 반어적인 효과(ironic effect)

가 나타날 수 있다. 분노 억제 또한 분노 표출과 마찬가지로 많은 신체적·정신적 질환과 관련이 있다. 분노 억제를 주로 하는 사람들은 심혈관계 및 소화기 질환과 관련이 높다(김교헌, 2000). 또한 분노 억제는 우울감과 편집증, 절망감, 섭식 장애와 같은 심리적 문제를 심화시키며, 나아가 자살의 위험성과도 연관되어 있다(Zaitsoff et al., 2002).

3) 분노 조절

분노 조절(anger-control)은 적응적인 분노 표현방식으로 분노를 유발하는 상황이나 대상에 대해서 이성적으로 지각하여 이를 적절하게 해결하기 위해서 다양한 방법들을 사용하는 것이다. 즉, 감정적으로 그 상태를 인식하기보다는 이성적으로 상황을 판단하고 타인을 이해하려고 노력하는 것이다. 대부분의 문제 해결 과정에서 분노의 경험과 이에 따른 적절한 분노 표현은 그 해결을 도와주는 역할을 한다. 즉, 분노를 조절한다는 것은 무조건 그것을 참는 것을 의미하는 것이 아니라 적절한 시기에 적절한 강도로 분노를 표현하는 것이다.

이상을 정리하면, 분노 표출은 분노를 외부적으로 드러내는 것이고, 분노 억제는 반대로 분노를 내부적으로 돌리는 것이다. 이와 같은 역기능적인 분노 표현방식인 분노 표출과 분노 억제는 신체적·심리적·사회적으로 부정적인 영향을 미친다. 그에 반해 적응적인 분노 표현방식인 분노 조절은 이성적으로 상황을 판단하여 해결하려고 하는 것이다.

학습과제

1. 분노의 6가지의 유형을 제시해 보자.
2. 분노 유형의 판단 기준을 작성해 보고, 이를 점수로 산정한 후 자체적으로 평가해 보자.
3. 분노의 원인, 증상을 이해하고, 이로 인한 결과를 설명해 보자.
4. 분노의 표현방법 3가지를 설명해 보자.

CHAPTER 3

분노 발달 이론

분노 관리의 목적은 소극적으로 분노를 제거하는 것이 아니라 적극적으로 행복한 삶을 사는 것이다. 따라서 분노를 적절히 관리하기 위해서는 원칙을 이해하고 실천하는 것이 필수적이다. 본 장에서는 분노의 이론, 분노의 단계, 분노 관리의 기본원칙에 대해 고찰하고 분노를 넘어선 행복의 원칙에 대해 다시 고찰한다.

+ 분노의 이론을 제시한다.
+ 분노의 변화 단계를 설명할 수 있다.
+ 분노 관리의 행복 원리에 대해 논의해 본다.

학문이라면 거기에는 반드시 이론이 있다. 일단 이론이 형성되면 그 이론의 논리적인 결론을 끌어냄으로써 미지(未知)의 영역에 관해서도 효과 있는 예상을 하는 경우가 흔히 있다. 하지만 종종 우리는 사물에 관한 새로운 지식으로 인하여 이론 적용에 한계가 생기는 것을 발견할 수 있다. 이런 경우 이론에 구애되어 사실을 무시하는 일이 허다하나 이것은 큰 잘못이다. 분노 또한 전술한 바와 같이 어떠한 원인이 반드시 존재하며, 이로 인한 증상과 결과가 나타난다. 이는 이론의 성립을 뒷받침해 주는 근거가 될 수 있다. 이에 이 장에서는 먼저 분노의 이론을 살펴보고, 분노의 변화 단계, 그리고 분노 관리의 기본 원리 및 행복의 기본 원리를 살펴보고자 한다.

1. 분노의 이론

분노에 대한 이론적 정의는 아직 구체화된 것은 없다. 이에 여기에서는 분노와 관련 있는 정신분석 이론의 창시자인 Freud, 분노와 유사한 개념인 공격성, Novaco의 분노 결정 이론 등 다양한 선행 이론을 토대로 다음과 같은 분노 이론을 제시하고자 한다.

1) 이중 본능 이론

분노에 대한 정신분석적 관점을 Freud의 이론으로 설명한다면, 인간은 심리 내부에 본능적으로 공격성을 가지고 있으며, 이는 죽음 본능(death instinct)이 표출된 것으로 본다. Freud는 1923년 〈자아와 이드(The ego and the Id)〉라는 논문에서 분노를 리비도(libido)에 반대되는 죽음의 욕망으로 인정하고 성욕과 동일한 차원으로 간주하는 이중 본능 이론(double instinct theory)을 제시하였다. 이에 따라 성적 소망뿐 아니라 죽음의 본능에서 나온 강력하고 야만적인 파괴적 본능도 억압된다고 보았다. 그러므로 바람직한 정신 건강은 억압이 없는 상태가 아니라 원시적인 성적, 공격적 본능에 압도되지 않고 만족을 얻을 수 있도록 억압적 분노를 잘 통제하는 것이라 하였다(Freud, 1923).

Freud는 직접적으로 분노를 언급하지 않았으나, 그의 이론들에서 분노와 관련된 부분을 발견할 수 있다. 예를 들면 오이디푸스 콤플렉스(Oedipus complex)는 다른 성의 부모에 대한 근친상간 소망과 같은 성의 부모에 대한 살인 충동을 담고 있다. Freud의 이론에서는 정상적인 아동들이 모두 오이디푸스 콤플렉스 시기를 지난다면, 누구나 분노를 경험하게 될 것이다. 해결되지 못한 오이디푸스 콤플렉스와 더불어서 초자아 발달이 실패할 경우, 분노적 욕구는 적절히 조절되지 못하고, 공격적 에너지가 한계 수위에 이르렀을 때 어떤 형태로든 행동을 방출하게 되며, 부적응적·반사회적 문제를 일으키게 된다. 이같이 Freud는 인간의 본능 안에 분노가 있다고 보았으나, 이중 본능에 속한다고 가정한 분노를 증명할 과학적인 근거를 제시하지는 못하였다.

2) 사회 학습 이론

행동주의 이론으로서 사회 학습 이론(social learning theory)은 최근 인간의 인지적 기능을 강조하면서 사회 인지 이론으로 불리고 있다. Bandura(1999)와 같은 사회 인지 이론가들은 인간 행동을 개인과 환경의 상호 작용의 결과로 보고, 인간 내면의 개인적 특성과 외부의 강화와 벌, 모델 관찰이 상호 작용을 하여 학습된 것이라고 하였다. 사회 인지란 인간과 그 행위에 관한 인지를 말하는 것으로 외현적·사회적 행위뿐만 아니라 인간의 내재적 심리 과정이나 속성에 대한 추론, 신념, 또한 개념화를 포함하며, 자기 자신, 타인, 사회 집단, 그리고 개인이나 집단 간의 다양한 사회적 관계와 상호 작용이 사회 인지의 대상이 된다.

이들의 인간 행동에 관한 관점은 세 가지 상호 인과 관계를 포함하는 의존적 구조 안에서 사회와 상호 작용을 한다고 본다. 이는 인지적·정서적·생물학적인 개인의 내적 요인들(P)과 행동(B), 환경적 사건(E)들로 구성되는데, 이들 세 가지 요인들은 서로 영향을 주는 상호 작용적 결정 인자이다. 이때 개인은 환경의 상황에 따라 단순히 내면의 메커니즘에 의하여 행동하는 것이 아니라, 의도적으로 행동을 수행하게 된다. Bandura의 메커니즘을 살펴보면, 사회 인지 이론의 핵심은 자기(self)로서, 환경을 통제하는 방법에 대한 전략적인 사고를 하는 동시에 자기의 지식이나 사고하는 기술 및 능력과 행동 전략의 적합성을 평가한다.

분노 행동에 대한 사회 인지 이론의 입장은 일반 사회적 행동을 습득하는 과정과 동일하게 직접 경험과 관찰, 사회적으로 바람직한 행동에 대한 기대와 믿음, 개인이 사회를 해석하는 방법 등에 의하여 우선적으로 습득되며 개인의 자기 효능감이나 자기 규제의 발달 정도에 영향을 받을 뿐만 아니라 가족과의 상호 작용 형태와 공격성 발달과도 밀접하게 관련이 있다(Bandura, 2001). 그러므로 동일하게 분노 행동을 경험하거나 관찰한다 해도 개인의 효능감이나 자기 규제 발달 정도, 그리고 가족의 상호 작용 수준 같은 개인적 요인에 따라 분노의 표출은 다를 수 있다고 하였다.

3) 인지 신연합 이론

인지 신연합 이론(cognitive neoassociation theory)은 불쾌한 사건이 분노 행동으로 나타나는 과정에 대한 논리적 가정이다. 사회 인지적 과정으로서 인간의 행동을 이해하려는 입장에서는 개인적 해석을 통해 이루어지는 인지적 평가 과정이 그 개인의 행동을 매개한다고 본다. 즉, 개인이 어떤 상황에서 어떻게 행동할 것인지는 상황 그 자체가 아니라, 상황적 자극에 대한 개인의 해석에 따라 결정된다는 것이다. 불쾌한 경험에 의하여 유발된 부정적인 정서는 자동적으로 다양한 생각이나 기억, 행동 표현들과 다양한 연합 반응들을 만들게 된다.

따라서 좌절, 자극, 큰소리, 불편한 기후, 불쾌한 냄새들은 싸움과 도피 두 방향의 부정적인 정서를 유발하게 되는데, 싸움 연합(fight associate)은 분노 감정이나 공포 반응을 야기시키고, 혐오감을 주는 사건은 도피 연합(flight associate)을 발생하게 하여 인지적·정서적 연쇄 반응을 하게 된다. 인지 신연합 이론에서 공격적 사고와 정서, 행동은 기억이라는 수단으로 연결된다(Berkowitz, 1989). 예를 들어서 '권총'이라 하면 단순화된 연합 기억 구조는 여러 가지 공격적인 연상을 하게 된다. 유사한 의미들(예 : 상처, 손해)이 자동적으로 강하게 연결되어(예 : 권총, 쏘다) 발전적으로 촉진되기도 하며, 또한 평가와 같은 상위의 인지적 과정도 연결될 수 있다.

인지 신연합 이론은 좌절-분노-공격 가설을 적용하였을 뿐 아니라 혐오스러운 사건이 부정적 정서를 넘어 공격적 성향으로 가는 메커니즘을 보여준다(Anderson & Bushman, 2002). 즉, 부정적 정서는 싸움 경향성과 도피 경향성을 동시에 생산하는데, 이 두 가지의 반응 중 어떤 것을 선택하는지는 유전적 영향, 과거의 학습, 현재의 상황을 어떻게 인지적으로 지각하는가에 따라 결정된다. 그러므로 불쾌한 사건을 경험하는 사람이 모두 동일하게 분노를 표출하는 것이 아니고, 결국은 개인의 인지적 지각 정도에 따라 분노 행동을 다르게 표현하게 된다고 볼 수 있다.

4) Novaco의 인지적-임상적 이론

Novaco(1994)는 어떤 사건을 위협적이거나 불쾌한 것으로 지각할 때 일어나는 자연스러운 반응이 분노라고 하였다. 그는 외적 상황 자체가 분노를 일으키는 것이 아니라 그 상황을 어떻게 해석하느냐가 분노의 중요한 변수라고 가정했다.

그의 모델에 따르면 외적인 사건들은 인지적으로 처리되며, 생리적인 반응을 이끌고, 이것은 상황적인 단서들과 유발 사건에 대한 사람의 해석에 따라 다르게 명명된다. 즉, Novaco는 수많은 상황들이 분노를 유발하지만, 분노가 이들 상황에 필수적인 반응은 아니며, 인지적 과정이 분노의 경험에 매우 중요한 역할을 한다고 하면서, 분노를 자극에 대한 정서적 반응으로 개인 변인의 3가지 양상, 즉 인지적, 신체적-정서적, 행동적 요인에 의해 결정된다고 보고, 분노의 결정 요인 및 과정 모델을 [그림 3-1]과 같이 제시하였다.

그 기본적 개념은 외부 환경으로부터 불유쾌한 경험을 하게 될 때, 생리적으로 각성되고, 그 각성을 인지적으로 분노라고 해석하는 두 가지 과정을 거쳐 분노를 경험하게 된다는 것으로, 즉 외적 상황 자체가 분노를 일으키는 것이 아니라, 그 상황이 어떻게 해석되느냐가 매우 중요한 변수라고 가정하고 있다. 이를 구체적으로 살펴보면, 인지적 수준에서 분노는 자극 상황에서 일어나는 평가, 귀인, 기대 및 자기 진술 기능을 수행하고, 신체적·정서적 수준에서는 긴장, 초조함, 나쁜 기분에 의해 분노가 촉발되고 약화된다. 마지막으로 행동적으로는 철회와 적대감이 분노를 일으키는데, 철회는 자극을 변화시키지 않은 채 그대로 둠으로써 발생하게 되고, 적대감은 자극 과정을 점차 올림으로써 그리고 개인이

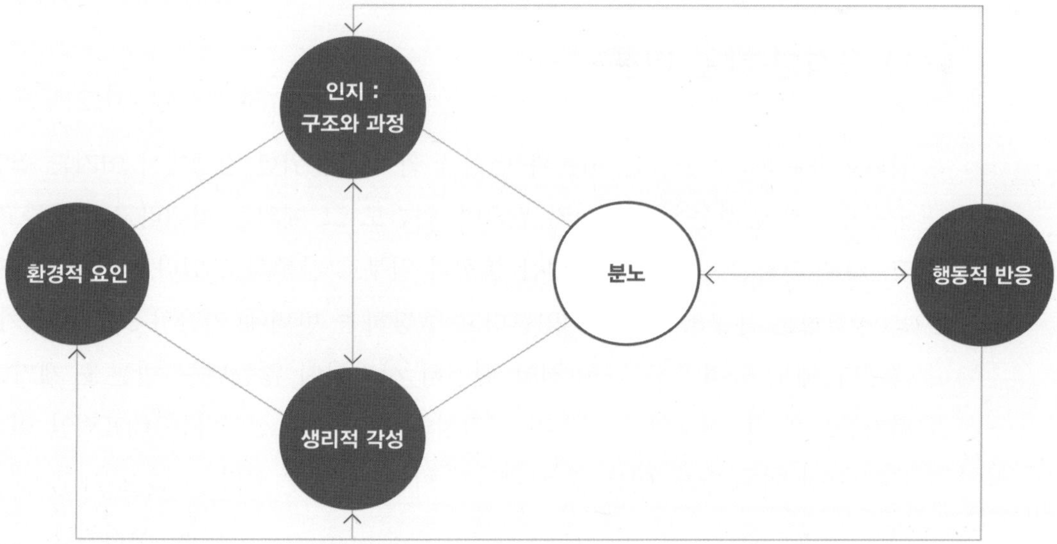

그림 3-1 **분노의 결정 요인과 과정**
자료 : Novaco(1994).

분노라고 추론한 것으로부터 단서를 제공함으로써 발생된다고 보았다.

또한 그는 분노를 조절하기 위한 인지적 자기 통제 절차를 개발했다. 그것은 인지적 준비, 기술 습득과 리허설, 대처 기술의 연습과 적용으로 구성되는데, 인지적 자기 통제 절차는 이완 훈련과 결합될 때 특히 효과적이라고 하였다.

2. 분노의 발달

분노의 발달은 궁극적으로 공격성으로 나타난다. 공격성은 일반적으로 생명체에 대해 의도적으로 해를 가하려는 사회적으로 바람직하지 않은 행동을 의미한다. 공격성에는 자신에게 이익이 되는 무엇인가를 얻기 위해 타인에게 해를 가하는 도구적 공격성과 타인에게 고통이나 해를 가하는 것 자체가 목적인 적의적 공격성이 있다.

1) 공격성 발달 이론

진화론자들은 각 종들은 생존과 번식을 확보하기 위한 경쟁에서 이기는 필연적 수단으로서 공격성을 발달시켜 왔으며, 인간도 그 예외는 아니라고 설명하고 있고, 일부 학자들은 공격성을 인간 본성의 일부로 간주하고 있다. 또 어떤 학자들은 공격성은 욕구좌절에서 기인한다고 주장하는 반면에 인간의 모든 욕구가 충족된다 해도 공격적 행동은 결코 완전히 사라지지 않는다는 반론을 제기하는 학자들도 있다. 현재까지 알려진 공격성의 개인차를 설명하는 대표적인 이론으로서 보상 이론, 모방 이론 및 사회인지 이론을 들 수 있다.

(1) 보상 이론

보상 이론가들은 공격적 행동은 그러한 행동이 결과적으로 공격자에게 보상을 가져다주기 때문에 발달한다고 주장한다. 그러나 드물게 피해를 받는 아동이 더 공격적 반응을 보여 자신의 공격적 행동이 성공하지 못하고 부정적 결과가 따라올 때 공격적 행동의 반복률은 감소되었다. 공격적인 아동들의 공격성에 대한 태도를 분석해 보면 첫째, 공격적인 아동은 대체로 공격적 행동의 결과에 대해서 보다 긍정적인 기대를 갖고 있고 둘째, 공격적인 아동들은 공격적 행동의 결과에 보다 높은 가치를 두고 있는 것으로 나타났다. 공격성에 대한 긍정적 기대와 가치는 대부분 이전의 공격적 행동들이 정적으로 보상받아 왔기 때문에 형성된 특성으로 볼 수 있다. 그리고 공격적 행동이 보상을 가져다줄 것이라는 기대는 남아가 여아보다 더 많이 갖고 있으며, 공격할 대상이 남아일 때 더욱 높다.

(2) 모방 이론

대표적인 사회학습 이론가인 Bandura의 일련의 공격성 모방학습 실험은 공격성의 획득기제를 잘 보여주고 있다. 공격적 행동필름을 본 아동은 같은 시간에 공격성이 없는 필름을 본 통제집단의 아동에 비해 보다 많은 공격적 행동을 나타냈다. 그리고 모델의 공격적 행동을 모방할 뿐 아니라 도구를 사용하는 것과 같은 새로운 공격적 행동도 창조해냈다. 이러한 연구결과는 아동이 타인에게 해를 끼침으로써 자기가 무엇인가를 얻을 수 있다는 것을 깨닫는 것과 함께 공격성이 허용된다는 생각을 어른들로부터 학습하고 있음을 보여준다. 오늘날 아동들은 TV 속 성인들의 폭력적 행동을 관찰학습하고 있으며, 이런 아동들은 신체적 공격성이 높아졌고, 남아가 여아보다 공격행동이 크게 높아졌다.

(3) 사회인지 이론

최근에 Dodge는 공격성이 잘못된 사회인지적 판단에 기인한다는 사회인지 이론을 제시하고 있다. 이 이론에 의하면 공격적인 아동은 자신에 대한 또래의 행동의 원인을 지나치게 적의적인 것으로 돌리는 의도판단 경향을 갖고 있다. 결과적으로 또래로부터 공격적 아동을 거부하거나 배척하는 적의적 반응을 낳게 되고, 이는 나아가 공격적 아동의 적의적 귀인을 강화하는 악순환을 겪게 된다. 그러나 공격적 아동이 비공격적 아동보다 상대방을 더 적의적으로 판단하지 않는다. 이것은 우리나라 아동의 공격성이 적의적이기보다는 도구적 공격성일 가능성이 클 것임을 시사하는 것으로 보인다.

2) 공격의 발달양상

1년 6개월에서 2세 사이에 아동들은 명백하게 도구적인 공격적 행동을 보이기 시작한다. 장난감을 서로 차지하려는 행동 속에는 상대방을 의도적으로 밀치는 등의 힘의 시위가 나타난다. 2~3세 사이 아동들은 때리고, 밀치는 등 물리적 공격성을 주로 보이지만, 3~6세 사이에는 놀리고, 흉보고, 욕하며, 상대방을 위협하고 모욕을 가하는 것과 같은 언어적 공격성으로 바뀌게 된다. 물리적 공격성이 언어적 공격성으로 바뀌는 이유는 부모들의 제재와 더불어 난폭한 행동이 자신의 목적을 달성하는 데 적합한 도구적 수단이 되지 못한다는 것을 어린 아동들도 깨닫기 때문이다. 3~6세 사이에 아동의 공격성은 대체로 도구적이지만, 6세를 전후해서 급격하게 적의적 공격성으로 그 성격이 변화한다. 이러한 변화가 나타나는 원인은 대체로 상대방의 의도에 대한 아동의 잘못된 귀인판단에 있는 것으로 보고 있다. 5~6세경에 아동에게 역할수행능력이 생기면서 타인의 의도나 동기를 추론할 수 있게 되면, 타인의 우연한 공격적 행동의 원인을 고의로 해를 가하려 했다는 공격적 의도로 추론하는 경향이 높아진다. 따라서 5~6세 경부터 적의적 공격성이 증가하게 된다. 공격성은 지속적이다. 또한 10세에 공격적인 아동은 성인 초기 가족관계에서 보다 많은 갈등을 갖는다는 보고도 있다.

3) 공격성 발달에 영향을 미치는 요인

(1) 생물학적 요인

남성호르몬은 공격성을 유발하는 주요 요인으로 인식되고 있다. 남아의 공격성이 여아보다 높은 것은 선천적으로 부여되는 남성호르몬이 공격성을 촉진하기 때문인 것으로 설명된다. 근래에 남성호르몬이 공격성을 촉진한다는 생물학적 결정설에 비판이 제기되고 있다. 남성이 보다 공격적인 것은 생물학적 차이 때문이 아니라 남성과 여성의 사회적 역할의 차이 때문이라는 것이다. 따라서 성호르몬이 공격성 발달에 영향을 미치는 요인일 것이라는 가설은 타당하지 않다는 것이다. 공격성의 생물학적 요인과 관련하여 보다 근래에 기질이 공격성과 관련된다는 가설이 제기되고 있다. 그러나 기질과 공격성 간의 관계를 명료히 이해하기 위해서는 앞으로 보다 많은 연구가 필요하다.

(2) 사회적 요인

공격성은 모방과 강화에 의해 획득되는 경향이 높으므로 아동이 성장하고 있는 사회환경은 공격성 발달에 중요한 영향을 미친다. 아동에게 처벌을 가하는 부모의 행동은 공격행동의 모델로 작용함과 동시에 공격적인 행동이 타인을 통제하는 가장 중요한 수단이라는 것을 아동에게 인식시키게 된다. 이러한 부모의 강압적 행동은 아동의 공격성을 높이며, 나아가 부모의 강압적 통제를 강화하는 악순환을 반복하게 된다. 형제관계에서도 마찬가지로 상호 강압적이며 적의적인 대치 양식은 서로의 공격성을 촉진하게 된다.

학습과제

1. 분노 관리 이론에 대해서 나열해 보자.
2. 분노 관리의 변화 단계에 대해서 정리해 보자.
3. 자신의 행복원리에 대해서 고찰해 보자.

CHAPTER 4

분노 변화 과정

이 장에서는 분노의 변화 과정과 방법을 검증하고 분노의 발생 단계를 특정하여 분노의 표현에 행복을 추구해 본다.

+ 분노의 변화 과정을 파악하고 분노의 변화에 대해 알아본다.
+ 분노의 변화 과정을 이해함으로써 분노의 변화를 인식할 수 있다
+ 분노의 변화 과정을 이해함으로써 분노 표현으로 인한 행복 추구에 대해 알아본다.

1. 분노 변화 단계

내담자가 바뀔 준비가 되어 있지 않으면 분노를 억제하기 위한 협조 작업을 할 수 없다. 유감스럽게도 모든 사람이 분노 변화를 원하는 것은 아니다. 그래서 첫 번째 과제는 필요에 따라 변화의 동기를 평가하고 그것을 높이는 것이다. 내담자가 화를 내는 것도 이점이 있지만, 분노의 반응이 강하고, 자주 나타나면 스스로 대가를 치르고 있는 것 같은 생각이 든다.

대부분의 내담자들은 자신의 분노가 스스로의 문제라는 것을 전혀 이해하지 못하고 아내, 자녀, 부모, 상사 등 상대방이 바뀌도록 도와달라고 부탁한다. 즉, 상대방의 행동이 개선되면 자신의 분노는 사라진다고 말한다. 그들은 다른 사람이 실질적인 분노의 원인이라고 믿는다. 따라서 분노관리사가 취해야 할 행동의 첫 번째 목표는 분노의 문제가 자기 자신의 문제이자 해결해야 할 문제임을 일깨우는 것이다. 문제에 대한 책임을 가지는 것이, 변화에 대한 동기를 부여하는 첫 번째 단계다.

이런 관점에서 볼 때 Prochaska & Diclemente(1983)는 분노의 변화를 5단계로 제시했다. 이들의 분노 변환 단계 모델은 왜 일부 내담자는 변화를 위해 받아들이지 않고, 왜 어떤 내담자는 노력하고 진보하는지 이해하기 위한 준거를 제공해 준다.

1) 인식 전단계

이 단계의 내담자들은 변화를 모른다. 내담자는 문제가 있다는 것을 인식하고 있지 않기 때문에 분노 억제에 대한 욕구가 없다. Prochaska & Diclemente는 사전 계획 단계와 초기 단계에서 동시에 표시되거나 선행하는 2개의 단계로 비계획 단계와 반계획 단계를 제시했다. 우선 비계획 단계(non-comtemplation)에서는 일반적으로 자신의 분노를 인식하지 않으며, 변화의 중요성 또한 인식하지 못한다. 이들은 타인이나 자신에 대한 분노의 결과를 모르고 있으며, 전체적인 기능 수준이 향상될 수 있음을 알지 못한다. 이러한 내담자는, 실제로 변화를 회피하거나 그에 반대하는 활동을 한다.

반면 반계획 단계(anti-contemplaton)에서 내담자는 변화에 대한 적극적인 프로세스를 보인다. 이러한 내담자는 타인에 대해 매우 저항하고, 회피하며, 비판한다. 그들은 말한다. "저는 전혀 잘못이 없습니다. 변화할 필요도 없습니다. 그래서 나는 이 상담에 참여하지 않을 것이고 당신에게 부탁하지 않을 것입니다." 이 단계의 내담자들은 자신의 의지로 도움을 얻는 것이 아니라 가장 잘 설계되고 과학적 근거를 가진 변화 전략에도 저항할 것이다. 따라서 준비와 동기가 생길 때까지 정식 협의를 늦추는 것도 좋은 전략이다.

2) 인식 단계

이 단계의 내담자들은 개인의 분노를 줄이는 데 원인과 결과를 평가하고 있지만 변화 작업에 대해서는 아직 공식적인 결정을 내리지 않고 있다. 그들은 분노의 안내서를 받거나 다양한 매체나 사람들로부터 분노를 억제하기 위한 정보를 받을 수도 있다. 이로 인해 내담자가 반드시 참여해야 한다는 의무감을 느낄 필요는 없지만, 변화 가능성의 중요성에 대해 적극적으로 생각할 수 있다. 내담자들은 "화 좀 덜 냈더라면 상황이 좀 더 나았을지 몰라. 그러나 확신할 수는 없어"라고 말한다. 그리고 적극적인 저항은 거의, 혹은 전혀 없다. 오히려 개인적인 의문을 가지는 단계이다.

3) 준비 단계

내담자가 이 단계에 있으면 변화를 분명히 결단했기 때문에 즉시 행동으로 옮길 수 있다. 일반적으로 1~2개월 이내에 변화할 내담자가 분명하므로 담당자는 변화 시도 과정에 동행하는 것을 검토하고 있다. 과거에 변화를 시도했지만 성공하지 못했을 가능성이 높기 때문에 이제 변화에 필요한 정보를 제공할 수 있다.

Prochaska & Diclemente는 이를 행동계획 단계라고 하였다. "지금은 분노에 대처할 생각입니다"라고 이 단계의 내담자들은 말한다. 그들은 분노를 관리하기 위한 공동전략을 계획하고, 귀를 기울이고, 발 벗고 나선다. 그들은 변화할 준비가 되어 있고 적극적으로 변화를 제안한다. 다만, 이것은 이상적인 사례이므로, 약간의 조정이 필요하다.

4) 실행 단계

이 단계에서 내담자는 변화 전략을 실행하고 시간과 노력을 투입하여 변화를 진행할 수 있다. Prochaska & Diclemente에 의하면, 어떤 내담자는 계획에서 활동으로의 변경, 준비에서 행동으로의 변화 과정을 마치 자동차를 중립에서 드라이빙 기어로의 바꾸는 것과 유사하다고 하였다. 즉, 차의 기어가 중립 위치에 있을 때는 미러의 위치를 확인하고, 연료의 게이지가 어떤지, 자동차 문이 확실히 잠겼는지 확인하고, 운전할 준비를 한다. 그러나 이 모든 것이 실제로 운전하는 행동은 아니다. 실제로 차의 시동을 걸고 구동장치가 작동하고 있을 때 비로소 시작되는 것이다.

실행 단계에서는 문제가 발생할 수 있다. 예를 들어 내담자는 분노관리사의 의견에 반하는 전략을 행할 수 있다. 이 때문에 분노관리사는 내담자에 대한 치밀한 면담을 통해 이들 문제에 대한 답을 얻을 수 있고 어떤 방향이 가장 효과적인지 알 수 있다. 또한 실행 단계에서 내담자는 분노관리사와 협력하여 변화를 일으키고 진행을 계속하기 위해 필요한 행동 기술은 무시할 수 있다.

이 과정에서 변화를 일으킨 내담자들조차 변화가 진정될 때까지 다시 분노가 재발할 수 있다. 이와 같은 재발의 단계에서는 즉시 대처해야 한다. 사전 재발 단계, 현재 발생 단계, 재발 단계에서는 '어떻게 변화 과정에 다시 들어갈 수 있는가?'라는 기본적인 질문을 하며 치료방향을 재설정해야 한다. 이를 위해서는 논의가 필요하고 전체적인 면에서 변화된 과정이 언제 소실되었는지 알 수 있도록 도와주어야 한다. 대부분 '터널 끝의 빛'을 볼 수 있는 대화를 통해 변화에 대한 동기부여를 높일 수 있다.

5) 유지 단계

이 단계의 내담자는 이미 분노가 감소된다. 그렇기 때문에, 이미 행해진 변화를 강화하고 싶어 한다. 대부분 이러한 내담자들은 매우 긍정적인 태도를 가지고 있다. 따라서 상담에 의해 얻은 변화나 행동의 변화를 보다 공고히 하고 조정하는 것이 비교적 용이하다. 이 단계의 목표 중 하나는 내담자를 자신의 치료자로 만드는 것이다. 즉, 분노 관리에 대한 의존을 줄이고 자제심을 높이는 것이다. 이를 통해 자립적인 성인은 임상적인 개입 없이 통제력을 높일 수 있게 된다.

2. 분노 관리의 기본 원리

1) 분노 관리방법

분노는 오랜 기간 분노 치료 또는 분노 조절과 같은 주제로 다루어져 왔으나, 분노 관리를 이론적으로 다룬 것은 Howard & Raymond(2002)의 저서 〈Anger

표 4-1 분노 관리방법

구분	학자	주요 내용
인지적 재구성	McAll(1982)	분노는 분노를 느끼고 있는 자신의 사고를 전환하지 않으면 회복 및 해결이 어렵게 되는데 이처럼 인식을 전환하는 것을 일컬어 '인지적 재구성'이라고 한다. 그러므로 어떤 사건을 경험했을 때 그것을 자동적 분노로 이끄는 구조를 찾아내는 것이 중요하다.
분리	Parrott(1994)	분리는 원래 대상관계 이론에서 다루어지는 용어로서, 그 의미는 유아가 좋은 사람과 나쁜 사람을 분리해 내고 좋은 사람에게 호감을 느끼고 나쁜 사람을 거절하는 것을 배우게 됨으로써 정신 질환에 노출된다는 의미이다. 즉, 분노를 극복하기 위해서는 그 반대의 개념으로 상황과 본질을 분리해 내야 한다. 사실과 느낌, 그리고 상황과 본질을 분리하지 못하기 때문에 부정적인 감정에 직면할 때 분노를 비롯한 심각한 문제를 야기한다.
욕구 및 기대 감소	McMinn & Phillips(2001)	모든 분노는 자신의 욕구나 기대가 충족되지 못했을 때 발생하는 정서이다.
	Jones(1986)	자신의 욕구나 기대를 감소시킬 때 분노도 감소할 수 있다. 모든 정서의 이면에는 특별한 관심이 있게 마련이다. 즉, 분노의 이면에는 그것에 대하여 분노를 나타낼 만큼 관심과 욕구, 기대, 이익 등이 있었으나, 그것이 충족되지 못했다는 것으로 분석할 수 있다.
고백을 통한 정화	Crabb(1984)	인간들은 때에 따라서는 고통스러운 환경에 처해도 마치 분노가 없는 것처럼 자신의 정서를 억누르면서, 분노의 감정을 드러내서는 안 되는 것으로 생각하므로 분노를 위장하려고 한다.

자료 : 이순배 재구성(2021).

Management〉에서부터이다. 사실 어떠한 방식의 분노 관리도 모든 내담자에게 완전할 수는 없다. 즉, 아동, 청소년, 성인, 노인 등에게 분노를 촉발하는 사건이 너무 광범위하고 다양하며, 내담자의 살아온 환경이 너무 다르므로 통합화된 분노 관리방법을 만들기는 쉽지 않을 뿐만 아니라 현명하지 않을 수도 있다.

일반 상담 및 심리치료에서는 감정 표출 요법이 효과가 있다고 입증하면서 이를 권장하고 있다. 감정 표출 요법은 분노를 느끼는 사람이 언어적, 그리고 물리적으로 자신의 분노를 표출하도록 북돋아 주는 방법이다. 선행 연구를 통해 분노 관리방법을 살펴보면 [표 4-1]과 같다.

또한 요즘 사람들은 사소한 일에도 잘 예민해진다. 이는 어떤 사건이 종료되기 전에 다른 사건이 발생하여, 사건이 연속적으로 발생하기 때문이다. 바쁘고 피곤한 일상에 시달리다 보니 상대가 조금 불쾌한 말을 해도 불쑥 반응한다. '지하철 막말녀'나 '편의점의 폭풍녀'가 그 예이다. 뿐만 아니라 연이어 발생한 일련의 사건들 때문에 사람들은 지쳐 쓰러진다. 부정적인 사건이 단시간에 계속 발생하고 축적된다면 심각할 경우 우울증이 발생하고, 극단적인 경우 자살에 이를 수도 있다. 그렇다면 분노를 적절하게 관리하려면 어떻게 해야 할까? 다음 내용을 통해 정겸구(2012)가 제시한 분노 관리의 기본 원리를 살펴보자.

2) 분노는 선택이다

(1) 선택적 측면에서의 분노

[그림 4-1]과 같이 외부현상(A)이 반드시 분노(C)를 일으키는 것은 아니다. 분노를 일으키는 것은 그 외적 자극에 대한 내 선택(B)이다. 즉, 같은 조건이라도, 나의 선택에 따라서는 분노가 일어날 수도, 그렇지 않을 수도 있다. 더 나아가 고마움을 느낄 수도 있다.

이처럼 현명하게 분노를 관리하기 위한 첫 걸음은 '분노는 선택'이라는 명제를 인식하는 것이다. 많은 사람들은 상대방 때문에 화가 났다고 생각한다. 상대

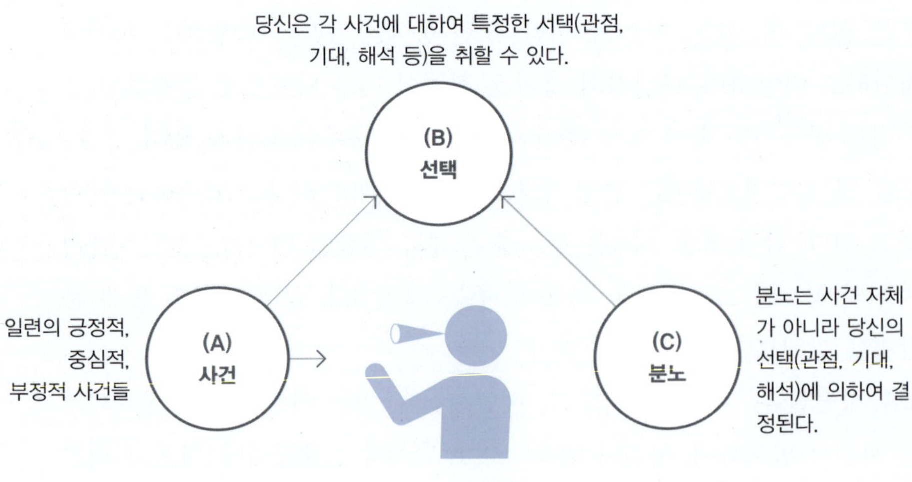

그림 4-1 분노는 나의 선택이다

방이 약속을 지키지 않거나, 거짓말을 하거나, 모욕을 주었기 때문이라고 생각한다. 그러나 같은 상황에서도 분노는 나의 선택에 의해 야기될 수 있고, 그렇지 않을 수도 있다.

(2) 분노의 표현방법

① **표출형 :** 상황에 따라 표정뿐 아니라 목소리의 크기나 행동이 커질 수 있다.

② **억제형 :** 비록 속으로 화를 내더라도 드러내지 않는다. 상대방이 "괜찮아요?" 라고 묻지만 겉으로 표현하지 않고 마음속으로는 부글부글 끓고 있다.

③ **조절형 :** 분노를 나름대로 적절히 표현한다.

(3) 파괴적 분노와 건설적 분노

선택에 따라 분노는 치명적인 결과를 가져오거나 건설적인 결과를 초래할 수 있다. 분노의 격한 에너지를 생각한다면 올바른 방향을 택해 건설적이고 창조적인 활력으로 활용할 필요가 있다.

건설적인 분노는 사회와 국가 발전에도 큰 영향을 미친다. 4·19 혁명, 5·18 민주화운동, 6·29 선언과 같은 사회적 변혁은 집단적 분노의 결과다. 외국에서의 프랑스 혁명과 미국 독립전쟁도 집단적 분노의 결과다.

하지만 괴멸적인 결과도 있다. 1992년 로스앤젤레스 폭동은 사망자 1명, 중상자 46명, 한국기업 2,280곳에 약 4억 달러의 손해를 입히는 등 우리 사회에 괴멸적 타격을 주었다.

이처럼 분노는 양날의 칼과 같다. 물이 범람을 일으키기도 하지만, 반대로 수력 발전의 힘이 되는 것과 비유할 수 있다.

(4) 인생의 목적은 행복인가, 분노인가?

행복한 삶을 살고 싶다면 분노가 아닌 행복을 택해야 한다. 분노와 행복을 동시에 경험할 수는 없으므로 행복을 선택하면 분노는 저절로 줄어든다. 같은 상황에서 그들은 논리의 차이로 인해 화를 내거나, 화를 내지 않거나 둘 중 하나이다.

3) 분노, 초기에 제압하라

어느 누구도 분노로 자신이나 상대를 죽이고 싶어하지 않는다. 그럼에도 불구하고 분노에 휩싸이면 끔찍한 사건들이 발생한다. 분노는 일정 수준을 넘으면 쉽게 제어할 수 없게 되기 때문이다. 즉, 분노에 휩싸이면 이른바 '터널 시야'를 갖게 된다. 분노한 상태에서는 정보 처리가 제한되어 상대방을 혼내는 방법만 신경쓰기 때문이다. 결과적으로 일단 돌아올 수 없는 경계선을 넘어서면 성인군자도 통제할 수 없는 심각한 결과가 초래된다. 따라서 그러한 상황으로 가기 전에 적절한 대처를 취하는 것이 중요하다.

(1) 분노를 일으키는 주요 원인

전겸구(2012)는 분노의 주요 원인을 다음과 같이 정리하였다.

① 자신이 하고 있던 일이 방해받았을 때
② 자존심이 상했을 때
③ 개인적인 기대나 희망에 반할 때
④ 사회적으로 공유된 기대나 법률에 어긋났을 때
⑤ 실제로 어떤 물건이 망가졌을 때
⑥ 육체적인 상처나 통증이 있을 때

(2) 분노를 불러일으키는 주요 화제

분노의 원인을 화제별로 세분화하면 다음과 같다.

① 방해(예 : "축구는 그만하고 빨리 돌아가라.")
② 모욕, 무시(예 : "돈도 못 버는 게 무슨 남자야?")
③ 부당한 요구(예 : "여자니까 커피나 타오지 그래?")
④ 불공평(예 : "돈 없는 사람은 이번에 빠져.")

⑤ 배신(예 : "당신이 군대에 있는 동안 나 새로운 애인이 생겼어.")

⑥ 약속위반(예 : "이번 달은 안 되니 다음 달에 빌린 돈을 갚을게.")

⑦ 그 밖에 근거 없는 비난, 거짓말, 경거망동, 물적 손해, 고통, 상해 등이 분노를 낳고 말이나 말로 표현할 수 없을 때도 있다.

(3) 상대방의 주요 언어적 자극

① 위협(예 : "지금 가만있지 않으면….")

② 매도(예 : "여자들이란….")

③ 비난(예 : "당신은 내 인생을 망쳤어.")

④ 불평(예 : "가사에 관해서는 손 하나 까딱하지 않잖아.")

⑤ 벽창호 같은 발언(예 : "지금 우리 사이에는 이야기할 게 없어.")

⑥ 무시(예 : "이걸 반찬이라고 만든 거야?")

⑦ 육두문자(예 : 욕설)

⑧ 비꼬는 미소

(4) 상대방의 주요 비언어적 자극

① 눈을 가늘게 뜸

② 인상을 씀

③ 손가락질을 함

④ 몸을 밀침

⑤ 깔보듯 팔장을 낌

⑥ 물건을 차거나 던짐

(5) 분노의 조기 억제법

① 분노온도계 만들기 : 조기에 분노를 억제하기 위해서는 상기 주요 자극을 본인의 입장에서 시작 단계, 상승 단계, 위기 단계로 정리한 분노온도계를 작성해야 한다. 첫 단계는 분노가 시작되는 단계이고, 상승 단계는 분노가 끓는

단계이며, 위기 단계는 분노가 연속되는 단계이다. 이 체온계를 만드는 목적은 분노의 양상을 파악하고 정리하여 자기 자신이나 타인에게 돌이킬 수 없는 피해를 주지 않도록 하는 것이다.

② 30초간 참기 : '참다'의 뜻은 인내가 아니라 상황이나 시간에 따라 적절히 참았다가 분노를 나타내는 인내를 의미한다. 첫 단계에서 마음속으로 숫자를 30까지 세어 본다.

③ 생산적이고 긍정적인 것에 즉시 주의를 기울이기 : 화가 나면 분노에서 벗어나 더 생산적이고 긍정적인 것에 주의를 기울이는 것도 효과적이다.

4) 상대방의 입장에서 바라보라

사람들은 보통 자신의 관점에서 사물을 바라본다. 그러나 자신의 입장에서 사물을 보면 화를 내기 쉽고, 상대방의 입장에서 보면 화를 내도 빨리 사라지기 쉽다. 따라서 상대방의 입장에서 바라보는 훈련이 필요하다.

상대방의 입장에서 바라본다는 것은 정확히 어떤 의미일까?

첫 번째 단계는 배우자, 연인, 부모, 자녀, 친구, 동료, 상사, 이웃 등을 이해하는 것이다. 다시 말해서, 스스로에게 질문을 해보는 것이다. '나는 그런 행동을 한 적이 없는가?', '그런 상황에서 나는 어떻게 했을까?'와 같은 식의 연습을 반복하면 화를 다스리는 데 도움이 된다.

두 번째 단계는 상대방의 성별, 문화, 역할을 고려하여 이해하는 것이다.

① 남성이 알아야 할 여성의 특징

- 여성은 이해하기를 원할 뿐 충고는 바라지 않는다.
- 여성은 공감을 필요로 한다.
- 여성은 관계를 중시한다.

② 여성이 알아야 할 남성의 특징

- 남성에게 자존감은 중요하다.
- 남성들은 도움과 충고를 주고 싶어 한다.
- 남성은 수다를 이해하지 못한다.

위에서 설명한 성의 차이, 그리고 그동안 제기되어 온 가정과 세대 간의 역할 차이를 염두에 두는 것이 중요하다. 처음에는 상대방의 입장에서 생각하기 어려울 때가 있다. 그러나 지속하게 되면 점차 그것에 익숙해지게 된다.

5) 쓸데없는 당위적 기대를 바꿔라

당위적 기대는 '반드시 ~해야 한다'거나 '반드시 ~해서는 안 된다'는 기대나 신념이다. 우리는 이 정당한 기대가 지켜지지 않을 때 분노를 나타낸다. 분노를 다스리기 위해서는 분노와 어떤 기대 심리가 연관돼 있는지 조사하고 이러한 기대 심리가 타당한지 확인할 필요가 있다.

그러나 인간의 삶에서 '반드시 ~해야 한다'를 기대하는 것은 비합리적일 때가 많다. 예를 들어 '약속하면 제시간에 와야 한다'가 당위적 기대인 경우 이는 현실적으로 어려운 일이다. 이것을 나에게 적용해 보면, "내가 항상 시간을 잘 지켰던가?"라는 뜻이다. 이런 관점에서 보면 당위적 기대는 무리가 있다는 것을 알 수 있다.

분노 조절에 적용할 때는 이런 기대를 '소망적 기대'로 바꾸는 것이 효과적이라고 한다. 소망적 기대는 '가능하다면, 나는…'이라는 형태로 전환하는 것을 말한다. 이것이 조금 더 발전하면 '인간적 기대'로 변한다. 인간적 기대는 그(녀)와 내가 인간이기 때문에 가능한 일이라며 기대를 바꾸는 것이다. 인간에게 적용되는 인간적 기대와 더불어 날씨, 노화, 질병, 상실 등 자연현상에 대해 긍정적인 점을 찾는 훈련도 분노를 다스리는 데 도움이 된다고 한다. 이런 식으로 우리 인간 생활에는 우리가 개인적·사회적·국가적으로 지켜야 할 원칙이 있다. 다만 우리가 믿는 합리적 기대가 사실인지 따져볼 필요가 있다. 비합리적인 정당한 기대감에 의해 야기되는 불필요한 분노가 건강하고 행복하며 성공적인 삶을 방해하기 때문이다.

6) 왜곡된 현실 인식을 바꾸어라

안타깝게도 우리 인간은 대부분 색안경을 끼고 현실을 본다. 또 이것은 불필요한 오해, 갈등, 분노를 낳는다. 우리 인간이 가지고 있는 왜곡된 현실 인식의 대표적 유형은 다음과 같다.

- 개인화 : 다른 사람의 언행이 증거 없이 당신을 향하는 것처럼 느낀다.
- 독심술적 사고 : 확인해 보지도 않고 다른 사람의 감정, 동기, 생각을 알고 있다고 생각한다. 예를 들면, 식당에서 서비스가 늦어지면 직원들이 나를 우습게 보고 있다라고 생각한다.
- 비난 : 다른 누군가가 당신에게 부당하게 잘못하고 있다고 생각한다.
- 선동적 낙인 : 선동적 이름으로 낙인 찍는다. 예를 들어, 상사가 마음에 들지 않을 때는 "잘한다, 회사 말아먹으려고 작정했구나"라고 비난한다.
- 공황화 : 실제보다 더 심하게 과장하고, 상황을 부정적으로 생각한다.
- 흑백 논리적 사고 : 사물을 흑과 백으로 보며 중간이 없다.

분노 관리를 위해서는 이 뒤틀린 부정적 현실 인식을 바꾸는 과정이 필요하다. 불필요한 분노를 줄이는 데 집중한다면 '합리적인 지각'을, 행복한 삶을 원한다면 '긍정적 지각'을 선택하면 된다.

7) 통제할 수 있는 상황과 통제할 수 없는 상황을 구분하라

인간은 자신과 주변 세상을 통제하고 싶어 한다. 그럼 자기 자신이나 주위를 얼마나 통제할 수 있을까? 먼저 가족, 동료를 살펴보자. 이들 중 어느 것을 쉽게 통제할 수 있을까? 아마 어린아이 말고는 쉽지 않을 것이다. 우리를 둘러싼 환경을 통제하는 것은 쉽지 않다. 하물며 스스로를 통제하는 것도 쉽지 않다. 그래도 사람들은 자신이나 주변 사람들에게 피해를 끼치면서까지 그것을 원하고 자신이 할 수 없는 상황에 화를 낸다.

분노 관리에서는 분노를 자극하는 상황에 직면했을 경우 가능하면 적극적으로 변화시키라고 한다. 그러나 상황이 바뀌지 않으면 수용하라고 한다. 성경에 소개된 '다윗 왕의 지혜'를 통해 그 해결방법을 다음과 같이 설명해 보고자 한다.

우리는 다윗 왕의 자세에서 다음과 같은 사실을 알 수 있다.

첫째, 우리가 바꿀 수 있는 상황 속에서 최선을 다하라. 비록 가능성이 낮다고 하더라도 끝까지 최선을 다할 때 기적이 일어날 수 있다.

둘째, 원하지 않는 결과가 발생했더라도 그 상황을 수용해라.

셋째, 결과에 연연하지 말고 행복한 삶을 살기 위해 전진하라. 실패하더라도 새로운 도전과 더 큰 행복을 위해 전진하라.

8) 반복되는 분노를 억제하라

분노했던 사실에 다시 화가 나고 분노가 나타난다. 우리 평생의 분노를 되짚어 보고 다음 질문에 대한 답을 찾아보자.

- 당신의 인생에서 가장 심각한 분노 상황은 어떤 것입니까?
- 그 상황에서 분노를 느낀 적이 몇 번 있나요?

우리는 분노의 원인이 딱 하나였는데 같은 상황에서 분노를 반복한다. 분노 관리의 관점에서 보면, 첫 번째 분노는 비록 상대방 탓이더라도 두 번째 분노부터는 스스로 자신을 죽이는 것이 된다. 이러한 원리를 '자기 계발적 분노'라고 한다.

이대로 분노를 반복하면 두통이나 소화 불량, 불면증에 시달리게 된다. 약을 먹거나 병원에 가야 하는 상황에 직면할 수도 있다. 많은 분노를 겪을수록 빨리 죽음을 맞게 된다. 또한 잦은 분노는 인간관계에 문제를 일으키고 치명적인 실수를 불러온다. 이런 상황 속에서 분노는 한 번으로 충분하다는 원칙을 명심할 필요가 있다.

유대교 격언 중에는 오른손으로 벌하고 왼손으로 끌어안으라는 말이 있다. 실제로 유대인 부모들은 자녀들이 낮에 겪은 분노와 슬픔, 공포 등 감정적 스트레스를 해소할 수 있도록 배려하고 있다. 아무리 꾸짖어도 어린 마음에 원망이 남지 않도록 잠잘 때만은 다독인다. 이 유대교의 전통은, 아이들이 과거를 되돌아보게 해 그것에 얽매이지 않도록 이끈다. 아이들이 앞날을 내다보고 적극적으로 사는 훌륭한 인간으로 성장하는 바탕이기도 하다.

9) 자기 존중감을 키워라

일반적으로 열등감이 높은 사람은 사소한 일에도 쉽게 화를 내지만 자존감이 높은 사람은 웬만한 경우가 아니면 화를 내지 않는다. 자존감과 분노 사이에는 밀접한 관계가 있다. 연구에 따르면 자존감이 낮은 사람은 더 많이 분노를 느낀다.

자존감은 필요한 것은 뭐든지 할 수 있다는 자신감이고, 사랑받고 존경받을 가치가 있다는 자기 가치감이다. 그런 자존감이 있는 사람은 주위 사람들과 쉽게 교류하며 자신의 평판에 신경을 쓰지 않지만 낮은 사람은 다른 사람의 말에 민감하다.

분노 관리의 관점에서 자존감과 관련하여 실천해야 할 사항은 다음과 같다.

(1) 무조건적인 사랑을 체험하라

무조건적인 사랑은 상대를 자신의 기준으로 판단하지 않고 있는 그대로 받아들이고 사랑하는 것이다. 아이들은 무조건 사랑받을 때 자존감이 높아진다. 하지만 성장 과정에서 무조건적인 사랑을 받지 못한다면 어떻게 해야 할까? 지금부터라도 무조건적인 사랑을 주는 것이 더 효율적이다.

심리학적으로 자기 자신에게 불만족스럽고 스스로를 사랑하지 않는 사람은 다른 사람을 사랑할 여유가 없다. 나아가 자신을 사랑하지 않는 사람들은 자신에 대한 불만을 상쇄하기 위해 남을 비난하고 비방한다. 내가 다른 사람을 비판하는 사람이라면 무엇보다 내 자신을 돌아볼 필요가 있다. 타인에 대한 비판은 자신에 대한 내부 불만일 가능성이 높기 때문이다. 자신을 가장 먼저 사랑하자.

(2) 무조건적인 자기 가치에 대한 자존감을 확신하라

우리 모두는 이 세상에서 유일한 소중한 존재다. 남자든, 여자든, 대통령이든, 직원이든, 어른이든, 아이든, 장애인이든, 비장애인이든 우리는 모두 자신의 가치를 가지고 있으며 그만한 대우를 받을 자격이 있다. 무조건적인 가치는 이미 출생 순간에 존재하기 때문에 그것을 획득하거나 증명하기 위해 열심히 노력하지 않아도 된다. 이러한 무조건적인 자기 가치의식을 저해하는 요인은 다음과 같다.

- 외부 조건에 대한 집착
- 무엇을 다른 것과 비교하는 행위

(3) 끊임없이 성장하라

심리학자 Rogers는 인간은 '자아 실현 욕구'가 있는데, 이는 지금보다 나아지려는 경향으로 잠재력 개발을 통해 성취될 수 있는 기본 욕구라고 하였다. 잠재력을 깨달으면 매 순간 보람과 행복을 느낄 수 있을 뿐만 아니라 성공적인 삶을 영위할 수 있다. Maslow는 '정상적 경험'을 자기 충족의 특징으로 제시했다. 정상 체험은 마치 산꼭대기를 오르는 듯한 만족과 기쁨을 의미한다. 이러한 정상적 경험의 만족감과 희열 때문에 가난을 받아들이는 화가, 밤늦게 공부하는 학자, 그리고 먹지 않고 연습하는 연극배우들이 있다.

10) 분노를 넘어 행복하라

우리들 대부분은 행복을 추구하며 산다. 그러나 그들 중 다수는 실제로는 불행한 삶을 살고 있어 불필요한 분노를 경험한다. 분노 관리 관점에서 행복은 중요한 함축적 의미를 가진다. 즉, 부정적 접근법보다 긍정적 접근이 더 효과적이라는 점이다. 사실, 많은 연구들은 칭찬이 처벌보다 더 효과적이라는 것을 증명하고 있다. 화를 누그러뜨리기보다 행복을 강조하는 것이 더 효과적인 분노 관리법이라는 것이다. 인생을 행복으로 가득 채우면 분노는 자연히 사라진다. 행복한 삶에 집중하면 분노는 자연스럽게 가라앉는다.

그러면 우리는 어떻게 행복할 수 있을까? 행복한 삶을 살기 위해 우리가 알아야 할 행복의 세 가지 원칙은 다음과 같다.

(1) 행복은 자신이 원하는 것을 얻는 것이다

행복을 원한다면 인생에서 진정으로 원하는 것을 추구하는 것이 중요하다. 정말 하고 싶은 일을 하면 몰두하게 되고, 그 다음에 좋은 결과를 얻게 되며, 행복과 성공이 자연스럽게 이루어질 것이다. 또한 쉽게 얻는 작은 행복을 즐겨라. 큰 상과 목표만 추구하기보다는 주위의 소소한 행복 요소를 찾아보는 것이다(차동엽, 2012).

(2) 행복은 긍정적인 프레임에서 온다

사물은 보는 시각에 따라 달라진다. 긍정적인 관점은 행복에 필수적이다(차동엽, 2012).

(3) 행복은 외적인 조건이 아니라 내적인 조건이다

행복은 외부 조건과 거의 관계가 없다. 행복이 외부 조건의 영향을 받는다면 언제나 불안정한 상태가 되어 불행에 빠질 가능성이 높다. 외부 조건에 행복이 놓이면 제로섬 게임이 발생할 수 있다. 따라서 대부분의 사람들은 제한된 자원(돈,

권력, 승진)을 추구할 가능성이 높다. 즉, 그러한 외부 조건의 합은 0이다. 한 사람이 전체 몫을 더 많이 가지면 다른 사람은 덜 가지게 된다. 이 과정에서 갈등이 생기고 사람들은 분노를 경험한다. 한편, 외부 조건 대신 내부 성장을 추구한다면, 0인 인격의 함정을 피할 수 있다. 예를 들어 독서를 통해 지식과 지혜를 넓히고, 타인에게 관심과 사랑을 주고, 절대자와 영적 관계를 넓히는 것은 결코 타인에게 피해를 일으키지 않는다. 이렇게 해서 우리는 한정된 행복보다 더 큰 행복을 느끼려고 노력하는 삶을 통해 분노를 이겨내고, 우리의 삶이 건강하고 행복하고 성공적이기를 바란다.

학습과제

1. 분노에 대한 다양한 이론을 제시해 보자.
2. 분노의 변화가 일어나는 단계를 자세히 보고 각 단계에서 분노의 특징을 설명해 보자.
3. 분노 관리의 원리와 분노 표현 관점에서 행복 추구에 대해 제시해 보자.

CHAPTER

5

분노에 대한 발달 심리 이론

이 장에서는 분노와 관련된 여러 심리학자들의 이론을 이해함으로써 이론들을 보다 더 심층적으로 다루어 보고자 한다.

+ Freud의 정신분석 이론의 관점과 발달 단계를 살펴본다.
+ Erikson의 사회심리 이론의 관점과 발달 단계를 살펴본다.

1. Freud의 정신분석 이론과 발달 단계

그림 5-1 Freud
자료 : 위키백과.

Freud는 1856년 모라비아 프레이베르그에서 출생하여 오스트리아에서 의사 활동을 하면서 1987년 자기분석을 시작으로 하여 자신의 신경증에 관련된 문제를 불안 신경으로 진단하게 된다. 1900년 〈꿈의 해석〉을 발표하고 1920년대에 인간의 동기를 바탕으로 한 성격 이론과 그 체계를 정립하고 발달시키게 되었다.

정신분석이란 인간의 마음이 어떠한 과정을 통해 작동하는지 이해하는 하나의 심층적인 방법으로, 분석가는 내담자와의 대화를 통하여 그들의 마음을 이해하고, 이러한 이해를 다시 내담자가 받아들일 수 있도록 함으로써 내담자가 자신의 문제점을 파악하고 해결하는 데 도움을 받게 되는 치료법을 말한다.

정신분석 이론의 가정은 두 가지로 나누어진다. 첫 번째는 지금의 어떤 사람의 행동 및 사고, 감정 등이 현재의 상태에서 우연히 일어나는 것이라기보다는 과거에 그 사람이 겪었던 여러 가지 사건에 의하여 표출되고 결정된다는 것이다. 두 번째는 이러한 과거의 사건이나 상황과 현재의 행동 및 감정, 사고 등의 연결이 우리가 알고 있는 의식으로는 잘 설명되지 않지만, 우리가 잘 모르고 있는 자신의 어떤 마음의 부분인 무의식을 이해하게 되면 훨씬 설명하기가 쉬워진다는 것이다. 그리고 평소에는 잘 모르고 있는 우리 각자 마음의 일부분인 무의식이 사실은 자신의 마음의 대부분을 차지하고 있다.

Freud의 이론은 인간 개인의 성격에 있어서 주요한 추진력을 충동으로 보는 본능 이론으로서 그는 본능의 범주를 삶 본능과 죽음 본능의 두 가지로 구분하였다. 삶 본능이란 인간의 생존을 위한 식욕이나 성욕 등과 같은 기본적인 생물학적 욕구 충족에 기여하며, 삶 본능에 의하여 나타난 정신 에너지를 '리비도(libido)'라고 부른다. 이러한 리비도가 한 사람이나 어떤 대상에게 집중되는 것을 '리비도 집중'이라고 한다. 즉, 삶 본능은 성과 연관되며, 사람에게 쾌락을 주는 모든 행동이나 사고를 포함한다. 또한 죽음의 본능이란 모든 사람은 죽는 것에 대한 무의식적 소망이 있다는 것으로, 죽음 본능의 주요 구성요소는 공격성이라고 할 수 있다.

그는 인간을 비합리적이고, 결정론적인 존재로 가정하면서 인간의 행동은 기본적인 생물학적 충동과 본능을 만족시키고자 하는 욕망에 의하여 무의식적으로 동기화되는 것으로 보고 있다. 그리고 인간은 출생에서부터 5세 사이의 어린 시절에 경험하게 된 무의식 속에 잠재되어 있는 심리적이며 성적인 사건과 경험들에 의하여 결정되어 있는 존재라고 본다. Freud는 성격발달에 있어서 3가지의 의식 수준인 의식, 전의식, 무의식을 주장하였고, 그중에서도 특히 무의식적인 심리 과정이야말로 인간의 행동에 가장 중요한 영향을 미친다고 보았다.

1) 의식의 수준

(1) 의식

한 개인이 감각기관을 통해서 인식하고 받아들이는 모든 행동과 감정들을 말한다. 즉, 감각기관을 통해 인식되는 모든 것들이 포함된다. 의식은 현재 우리가 지각하고 사고하고 느끼거나 기억할 수 있는 내용들로 구성되어 있고, 인식할 수 있는 의식의 정신세계는 극히 일부분만을 차지하고 있다. 따라서 의식은 빙산의 일각이라는 표현을 자주 사용하는데 이는 수면 위에 떠 있는 빙산은 전체 빙산의 10분의 1에 지나지 않는다는 의미로 비유되고 있다.

(2) 전의식

전의식은 이용할 수 있는 지식이라고도 하며, 의식의 부분은 아니지만 주의를 집중하게 되면 의식으로 떠올릴 수 있는 생각이나 감정 등을 말한다. 전의식은 어떤 단서나 실마리를 통해 쉽게 의식수준으로까지 떠오르는 것들로서 억압되어 있기는 하지만 주의 집중을 하게 된다면 의식 수준으로 떠오를 수 있고 의식과 무의식 사이에 존재할 수도 있다.

그림 5-2 Freud의 성격구조
자료 : 이숙 외(2019).

(3) 무의식

무의식은 개인이 자신의 힘으로는 도저히 의식으로 떠올릴 수 없는 여러 가지 생각이나 감정들을 포함하고 있으며, 감각기관으로 인식할 수 없는 우리의 마음 깊은 곳에 감추어져 있는 정신세계로 그 안에는 본능, 욕망, 억압된 관념과 감정, 열정 등이 잠재되어 있다. 그러므로 Freud는 모든 인간의 정신 과정은 무의식이 근본이기 때문에 무의식을 가장 중요한 의식수준이라고 설명하였다.

무의식은 인간 정신의 가장 깊숙한 곳에 있기 때문에 인식할 수 없으며, 성적 충동, 욕망, 공격성, 공포, 원망과 같이 의식에서 밀려난 억압된 본능들이 집결되어 있는 정신구조를 말한다. 무의식은 우리 정신구조의 거의 대부분을 차지하고 있지만 의식되지 못하고 무의식에 감추어져 있는 대부분의 내용들은 의식화하기가 매우 어렵거나 궁극적으로 의식할 수 없다. 따라서 정신분석 이론에서는 무의식적 행동이나 사고의 내용들이 바뀌거나 상징화된 형태로 표현되는 꿈, 최면, 실언, 농담 등을 분석함으로써 무의식에 접근하는 방법을 사용하게 된다. 의식과 무의식을 쉽게 다시 표현하자면 의식은 아는 마음이라고 할 수 있으며, 무의식은 모르는 마음이라고 할 수 있다.

2) 성격 구조

Freud는 인간의 성격 구조를 3단계로 설명하고 있다. 선천적·본능적 충동의 덩어리로 일차적인 원시 과정인 원자아(id)와 원자아의 욕구를 충족하고 억압하기 위해 발달된 인간 의식의 일부로서 현실적 이차적 과정인 자아(ego), 사회문화적 규범이 내재화되어 외부 세계의 영향을 많이 받는 양심과 이상인 초자아(super ego)로 설명하였다.

그는 인간의 성격이 세 가지 구성요소인 원자아, 자아, 초자아에 의해 작동된다고 보았다. 원자아는 생물학적 구성요소, 자아는 심리적 구성요소, 초자아는 사회적 구성요소로서 세 가지 구성요소가 전체적으로 모두 기능을 하며, 세 가지 구성요소 중에서 어느 것이 통제력을 더 많이 가지느냐에 따라 인간 행동의 특성이 결정된다고 하였다. 이러한 개인의 성격 구조는 인간이 성장하고 발달하면서 각각 다른 영향을 주게 되므로 개인의 성격이 다른 것이라고 설명하면서 이것이 인간발달의 5단계에 대한 그의 이론을 뒷받침해 주는 근거가 되었다.

(1) 원자아

원자아는 성격의 가장 원시적인 부분이며 모든 본능의 저장소로 본능에 의해 작동된다. 성격의 다른 두 부분인 자아나 초자아에게 쾌락을 강요하며 현실적인 도덕성의 개념 없이 쾌락만을 추구한다.

원자아는 성격의 깊은 곳에 접근할 수 없는 부분을 대표한다. 또한 원자아는 본능적으로 쾌락을 추구하고 불쾌함을 회피하는 부분으로 유전되며 정신 에너지의 근원인 본능이 자리 잡고 있는 곳이다. 즉, 태어날 때부터 존재하는 가장 기초적인 생물적·충동적 욕구를 말한다. 이들 욕구는 쾌락의 원리에 따라 만족감을 느끼게 된다. 쾌락의 원리는 인간은 내적 자극이나 외적 자극으로 인해 흥분 에너지가 쌓이게 되어 긴장하게 되면 원자아의 명령에 따라 흥분 에너지들을 곧장 외부로 방출하여 결과가 어떻게 되든지 상관없이 일단 즉각적으로 긴장을 풀려고 시도하게 된다.

또한 원자아는 반사적 운동을 통해서 나타나기도 하고, 원시적 사고를 통해서 나타나기도 한다. 그리고 원자아는 성격 구조의 기본으로서 모든 성격 구조에 에너지를 제공하기도 하며 외부 세계보다는 신체나 신체의 작용에 따른 내부 세계와 더 밀접한 관련을 맺고 있다.

Freud는 원자아가 생물학적인 과정에 가장 밀접하게 관련되어 있는 성격의 요소이자 성격의 가장 깊숙한 핵심이라고 설명하였다. 즉, 원자아를 진정한 심리적 실체라고 보았다. 그러한 이유는 원자아가 원초적인 주체로서 개인이 외부 세계를 경험하기 이전부터 이미 존재하는 내부 세계이기 때문이라고 할 수 있다.

(2) 자아

자아는 인간 성격의 심리적 구성 요소로, 성격의 합리적인 측면이며, 실질적인 면에서 개인이 접하는 현실을 인식하고 현실 원리에 따라 작동하게 된다. 그리고 원자아의 욕구를 조정하며 쾌락을 추구하고 초자아의 도덕적 행동을 위한 조정 역할을 수행하기도 한다.

인간 의식의 대부분을 차지하고 있는 자아는 현실이라는 외부 세계와 접촉함으로써 성격을 지배하기도 하고 통제한다. 이러한 자아는 원자아만 가지고 있던 유아가 외부 현실의 벽에 부딪히면서 만들어지게 된다. 유아는 즉각적으로 욕구들을 충족시키려고 하지만 그것이 결코 현실적으로 불가능하다는 것을 경험하게 된다. 그리고 유아는 성장하면서 원자아의 욕구들을 만족시키기는 하지만 사회현실의 요구들을 고려하여 현실 세계에 알맞은 행동을 통해서, 때로는 욕구충족을 참거나 억제하면서 욕구들을 어떤 방식으로 충족시킬 것인가를 결정하기도 하고 이를 실천한다. 즉, 고등정신 과정을 동원하여 현실적이고 논리적인 방법으로 사고하고 계획하여 실천한다.

(3) 초자아

초자아는 인간 성격의 사회적인 구성요소로 개인의 내적이자 도덕적 심리인 양심과 각 개인이 추구하려고 하는 자아 이상에 의해서 작동한다. 이러한 초자아의 작동 원리는 도덕 원리이다.

초자아는 성격의 판사와 같은 부분으로, 어떤 행위가 좋은가 혹은 나쁜가 하는 선악을 구분하는 개인의 양심이라고 할 수 있다. 초자아는 부모나 주위 다른 사람들이 유아에게 가르쳐준 사회의 가치와 내재화된 도덕의 표상이므로, 그 사회의 전통적인 가치나 이상을 나타내기도 한다. 또한 초자아는 심리적인 보상과 처벌에 따라 작용하며 이와 관계가 깊다. 초자아의 기준에 따라서 행동을 하게 되면 심리적인 보상인 자부심과 자기애 등을 얻을 수 있지만 그렇지 못했을 경우에는 죄책감과 열등감을 얻게 된다.

3) 방어기제

방어기제는 불안, 갈등, 고민, 죄책감, 드러낼 수 없는 욕구 등 자기 자신에 대한 여러 위협으로부터 자신을 보호하기 위하여 사용하는 심리적인 반응 양식이다. 개인이 사용하는 방어는 개인의 발달수준과 불안, 갈등 정도에 따라 다르고, 방어기제를 적절하게 이용하는 것은 현실적인 세계에 있어서 심리적인 여러 가지 문제를 해결하는 데 도움을 준다. 이러한 방어기제의 특징은 현실을 왜곡시키고, 무의식의 수준에서 일어나게 된다고 본다. 방어기제의 종류를 살펴보자.

① **억압 :** 수치스럽다고 느끼는 생각, 괴로운 경험, 죄의식 그리고 싫증나는 괴로운 일들을 의식에서 무의식으로 밀어내는 것. 억압은 가장 중요한 방어기제 중 하나로 자아를 통해 위협적인 여러 가지 내용을 자신의 의식 밖으로 밀어내거나 의식하지 않으려고 적극적으로 노력하는 것이다.

② **반동 형성 :** 자신이 가지고 있는 충동이나 죄의식을 원래의 행동과는 완전히 반대되는 방향으로 바꾸어 표출하는 것

③ **합리화 :** 정당하지 못한 자신의 행동에 대해 그럴 수밖에 없었던 이유를 대며 자신을 정당화시키려고 하는 것. 즉, 자신의 행동을 그럴 듯하게 부정확한 변명을 사용하여 받아들일 수 있도록 재해석하는 것이다.

④ **투사 :** 사회적으로 인정받지 못하거나, 창피하다고 느껴지는 자신의 행동과 생각을 그것과 관련하여 상대방이 마치 그렇게 행동하고 생각하는 것과 같이 표현하는 것. 즉, 자신이 가지고 있는 좋지 않은 충동을 다른 사람이 가지고 있다고 원인을 타인에게 돌리는 것이다.

⑤ **퇴행 :** 자신의 불안이나 욕구 등을 해소하기 위해 덜 불안하고 책임감이 적었던 이전의 발달 단계에 사용했던 생각이나 감정 또는 행위를 통해 나타내는 것

⑥ **감정전이 :** 자신의 불안과 갈등이나 분노의 감정을 표현하기 부적절하면 그것과는 상관없는 다른 대상으로 대처하여 표출하는 것

⑦ **억제 :** 해롭고 바람직하지 못한 사고와 충동에 대해서 의식적으로 통제하는 것. 이 기제는 억압과 목적은 같지만 개인의 의식적 의도가 포함되어 있다.

⑧ **보상 :** 어떤 분야에서 월등하게 능력을 발휘하여 인정을 받게 됨으로써 다른 분야에서 얻게 된 실패나 약점을 보강하여 자존심을 고취시키는 것

⑨ **치환 :** 전혀 다른 대상에게 자기 자신의 감정을 발산하고 표출하는 것

⑩ **승화 :** 자신의 억압된 충동이나 욕구의 발산 방향이 사회적으로 완전하게 인정되어 가치 있는 목표로 바뀌고, 그것을 실현함으로써 억압된 충동이나 욕구를 만족시킬 수 있는 행동을 하는 것. 즉, 사회적으로 수용될 수 없는 충동을 용인될 수 있는 충동으로 대체하는 것이다.

⑪ **히스테리 :** 사람이 괴롭고 힘든 상태에서 쉽게 벗어날 수 있는 신체적인 증상을 완화시키는 것. 즉, 기질적인 장애가 없는데도 실제 상황에서 신체적 고통을 느끼는 것이다.

⑫ **동일시 :** 타인의 특성을 자신이 받아들여 그것을 자신의 일부인 것처럼 만드는 것

⑬ **부정 :** 현실 상황에서 일어나게 된 위협적이거나 외상적인 사건들을 받아들이지 않으려 하고 거부하는 것

4) 심리 성적 발달 단계

Freud는 인간의 성격은 정확하게 구분할 수 있는 심리 성적 발달 단계인 5단계를 거쳐서 형성된다고 주장하였다. 그에 의하면 인간은 각 발달 단계마다 의식과 성격은 각기 다른 자각의 수준으로 맡고 있는 기능을 담당하면서 발달하게 된다고 본다. 이러한 심리 성적 단계는 정신 에너지인 리비도가 신체의 어느 부분에 집중되느냐에 따라서 다섯 단계로 구분되었다.

인간발달의 시기에 영향을 주는 리비도는 일반적으로 성적 에너지를 의미한다. Freud는 리비도를 성본능, 즉 성적 충동의 의미로서 일반적으로 불리고 있는 성욕, 다시 말해서 성기와 성기의 접목을 바라는 욕망과는 다른 보다 넓은 차원의 성욕이라고 정의했다. Freud는 리비도가 어느 한 시기에 갑자기 나타나는 것이 아니고 인간의 전반적인 발달 단계에 걸쳐서 서서히 나타난다고 보았다. 또한 그는 리비도가 다음 발달 단계로 이동하지 않고 머물러 있는 상태를 고착이라고 설명하였다.

① 구강기(0~1세)

구강기는 어머니에게 전적으로 의존하면서 세상에 대한 지각이 시작되며, 영아의 리비도가 구강에 집중되어 있다. 이 시기에는 빨기, 깨물기, 먹는 행위를 통해서 영아들이 긴장감을 해소하고 쾌감을 얻는데, 특히 수유 활동은 이러한 욕구를 충족시킬 수 있는 가장 중요한 방법이다. 예를 들면, 갑작스럽게 너무 일찍 젖을 떼거나 반대로 너무 늦게까지 수유를 했을 경우에 욕구가 심하게 좌절되거나 지나치게 충족되어 구강기적인 성 본능에 고착된 성격적인 특성이 형성될 수 있다. 이러한 구강기적 성격 특징은 지나친 만족의 경우에는 성인이 되어서 지나친 낙관론자나 타인이나 배우자에 대한 의존적 성격을 갖는 경향을 보이기도 하며, 탐욕적이며 지나치게 낙관적이거나 비관적인 모습을 보이게 된다. 또한 구강기에 공격적인 행동이 고착된 경우에는 비관론, 공격성, 적의성, 과식, 수다, 험담, 논쟁, 비난, 시기, 질투, 과음, 지나친 흡연 등으로 나타나기도 한다.

② 항문기(2~3세)

항문기는 성적 본능이 구강에서 항문 주위로 옮겨지게 되는 시기로, 이 시기 유아들은 배설물을 보유하며 긴장을 경험하기도 하고 적합한 장소에서 배설함으로써 안도와 쾌감 등의 정서적 감정을 경험하게 된다.

이 시기에 조급하거나 지나치게 엄격한 배변 훈련을 받은 유아들은 괄약근의 수축과 배설물 보유에 고착함으로써 성인이 되어서도 강박적인 성격을 형성할 수 있다. 이러한 강박적인 성격은 청결이나 질서 유지에 대한 지나친 욕구, 고집, 인색함으로 나타나게 된다.

따라서 배변훈련이 적절한 시기에 이루어지지 않아 배설작용을 통한 쾌감에 고착하게 되면 자제력을 잃거나 분노가 많은 성격이 형성될 수 있다.

③ 남근기(4~5세)

심리 성적 발달 단계에서 가장 중요한 단계인 남근기는 유아들의 성적 본능이 성기 부위로 집중된다. 이 시기에 유아들은 성에 대한 흥미가 생기거나 성기의 자극, 흥분 등이 주된 관심사가 되어 남녀의 신체 구조적인 차이를 발견하고 남자와 여자의 성에 대해 인식하게 된다. 그리고 이성 부모에게는 연민을 느끼고, 동성 부모에게는 적대적인 감정을 갖게 된다. 이러한 것을 남아의 경우에는 '오이디푸스 콤플렉스'라고 부르고 여아의 경우 '엘렉트라 콤플렉스'라고 부른다. 남아는 어머니를 무의식적 욕망에서 비롯된 사랑의 대상으로 여기며, 아버지는 경쟁자이자 위협적인 존재로 인식하고 갈등을 느끼게 된다. 또한 아버지가 자신의 성기를 자를 것이라는 두려움을 갖게 되는 거세 불안을 느끼게 되고, 여아는 남근 선망을 갖는다.

이러한 과정에서 유아들은 모든 면에서 자신보다 월등한 자기 부모와 경쟁하기보다 동일시함으로써 적절한 역할을 습득하여 도덕적 양심이나 자아 이상을 발달시켜 나간다. 또한 열등한 자신을 보상하고 동시에 갈등을 극복함으로써 욕구를 충족시키게 된다. 동일시 과정을 통해 자녀들은 부모의 사회적 가치나 규범과 도덕성을 내재화하면서 초자아를 발달시키게 되므로 부모의 모델링 역할이 중요하다고 볼 수 있다.

④ 잠복기(6~12세)

잠복기에는 성적 충동, 공격적 행동 등이 드러나지 않으며, 이러한 것들이 잠복되어 있는 휴면 상태로, 성적 충동이 집중되는 특정한 신체부위가 존재하지 않으므로 특별한 성적 활동이 없으며 비교적 평온한 시기라고 할 수 있다.

특히 이 시기는 사회적 지식이나 가치와 기술, 방법을 습득해야 하는 과업들이 부과되는 교육적인 활동이 본격적으로 시작되는 시점이다. 또한 본능적인 욕구 충족이나 만족보다는 사회적 요구와 기대에 순응하는 방법도 익히게 되며, 현실에 적응하는 여러 가지 기술을 습득하게 된다. 학교생활, 친구관계, 취미, 스포츠 등으로 동성 간의 교류를 통해 성적인 충동을 리비도 에너지와 공격적 에너지를 공부나 게임 등 놀이 활동으로 승화시키며, 사춘기까지 초자아의 형성과 자아의 성숙이 이루어지고, 본능적 충동은 상당히 통제가 가능한 상태가 된다.

더불어 부모에 대한 관심과 애정에 대한 욕구도 동료나 또래 집단으로 옮겨져 사회적 유대감과 결속을 유지하는 데 집중하고, 성적인 에너지는 새로운 지적 과제를 학습하며 사회적인 가치와 기술을 습득하는 등 외적인 활동을 통해 방출된다.

⑤ 생식기(12세 이후)

생식기는 이전과는 전혀 다르게 성적인 만족을 추구하는 단계이다. 이 시기에는 리비도가 성기에 집중되고 신체가 급격히 변화하며, 부모로부터 독립하고 성숙된 이성 간의 관계를 성취하게 되며 이성과 성행위를 추구하기 시작한다.

사춘기의 청소년들은 제2차 성징의 변화를 경험하게 되면서 성적인 만족을 느낄 수 있을 만큼 성적으로 성숙하게 되고 이 시기의 성적 욕구는 이성에게로 향한다. 또한 청소년들의 성적 행동이나 충동은 사회화된 형태로 나타나서 점차 이성과의 애정관계로 발전하게 된다.

사춘기의 시작에서부터 성인이 되기 직전까지는 생리적인 변화와 더불어 성

표 5-1 Freud의 심리 성적 발달 단계

단계	연령	리비도	갈등상황	성격 특성	주요 과업
구강기	0~1세	입	음식물 섭취, 물기	낙천–비관 어수룩함–의심 능동적–수동적 감탄–시기	• 분리·개별화 • 대상관계의 형성
항문기	2~3세	항문	배변훈련	인색–관대 고집–순종 청결–지저분 정확–애매	• 책임성과 통제의 수용 • 권위적 인물과의 협상
남근기	4~5세	성기	오이디푸스 콤플렉스, 엘렉트라 콤플렉스	허영–자학 자신–소심 적극–우유부단 모양냄–수수함 순결–음란 남성적–여성적	• 가족 내에서 자신의 위치 설정 • 사회적 기술과 윤리적 가치를 다룰 수 있는 능력 표현
잠복기	6~12세	성 본능은 잠재, 성 본능과 관련 없는 기술 습득(운동, 게임 등)			• 보다 높은 수준의 자기방어기제 활용
생식기	13~19세	전신	오르가즘(orgasm)	성숙–미숙 적응–부적응	• 자신의 일 • 성공적인 사랑

자료 : Teresa(2009).

기능의 성숙과 호르몬 변화로 성적 본능이 강화되므로 잠복되어 있던 성 에너지가 무의식에서 의식의 세계로 나오게 된다. 이러한 과정을 통해 그동안 형성된 성격구조의 퇴행이라든지 과거의 발달 단계에서 생긴 갈등이 다시 올라오면서 문제 해결의 기회를 가지게 되며, 이런 갈등 해결의 결과는 성숙한 성인의 모습으로 되어 가도록 돕는다.

5) 성격 평가기법

Freud는 자유연상과 꿈의 해석을 주요한 기법으로 사용하여 인간 성격을 이해하고 평가하였다.

(1) 자유연상

내담자가 자기 검사 없이 마음속에 떠오르는 모든 생각이나 기억을 상담자에게 보고하는 기법을 말한다. Freud는 자유연상 기법이 정신분석의 기본 원리가 된다고 하였으며, 자유연상을 통해 내담자의 문제가 인생 초기에 느꼈던 기억, 갈등, 문제, 두려움 등의 외상 경험과 관련된 것이라는 것을 찾아내고 연구하였다.

(2) 꿈의 해석

내담자의 무의식에 잠재되어 있는 비밀을 벗기기 위하여 사용한 주요 기법으로, 꿈은 소망을 이루기 위한 시도이고, 이런 소망은 개인에게 받아들일 수 없는 무의식적 동기로 위장되거나 상징적인 형태가 되어 인간의 억압된 욕망, 갈등, 공포를 나타낸다.

(3) 불안 해소

Freud는 원인이 확실하지 않은 두려움을 불안이라고 하였다. 그는 모든 불안의 원인은 출생 외상이라고 설명하면서 현실 세계 및 세 가지 자아 간의 갈등에 의해 불안이 발생된다고 보았다.

(4) 성격 이론의 적용

정신분석 이론의 일차적인 목표는 무의식적인 중요한 자료를 의식으로 가져오는 것이다. 정신분석자의 과업을 알아보면 내담자가 무의식적 자료를 회상하고 재해석하도록 하여 그의 현실 세계가 보다 만족감을 느낄 수 있도록 돕는 것이다. 정신분석자는 정신분석의 일반적 단계인 ① 시작 단계→② 전이발달 단계→③ 훈습 단계→④ 전이 해결의 4단계를 통해 내담자의 문제를 해결한다. 정신분석 단계에서 상담과 치료의 중요한 역할은 전이를 유도하고 해결하는 것이라고 본다. 상담자의 전이 유도 및 갈등이나 문제 해결은 궁극적으로 내담자 자신이 무의식에 억압한 경험과 자료를 이해하도록 돕는 것이다. 이러한 과정에서 저항이 출현하게 되는데, 이 저항을 해결하는 것은 상담에서 반드시 필요한 과정이다.

6) Freud 이론의 비판점과 공헌점

(1) Freud 이론의 비판점

- 인간의 욕망 중 특히 성적 욕구를 지나치게 강조하고 있고, 성적 에너지가 성감대를 찾아서 신체 부위로 옮겨 다니는 과정을 인간의 발달로 보았다는 점에서 비판을 받고 있다.
- 인간을 성적 욕구와 과거의 경험에 지배되는 수동적이며 아주 소극적인 존재로 보았다는 점에서 비판을 받고 있다.
- 오이디푸스 콤플렉스와 엘렉트라 콤플렉스에 대해 여성의 열등감 등의 편견은 문화비교 연구 결과에서 그 보편성을 입증하지 못하였으며, 문화적·계층적 다양성을 고려해야 한다는 점에서 비판을 받고 있다.
- 양심이 발달하는 데에는 가족뿐만 아니라 주변의 이웃 사람들의 격려와 인정 및 처벌이 막중한 역할을 한다는 사실을 간과했다는 점에서 비판을 받고 있다.
- Freud가 이용한 연구 자료는 신경증 환자들의 치료 과정에서 얻어진 것이므로 정상적인 성인이나 정상적인 아동의 발달을 역추적하거나 설명하는 데에는 무리가 있고, 과학적 검증이나 정확성이 결여되어 있다는 점에서 비판을 받고 있다.

(2) Freud 이론의 공헌점

- 인간 개인이 인식하지 못하며 수용할 수 없는 갈등이나 성적 충동 등에 의하여 사고와 행동이 동기화되어 간다는 사실을 밝히기도 하였다.
- 담대하고 통찰력 있는 연구를 하여 최초의 체계적인 성격 이론과 효과적인 심리 상담, 치료 기술을 개발하였다.
- 인간 성격의 발달에 있어서 유아기의 중요성을 강조함으로써 자녀 양육에 대한 각성과 연구를 활성화하였다.
- 면접 활용의 한 모형을 개발하게 되었고, 상담과 치료 과정에 있어서 불안의 기능을 처음으로 확인 및 해석하였으며, 저항 및 전이현상이 중요하다는 것을 강조하였다.

2. Erikson의 사회심리 이론과 발달 단계

1) Erikson 이론의 개요

(1) 인간관과 기본관점

Erikson(1902~1994)은 Freud의 심리 성적인 발달의 기본 개념을 수용하면서 발달 과정을 몇 가지 다른 차원에서 확대시키게 되었고, 인간의 각 발달 단계에서의 심리사회적인 다양한 경험이 사회에서 능동적인 역할을 할 수 있는 태도와 기술을 습득하도록 도와준다고 보았다.

그림 5-3 Erikson
자료 : 위키백과.

Erikson의 이론은 인간발달의 심리사회적 측면을 강조하면서 인간의 행동과 발달을 성적인 요인보다는 심리사회적인 요인에 의해 설명한다. 즉 개인의 발달은 내적 성숙 요인과 사회문화적 요인들의 상호 작용 결과로 이루어지게 되므로 생애주기를 통해 발달적 변화와 사회적·역사적 요인을 배경으로 인간의 발달을 이해하는 것이 중요하다고 본다.

(2) 심리사회적 발달 단계의 개념적 특성

Erikson의 심리사회적 발달 단계의 특징은 두 가지로 살펴볼 수 있다.

첫째, Erikson의 심리사회적 발달 단계는 개인의 사회적 경험에 더욱 초점을 두고 있으며, 문화적 다양성을 존중한다. Erikson의 발달 단계를 심리사회적 발달 단계라고 부르는 이유는 인간의 발달이 생물학적인 성숙으로 인해 자극되며, 이러한 성숙을 바탕으로 하여 잠재력을 개발할 수 있는 사회적인 여건이 충족되면서 각 단계에서 직면하게 되는 위기를 극복하면 건전한 자아가 발달하게 된다고 보기 때문이다. 결국 사회적 요인이라 할 수 있는 사회제도나 주변 사람들이 인간 개개인의 발달에 긍정적인 지지를 제공함으로써 건강한 성격을 갖추게 되고 개인이 다시 사회를 풍요롭게 하는 것이다.

둘째, Erikson은 인간발달 과정은 다른 발달 단계처럼 청년기에서 끝나는 것이 아니며 일생을 통해 지속적으로 이루어진다고 믿음으로써 전 생애의 발달 단계를 8단계로 보고 각 발달 단계마다 극복해야 할 심리사회적 위기를 제시하게 되었다.

그는 인간의 행동과 사고는 인생의 특정한 시기에 질적인 변화를 보이는데, 각 시기마다 성취해야 할 심리적 발달과업이 있으며, 인간 삶의 전 과정에서 각 발달 단계마다 겪어야 하고 때로는 극복해야 하는 심리사회적인 발달 과정의 위기가 있다는 것을 대립되는 양극의 개념으로 제시하고 있다. 또한 위기와 갈등은 모든 사람들에게 보편적인 현상이기는 하지만 문화에 따라서 이를 해결하거나 지지하는 방식이 다를 수도 있다. 따라서 Erikson의 발달 단계를 점성 원칙으로 설명하고 있는데, 이것은 각 단계의 발달이 전 단계의 심리사회적 갈등 해결 및 통합을 토대로 하여 이루어진다고 보는 것이다.

각 발달 단계마다 긍정적이거나 부정적인 발달 국면 상황이 있음을 말하는 것으로 발달 단계별 위기를 성공적으로 극복하게 되면 건전한 성격과 자아 발달이 이루어지고, 그렇게 되지 못하면 바람직하지 못한 성격을 형성하게 되며, 그 시기에 발달해야 할 긍정적 행동과 사고 유형이 획득되지 못하게 된다. 또한 심리사회적으로 이 시기를 극복하면 그 결과는 각 단계마다 자아의 특질과 기본적인 강점을 얻게 되지만 이와 반대로 위기를 적절하게 해결하지 못했을 경우에는 병리적인 문제가 발생하게 된다고 한다. 물론 긍정적 측면이 보다 더 많이 발달되어야 하지만, 부정적 측면이 전혀 없어서도 안 된다. 그러한 이유는 이러한 과업이나 위기를 성공적으로 달성하게 될 때, 개인은 건강한 발달을 할 수 있기 때문이다. 인간의 발달 단계마다 각각 나름대로의 갈등도 있을 수 있으며, 그러한 갈등은 양극단의 결과를 초래하게 된다.

Erikson은 특정한 단계의 과업이라든지 위기를 완전히 해결하지 못하고서는 다음 단계로 진출할 수 없다고 생각하지는 않았다. 즉, 성공적인 해결은 반드시 긍정적인 측면만을 의미하는 것이 아니고, 최상의 해결책은 결국 긍정적인 측면과 부정적인 측면이 모두 균형을 이루는 것이라는 의미이다. 위기를 해결하든지 해결하지 못하든지 일정한 연령에 이르면 생물학적 성숙이나 사회적 압력에 의해서 다음 단계로 진행하게 되고 새로운 단계에서는 새로운 윤리와 갈등 및 문제를 만난다.

2) 심리사회적 발달 단계

Erikson은 인간생애의 발달 과정을 8단계로 나누었으며, 각 단계마다 성취해야 할 발달 과정과 극복해야 할 위기를 개념화하였다. Erikson의 심리사회적 발달 단계의 내용은 다음과 같다.

(1) 1단계 : 기본적 신뢰감 대 불신감(출생~1세)

이 시기의 주된 발달 위기를 살펴보면 영아가 이 세상을 신뢰할 수 있느냐 없느냐에 관한 것으로, 영아는 생존과 안전 및 애정을 위해 일차적 돌봄을 주는 양육자에게 전적으로 의존하게 된다. 이 과정에서 양육자의 태도가 신뢰의 초점이 되는데 여기에서 신뢰감은 다른 사람에 대한 믿음 및 자신에 대한 믿음을 모두 포함한다. 이 시기에 형성된 기본적 신뢰감은 인간의 전 생애 동안 타인과 사회에 대한 신뢰적인 태도의 토대가 되며, 모든 사회관계의 성공적인 적응과도 밀접한 관련 있다. 이 시기의 갈등 해소 여부에 따라서 이 세상에 대한 기본적인 신뢰감 혹은 불신감을 가지게 되는 것으로 본다. 즉, 양육자가 아기의 욕구를 일관성 있게 만족시켜 주는지, 아니면 만족시켜 주지 못하는지에 따라서 아기는 주위 환경과 세계에 대한 신뢰감을 갖게 되느냐 혹은 아니냐가 결정된다는 것이다.

Erikson은 이 시기를 인간의 생에서 가장 중요한 시기로 보았다. 그러한 이유는 이 시기에 신뢰감을 형성하는 것이 생의 후기에 모든 사회관계를 맺게 되는 과정에서 성공적인 적응과 밀접하게 관련이 있기 때문이다.

다시 말해 양육자와 영아의 관계 속에서 이루어지는 상호 작용은 영아가 신뢰 또는 불신의 태도로 이 세상을 보는 것에 대하여 그 여부를 결정한다. 이 시기의 신뢰감 대 불신감의 갈등 해결을 위한 지속적인 형태를 세우는 것이 자아의 최초 과업이라고 할 수 있다. 어머니가 충분한 사랑과 안정감을 주면서 영아의 필요와 요구에 적극 반응하며 사랑하면, 영아는 자신의 주위에 있는 세상을 신뢰하며 성장하고 발달하게 된다. 이와 같이 생성된 기본적 신뢰는 영아의 자기 자신에 대한 태도와 타인에 대한 태도를 결정하는 중요한 특징이 된다. 또한 이러한 기본적인 신뢰는 자신에 대한 만족감이나, 안정감과 자신 및 다른 사람에 대한 신뢰로 발달하게 된다.

신뢰가 형성되면, 그 결과 자신감과 희망이 형성되기 시작하고 이후 새로운 압박이나 갈등이 발생하더라도 희망을 유지할 수 있으며, 추후에 다양한 긍정적 경험을 통해 희망은 확고하게 유지할 수 있다. 그러나 반대로 어머니가 자신의 행동에 있어 거부적이거나 무뚝뚝하고 일관성이 없으면, 영아는 세상에 대해 불신의 태도를 발달시키게 된다. 불신감을 키운 영아는 나중에 모든 사람들과의 관계에 있어서 의심이 많거나 두려워하거나 늘 걱정을 하는 사람으로 성장하게 될 가능성이 매우 높다.

(2) 2단계 : 자율성 대 수치심과 회의(1~3세)

이 시기 유아는 외부적인 통제를 강하게 거부하면서 무엇이든지 자신이 스스로 하려고 하며, 어떤 것이든 자신이 그것을 소유하려고 한다. 즉, 이 시기에는 여러 개의 상반되는 충동과 욕구 사이에서 본인 스스로 선택을 하려고 하며, 이러한 과정을 통하여 자신의 확고한 의지를 나타내고 자율성을 가지려고 한다. 이 단계의 논점은 자율적이면서 창의적인 사람이 되느냐 아니면 의존적이면서 회의감으로 가득 찬 부끄러운 사람이 되느냐 하는 점이다. 이때 유아는 자기 주장이 나타나기 시작한다.

이 시기에 유아들은 새롭게 개발되는 자신의 기술과 능력들에 대해 대단한 자부심을 갖게 되고 많은 것들을 스스로 하려고 하면서 자신의 행동을 혼자서 통제할 수 있는 정도의 발달과업이 나타나게 된다. 이러한 과정에서 유아들은 자조기술들이 성장하고, 상당히 자율적 존재가 되며, 자신의 의지를 표출하고자 한다.

만약 유아에게 새로운 것들을 충분히 탐색할 기회가 주어지고 독립심이 생기게 되면 건전한 자율감이 발달하게 된다. 하지만, 유아에게 자신의 한계를 시험해 볼 수 있는 기회가 주어지지 않거나 양육자의 지나친 과잉보호를 받게 된다면, 사회적으로 요구되는 사항에 효과적으로 대처할 자신의 능력에 대해 점차 좌절을 경험하고 수치심을 갖게 될 수밖에 없다.

Erikson은 유아가 자신의 의지를 연습하도록 충분히 허용되지 않을 때, 유아는 다른 사람과의 사회적 관계에서 수치심을 느끼게 되며 자신의 능력에 대해 의심을 발달시킨다고 말한다. 즉, 자기 자신이 하고자 하는 의지는 좌절되고 위협받게 된다는 것이다. 또한 그는 이 시기의 심리사회적 위기를 잘 극복한다면 의지라는 긍정적 자아 특성을 얻게 되지만, 적절히 극복하지 못한다면 수치심이 내재화되어 자신이 결정한 것을 믿지 못하거나 불안해하는 강박적인 행동이나 피해의식에 사로잡히게 될 것이라고 보았다.

(3) 3단계 : 주도성 대 죄책감(3~6세)

이 시기에는 호기심, 적극적인 활동, 탐색의 여러 가지 방법으로 세상을 향해 주도적으로 나아가는 것과 이에 대한 두려움이나 죄책감으로 인하여 주저하게 되는 것의 두 가지 상황 사이에 갈등이 발생한다. 또래와의 놀이와 활동량이 활발해지면서 자기가 나서서 놀이나 일을 만들고 진행시켜 나가는 일을 재미있어 하고, 나름대로 자신의 목표를 가지고 진행하는 가운데 대부분의 유아들은 점차 주도성을 발달시켜 나가게 된다.

유아는 자신의 개인적 욕구를 충족시키기 위하여 부모에 대한 의존으로부터 벗어나서 보다 복잡하고 다양한 행동을 주도적으로 나타내고자 한다. 이때 주위로부터 지지와 격려를 받으면 주도성이 발달하게 되지만 자신의 행동을 주도할 기회가 부족하거나 목표를 이루기 위하여 주도한 행동이 성공하지 못하게 될 때, 부정적인 감정인 죄책감이 생긴다. 주도성과 죄책감은 주로 사회적 요인에 의해 영향을 받는다고 볼 수 있다.

이 단계에서는 유아들의 주도성이 절정을 이룬다. 유아들은 신체적·정신적 능력이 성숙되어 보다 더 적극적으로 대범하거나 경쟁적이게 되며 호기심이 많은 행동을 보인다. 또한 이러한 과정에서 계획을 세우고, 목표를 설정하며 목표를 이루고자 노력하는 주도성을 보인다. 주도성은 스스로 추구하는 활동이 격려를 많이 받을수록 강화되기도 하지만 가끔은 이러한 활동이 매우 공격적인 행동을 하므로 강력한 저지를 받기도 한다. 또한 유아들은 이 시기에 성적 호기심을 보이게 되는데 이러한 신체와 성에 대한 호기심이 강한 제재를 받을 경우 죄책감을 갖게 되고, 죄책감이 심한 유아는 체념과 무가치감에 사로잡히게 되어 목적의식이라든지 용기가 부족할 수밖에 없게 된다. 유아들에게 어느 정도의 죄책감은 사회화 과정에 필수적이지만 주도성을 위축시킬 수 있기 때문에 주의하여야 하며, 주도성을 너무 위축시키지 말고 적절하게 꼭 필요한 통제만을 가해야 한다. 이것은 성인이 되어 자기 인생의 야망 및 사회생활의 목표를 잘 부합시키고 성공적인 사회인으로 성장하는 바탕이 된다.

(4) 4단계 : 근면성 대 열등감(6~12세)

이 시기 아동은 기초적인 사회기술과 태도를 습득하게 되면서부터 가족의 범주에서 벗어나 보다 더 넓은 사회에서 통용되고 유용한 기술과 방법들을 열심히 익히고 숙달하고자 하며, 이런 과정을 통해서 근면성을 기른다.

이 시기는 학교 교육이 비로소 시작되는 시기로 중요한 인지적 기술과 사회적 관계를 넓히면서 사회에 적응하며 생존해 가는 데 필요한 여러 가지 사회적 기술을 습득하게 된다. 만약 이러한 기술을 습득하고 개발하지 못하면 아동은 열등감을 느끼게 되며, 아동 스스로가 무능하고 자신은 중요한 존재가 아니라는 인식을 갖게 된다. 결국 이 시기에 인지적 기술과 사회적 기술을 습득하는 데 실패하게 된다면 적응에 어려움을 겪게 된다.

기초적인 인지적 기술과 사회적 기술을 습득하고 유용한 기술들을 열심히 배우고 이를 숙달하고자 하는 과정에서 이러한 새로운 기술의 발달을 아동 스스로가 얼마나 잘 인지하고 있는가 하는 것은 부모나 교사들의 행동과 태도에 의해 대부분 결정된다. 만약 아동이 자신이 노력한 것에 대해 야단맞고, 비난받고, 거절을 당하면 아동은 자신을 부족한 사람이라 생각하고 열등감을 발달시키게 된다. 이와 반대로 건설적이고 교육적인 칭찬과 강화를 부여하게 되면 아동은 근면성의 발달을 촉진시킨다. 여기에서 말하는 근면성은 혼자서 열심히 하는 것도 포함되지만, 또래들과 함께 협동하면서 규칙에 순응하는 것도 포함한다. 이 시기의 위기로는 열등감으로 자신의 학습능력과 기술을 또래들과 비교해볼 때 열등하다고 느끼며 학습활동 추구의 동기를 잃게 되고 만다. 아동들은 근면성을 바탕으로 보다 나은 성장과 발달을 이루게 된다고 본다.

(5) 5단계 : 자아정체감 대 정체감 혼미(청소년기)

청소년들은 질풍노도의 사춘기를 접하게 되면서 신체적 변화가 급속하게 일어나고 새로운 사회적 역할이 요구되어 그것에 대해 당황스럽게 여기고 자기 자신에 대해 의문과 회의가 시작된다. 긍정적인 자아정체감을 확립하게 되면 그 다음 단계에서 부딪치게 되는 심리적 위기를 무난하게 넘길 수 있게 되지만 만약 그렇지 못하게 된다면 다음 단계에서도 심리적 방황이 계속될 수밖에 없다.

이 시기의 청소년들은 나는 누구인가라는 고민을 많이 하게 되는데 Erikson은 이러한 청소년기의 혼란을 '정체감 위기'라고 설명하였다. 그는 청소년기에 자신에 대한 회의감이 들기 시작되며, 지금까지 발달시켜 온 자신의 것들을 통합해서 자신을 정립하기도 하고 분명한 자기인식을 가지게 되면서 자아정체감이 확립되는 것이라고 하였으며, 개인이 자아 정체감을 형성하고 받아들이는 것은 매우 어려우며 불안한 과업이라고 보았다. 청소년기에는 많은 고립감과 무력감을 느끼게 된다. 이 시기의 심리사회적 위기를 잘 극복하면 충실이라는 자아특성을 얻게 되지만 위기를 적절히 극복하지 못하면 익숙하지 않고 어려운 역할과 가치를 거부하게 된다.

자아정체감이 형성되면 자신의 능력이나 역할과 책임에 대하여 분명하게 알게 되면서, 그 이후 단계에 잘 적응해 나갈 수 있게 된다. 반면 자기에 대한 의문으로부터 회의와 혼란, 방황이 지속되고 자아 확립이 되지 않을 때에는 자신의 정체감이나 역할에 대해 혼미 상태로 남는다. 특히 역할 혼미 상태에서는 미성숙함이나 과대 동일시 등이 나타날 수도 있고 다음 단계에서도 혼란과 방황이 계속될 수 있다. 따라서 분명한 자기 정체감을 가지고 어려운 시기를 적절하게 거친 사람은 자신감을 가지고 성인기를 맞이하게 되지만 정체감을 성취하는 데 실패하거나 정체감의 위기를 경험하게 된 사람은 역할 혼미를 보인다.

(6) 6단계 : 친밀감 대 고립감(성인 초기)

성인 초기에 겪게 되는 갈등은 친밀감 대 고립감으로, 직업을 선택하고 배우자를 찾게 되는 과정과 관련이 된다. 친밀감은 타인의 한계와 단점을 인정하고 수용하며, 서로 상호 간의 차이점과 갈등을 극복하는 과정을 통해서 획득하게 된다. 친밀감이 획득되면 서로의 삶의 여러 측면들을 상호 조정하고 협력하는 것이 가능해지며, 인간관계 속에서 삶의 활력과 만족감을 얻을 수 있다. 성인 초기의 친밀감은 주로 배우자와의 관계를 통해 형성되지만, 희생과 양보를 바탕으로 하는 친구관계 속에서 획득되기도 한다.

이 시기에 개인은 부모로부터 독립을 하게 되며 책임감 있고 성숙한 성인으로서 기능하기 시작한다. 또한 타인과의 관계에서 친밀성, 가까운 우정을 이루는 일이 중요한 과업이며, 확립된 자아정체감을 토대로 하여 타인의 정체감과 연결시키고 조화시키려는 노력을 하게 된다.

성인 초기에 바람직한 정체감을 형성한 사람은 타인과의 사회적인 관계 속에서 친밀감을 형성할 수 있게 되고, 이성과의 관계에서 성적 혹은 지적으로 진정한 관계를 이룰 수 있다. 특히 역할 혼미에 의해 방황하던 사람은 자의식에서 벗어나지 못하고 타인에게 관심과 배려를 보일 수가 없으며, 자신에 대해 확신이 없고, 자신감이 없으므로 타인과도 친밀한 관계를 이룰 수가 없게 되어 고립감이나 자아 몰입에 쉽게 빠지게 된다.

Erikson에 의하면 성인 초기에 친밀감과 생산성을 발달시키지 못하면 고립을 경험하게 된다고 보았다. 여기에서 고립은 타인과 진정한 친밀감의 공유를 통해 정체감을 가질 수 있는 기회를 획득할 수 있는 능력이 없음을 의미하는 것으로,

이들은 자아도취적이고 매우 피상적인 대인관계를 가지게 되지만 친밀감을 발달시킨 성인 초기의 경우, 그 결과로 사랑이라는 덕목이 생겨난다.

(7) 7단계 : 생산성 대 침체성(성인 중기)

중년기는 생산성 대 침체성의 위기를 경험하는 시기이다. 생산성은 다음 세대를 돌보고 기르면서 자신의 존재 가치를 확장해 나가는 중년기 성격 발달의 특성을 의미한다. 이 시기에는 자녀를 낳아 키우고, 자신이 하는 일이나 직업에서도 창의적인 성취나 업적을 통해서 생산성을 발휘하게 된다. 생산성을 통해서 중년기 성인들은 다음 세대를 인도한다. 즉, 자녀를 낳아서 기르고, 젊은 세대를 가르치며, 때로는 지도하고, 지역사회에 도움이 되는 일들을 하면서 인생의 중요한 측면을 통하여 다음 세대를 인도해 간다.

중년기의 관심은 생산적인 일과 다른 사람이나 사회로 확장되기 시작하여 자녀를 낳아 키우고 교육하게 되며, 다음 세대를 양성하는 일에 온갖 관심과 노력을 기울인다. 또 직업적인 성취감이 증가하고 학문적으로나 예술적인 업적을 통해서 생산성이 발휘된다. 이와 같이 생산적인 과업을 이루는 중년들은 다음 세대와의 연결을 통해 사회의 존속과 유지를 위해 헌신하며 다음 세대에게 영향을 끼치고 이끌어 가고자 하는 욕구를 만족시킬 수 있지만 생산성의 확립에 실패하면 침체감에 빠져든다. 침체성은 다음 세대를 위하여 자신이 한 일은 아무것도 없다는 것을 비로소 깨닫는 것이다. 이러한 침체성에 빠져든 성인들은 침체감과 권태 또는 대인관계 등에 악화 상태에 빠지게 되며, 자신이 속한 집단의 지도자의 역할이나 지역사회에 전반적인 어른의 역할을 원만하게 수행하지 못한다. 그리고 사회에 남는 의미 있는 기여를 못했다는 회의로 인해 침체성을 경험하게 되며, 자신의 삶이 뭔가 잘못되었다고 인식하면서 소위 중년기 위기를 겪게 되기도 한다.

(8) 8단계 : 자아통합 대 자아절망(노년기)

노년기에는 필연적으로 심신의 쇠퇴를 경험하게 되며 다가올 죽음을 준비하는 시기로서, 젊음이 상실되고 사회적인 역할을 잃게 되는 시기이기도 하다. 회상과 더불어 삶에 대한 진지한 반성을 하고, 삶의 기억들과 자신이 목표했던 꿈들을 돌아보고 죽음이 다가오는 동안 자신의 삶의 의미를 다시 한 번 뒤돌아보게 된다. 이 시기에는 개인이 충족감과 만족감으로 자신의 삶을 회상해 볼 때 인생의 성공과 실패에 대해 잘 적응해 왔다고 느껴질 경우 자신의 자아를 통합하게 된다. 그러나 이제는 더 이상 고칠 수 없는 인생의 실수에 대해 후회하게 되고, 놓쳐버린 기회에 대해 계속적으로 분노하며, 좌절감과 증오로 자신의 삶을 바라보게 되면서 절망의 상태에 있게 된다.

이 시기의 위기에 대한 성패는 신체적·사회적인 퇴보를 자신이 어떻게 받아들이는 지에 달려 있다. 노인들은 지나간 삶을 되돌아보고 정리하게 된다. 또한 주위 사람들의 죽음 등을 통하여 자신의 인생을 다시금 정리하면서 생을 수용하며 나름대로 자신이 살아 온 인생의 의미를 부여하게 된다. 이제까지 살아온 인생의 과정들이 힘들고 후회스러운 부분이 많다고 할지라도 전체적인 나의 삶이 가치 있었다고 긍정적으로 수용하면서 만족할 수 있을 때 통정성을 획득하게 된다. 이처럼 노인들이 자신의 삶을 새로운 차원에서 통찰해 보며, 그 가치를 재구성하고, 과거의 생애에 대하여 새로운 질서를 부여하는 과정을 통해 자신의 생을 있는 그대로 수용하고 각자 나름대로 인생의 의미를 부여하게 되면 자아통합이 이루어진다. 반면 중년기까지 표면적으로만 긍정적인 발달을 지속해온 노인들은 죽음에 직면하면서 자신의 생애를 뒤돌아 볼 때 의문과 절망감에 빠져들기 쉽다. 그리고 자신의 삶이 무의미한 것이었다고 느끼게 되면서 자아절망에 이르게 된다.

학습과제

1. Freud 이론의 핵심적인 관점과 각 발달 단계에 따른 주요 과업을 제시해 보자.
2. Erikson 이론의 핵심적인 관점과 각 발달 단계에 따른 주요 과업을 제시해 보자.

CHAPTER

6

인간발달 과정과 분노

각 연령별 단계에 따른 발달과 분노의 관계를 이해하며 분노의 특성과 적절한 분노 조절 방법을 파악하도록 한다.

+ 각 연령별 정서 발달 과정과 그 특성에 대하여 살펴본다.
+ 각 연령별 발달과 분노의 관계를 살펴본다.
+ 각 연령별 분노의 특성 및 분노 표현법에 대하여 살펴본다.

1. 영아기 발달과 분노

1) 영아기 정서 발달 특성

Bridges에 의하면 신생아는 미분화된 흥분상태의 감정을 가지고 태어나고, 이러한 흥분의 감정이 불쾌와 쾌의 두 가지 감정으로 분화되며 불쾌의 감정은 분노, 두려움, 혐오로, 쾌의 감정은 고무와 애정의 감정으로 분화되어 간다.

갓 태어난 신생아들도 며칠 지나지 않아서 만족에 의한 기쁨이나 불편함에 따른 슬픔과 같은 기본 정서를 나타낸다. 정서는 연령이 증가하면서 점차 분화되면서 2세경이 되면 인간이 가지고 있는 대부분의 기본적인 정서가 나타나고 개인 특유의 기질적인 특성도 나타나게 된다. 또한 영아기 정서는 초기 2년 동안 분화되기 시작하며 생후 2년이 지나면 성인에게서 표현되고 있는 거의 모든 정서인 기쁨, 울음, 웃음, 애정, 분노, 공포 등이 나타난다. 연령의 증가와 함께 정서적 감수성도 증가하고 표현방식도 세련되어지며, 기본 정서의 발현은 영아기에 완성된다.

정서는 일차 정서와 이차 정서로 나누는데 일차적인 정서는 모든 영아들에게서 나타나는 기본 정서이며 선천적인 정서로 주관적 감정, 심리적 변화, 외현적 행동 등 세 가지 요소로 이루어진다. 일차 정서인 기본 정서로는 기쁨, 분노, 공포, 놀람, 슬픔, 혐오, 행복 등이 있다고 한다. 이차 정서는 한 가지 이상의 정서를 통합할 줄 아는, 보다 더 복잡한 인지능력을 필요로 하며, 이는 18개월 이후에 나타나는 복잡하고도 미묘한 정서이다. 이차 정서의 유형으로는 애정, 질투, 만족, 감정 이입, 당황, 수치, 고통, 부러움, 죄책감, 자긍심 등이 포함된다.

2) 영아의 정서 표현과 정서 이해

(1) 영아의 정서 표현

영아들은 정서 표현을 통해 양육자나 주변 사람들과 관계를 형성하면서 의사소통을 한다. 생애 초기에는 기쁨, 놀람, 공포, 분노, 슬픔 등의 기본정서를 나타내고 걸음마기에 이르러 자기 인식을 하면서부터는 자부심, 죄책감, 수치심, 부러움 등의 자의식적인 정서가 나타나기 시작한다.

① 기본정서

기본정서는 모든 문화권에서 공통적으로 나타나는 생물학적 반응으로 기쁨, 슬픔, 화남, 놀람 같은 단순한 형태의 정서이다. 이들의 공통 특성은 고등동물에서 발견되며, 모든 문화권에서 유사한 형태로 존재하고, 특징적인 얼굴 표정으로 나타나며, 생존 가능성을 증진시켜 준다는 점이다.

② 자의식적 정서

자의식적 정서를 가지기 위해서는 자기인식과 각 문화권에서 요구되는 기준에 대한 인식이 필요하다. 영아의 자아개념이 발달함에 따라서 3세경이 되면 양육자와 주변 사람들이 제공하는 칭찬이나 비난에 민감해지게 되는데, 그러한 이유는 자의식적 정서는 자기평가와 뚜렷하게 연결되기 때문이라고 할 수 있다.

영아의 정서 표현의 발달 내용은 [표 6-1]과 같다.

(2) 영아의 정서 이해

영아의 정서 이해는 타인의 정서에 대한 이해능력과 밀접한 관련이 있다. 타인의 정서에 대한 이해는 대인관계에서 타인과 정서적 공감을 통해 상대방의 행

표 6-1 영아 정서 표현의 발달

유형	발달 내용
공포	• 2세 : 공포의 대상의 폭이 넓어지는 시기로 혼자 남겨지거나 어두운 곳, 놀라운 소리 등을 무서워한다. • 3세 : 시각적인 공포가 시작되는 시기이며, 개나 고양이 등의 동물을 겁낸다.
애정	• 18개월~2세 : 부모 이외에도 자신이 늘 갖고 있던 인형이나 이불 등 특정 대상 하나에 대해서 애착을 형성하게 된다. • 3세 : 또래 간의 애정과 관계된 행동들이 나타나기 시작한다.
기쁨 웃음	• 6개월 : 친근한 사람과 상호 작용할 때 더 미소를 짓는다. • 8~10개월 : 흥미를 보이는 성인에게 자신의 기쁨을 전달하기 위해 미소를 짓는다. • 10~12개월 : 상황에 따라 여러 종류의 미소를 짓는다(Berk, 2012). • 2세 : 적극적이고 다양한 형태의 기쁨을 표현하기 시작하는 시기로 기쁜 일에 대해서 깡충깡충 뛰거나 소리를 지른다. 이 시기에 미소는 신중한 사회적 신호가 된다. • 3세 : 언어가 발달해 가면서 점차 기쁨을 말로 표현하게 된다.
분노	• 출생 초기 : 배고픔이나 고통 등 여러 가지 불유쾌한 경험에 대해 울음으로 반응한다. • 2세 : 분노는 자신의 욕구가 제대로 만족되지 않을 때 나타나는 정서이며, 2세경에 가장 많이 나타나는 분노의 형태 중 하나는 떼쓰기이다. • 3세 : 이 시기의 영아들은 분노를 격렬하게 자주 표출하며, 만 2세가 될 때까지 영아의 분노 표현은 빈도와 강도가 모두 증가한다.
질투	• 18개월 : 질투의 감정이 시작되며, 이 시기의 아기들은 엄마가 다른 아기를 안고 있으면 달려와서 자기도 안아달라고 하는 등 질투반응을 나타낸다. 이는 특히 외동딸이나 외동아들의 경우에 심하다. • 3~4세 : 질투가 가장 심하다.
울음	• 12개월 : 기본적인 욕구가 채워지지 않을 때에 울기도 하며, 공포나 불안을 느끼거나 때로는 부모의 관심을 끌기 위해서 울기도 한다. • 3세 : 우는 일이 다소 줄어든다.

자료 : 한국 아동 발달심리센터(2020).

동을 예측하게 해주며, 이에 적절히 대응함으로써 원만한 사회적 관계를 이루도록 도와준다. 4개월경의 영아는 목소리에 담긴 정서와 적절한 얼굴을 일치시킬 수 있다. 또한 자신이 응시하고 웃고 말소리를 낼 때 상대방도 같은 양식으로 응답하기를 기대하며 이에 대해 긍정적인 소리와 정서적 반응으로 응답한다. 8~12개월이 되면 영아는 불확실한 상황에서 적극적으로 부모의 정서적 반응을 살피면서 자신의 행동을 조절하기도 한다. 이러한 영아의 행동을 사회적 참조(social referencing)라고 한다.

① 사회적 참조

사회적 참조는 불확실한 상황을 평가하기 위해 타인의 정서적 반응에 의존하는 것으로, 영아가 낯선 사람을 두려워할지, 낯선 놀잇감을 가지고 놀지, 시각절벽을 건널지 등을 결정할 때 양육자의 정서적 표현에 따르는 것을 볼 수 있다. 사회적 참조는 걸음마기 영아가 타인의 정서적 메시지에 반응하는 것과 더불어 자기 주변 환경의 안전과 평안을 평가하고 자신의 행동을 인도해주며 타인의 의도나 선호성에 대해 정보를 얻는 데 매우 중요한 역할을 한다. 만 2세경이 되면 사회적 참조를 통해 타인의 정서적 반응이 자신의 정서와 다를 수 있음을 알기 시작함에 따라 사회적 참조를 통해 자신과 타인의 사건에 대한 평가를 비교할 수 있게 된다. 만 3세가 되면 영아는 얼굴 표정과 상황단서를 사용하여 정서를 이해할 수 있으며, 특히 슬픔, 공포, 분노 등의 부정적 정서보다는 기쁨의 정서를 잘 이해하는데, 부정적 정서 중에서도 공포를 더 명확히 이해하고 슬픔과 분노는 혼동하는 경향을 보인다.

② 사회적 경험과 정서 이해

정서 이해에 있어서 양육자가 제공하는 사회적 경험이 매우 중요하다. 어머니가 영아와 대화할 때 정서에 이름을 붙이고 설명하고 표현할수록 유아는 더 많은 정서 단어를 사용하고 정서적 이해를 발달시키게 된다. 신생아는 다른 아기의 울음에 대한 반응으로 같이 울음을 터뜨린다. 어린 영아도 자신의 정서를 타인의 정서 표현과 일치시키려고 하며, 양육자와의 면대면 대화에서 영아는 양육자와 정서적으로 밀접한 공감을 나타낸다. 자의식적 정서처럼 타인에 대한 정서 이해는 타인과 구별되는 자아에 대한 이해를 필요로 한다. 2세 말 무렵 자의식이 강화됨에 따라 걸음마기 영아는 타인의 정서를 이해하고 타인의 감정에 자신의 감정을 이입할 수 있게 된다.

(3) 영아의 정서발달 과정

① 생후 0~3개월

- 생후 8시간밖에 안 된 아기도 암모니아 냄새를 맡게 되면 얼굴을 찌푸리고 고개를 돌리며 혐오감을 표현한다.
- 웃거나 우는 등 좋고 싫은 감정을 표현한다.
- 아주 원초적인 두 가지 감정인 쾌감, 불쾌감을 표현한다.
- 쾌감과 불쾌감에서 아주 빨리 감정이 분화한다.
- 신생아에게 안정감과 편안함을 주는 것은 양육자의 중요한 역할이며, 양육자를 바꾸지 않도록 한다.
- 양육자와 감정적 유대감을 만드는 것이 중요하다.

② 생후 3~6개월

- 긍정적인 감정 교류가 중요한 시기이다.
  - 생후 3개월에는 슬픔 표현이 가능하며, 양육자가 놀아주다가 갑자기 중단하면 슬픈 표정을 짓는다.
  - 4~6개월에 분노가 나타난다. 이 시기의 영아에게 먹을 것을 주었다가 빼앗으면 분노를 표현하는데 이는 목표감이 생겼기 때문이라고 할 수 있으며, 목표가 좌절되어 분노를 표현하는 것이라고 볼 수 있다.
  - 늦어도 생후 6개월부터는 타인의 감정을 분별할 줄 알게 된다. 또한 행복하게 웃는 얼굴, 슬프거나 찡그린 얼굴의 구분이 가능하고, 이때부터는 자신의 감정을 상대의 감정에 맞춰 변화시킨다. 즉, 웃는 얼굴로 아기에게 얘기하면 영아도 웃고, 화나거나 슬픈 얼굴로 말하면 영아도 울거나 얼굴을 찌푸리는 등 불편한 표정을 짓게 된다.

- 양육자의 반응이 중요하다.

3~6개월 아기와 양육자를 상대로 양육자의 표정에 아기가 어떻게 반응하는지 관찰하는 실험에서 영아의 반응은 처음엔 놀란 표정을 짓다가 손바닥을 치기

도 하고, 손가락으로 다른 곳을 지적하기도 하고, 혼란스러워하며 얼굴을 찡그리고 고성을 지르기도 하며, 영아는 자신이 할 수 있는 모든 방법을 동원해서 양육자의 표정이 변하도록 애쓴다. 엄마가 여전히 굳은 무표정을 보이면 영아는 결국 고개를 돌리고, 엉엉 울면서 스트레스를 받고 고통스러워하는 모습을 보인다. 아기는 양육자와 감정적으로 매우 긴밀하게 연결되어 있고, 양육자의 표정이나 음성 등에 즉각적으로 온몸과 마음을 다해 반응한다. 또한 양육자가 행복하면 아기도 행복한 감정을 느끼고, 양육자가 우울하면 아기도 우울하게 되므로 따뜻하고 긍정적인 감정이 많이 전해질수록 영아는 정서적으로 안정감을 갖게 된다.

- 감정 표현이 다양해진다.
  - 생후 6개월의 영아들은 감정표현이 점차 다양해진다.
  - 이 시기 양육자의 역할은 영아가 여러 가지 감정을 느끼고 표현할 수 있도록 돕는 것이다.
  - 영아들은 모방놀이를 즐기므로 영아와 함께 놀면서 다양한 감정을 경험할 수 있도록 도와주어야 한다.
  - 양육자와 함께 즐겁게 놀면서 감정 표현을 좀 더 풍부하게 하고, 호응해 주는 양육자에게 깊은 유대감 느끼게 되며, 아기는 양육자가 자기에게 관심을 갖고 있음을 충분히 느끼고 안도하게 된다.

③ 6~8개월

- 다양한 여러 상황에서 자주 화를 낸다.
- 낯선 사람에 대해 공포가 나타나기 시작한다.
- 화가 난 것을 표현하고 짜증 부리는 것을 시작한다.
- 기쁨이나 즐거움과 같은 긍정적인 정서가 나타난다.
- 엄마가 보이지 않게 되면 불안해하기도 하고 다른 사람의 표정을 보며 기분을 알 수 있다.

④ 8~12개월

- 다른 사람에게 애정을 표현하는 것을 즐긴다.
- 독립심을 키우려고 한다.
- 분노나 공포를 표현하는 빈도와 강도가 점차로 강해진다.
- 극적인 자극이 아니라도 자극의 미세한 차이를 감지하게 되어 웃거나 울기도 한다.
- 생후 12개월에는 언어와 행동으로 자신의 정서를 표현한다.
- 생후 8~9개월쯤이면 기본 7가지 감정을 표현한다.

(4) 영아기 분노

영아기에 분노는 가장 많이 나타나는 정서 중의 하나로, 처음에는 신체적으로 불편하거나 고통을 느낄 때에 분노를 울음으로 표현하지만 차츰 욕구좌절을 느낄 때에 울음, 소리 지르기, 발버둥, 떼쓰기 등 신체적인 표현을 동반하면서 분노를 표현하게 된다. 분노는 운동능력 및 의식적 인식능력과 연관이 있는 것으로 알려져 있다.

출생 초기의 영아는 배고픔이나 고통 등 여러 가지 불유쾌한 경험에 대해 울음으로 반응한다. 만 2세가 될 때까지 영아의 분노 표현은 빈도와 강도가 모두 증가한다. 이를 보다 자세히 살펴보면, 신생아기부터 약 3개월 정도까지는 주로 울음이나 고통스러운 얼굴 표정으로 분노를 표현하며, 4~6개월 정도가 되면서부터는 성난 목소리로 소리를 지르는 형태가 나타나고, 1~3세경에는 발을 동동 구르거나 떼를 쓰고 물건을 던지는 등의 다양한 형태로 분노를 표현하게 된다 (오영희 외, 2010; 정옥분, 2002). 이러한 분노는 2세경에 이르면 최고조로 표출하게 되는데, 분노가 표출될 때 사랑과 수용으로 대치되지 않을 경우 분노 감정에 대한 행동반응 양식인 공격성으로 발전하게 된다.

영아기 분노 표현을 자세히 살펴보면, 영아는 갑작스런 환경의 변화로 불쾌감을 느낄 때나, 배가 고플 때, 과한 자극이 있을 때 혹은 아무 자극이 없을 때 등 다양한 상황에서 분노를 느끼게 된다. 특히 4개월 이후부터 점점 분노의 표현

영아의 분노 표현 과정

- 영아의 분노 표현은 자신이 원하는 바를 쉽게 만족시키는 가장 보편적 방법이다.
- 출생 초기에는 배고픔, 고통 등의 불쾌한 경험을 하게 되면 울음으로 표현하기 시작한다.
- 초기 이후에는 욕구의 좌절(뺏기거나 제지받을 때)로 인한 분노가 발생하게 된다.

표 6-2 시기별 영아의 분노 표현방법의 단계

시기	표현방법
4~6개월	• 성난 목소리로 소리를 지름
2세	• 최고조, 사랑과 수용으로 대치되지 않으면 공격성으로 발전하게 됨
2세 이후	• 말로 표현하며, 사회적으로 수용되는 방식으로 분노를 표현함 • 자신의 감정을 숨기는 것이 필요하다는 것을 알게 됨

자료 : 김명희 재구성(2021).

빈도와 강도가 강해지게 된다. 영아는 인지 발달과 신체 발달이 진행됨에 따라서 어느 정도는 의도적인 행동을 하기 시작하는데 이러한 의도적인 행동에 방해를 받으면 분노를 표출한다. 분노의 빈도가 늘어나는 것은 정서 발달과 인지 발달이 활발히 진행되고 있다는 증거라고 볼 수 있다.

출생 후 7개월에서 8세까지의 유아를 대상으로 조사한 결과, 연령이 증가함에 따라 분노의 표출은 정확도가 증가하여 직접적으로 어떤 대상으로 향하게 되는 것으로 나타났다. 2~3세 된 유아가 자기 활동이나 자기 소유에 대해서 간섭받거나 또 자기가 하고 싶은 행동이 저지당했을 때 화를 내며, 손가락을 빠는 것은 그 증거라고 볼 수 있다. 전형적인 분노는 3~4세 사이에 절정에 도달한다.

2. 유아기 발달과 분노

유아의 분노는 그들의 생활에서 아주 흔하게 나타나는 정서이다. 일반적으로 분노는 자기 행동이 방해를 받아 정신적인 긴장이 생겼을 때 그것을 해소시키는 방편의 수단을 발견하지 못하고, 자기를 억압하는 긴장을 일시에 타파해서 급격한 변화를 얻으려고 하는 비상수단이라고 볼 수 있다.

1) 유아기 분노의 원인과 표현

생애 초기 정서 발달에 대해 고전적 연구가로 불리는 Bridges와 Izard는 분노라는 감정은 선천적인 것으로 인간의 생의 초기부터 나타나며, 표정만 보아도 쉽게 알아차릴 수 있고, 세계 모든 문화권의 유아에게서 볼 수 있는 일차적인 정서 또는 기본정서라고 이야기한다. 유아기 정서의 특징 중 하나가 분노를 유발시키는 자극에 대해서 강한 반응을 보이는 것이라고 볼 수 있다. 유아기 정서는 지속기간은 짧으면서도 표출 빈도수는 많고, 분노가 나타나는 순간에는 대단히 강력하게 나타나게 된다. 유아가 분노를 강렬하게 나타내는 것은 정서적인 안정과 평형감각을 잃은 것에 대한 반응이며, 주로 이러한 욕구불만에 대한 폭발적인 반응이 원인이 되는 경우가 많다. 분노는 배고픔이나 신체적 고통 등의 자극을 받는 것으로 인해 불쾌한 경험을 하게 되거나 자신이 원하는 것을 하지 못하게 될 때 그것이 주로 울음으로 표현되며, 특히 양육자가 이러한 상황을 그대로 방치해 두었을 때 더욱 강하게 나타나게 된다. 즉, 분노의 원인으로 생애 초기에는 생리적인 욕구 충족 및 주 양육자와의 원만하고 풍부한 정서적인 교류의 결핍을 들 수 있으며, 분노는 나이가 들어갈수록 보다 다양한 원인들에 의해서 나타나게 된다.

유아기 분노의 원인으로 주로 꼽히는 생리적 욕구에 대한 불만족이나 자신을 돌보아주는 사람, 특히 주 양육자가 이유도 설명해주지 않고 자신의 요구를 제대로 수용해주지 않을 때나 무시할 때와 같이 원만하지 못한 정서적 교류 상황뿐만 아니라 자신이 하고 싶은 어떠한 행동에 대해 제약을 가하거나 통제가 있을 경우 혹은 스스로 쉽게, 그리고 성공적으로 할 수 있다고 생각했던 것을 실패하게 되어 자신의 의지와는 상반되는 결과가 나타날 경우, 부모가 자신의 감정을 지나치게 억압하거나 무관심할 경우, 부모의 사랑과 관심이 충분히 제공되지 않을 경우 등 다양한 원인들에 의해 유아들은 분노를 표현하게 된다(오영희 외, 2010; 정옥분, 2002).

유아들은 다른 어떤 원인들보다 기본적인 욕구가 좌절되었을 때 공격적인 행동이 많이 나타난다. 이러한 욕구의 좌절은 분노를 느끼게 만드는 경향이 있으며 분노의 감정은 공격적인 행동을 일으키게 되는 중요한 요소가 되기 때문이다. 특히 어떤 인위적인 형태로 욕구가 좌절되었을 때 그 분노는 더욱 커지고 공격적인 행동도 많아지게 되지만 반대로 욕구좌절에 대한 이유에 대해서 충분히 설명을 들으면 공격적인 감정이 최소화되는 특성을 보이게 되므로 유아의 분노에 욕구좌절이 미치는 영향력은 매우 지대하다고 할 수 있다. 만약 유아가 정서적인 교류의 결핍이라든지 욕구 불만 등에서 비롯된 분노를 표현할 경우, 부모나 교사가 유아의 감정과 욕구를 제대로 파악하지 못하고 오히려 분노를 표현한 것에 대하여 혼내거나 적절하지 못한 반응을 보인다면 그 유아는 혼란스럽거나 위축되는 것을 경험하게 된다. 자신의 내면 상태, 감정을 자연스럽게 표현하는 것에 대해 수용하지 못하고 오히려 혼이 나는 것을 납득할 수 없어, 도리어 제대로 전달되지 못한 자신의 감정을 더욱 적극적으로 표현하기 위하여 더욱 증가된 강도와 극적인 표현으로 분노를 표현하게 된다.

분노의 표현형식에는 개인차와 연령차가 있다. 4~5세 정도가 되면 어떠한 문제를 해결하기 위해 언어를 아주 많이 사용하게 되는데, 남의 험담을 하고, 자랑을 하며, 야유를 퍼붓고, 흉내 내는 등 다양한 행동을 한다. 특히 화가 나면 협박적인 수단을 많이 사용하기도 한다.

이와 같이 분노를 표현하는 방법은 연령이나 기질에 따라서, 혹은 부모가 분노에 대해 어떻게 반응했는지를 모델링하거나 분노를 표현했을 때 그동안 받아왔던 외부의 부정적인 반응 등의 개인적이거나, 상황적인 대응방법의 특이성에 따라서 달라진다. 하지만 분노 표현방법은 크게 외부적으로 표현되는 경우와 내부적으로 표현되는 경우로 나눌 수 있다. 외부적으로 표출될 경우에는 주로 신체적이거나 언어적인 방법을 통해 공격적으로 표현되는데 나이가 어릴수록 자신의 분노를 표현하기 위해 잘 표현되지 못하는 언어 대신 신체적인 방법을 많이 사용하게 되고, 나이가 들어가면서는 점차 언어나 인지가 발달하면서 신체적인 방법보다는 언어적인 방법을 사용하여 분노를 표현하게 된다(구광현 외, 2003). 예를 들면, 동생을 보게 되면 부모의 사랑과 관심을 빼앗겼다고 생각하게 되어 일시적으로 퇴행현상으로 표현하기도 한다. 때로는 강한 흥분을 나타나거나, 울면서 팔다리를 버둥댄다거나 주위의 물건을 집어 던지거나 부수는 등의 행동을 나타내기도 하고, 자신의 신체를 가해하기도 하며 심한 경우에는 경련발작을 일으키기도 한다. 부모가 심한 통제를 하거나 과보호적인 양육태도 유형인 경우 이러한 현상이 더 자주 발생할 수 있으며, 부모나 형제 혹은 또래로부터 자신의 욕구를 인정받지 못하고 처벌이나 비난을 받게 될지 모른다는 불안한 마음이 생길 때 이를 분노로서 폭발시킬 수 있다. 일반적으로 유아들이 분노 감정을 공격적인 행동이나 언어 등을 통해 외부로 표현할 때 파악하기가 쉽다. 이와 관련하여 Lamb은 정서는 특정 자극에 대하여 특정한 행동을 하게 하는 동기를 부여하는 것으로, 분노는 공격행동의 동기를 부여한다고 설명하고 있다. 즉, 분노는 공격행동의 동기인 전초현상의 감정이라는 것이다.

하지만 비단 외형적으로 드러난 분노만을 전부라고 할 수는 없다. 유아기의 분노 표현의 원인이 다양해면서 그 분노를 외부적으로 표현할 것인가, 내재적으로 감출 것인가를 세분화하게 되는데, 내면적인 형태의 분노 표현은 때와 상황에 따라 자신의 감정을 감추는 것이 필요하다는 것을 인식하게 되면서 증가하게 된다. 주로 분노는 불안, 우울, 위축, 회피 등의 모습 또는 신체화 증상의 형태로 나타나게 된다. 공격성처럼 눈으로 쉽게 파악할 수 있는 행동으로 나타나기보다 조용하게 표현된다는 특성이 있으므로 주의 깊게 살펴보거나 관심을 가지고 관찰하지 않으면 파악하기는 어렵다. 내재적 분노의 표현으로서 사회적 위축행동을 보이는 유아의 경우에는 단순히 분노 표현방법으로서 나타나는 위축인지, 타인과의 상호 작용에 무관심하거나 반응을 보이지 않는 위축인지를 세심한 관찰과 깊이 있는 정서적 교류를 바탕으로 한 분별이 이루어져야 그 이후 개입의 정도와 접근양식이 상이하게 달라질 수 있다(이소현, 2003).

한편 유아들이 내재적으로 분노를 표현할 때 보이게 되는 행동 중에 하나는 바로 선택적 함묵증이다. 선택적 함묵증은 지나친 수줍음, 분노, 사회적 상황에 대한 공포, 고립 등과 같은 다양한 감정적 갈등이 야기된 행동적 특성이다. 이는 곧 함묵을 내재적 분노 표현의 하나인 회피에 대한 반응으로 볼 수 있는 증거가 된다. 유아가 화가 나서 말하지 않는 경우에 근본적인 분노의 발생 원인을 세심하게 파악하여 바람직한 형태로 분노를 표현하고 해소할 수 있도록 도와주는 것이 분노 원인의 해결방법이다. 특히, 신체화 장애를 가졌을 경우에는 부정적인 감정을 억압하게 될 때 생길 수 있으며 신체적인 증상으로 인한 관심, 사랑 등 이차적 이득에 의해 강화된다는 특성을 지닌다. 표면적인 강화의 이득이 아닌 억압되어 있는 부정적인 감정의 해소가 신체화 장애라는 심리적인 병리이상에서 벗어날 수 있는 근본적인 해결책을 통해 유아의 분노 표현에 대해서 주의 깊은 이해와 인식이 얼마나 중요한지를 다시금 알 수 있는 계기가 된다.

이처럼 내재적 형태로 표현되는 분노를 정확하게 파악하고 유아가 스스로 분노를 다루고 조절하면서, 원만하게 해결할 수 있도록 지원해주기 위해서는 더욱 세심한 주의가 요구된다고 하겠다. 분노의 발달 단계나 후유증에 대한 예측이 어렵기 때문에 적절한 방법으로 표현될 수 있는 중재가 요구된다(박윤아, 2007). 이때 적절한 분노 표현을 위해 유아가 개인적인 차원에서 자신의 정서나 분노를 조절하는 데 있어서 조금은 서툰 모습이 있겠지만 영아기 말부터 점차 자신의 감정을 감추는 것이 필요하다는 사실을 인지하고, 분노라는 감정을 때에 따라서 숨기거나 적절하게 통제하는 방법과 사회적으로 수용되는 차원에서 분노를 표현하는 방법 및 신체적 공격보다는 언어로 표현하는 방법을 배우면서 감정적인 문제 상황이 발생했을 때 실제로 조절해 보거나 적용해 보면서 실천하는 것이 필요할 것이다. 또한 공동체 일원으로서 분노가 친밀한 사회관계일수록 더욱 자주 표현되는 경향이 있고 친밀한 사회관계에서 분노가 남기는 파장은 더욱 크다는 점을 기억하여야 할 것이다. 이러한 인식을 기초로 하여 유아와 친밀한 관계를 맺고 있는 주위 사람들과 함께 분노 중재의 과정에 적극적으로 참여하게 되면 그들로 하여금 지속적이고 능동적으로 자신의 분노에 대하여 올바르게 인식하고 분노를 어떻게 처리해 갈 수 있는가를 안내해 주게 된다.

2) 유아기 분노와 문제행동

분노를 표현한다고 해서 그것이 모두 문제행동으로 직결되는 것만은 아니다. 단지 분노를 표현할 때 공격적인 형태를 사용할 경우에는 사회적 상호 작용 측면에서 부정적인 결과가 발생할 수 있다. 특히 어린이집 등 사회생활에 부적응을 겪는 유아들의 감정 기저에는 분노가 주를 이루고 있다는 점에서 문제행동을 지도할 때 분노의 감정을 함께 다루어줄 필요가 있다(박윤아, 2007).

유아의 분노 결과는 두 가지 차원에서 살펴볼 수 있다.

첫째, 정서적 측면에서 유아가 분노로 인하여 계속해서 문제행동을 나타낼 경우에는 부정적인 관계가 형성될 수 있으며, 궁극적으로는 이들이 사회에 적응하고 통합되는 데 어려움을 줄 수 있다. 공격적인 행동이 수반된 분노 표현으로 인해서 사회적인 관계 손상이나 자존감 감소 등의 부정적인 결과를 경험하게 되며, 지속적인 분노 표현의 행동으로 인하여 가족, 지역사회 공동체, 기관 내에서의 대인관계가 틀어질 수 있다.

둘째, 분노는 외현화된 문제행동으로 이어질 수 있으며, 유아에게 심리적·신체적·학습적으로 모두 부정적인 결과를 초래한다.

분노는 공격적인 행동뿐만 아니라 불평, 모욕적인 언행, 협박과 위협, 빈정댐 등 부정적인 언어 행동들을 수반하게 된다. 즉, 분노로 인해 발생하는 문제행동은 신체적인 손상 및 놀이 환경이나 활동 환경으로부터의 이탈, 과업을 완벽하게 이룰 수 있다는 자신감의 타격 등의 심리적인 손상으로까지 이어질 수 있고, 이후에 공격적인 행동의 지표가 될 수 있다. 부모나 교사 등에 의해 비교적 쉽게 관찰될 수 있는 외현화된 문제행동은 그 빈도와 강도에 따라서 차이를 보이기는 하지만 또래로부터 사회적으로까지 거부당할 가능성이 높고, 주의력 결핍 및 과잉행동장애, 반항성 도전장애, 품행장애와 같은 파괴적이며 심각한 행동장애로 발전하게 될 위험성이 매우 높다. 외현적인 문제행동도 역시 내재화된 분노 표현을 통하여 나타날 수 있는 문제이다. 불안감이나 두려움 또는 정서적 과민성은 유아기에 흔히 느낄 수 있는 감정이지만 만약 이러한 감정의 빈도 및 강도가 너무 지나치거나 적절한 중재 서비스를 제공받지 못할 경우 심각한 정서적·행동적 문제를 야기할 수 있다.

사회적으로 미성숙하고 위축된 행동을 보이는 유아는 유아기 발달뿐만 아니라 성인이 된 후에도 사회적 기술의 결핍으로 인한 사회적 고립, 현실 회피, 왕따, 끊임없는 도움과 관심 요구, 이유 없는 우울증, 신체상의 질병이 없음에도 불구하고 아픔을 호소하는 정신건강상의 부정적인 증상을 보인다(이소현, 2003). 따라서 문제행동과 연결되어 나타나는 분노 표현은 감정 조절에 미숙한 유아들이 또래와의 긍정적이며 원만한 상호 작용과 사회 적응에 큰 어려움을 겪게 하며, 심각한 부작용을 초래할 수 있다.

3. 아동기 발달과 분노

1) 아동기와 분노

아동들은 신체 및 언어적 공격이나 기대에 좌절하거나 방해받는 상황에 따라 분노를 느낀다(박향숙, 2008). 이렇게 여러 가지 요인들에 의해 아동들은 분노를 경험하게 된다. Freeberg(1982)에 의하면 발달 과정에서 적절한 분노 표현방법을 학습해본 경험이 없는 아동들은 노출된 환경에 비효율적으로 대처하게 되며, 아동들에게 있어서 분노는 좌절, 의존성, 우울과 강한 연관성을 가지게 되어 결국에는 사회적으로 용납되기 어려운 부적절한 방법으로 표현되기 쉽다고 보고하였다.

또한 아동기 분노의 표현방식은 학습과 특정한 사회적 흐름에 의해 영향을 받아서 발달하게 되는데, 연령이 낮을수록 분노 표현이 직접적이고 개방적이며, 청년기나 성인기로 갈수록 분노를 언어로 표현하거나 억제하는 경우도 많고, 분노의 원인이나 표현방법도 복잡한 경우가 많다(이정숙 외, 2008). 그리고 김용섭(1984)은 분노 표현방식이 연령에 따라 차이가 있다고 밝히면서 연령이 낮을수록 정서적인 긴장을 해소하는 방법이 더욱 직접적이고, 성인들의 경우에는 대부분 언어의 형태로 분노를 표현한다고 하였다.

한편 분노는 대인관계의 정서로 분노가 일어나는 사회적인 맥락과 관계가 매우 깊다. 즉, 분노를 느끼는 맥락 차원은 상호 간에 정서적으로 밀접한 관계라고 할 수 있으므로 분노의 대상은 결코 개인이 싫어하는 사람이 아닌 평소에 잘 알고 지내는 가까운 사람들이라는 연구와 분노경험에서 관계라는 맥락이 중요하게 영향을 미친다는 연구에 의해 정리해 보면 아동들이 가장 밀접하게 생활하는 주거환경 속에 반 친구들, 부모, 교사들에게서 분노가 유발된다고 볼 수 있다. 이러한 결과는 가까운 사람들과 더 친밀한 접촉을 갖고 서로의 상호 작용적 행동에 의해 더욱 쉽게 상처를 받기 때문이라는 것을 설명하고 있다.

아동들은 성인들과 마찬가지로 부당하다고 느낄 때 분노를 경험하는 것을 알 수 있다. 아동들이 말하는 부당함이란 자신의 입장과 기준에서 보았을 때 정당하지 않음을 느끼는 것으로 다분히 자기중심적이라고 할 수 있다. 한편 분노의 원인으로는 부당한 대우를 받았을 때가 가장 높았으며, 초등학생의 분노와 공격성을 살펴본 채혜정(2004)의 연구결과, 나이가 들어갈수록 분노와 공격성도 증가하며, 공격성이 감소되기는 어렵다는 것을 알 수 있었다.

2) 아동기 분노 특성

아동기에 경험하게 되는 분노의 특성을 살펴보면, 아동기에는 그들의 성장과 발달을 재촉하는 내적인 압력과 외적인 사회 규범 사이에 충돌하게 되므로 이 시기에는 분노감이 축적되는 경우가 많다. 이와 같이 아동기에 분노가 이전에 비해서 증가되는 것은 다소 보편적인 현상이라고 할 수 있다. 특히 이 시기에는 분노를 적절한 수준으로 조절하며 적응적인 방법으로 분노를 표현하는 것이 중요하다고 본다. 아동기에 형성된 분노나 공격성은 청소년기를 거쳐 성인기에 이르기까지 지속될 가능성이 높으며, 아동기의 분노를 적절한 수준으로 조절하는 것에 실패하게 될 경우에는 아동기를 지나 성인기에 이르기까지 또 다른 부정적 행동이나 정서로 대치될 수 있다고 하였다(이윤경, 2015; 박유니 2011). 따라서 학령 후기에 속하는 아동들은 유아기나 학령 전기와 비교해 보면 분노를 더욱 강하게 경험하게 되는 경향이 있으며, 분노를 적절하게 조절하고 표현하지 못하게 되면 이로 인하여 발생한 다양한 부작용을 청소년기를 지나 성인기에 이르기까지 경험하게 될 가능성이 높아지게 된다.

한편 아동의 분노 표현방식은 연령에 따라 변화하게 되며 아동의 연령이 어릴수록 직접적이고 열린 분노 표현방법을 사용하는 경향이 높은 것으로 나타났다. 김은진(2012)에 의하면 초등학교 고학년으로 될수록 아동들의 분노수준은 높아지는 것으로 나타났고 공격적인 분노 표현방식 빈도 역시 증가한다고 하였으며, 민경현(2009)은 아동기에 나타나는 공격적인 분노 표현방법이 위험하다는 것을 지적하기도 하였다.

이어서 아동의 분노를 성별 변인에 의해 살펴보면, 성별에 의해 영향을 받고 있는데, 이는 한국 사회는 유교사상의 영향으로 인해서 남녀에게 각각 상이한 역할과 행동기준을 설정하고 어린 아이들과 청소년, 여성에게는 감정 표현을 자제하도록 교육해왔기 때문이라고 본다. 예를 들어, 부모들은 여아보다 남아의 공격적인 행동에 대해서는 보다 더 허용적이지만 여아들의 공격적 행동에 대해서는 억압하는 경향이 많다. 이와 같은 우리나라의 사회문화적 특성은 특히 여아들이 외부적으로 드러내는 공격적인 행동을 하는 것에 대해 많은 죄의식과 두려움을 갖게 하므로 여성들이 분노 억압에 대한 문제가 더 많이 나타내도록 만드는 요인이 되었다.

아동의 분노 연구에 따르면 정서적 반응을 표현함에 있어서 남아가 여아보다 분노감을 더 표현하는 경향이 있으며, 적대감을 더 높게 인식하며 공격성도 높은 것으로 나타났다. 또한 다른 연구에서는 공격성을 지닌 여아는 정서 표현 및 분노 조절이 남아에 비해 어렵다는 것이 밝혀지기도 했으며, 여아는 사춘기가 되면서부터 분노 상황에서 더 큰 분노를 느끼게 된다고 하였다. 그리고 아동의 성별에 따른 분노 표현방식에 대한 연구에서는, 남아는 여아에 비해서 분노를 보다 더 직접적으로 표현하며 공격성도 높게 나타나지만 여아는 분노를 느끼게 될 때 주로 울음으로써 표현하는 것으로 나타났다.

따라서 많은 연구들이 아동의 성별에 따라서 정서적 반응이나 분노 상황 인식과 분노에 의한 공격적인 표현과 행동 등이 달라지고 있음을 보여주고 있다. 분노의 상황에서 반복적으로 분노가 표현될수록 예민해지게 되어 내현적 행동문제나 외현적 행동문제가 증가하며, 이러한 유형의 행동이 분노를 표현하는 일반적인 양식이 될 수도 있다고 본다. 또한 아동기에는 적절한 분노 표현방법을 학습하고 분노로 인하여 발생하게 되는 다양한 위험한 행동 등을 예방하기 위한 가장 중요한 시기임을 알 수 있다.

4. 청소년기 발달과 분노

1) 청소년기와 분노

청소년기는 질풍노도의 시기라고 기술할 정도로 불안정하고 충동적인 면이 강한 시기로, 양극적 감정이 동시에 나타나거나 단시간 내의 격렬한 변화를 자아내기도 하는 등 감정의 기복이 심하며 극단적인 기분에 사로잡히기 쉽다는 특징이 있다. 따라서 이 시기 청소년의 행동은 이성적이고 객관적이라기보다는 감정적이며 자기중심적이 된다. 또한 청소년기는 아동기에서 성인기로 이행하는 과도

기로서 일생에서 매우 중요한 시기로, 청소년은 사춘기의 시기를 지나면서 자신의 신체적·정서적·인지적·사회적인 발달의 과정들을 통해 큰 변화를 경험하며(홍하남, 2005), 급격한 변화를 경험함에 따라 정서의 변화도 심하고 극단적인 정서 경험을 하는 특성을 가지게 된다. 또한 청소년들은 불안상태가 계속 지속되면 여기에서 벗어나기 위하여 격렬하고 파괴적이며 극단적인 부적응 행동을 서슴없이 하게 되는데, 정서적 부적응은 우울증, 자살, 정서장애, 약물남용, 정체성장애, 도벽, 가출, 폭력 등과 같은 다양한 정신장애와 비행 및 범죄행위로까지 발전되어 개인뿐만 아니라 사회에 부정적인 결과를 초래하기도 한다. 초기 청소년은 사회적으로 역할 변화에 적응하는 과정에서 심리적 갈등과 욕구불만을 경험하여 분노의 빈도, 강도, 기간이 증가하게 된다. 따라서 분노는 청소년기를 맞이하게 된 10대 청소년들에게 더욱 위험하다고 할 수 있겠다. 분노는 그 자체가 선하거나 또는 악한 것은 아니지만, 청소년기의 분노는 불이익 쪽으로 더욱더 편중되는 경향이 있기에 이러한 분노로 인해서 여러 가지 문제점들이 유발될 수 있다.

청소년기의 특징 중 하나가 예민한 감정 표현이라고 할 수 있으며, 청소년의 문제행동과 부적응의 원인 중 하나가 감정조절이라는 사실이 밝혀졌다(문경숙, 2008). 청소년의 분노를 유발케 하는 요인은 크게 내적(심리적) 유발요인과 외적 유발요인으로 나눌 수 있다. 내적 유발요인에는 부정적 자아개념, 당위적 사고 등이 있고, 외적 유발요인으로는 부모의 양육방식과 관련된 부모변인, 가정변인과 학교 환경에서 나타날 수 있는 학교변인, 또래집단에서 나타나는 친구변인이 있다.

학교는 대부분의 청소년이 가장 많은 시간을 보내는 주요한 사회적 환경이면서 학교 폭력이 문제가 되는 대표적인 현장이기도 하다. 이에 분노는 학교폭력과 공격성의 중요한 예측변인으로 분노가 다양한 상황에서의 학대에 대한 공통적인 반응으로 나타나기도 한다. 학교폭력 피해를 입은 아동은 쉽게 분노하고 학교폭력을 통해 복수하려고 한다. 즉, 학교폭력 피해는 분노를 유발하고 분노는 다시 학교폭력 가해에 직접적으로 영향을 미치는 것이다. 또한 분노는 학교폭력에서 부분매개의 역할을 한다(조아미, 2014). 교육현장에서 분노 조절의 어려움으로 인한 공격성의 문제는 점차 심각해지고 있고 이 문제는 처벌이나 훈육과 연결되어 문제 행동으로 처벌을 받는 동안 학업의 기회를 상실하는 등 부정적인 영향을 받을 수 있다.

청소년기에는 분노와 같은 감정을 통제하는 것이 상대적으로 더 어렵고, 청소년들의 비행, 학교폭력 등의 부적응 문제의 심리적 근원은 정서 중에서도 분노 관리와 밀접하게 연관되어 있다. 분노 감정이 높은 청소년이 교우관계 및 학교 수업을 포함해서 전반적인 학교생활 적응도가 낮은 것으로 나타나는 것으로 보아 분노 조절능력은 건전한 대인관계를 포함한 사회 행동 형성에 기초가 될 수 있음을 보여준다(안정미 & 안권순, 2012).

청소년들은 분노를 적절하게 관리하는 방법을 충분히 학습하지 않은 상태에 있기 때문에 분노 관리의 실패로 인한 부작용을 경험할 가능성이 매우 크다(채유경, 2001). 이처럼 자신의 정서와 감정을 다루는 방법을 제대로 숙지하지 못한 청소년들은 자살, 비행, 학교폭력 등의 부정적인 방법으로 나타내며, 특히 청소년의 비행은 낙인효과 등을 동반하게 되어 성인 범죄로 발전될 가능성이 다분하다. 분노 행위의 강도, 빈도, 지속시간이 지나치거나 분노 표현이 부적절하게 나타나 자신뿐 아니라 타인에게 공격적인 행동을 보일 때, 그 결과 폭력, 적응장애, 충동조절장애, 자살충동성 및 학습장애 등의 행동적 문제를 야기할 수 있다. 또한 청소년기의 해결되지 못한 분노는 성인기의 정서나 불안장애와 성격장애 및 약물장애 등의 정서적인 문제와도 연관된다. 결국 청소년기 분노는 행동적·사회정서적 문제를 야기시킬 수 있으므로 이에 대한 시기 적절한 프로그램을 통해 상담 및 치료와 예방을 위한 노력이 반드시 필요하다.

2) 청소년 분노 조절 상담

청소년의 분노 조절 상담은 청소년의 분노에 대한 이해를 증진시키고, 자신의 분노를 스스로 인식하며 분노를 표현하는 적절한 방법을 습득하는 효과적인 과정이다. 먼저 자신이 분노할 때 나타나는 신체적·정서적·인지적 반응에 대해 알아보고, 구체적인 사례를 떠올려본다. 분노 및 분노상황에 대한 지각을 하게 되는 것이다. 그리고 분노와 관련된 사고의 변화를 도모한다. 행동을 조절하기 위해서 필요한 것은 바로 사고를 변화시켜야 한다는 것을 이해하는 것이다. 우리는 자신에게 일어나는 사건 때문에 괴롭고 힘든 것이 아니라 오히려 그 사건을 바라보고 평가하는 방식으로 인해 고통을 받는다는 것을 이해하는 것이 기본이다.

분노의 발생 이유로 부정적·자동적 사고에 대해 알아보고 자주 일어나는 인지적 오류를 파악한다. 그를 통해 스스로 수정할 수 있는 인지 재구조화를 하게 된다. 더불어 분노에 대한 정확한 이해를 하게 된다. 분노에 대해 이해한다는 것은 분노의 역기능과 순기능을 이해한다는 것이고 분노 감정은 피할 수 없으며 적절한 분노 조절이 스스로에게 어떤 영향을 주는지 인식하는 것이다. 분노 표현 기술을 익힘으로써 적절한 분노 표현방식을 통해 다른 사람에게 자신의 감정을 전달해 보게 된다. 이러한 활동을 통해서 미래의 자신의 긍정적인 모습을 예상하고, 강점을 인식하며 지속적으로 스스로를 통제할 수 있는 동기가 만들어진다.

5. 성인기 발달과 분노

1) 초기 성인기의 개념과 특성

초기 성인기에 대한 개념은 학자들에 따라서 다양하게 정의되고 있다. 초기 성인기의 정의는 성격 형성의 특징으로써 분류하거나 자립, 결혼, 직업 등의 발달과업에 따라서 분류하고 있다.

Erikson은 초기 성인기를 공식적인 성인의 시작 시기라고 설명하면서 초기 성인기의 연령을 20~40세로 설정하였다. 이 시기의 심리적 위기는 친밀감 형성이라고 본다. 초기 성인기에 친밀감을 적응적으로 형성하게 되면 안정적인 사랑과 지속적인 친밀감 등의 결과를 이루게 된다. 하지만 친밀감을 제대로 형성하지 못하면 고립감을 겪게 된다고 하였다.

또한 Levinson은 성인기를 상당히 구체적으로 구분하여 설명하였다. 초기 성인기의 연령은 22~28세로 설정하였고, 가족으로부터 분리를 하며, 결혼을 하는 시기라고 특징지었다. 그리고 멘토 관계와 같은 첫 번째의 중요한 인생의 구조를 형성함으로써 꿈을 추구하기 위한 시도를 하게 된다.

한편 Vaillant는 초기 성인기의 연령을 20대와 25~35세로 구분하여 설정하였으며, 그는 20대는 부모로부터 독립하여 자율성을 획득하고, 자신의 직업에 몰두하는 단계라고 보았다. 또한 25~35세는 청년기의 이상과 열정 및 목표를 버리고 극히 현실적인 삶을 살아가는 시기이므로 직업 강화 단계라고 설명하기도 하였다. 즉, 20대에는 독립적인 결정과 책임감 및 사회생활을 시작하게 되면서 여러 가지 복잡한 혼란을 겪으며 이 시기의 특징인 우울 및 분노, 음주와 흡연문제를 많이 일으킨다고 볼 수 있다.

성인기의 특징을 살펴보면 다음과 같다.

(1) 신체적 특징

① **성인 전기 :** 20대 초반을 정점으로 하여 신체적·지적으로 최고의 상태에 도달한다.

⇒ 좋은 생활습관을 형성하는 일은 성인 후기 건강 유지에 필수 요건이다.

② **성인 후기 :** 시력 감퇴나 난청, 미각이나 후각이 약화되는 등 신체적인 쇠퇴가 나타나게 된다.

(2) 인지적 특징

성취 단계 ⇒ 책임 단계 ⇒ 재통합 단계로 인지능력이 발달한다.

(3) 사회정서적 특징

① **성인 초기 :** 친근감 대 고립감의 위기 상황

② **성인 후기 :** 생산성 대 침체감의 위기 상황

2) 성인의 생활습관과 분노

Spielberger는 분노란 신체적 각성을 동반하는 불쾌한 정서로 보고, 사소한 짜증에서부터 약오름, 격분, 격노에까지 이르는 감정 변화 양상을 지닌 개인적인 특성으로 정의하고 있다. 분노 수준에 따른 건강과 관련된 생활습관과 신체 증상을 조사한 결과를 살펴보면 같은 음주량 집단에서도 분노 수준이 높을수록 신체적인 증상을 더욱 많이 호소하고 있는 것으로 나타났다.

분노는 공격적인 행위와 많이 관련된다. 이는 특히 일반 남성들에게서는 강한 분노 표현으로 폭력이 나타날 수 있으며, 비교적 완화된 공격성의 형태가 과식, 음주, 약물복용 등의 사회 구성원들 사이에서 어느 정도 용납되는 수준의 자기 파괴적인 행위로 나타날 수 있다는 것을 고려해 볼 때 자신의 분노 수준을 인지할 수 있고, 나아가 적절히 분노를 조절하는 것은 건강에 대한 위험 행위를 줄임으로써 질병을 예방하고 건강 증진을 위해서 무엇보다 중요하다.

불쾌한 정서의 경험은 스트레스 반응의 필수적인 요소이며, 분노는 불쾌 정서 중의 하나이기 때문에 스트레스는 분노 유발의 주요한 요인으로 고려될 수 있다. 성인기 분노와 관련된 연구에서 분노가 높을수록 지각된 스트레스가 높았다는 결과에서도 알 수 있듯이 개인의 분노 수준이 높을수록 지각하는 스트레스가 높아서 건강에 위험하고 해로운 생활습관을 유지하게 된다는 것을 알 수 있다.

초기 성인기인 남녀 대학생은 분노를 자주 경험하기도 하고, 분노를 적절하게 다루는 것에 대해 어려움을 느끼는 것뿐 아니라 미숙하다(안거연 외, 2016). 초기 성인기의 분노에 영향을 주는 요인으로는 자기 비난과 무가치함 등의 역기능적 신념과 낮은 성적 및 거부적인 부모의 양육태도 등이 있다(김수연, 2018). 이러한

초기 성인기의 분노는 개인의 신체적·정신적 건강 및 대인관계 문제와 음주 문제, 스마트폰 중독 등 다양한 형태로써 개인과 사회에 부정적인 영향을 미치게 된다.

3) 분노와 성인 애착

Lazarus(1991)에 따르면 분노는 우리 사회생활의 중요한 특징을 이루는 것으로 사회적인 관계를 형성하는 것에 매우 강력한 힘을 발휘하고, 다른 사람의 행동에 대해 일차적인 불쾌감을 표현하는 것과 관련된다고 하였다. 그러므로 분노의 통제 및 조절은 사회에서 이루어지는 대인관계 속에서 느끼는 만족감에 지대한 영향을 준다고 볼 수 있다. 즉, 사회적인 다양한 상황에서 분노라는 부정적인 감정을 어떻게 경험하며 통제하고 표현하는지는 실제적인 대인관계에 있어서 효율성과 유능감에 많은 영향을 주게 된다. Bowlby(1980)에 의하면 분노라고 하는 것은 타인의 부정적인 애착행동에 대해 기능적인 저항반응의 하나로 경험될 수 있다고 본다. 안정적인 애착의 경험은 다른 사람의 선한 의도를 신뢰하며 타인의 부정적 행동에 대하여 일시적이고 곧 바뀔 수 있다는 신념을 가질 수 있게 하므로 타인의 부정적 행동을 방지하고 사회적 관계에서의 어려움을 극복하기 위해서 분노를 도구적으로 사용하게 된다. 하지만 분노가 타인의 부정적 행동을 억제하는 데 실패하게 되거나 타인으로부터 반복적인 거절을 당하는 경우에는 과도한 짜증 및 자기 파괴적인 행동으로 표현되는 역기능적인 분노를 경험하게 되면서 분노의 통제가 어려워지므로 정서적 유대관계도 약화된다.

애착 유형과 분노의 관계를 살펴보면, 성인의 불안한 애착에 동반되는 분노는 자녀를 양육하는 방식에도 영향을 주기도 하며, 불안정 애착집단은 안정 애착집단에 비해서 분노 및 적대감이 높았다. 또한 분노 경험에서의 개인차와 성인애착에서는 안정 애착집단은 분노 유발 경향이 낮고, 보다 더 구조적인 분노의 목표가 있었으며, 분노 표현을 한 후에 더 적합한 반응과 보다 더 긍정적인 정서를 경험하였고, 타인에 대한 적대감은 적게 경험한 것으로 나타났다. 그들은 개인적인 효능감이 높았고 타인의 선한 의도를 신뢰하므로 더욱 통제된 방법으로 분노를 표현하였다. 그러나 불안-양가적 애착집단은 분노 시 분노의 조절과 분노에 따른 내면화가 부족했고 분노를 반추하는 경향이 있었다. 한편 회피적 애착집단은 타인에 대해 적대감이 높으며 분노에 관한 신체적인 경험을 제대로 지각하기가 힘든 것으로 보고되었으며 문제 상황인 경우에는 거리를 두고 이와 관련된 생각들을 억압하거나 회피하는 경향을 보였다. 이를 종합해 보면 결론적으로 분노 경험에서의 차이를 설명하는 데 있어서 기저가 되는 내적 작동모델의 중요성을 강조하고 있음을 알 수 있다.

따라서 애착이라고 하는 것은 스트레스가 유발되는 부정적인 정서의 경험을 어떻게 해석하며 이해하고 다루는지를 조절해주는 데 공헌함으로써 개인의 자기 효능감 및 긍정적인 자기 개념의 발달에 지대한 영향을 주고 있다. 반면 애착체계의 불안정성 때문에 이런 부정적인 정서의 다양한 경험들이 적절하게 조절되지 못한다면 더 높은 수준의 불안감과 우울감 등을 경험하게 되며 부정적인 자기개념을 형성하게 된다. 결국 애착체계의 내적 작동모델은 대인관계 속에서 분노와 같은 부정적인 정서를 경험하며 표현하는 방법에 커다란 영향을 줄 수 있다.

6. 노년기 발달과 분노

1) 한국 문화와 노년기 분노

노인의 4고(苦)로 인하여 밀려오게 되는 무력감 등은 노년기에 출연한 다양한 삶의 문제에 원인이 되기도 한다. 이러한 노인들의 문제는 현대 사회를 살고 있는 많은 노인들에게 소외라고 하는 문제와 더불어 이중고로 다가와서 노년기에 느끼게 되는 분노라는 감정을 더욱 더 자극하게 되었다. 한국 문화적으로 분노의 특성을 살펴보면, 한국 문화는 의사소통이나 대인관계 차원에 절대적인 유교문화의 영향으로 인해서 체면문화를 형성하게 되었으며, 체면을 존중하는 관계 유지는 솔직한 감정 표현을 제지하게 되어 분노를 억제하고 통제하게 만들었다(최광현, 2006). 이러한 한국 문화의 특징을 잘 나타내고 있는 한국적인 분노와 관련된 증후군으로 화병이 있는데, 이것은 한국인에게 가장 대중적이며 심층적인 특성이라고 볼 수 있는 한국적인 문화와 관련된 증후군이라고 할 수 있다. 화병이라고 하는 것은 노년기의 4고가 장시간 노출되면 더 자주 나타나며, 교육수준이 낮은 여성, 경제적 수준이 낮은 계층에서 더욱 많이 나타난다. 또한 화병과 관련하여 '성'이나 울화'처럼 속이 뒤집히고 타는 듯 걷잡을 수 없이 위로 치받치는 증상을 '끓어오름'이라고 정의하였다. 이러한 증상들은 중년기 이후 화병으로 이어진다고 한다(권혜진·노은선, 2000).

노년기 여성은 때때로 가정 내에서 자식고의 갈등이나 며느리와의 갈등 속에서 무시당하며 소외감을 느낄 때나 억울하고 분한 일을 당했을 때 장기간에 걸쳐 반복적으로 분노를 경험한다. 분노는 '끓어오름'이라는 현상으로 나타나며 '끓어오름'이 해결되지 않고 장기간 남아서 존재할 때 중년 이후 여성들에게 화병으로 발전하게 되며, 분노를 어떻게 표현하는가의 문제는 삶의 모든 단계마다 아주 중요한 의미가 있다.

한국인은 유교문화의 영향을 받아 분노의 감정을 표현하기보다는 타인과의 관계에서 상호 간의 체면을 지키기 위하여 참는 것을 미덕이라 여겨서 이차적인 감정과 신체적인 증상까지 연결시키는 특성을 갖고 있다. 특히 노년기는 유교문화에 더욱 익숙해져 있는 세대이기 때문에 마음속에 억제된 분노가 더욱 많을 것으로 여겨진다. 자신의 감정 상태를 감추고자 하는 사람들은 불안한 심리적인 상태를 분노로 표출하는 경우가 많으므로 이로 인해서 열등감이나 우울증에 시달리는 경우가 많다. 분노 표현은 대부분 자신이 인정하고 싶지 않아서 감춰놓은 감정들을 가려주는 행동으로 볼 수 있으며, 마음속에 숨겨둔 감정들을 반영해 주는 복합적인 마음과 몸에 나타나는 현상이다. 그렇지만 분노는 자신의 성장과 자존감을 높이는 하나의 에너지로 사용할 수 있으며, 분노를 표현한다는 것은 대인관계에서 친밀감과 존엄성을 얻으려는 욕구에서 시작된다. 즉, 분노 표현은 사회적 관계 속에서 타협이 필요하다는 메시지이며 일종의 투쟁이기 때문에 귀를 기울여 들어야 하는 신호라고 본다.

위의 내용을 종합하면, 노인들은 유교문화의 영향 속에 살아오면서 분노 감정을 제대로 표현하지도 못하고 참는 것만을 미덕으로 여기며 살아왔기 때문에 대부분 노인들의 분노에 대한 감정은 한으로 남아서 화병의 상태로 무의식에 억압되어 있다. 이러한 화병이나 분노 감정을 적절하고도 유연하게 전달하고 표출할 수 있을 때에 노후에 삶의 활동 수단인 집단생활에 직접적인 도움을 주게 되고 자아통합을 이루고 성공적인 노화를 이루어갈 수 있게 된다.

노인의 강력한 부정적인 정서의 하나인 분노는 우울과 비교해서 상당히 소홀히 여겨지고 있는데, 그 이유는 그동안 우울이나 불안에 비해서 분노가 관찰하기 어려운 주관적인 경험이라는 것과 분노장애라는 공식적인 진단이 없었다는 것이며, 또한 우리 사회가 그동안 노인 정서에 대한 관심이 부족했던 것으로 볼 수 있다. 한편 인간의 생애주기 및 연령과 성별에 따라서 분노를 경험하는 원인과 표현하는 방법에 차이가 있다. 특히 노년기 분노는 자신이나 주변 환경 및 가족들과의 관계에서 부정적인 영향 때문에 정서적인 불안에 의해 생기게 되고, 노년기가 되면서 겪는 노화 과정이나 신체적 건강문제 및 경제적 어려움, 역할과 지위의 상실이나 사회적 활동이 줄면서 발생하는 소외감, 상실감과 같은 요인들이 노인이 경험하게 되는 분노 발생의 원인이라고 본다. 또한 노인의 우울증과 분노 억제가 사망률을 증가시킨다는 종단적 연구결과도 있다.

노년기에는 그동안 발생하지 않던 노년기의 위기 상황과 문제 속에서 다른 형태로 분노가 나타나며 노년기에 해결하지 못한 분노는 노인 당사자들은 물론이며 가족과 주변 사람들에게 부정적인 영향을 주고, 분노현상이 감소되거나 해결되지 못한 상태에 계속 머물게 되면서 노인들에게 심각한 건강, 정서, 정신적인 위기로 이어질 수 있기 때문에 노년기의 분노감정에 대한 이해를 도모하는 것은 노년기의 성공적인 적응이라는 점에서 중요하다고 본다.

분노는 일상생활 속의 불가피하게 일어나는 사건에 대한 자연스런 반응이며 어려움을 극복하고, 문제점을 해결해 갈 수 있도록 적응적인 다양한 기능을 제공해주는 기본 정서 중 하나이다. 그리고 분노는 경미한 짜증 혹은 곤혹감에서부터 강한 울분, 격노에 이르기까지 여러 가지 강도를 지니고 있는 불쾌한 정서이다. 사람들은 분노를 경험하게 되면 혈압이나 맥박과 같은 생리적인 반응이 증가하게 되며, 공격성이 증가하고 신체적으로나 언어적으로 불쾌한 감정을 표현하려는 충동을 일으키게 된다. 분노는 개인이 경험하는 정도나 표현하는 방법에 따라 건상상태에 부정적인 영향을 미치게 되는데 관상동맥질환, 위장장애, 고혈압, 만성통증, 뇌졸중, 암, 천식 및 관절염 등에 작용하는 중요한 심리적 요인으로 본다. 따라서 분노로 인해 실제로 작용하는 여러 가지 문제와 질환에 대하여 독립적으로 작용하는 요인과 중요하게 미치는 영향이 밝혀지고 있으므로 분노를 보다 더 세부적으로 측정하고 객관화하려는 노력이 필요하다.

2) 노년기 분노 표현양식

노년기는 자아의 발달 과정에 따른 인간의 발달 단계 8단계 중에서 마지막 단계로서, 이 발달 단계를 성공적으로 수행했을 경우에는 자아 통합감을 갖게 되지만 성공적으로 수행하지 못했을 경우에는 절망감을 가지게 된다고 한다. 노인에게는 신체적인 변화로 힘의 약화현상이 나타나게 되고, 은퇴와 함께 경험하게 되는 경제적인 어려움이나 사회나 가정에서의 소외감, 죽음에 대한 공포에 이르기까지 신체적, 사회심리적, 정신적인 차원에서 해결해야 될 많은 문제를 지니고 있다. 이러한 문제나 노화현상은 인간발달 단계에 있어서 자연스러운 하나의 과정으로 병리적이거나 이상한 것이 아니다. 즉, 노인들은 노화 과정을 거치면서 신체적, 사회문화적, 심리적 기능의 저하와 함께 건강상의 문제가 심각해지고, 정년퇴직으로 인한 역할 상실, 사회와 가정 내의 지위와 권위 및 경제력의 축소 등과 같은 사회적인 상실, 배우자나 가까운 친구 등의 죽음으로 인한 심리적인 상실, 사회적인 활동 축소와 더불어 소외감, 우울, 상실감, 무력감 등 여러 가지 문제들이 발생하면서 삶의 질은 저하되고, 이와 같은 다양한 문제들을 통해 노인으로 하여금 알 수 없는 분노를 야기시키게 된다(김귀분 외, 2006), 따라서 이러한 분노에 대한 관리는 매우 중요하다고 볼 수 있다. 분노는 사회화 과정에서 학습되기도 하고 형성되면서 여러 가지 행동으로 표출되는 극히 일반적인 인간의 정서로 설명된다. 또한 분노는 인간의 정신적인 면과 생리적인 면의 두 가지 측면에 영향을 끼치는 정신적·신체적 현상의 특성을 가지고 있으며, 일상생활 속에서 불가피하게 일어나는 여러 가지 복잡한 사건들에 대한 자연스러운 반응이자, 인류의 진화 과정상에 생존을 위해서 중요한 반응으로 여겨진다.

분노는 내 자신이 스스로 인정하고 싶지 않은 다른 감정으로서, 예를 들면 상처, 죄책감, 불안감, 무기력, 배신감 등을 숨겨 줄 수 있는 역할을 담당하고 생리, 인지적, 사회문화적, 행동적, 신체적 측면을 모두 포함하는 정신적이며 심리적인 인간 내면의 아주 복합적인 요소들을 반영해주는 역할을 한다고 본다.

노년기 안에서의 정서는 희로애락의 감정이 둔해지게 되고 정서가 둔감해지면서 냉담하고 무미건조해질 뿐만 아니라 분노와 같은 부정적인 정서는 도리어 증가하게 된다. 노인들의 삶에 있어서 가장 중요한 것은 심리적인 안녕을 도모하고 유지하는 것으로서, 노인이 사회로부터 고립되며 사회적인 역할 수행을 고독이나 욕구 불만으로 가득 채우게 될 때에 노화 과정은 촉진되므로 노인에서의 분노 관리는 매우 중요한 간호와 돌봄 활동이라고 할 수 있다.

3) 노인의 분노 및 삶의 질과의 관계

분노란 부정적인 정서를 경험하게 되는 상태를 말하는 것으로, 그 강도와 빈도 및 지속성에 따라서 다양한 양상으로 나타난다. 분노를 표현할 경우에는 상대방의 기분을 상하게 할 가능성이 있으므로 분노의 억제가 분노표현 또는 분노통제에 비해서 보다 흔한 분노 표현의 형식임을 알 수 있고, 분노의 표현 측면에서 보면 분노의 억제를 보다 더 많이 사용하게 된다. 분노 표현에 있어 나이는 중요한 요인으로 작용한다. 특히 나이가 많은 여성의 경우에는 분노 억제를 많이 사용하며, 나이가 적은 경우에는 분노 표현을 많이 사용한다. 반면 나이가 들수록 분노 억제와 분노 표현을 적게 사용하고, 분노 통제방법을 많이 사용한다고 하였다(박현숙·구현영, 2004).

고령화 사회에서 노인의 문제는 개인이나 가족의 문제에서 사회적 문제로 발달되어 가면서 노인의 삶에 커다란 변화를 가져오게 되며, 특히 빠르게 변화해 가는 사회의 새로운 생활구조와 변화된 대인관계로 인해 노인의 신체적·정신적·사회심리적 문제는 물론 건강 문제에 이르기까지 커다란 위협에 직면하고 있는 것이 현실이다. 노인들의 정신적·신체적 건강에 영향을 미치는 요인을 알아보면 신체기능의 저하, 우울, 슬픔, 고립감의 증대, 사회로부터의 소외감과 상실감, 죄의식, 절망 등으로, 노년기의 정신적·심리적인 부분에서 그동안 많이 등한시되어 왔던 부분이 바로 분노라고 할 수 있다. 이러한 요인들은 노인으로 하여금 소외감과 고독을 느끼고 갈등과 상실감을 경험하게 하는 등 노인의 삶과 사회생활에 지대한 영향을 주고 있다.

학습과제

1. 각 단계별 정서적 특징은 무엇인지 토의해 보자.
2. 각 단계별 적절한 분노 표현법과 분노 조절의 다양한 방법을 제시해 보자.

CHAPTER

7

뇌과학과 분노

이 장에서는 뇌 구조의 발달과 뇌 작용, 분노의 연관성에 대해서 파악해 보고 전두엽이 분노 조절에 미치는 영향을 바탕으로 교육에 주는 시사점을 살펴보고자 한다.

+ 뇌 구조와 연령에 따른 뇌 발달에 대하여 살펴본다.
+ 뇌의 작용과 분노의 심리적 과정의 연관성을 파악하여 논의해 본다.
+ 전두엽의 중요성과 분노 관리에 미치는 영향에 대해서 살펴본다.
+ 뇌과학을 중심으로 분노 조절을 위한 교육방법과 부모 양육태도를 모색한다.

1. 뇌 구조와 발달

1) 뇌 구조

뇌와 뇌 활동에 관한 연구는 인류의 발전과 변화에 무궁무진한 희망을 가지게 한다. 뇌 발달과 연관지어 교육의 중요성과 가치를 밝히려는 연구가 진행되고 있으며 연구결과를 통해 뇌 발달에 대한 새로운 시각과 접근에 대한 필요성이 대두되고 있다. 특히 뇌와 마음의 연관성에 대한 접근을 통해 여러 감정 중 하나인 분노 조절방법을 뇌 발달을 통해 찾아보려는 시도가 이루어지고 있다.

뇌과학 연구를 기반으로 한 분노 조절방법과 중요성을 알아보기 위해 먼저 뇌의 구조와 기능에 대해서 살펴보면 삼위일체 분류방식에 의해 뇌를 세 부위로 나누어서 설명할 수 있다. 이들 세 부위는 각각 고유의 기능을 수행하며 때로는 유기적인 관계를 통해서 뇌의 전체적인 기능을 수행하게 된다. 삼위일체 뇌의 구조 중 가장 오래된 구조인 뇌간은 목의 안쪽에 해당되는 뇌의 아래쪽 부분에 있다. 이 부분은 호흡과 땀의 분비를 통하여 체온을 조절하는 등 생존과 밀접한 기능을 조절하는 역할을 한다. 두 번째는 변연계로서 뇌간을 외쪽에서 둘러싸고 있는 여러 가지 뇌의 구조물을 총칭하는 부분이다. 이 부위에는 해마, 편도체, 시상하부 등의 구조물들이 있고 개인의 식욕과 성욕 및 다양한 감정 등의 욕구 중추이다. 마지막으로 대뇌피질은 사람 뇌의 80% 정도를 차지하는 넓은 부위로서 언어 및 사고와 지혜의 중추이며 신체 외부에서 오는 자극들을 최종

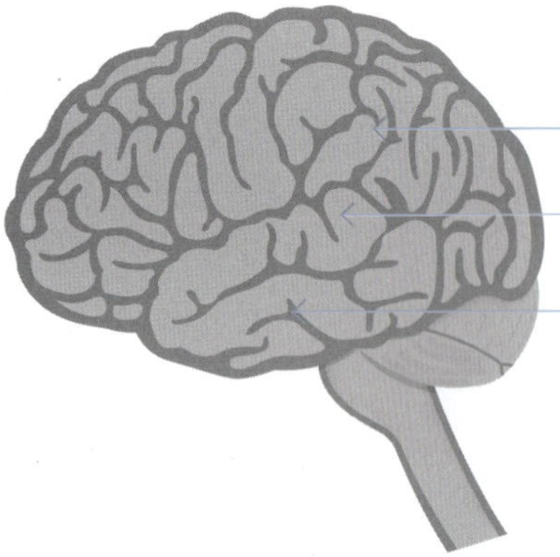

그림 7-1 뇌의 구조
자료 : 꿈을 이룬 사람들의 뇌(2019).

적으로 판단하기도 하고, 이를 종합하여 처리하며 필요한 명령을 내리는 부위에 해당한다(조주연, 2001).

또한, 뇌 연구 분야의 개척자인 Paul MacLean 박사는 인간의 뇌를 구조와 크기, 기능에 따라 원시피질(파충류의 뇌), 구피질(구포유류의 뇌), 신피질(신포유류의 뇌)로 나누었고 이 세 부위는 각기 다른 지능과 개성, 기억력과 시간, 공간을 인지하는 능력을 가지고 있다고 주장했다(MacLean PD, 1990). 원시피질은 뇌간과 소뇌를 포함한 '첫 번째 뇌'이며, 구피질은 중뇌와 변연계를 포함한 '두 번째 뇌'이며, 신피질은 대뇌피질로 '세 번째 뇌', '새로운 뇌'로 부를 수 있으며, 이는 바로 세 가지 뇌의 진화 과정을 보여주고 있다(Joe Dispenza, 2019).

(1) 첫 번째 뇌 : 뇌간과 소뇌

뇌간은 뇌의 가장 안쪽에 존재하며 약 200g으로 심장박동과 호흡처럼 생존과 관련된 기본적인 기능인 생명을 유지하는 일을 한다. 뇌간의 제일 아래쪽인 연수 부분은 호흡과 심장 운동을 조절하는 생명 중추가 있으며, 연수 윗부분에 있는 뇌교는 온몸의 신경으로부터 오는 정보를 전달하며 두 개의 소뇌 사이의 정보를 교환하는 역할을 한다.

운동을 관장하는 소뇌는 뇌간의 뒤쪽에 위치하며 좌우 한 쌍으로 뇌의 전체 무게 중 10%를 차지하고 무게는 200g 정도이다. 최근 영상기술의 발달로 우리 뇌에서 가장 활발히 활동하는 부분이 소뇌라는 사실이 밝혀지고 있으며, 우리의 습관적인 태도나 정서적인 반응, 습득한 기술 등이 모두 이 소뇌에 저장된다. 소뇌는 뇌백질 중에서도 밀도가 가장 높고 우리 뇌를 구성하는 뉴런의 반 이상이 소뇌에 존재한다. 소뇌는 매우 깊게 주름이 지어져 있으며 공간 운동을 조절하고 몸의 평형을 유지하는 중추가 존재한다.

(2) 두 번째 뇌 : 중뇌

두 번째로 진화한 뇌는 정중앙에 위치해 있는 중뇌이다. 포유류는 중뇌가 가장 활발하게 발달된 형태가 나타나기 때문에 '포유류 뇌'라고 불리기도 하며, 변연계라고 불리기도 한다. 중뇌는 시상, 시상하부, 뇌하수체, 송과선, 해마, 편도체, 기저핵으로 이루어져 있다. 시상과 시상하부라 불리는 곳에서 시각, 청각, 촉각 등의 주요 감각계가 시상을 거쳐서 대뇌피질로 이어지게 된다. 시상하부는 대뇌 아랫부분과 시상, 중뇌의 교차점에 존재하며 시상하부에서 분비하는 호르몬은 뇌하수체의 기능을 통제하고, 뇌하수체 호르몬과 함께 우리 온몸의 호르몬을 통제하는 역할을 한다.

이와 같이 중뇌는 바이오리듬을 조절하는 중추로써 우리가 평소 당연시 여기는 체온과 혈당, 혈압, 호르몬, 소화기능 등을 담당하며 쾌락, 공포, 분노와 같은 본능적인 정서에 관여하는데, 공포를 느낄 때 땀이 나고 심장 박동이 증가하는 것이 바로 변연계 때문에 생기는 현상이다. 중뇌가 뇌에서 차지하는 비율은 1/5이지만 우리의 행동에 미치는 영향은 매우 광범위해서 정서뇌, 화학뇌라고 불린다.

(3) 세 번째 뇌 : 대뇌신피질

대뇌의 가장 바깥쪽에 위치하는 부위는 인간을 인간답게 하는 근본이라 할 수 있는 대뇌신피질이다. 좁은 두개골 안에 많은 신경세포를 담기 위해서 주름이 잡혀 있는데, 주름의 두께는 2~5mm 정도이며 주름을 펴서 펼쳐놓았을 때 신문지 한 장 정도에 해당하는 넓이가 되고, 그 안에 백억~이백억 개의 신경세포가 존재한다.

대뇌신피질은 우리의 인지능력과 창의력의 중추이며, 우리가 외부환경을 통해 얻은 다양한 경험을 기억하고 학습할 수 있도록 돕고 행동을 지정하여 좋은 결과를 불러오는 행위를 다음 번에도 반복하게 만든다. 논리적으로 생각하고, 계획하고, 학습하며, 창조하고, 분석하고, 소통하는 고차원적인 정신기능을 수행하는 곳이 바로 대뇌신피질이다. 즉. 대뇌신피질이 없다면 춥다는 느낌은 가져도

옷을 입는다든가 창문을 닫는 등의 후속 조치를 취할 수 없게 된다. 이 대뇌신 피질은 기능에 따라 크게 두정엽, 측두엽, 후두엽, 전두엽으로 나뉜다.

① 두정엽

양쪽 귀 뒤에서 정수리 부분까지 이어져 있으며 촉각을 담당하는 피질이다. 두정엽에는 인체의 해당 기관에 운동 명령을 내리는 운동령과 감각령이 존재하며, 손과 발, 혀와 입술, 허리 등 다양한 부위의 운동을 담당하게 된다. 뇌의 영역 중 손과 언어 소통과 관련된 운동 부위가 차지하는 넓이가 상대적으로 넓은 것으로 미루어, 인간이 하는 활동 중에서 손으로 만드는 창조적인 행위나 언어 활동이 차지하는 중요성이 크다는 것을 알 수 있다. 또한 두정엽은 문자와 단어를 조합하고, 문장으로 만들어 생각이나 의미들을 만들어내는 곳으로 외부로부터 오는 정보들을 조합하는 역할을 한다.

② 측두엽

뇌의 좌우측에 존재하는 부위로서 청각과 균형감각 등을 관장하는 중추가 있다. 측두엽에는 우표 크기만한 청각 중추가 존재하며, 공간인지나 기억 등도 측두엽과 관련이 있다. 이 부위가 손상을 입었을 때 환각, 기억장애, 실어증 등의 증세가 나타나기도 하는데, 측두엽을 전기로 자극했을 때 동시에 두 장소에 있는 것과 같은 환각이나 과거와 현재가 동시에 공존하는 것 같은 느낌을 경험하는 연구 결과가 보고되어 있다. 즉, 측두엽은 우리가 본 것을 감정이나 기억과 연결시켜 필요할 때 꺼내 쓸 수 있게 해주는 기억 창고라고 할 수 있다.

③ 후두엽

뇌의 맨 뒤쪽에 존재하며 눈으로 보고 의식하는 시각 정보를 처리하는 시각의 중추이다. 우리가 보는 것을 빛, 움직임, 모양, 형상, 농도, 색조의 6가지 다른 영역으로 나누어 관장하는데, 후두엽이 이렇게 복잡하게 구성된 이유는 인간이 가장 많이 사용하는 감각이 바로 시각이기 때문이다. 시각 정보가 후두엽에 전달되면 후두엽은 맨 뒤부터 시작해서 맨 앞에 이르는 6가지 영역을 거쳐 정보를 순차적으로 처리한다.

④ 전두엽

뇌의 정면, 즉 앞 이마 쪽에 존재하는 가장 넓은 부위로, 계획을 세우고 의사 결정을 하거나 논리적인 생각을 하는 등의 사고를 주관하는 부위이다. 전두엽은 다른 뇌 부분이 담당하는 거의 모든 기능을 조정하고 총 지휘하는 리더뇌로서, 전두엽이 손상될 경우에는 계획을 세우는 등의 복잡한 사고나 창조적인 활동 등이 불가능해진다.

또한 전두엽은 일차적인 본능적 정서로부터 이차적인 정서가 만들어지는 곳이기도 하다. 쾌락이나 공포, 분노 등의 정서가 일차적인 본능적 정서라면, 동정심이나 기쁨, 슬픔 등의 정서가 전두엽에서 일어나는 고차원적인 정서이다. 인간이 분노의 감정을 느끼고 이 감정을 어떻게 처리해야 하는지를 판단하고 행동하게 하는 것이 바로 이 전두엽이라고 할 수 있다.

2) 연령별 뇌 발달

(1) 태내~유아기

수정 후 4주 동안 태아는 매 초 8,000개 이상의 신경세포를 만들어 내고 1분에 약 50만 개의 뉴런이 만들어진다. 임신 기간 뇌 성장에는 두 번의 도약기가 있는데 첫 번째 도약기는 임신 4~6개월로 1분에 약 25만 개의 뉴런이 만들어지며 유전자의 힘으로 뇌의 구조가 형성된다. 두 번째 도약기는 임신 7~9개월로 뇌는 성인의 뇌와 같은 구조, 부위로 발달하고 정교하게 구획된다. 이 시기에는 뇌의 첫 신경회로가 확립되면서 태아는 일생에서 가장 많은 뇌세포와 시냅스 연결을 갖게 된다. 이 시기는 환경보다는 유전자가 발달에 더 큰 영향을 미친다고 할 수 있다.

갓 태어난 아기가 소모하는 전체 칼로리 중 68%까지 뇌 성장에 사용되며 출생 이후에는 유전뿐만 아니라 환경이 뇌 발달에 영향을 미치게 된다. 영아기는 평생 뇌의 학습속도가 가장 빠른 때이며, 특정한 감각 자극이 반복적으로 입력되면 뇌의 신경회로는 더욱 견고해진다. 최근 연구에 의하면 부모의 즉각적이고 지속적인 칭찬은 영아들이 새로운 소리를 경험하고 배우는 데 중요한 역할을 하며, 언어 관련 신경회로의 형성에도 도움이 된다고 한다.

유아기가 되면서 뇌는 성인의 뇌와 크기와 무게가 거의 같고 신경세포 수도 비슷해지며, 전두엽의 신경회로가 발달하기 시작한다. 유전자의 영향과 함께 반복적 학습의 영향으로 시냅스의 가지치기도 계속된다. 3세 정도가 되면 유아의 뇌는 성인의 2배인 약 1천 개의 시냅스를 형성하게 된다.

(2) 아동기

① 뇌 발달

인간의 뇌는 정보를 전달하고 저장해주는 역할을 하는 1~2천억 개의 신경세포와 뉴런이 있으며, 이들 중에서 대부분은 수천 개의 또 다른 뉴런과 직접적으로 연결되어 있다. 뉴런 사이에는 시냅스라고 하는 작은 공간이 있고 신경전달물질이라 하는 화학물질이 배출되면서 시냅스를 통과하며 다른 곳으로 메시지를 전달하기도 한다(박만상, 2007). 뉴런은 이웃 세포와 시냅스를 연결하기 위해 섬유질을 확장하고 분화한다. 영유아기에는 신경 섬유의 성장이 폭발적으로 일어나다가 사용하지 않는 뉴런은 가지치기가 되어 시냅스의 40% 정도는 아동기와 청소년기 동안에 제거된다고 한다(김유미, 2002).

뇌의 대사활동은 2세 정도에 절정에 이르며 8~10세까지도 활발하게 진행된다. 2~10세까지의 뇌는 가지가 많은 커다란 뉴런들을 지지해야 하기 때문에 더 많은 대사가 필요하다. 그러나 사용하지 않은 시냅스를 제거하여 뉴런이 가지치기가 된 이후에는 연료의 대사가 느려진다고 한다. 초등학교에 입학할 시기가 되면 뇌의 크기와 기능이 변화 및 성장하고, 인지 능력의 변화를 비롯해서 여러 차원의 발달이 활발하게 이루어지게 되고 아동들의 사회적인 역할이나 책임감 등이 확연하게 변화를 보이게 된다. 그 이전에 의식적인 노력으로 가능했던 것들이 내면화되며 자동화되어가는 시기라고 할 수 있다(박만상, 2007).

태아기 이후에는 새로운 뉴런은 거의 만들어지지 않는다. 그러나 영유아기 동안 뇌의 크기는 급격하게 커진다. 뇌의 절반 정도는 뇌에 있어서 수초화 역할을 하는 신경세포라는 것으로 구성되어 있다. 수초화라고 하는 것은 메시지의 전달 효율성을 향상시키는 역할을 하는 미엘린(myelin)이라고 불리는 절연 지방세포막으로서 신경세포를 감싸고 있는 과정을 말한다. 이렇듯 지방막으로 신경섬유를 덮는 수초화는 뉴런 간의 메시지 전달 효과를 개선시킨다고 한다. 신경세포는 임신 4개월에서 2세까지 급격히 증가하고, 청소년기에는 천천히 증가하게 된다. 신경섬유와 수초화의 빠른 증가는 전체 뇌 크기를 급격하게 성장시킨다. 신생아의 뇌는 성인 뇌의 약 30%에, 2세 때까지는 성인의 70%에 도달하며 6세 때에는 거의 90% 수준이 된다(김유미, 2007).

이와 같이 뇌의 크기를 보면 6세 때는 성인 수준과 비슷해지지만, 대뇌피질은 계속해서 발전해 나가게 된다. 대뇌피질은 뇌 무게의 85%를 차지하며, 가장 많은 수의 뉴런과 시냅스를 포함하고 사고나 문제 해결과 결정 등에 기능을 담당하는 뇌의 부분이다(박만상, 2007). 특히 피질 중에서 발달 기간이 가장 긴 것은 전두엽인데, 이 전두엽은 신체 운동을 통제하는 영역의 앞에서 사고, 그중에 특히 의식, 충동 억압, 주의 집중, 정보 통합, 기억의 사용, 계획, 추론, 문제 해결 전략 등을 담당하고 있다. 생후 2개월부터 전두엽은 더욱 효율적으로 기능하게 된다. 하지만 전두엽은 특히 유아기와 아동기 동안 시냅스가 급속하게 수초화의 생성이나 가지치기를 겪게 되며 시냅스의 연결은 성인 수준으로 이르는 청소년기에 되어서야 급속하게 성장하게 된다고 한다(김경희, 1999).

대뇌피질 이외에도 뇌의 다른 영역들은 영유아기와 아동기 동안 크게 발달한다. 뇌량은 양쪽의 대뇌 반구를 연결해주고 있는 큰 섬유다발이다. 시냅스의 생산과 뇌량의 수초 형성은 생후 첫 1년 말쯤 증가하고 3~6세 때에 절정을 이루며 청소년기에는 천천히 지속된다(정옥분, 2002). 아동기에 다양하고 풍요로운 경험을 통해 뇌가 활성화될수록, 수초와 수상돌기 가지가 많아지며 뇌량은 두꺼워진다. 뇌량은 신체 양쪽에 움직임을 부드럽게 협응하도록 만들며 지각, 기억, 주의 집중, 문제해결 능력, 언어를 포함한 사고의 여러 가지 복잡한 측면이 통합되는 것을 지원하므로, 수초와 수상돌기 가지는 증가하며 뇌량이 두꺼워지게 되어 뇌 영역 간이나 양반 구간의 처리속도도 더욱 빨라지게 된다(김유미, 2007).

변연계는 본능적이고 원초적인 감정을 일으키는 부위로서, 그 하부조직으로 위치한 편도체는 감정적인 정보를 처리하는 데 중요한 역할을 하고 있다(조주연, 2001). 편도체는 얼굴의 감정적인 표현과 공포 등에 민감하며 이에 대해 반응한다. 또한 편도체는 감정과 연관된 사건에 대한 기억을 향상시키고 이런 감정적인 학습에 대한 능력은 아동기 초반에 나타난다고 볼 수 있다. 인생 초기에 입은 편도체의 손상으로 공포나 안전 신호에 대해 배울 수 있는 능력을 잃어버리게 되며, 일반적으로 다양한 측면에 있어서 사회적으로도 부적절한 문제행동을 초래하게 된다. 그와 반대로 아동기와 청소년기 동안에는 편도체는 전두엽 간의 연결을 통해 감정의 통제를 담당하고 있다.

아동기에는 성적 성숙이 시작되면서 성호르몬 분비가 활발해지는 시기이다. 특히 남아의 경우에는 많은 양의 안드로겐과 테스토스테론을 분비하고, 이것은 근육 성장 및 체모와 수염, 다른 남성적인 특징으로 나타나게 된다. 남아의 테스토스테론과 안드로겐 분비의 증가는 정서적 공격성인 분노의 유발을 더욱 촉진시키게 된다. 여아의 경우에는 사춘기를 기점으로 프로락틴과 에스트로겐 등의 성 호르몬 분비가 활발해진다.

② 호르몬의 분비

아동기 말에는 사춘기의 성장속도가 급격하게 빨라진다. 이 시기에는 신장이 급격하게 증가하고 체중도 늘어나며, 더불어 성적 성숙이 일어난다. 특히 이 시기에는 성호르몬이 활발하게 분비되기 시작하므로 이로 인해서 이차 성징이 나타난다. 이러한 성호르몬은 그들의 인지 및 정서 발달에도 큰 영향을 미치므로 분노와도 많은 연관이 있다고 할 수 있다.

아동기의 신체적인 변화를 조절하는 기관은 바로 내분비선이다. 내분비선은 신체 한 부분의 특정 세포들로부터 분비되어 다른 부분에 있는 세포들까지 영향을 주는 호르몬을 생산하게 된다(정옥분, 2002). 특히 뇌하수체는 인간 성장과 긴밀하게 관련되는 주요한 호르몬들을 생산한다. 뇌의 시상하부에서는 혈류의 호르몬 수준을 파악하는 수용체를 통해 호르몬의 양을 늘리거나 줄이고, 뇌하수체의 분비를 주도하며 조절하기도 한다(박만상, 2007).

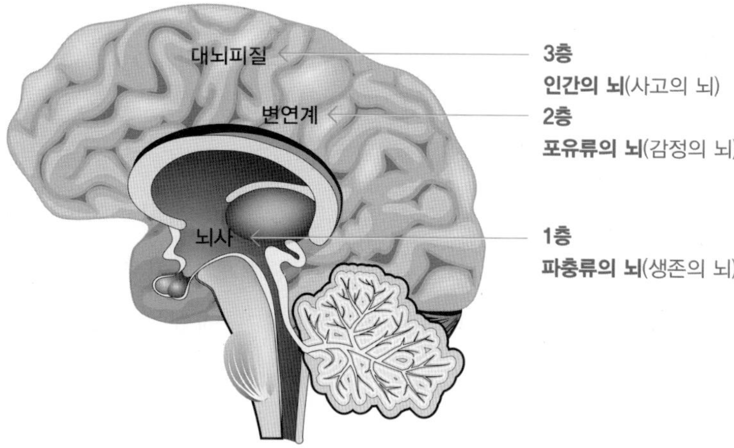

그림 7-2 **세 가지 뇌**
자료 : Mark Goukston.

뇌하수체에서 분비되는 호르몬 중에서 성 호르몬은 역시 아동기 말기와 사춘기에 나타나게 되는 성적인 성숙에 커다란 영향을 미치고 있다. 에스트로겐은 여아의 난소에서 주로 분비되는 호르몬인데 가슴, 자궁, 질을 성숙하게 하며, 여아의 신체를 여성스럽게 만들고 지방을 축적하는 역할을 하게 된다. 안드로겐과 테스토스테론은 남아의 고환에서 주로 분비되는 호르몬으로서, 근육 성장이나 수염 등에 남성적인 특징들을 활성화시키는 역할을 하고 있다.

특히 성호르몬 중에 테스토스테론이라고 하는 것은 분노의 행동적인 측면인 공격성과 관련 있는 호르몬 중 하나이다. 공격적인 행동은 테스토스테론의 수준이 가장 높을 때 남성에게서 가장 보편적으로 나타난다고 한다. 또한 Schutter의 연구에서는 여성에게 테스토스테론을 주사하여서 테스토스테론의 수치를 남성의 수준만큼 올리게 되면, 그때 분노의 얼굴 표정을 인식하는 정도는 정확성이 떨어지게 된다. 하지만, 정서적으로는 보다 더 적극적으로 반응한다는 결과는 테스토스테론이 분노와의 상관관계를 지지한다고 할 수 있다(민성길, 2003).

(3) 사춘기~20대 중반

사춘기에는 이차 성징과 함께 뇌도 급격히 발달한다. 뉴런의 폭발적인 증가와 함께 가지치기의 과정은 20대 중반까지 지속되며 20대 중반에 전두엽의 발달이 마무리되면서 마침내 성인의 완성된 뇌가 형성된다.

사춘기 동안 청소년은 예민한 감정과 강한 성적 충동 또는 강한 자의식과 넘치는 에너지라는 특징을 갖지만 20대가 되기 전에는 이러한 특징을 잘 통제하지 못한다. 그 이유는 충동과 감정을 억제하는 전두엽이 덜 발달되어 있기 때문이다. 그리하여, 20대 중후반이 되면 그 전보다 더 명확하고 더 나은 사고를 할 수 있게 되고 자신을 잘 통제할 수 있게 되며, 뇌교육 기반 청소년의 분노 조절 내용요소로는 첫째, 분노를 유발하는 변인 중에서 당위적인 사고와 비합리적 신념들이 많다는 근거 아래 이것을 인지적으로 재구조화하여 분노를 인식하고 인식의 변화과정을 유도하기 위한 인지영역, 둘째, 개인이 지닌 전반적인 정서능력의 신장을 통하여 분노를 올바르게 다룰 수 있다는 근거로 인하여 자신과 타인의 정서를 인식하거나 공유하는 능력을 키우기 위한 정서영역, 셋째, 대인관계 속에서 분노를 제대로 조절할 수 있는 능력을 키우는 데 실제적인 분노 조절을 훈련하기 위한 행동영역이 있다.

영역을 하나씩 구체적으로 살펴보고자 한다.

① 인지영역

분노 조절의 어려움을 겪고 있는 청소년들의 경우 분노 폭발과 분노 표현은 인지적 당위성의 사고적 체계와 밀접하게 관련이 있다고 본다(청소년 대화의 광장, 1995). 이는 청소년의 당위적 생각이나, 이분법적 생각, 극단적 생각과 한쪽으로 치우친 고정관념과 비슷한 비합리적인 신념들은 인지적인 왜곡을 일으키게 되며, 심하되면 지나친 억압이나 과도한 표현으로 자기 자신뿐만 아니라 다른 사람에게도 큰 상처를 줄 수 있으므로 청소년의 뇌에 저장되어 있는 비합리적인 정보들을 바꾸어 줄 필요가 있겠다.

인간이 느끼는 많은 감정들의 뿌리는 다양한 정보가 있기 때문에 이 정보가 바뀌게 되면 느끼는 감정도 바뀌게 된다. 이러하듯 인간은 실체와는 상관없이 뇌에 입력되는 고정관념과 선입견과 같은 정보에 따라서 선택이나 행동이 다르게 반응하게 되는 것이다. 그러나 개인의 뇌에 입력되는 수많은 정보는 상대적인 정보이므로 선택하고 훈련하기만 한다면 어떤 고정관념이라도 바꿀 수 있게 된다. 인간의 뇌 속에는 사물을 여러 가지로 보는 것을 거부하는 많은 고정관념들이 있기 때문에 뇌의 유연하며 창의적인 기능을 제한하기도 한다. 뇌 유연화하기는 뇌를 자유로우며 유연하게 하여 뇌 안에 있는 고정관념을 바꿀 수 있도록 해주는 것으로, 뇌 유연화하기가 이루어지면 일정한 행동과 사고의 패턴인 습관이나 고정관념으로부터 신체와 사고의 인식이 자유로워지며, 뇌 세포 간의 의사소통이 더 활발해진다. 또한 뇌기능은 더 유연해지고 뇌는 새로운 정보를 더욱 많이 쉽게 받아들일 수 있게 된다고 한다. 뇌를 유연하게 만드는 것은 물리적인 자극을 통한 방법과 뇌에 저장된 정보 및 처리방식을 바꾸는 방법으로 다음과 같다.

- 물리적 자극을 통해서 뇌를 운동시킨다는 것은 물리적 운동을 하여 시냅스의 연결이 증가되면서 그만큼 뇌의 정보처리 체계도 활발해진다(이승헌, 2002)고 하는 원리를 이용한 것이다.
- 뇌의 정보처리나 해석하는 방식을 바꾸게 되면 뇌구조에 변화가 생기며 세상을 볼 수 있는 새로운 시선을 갖게 되는 원리를 사용하는 방법이다.

② 정서영역

분노 조절에 많은 어려움을 겪게 되는 청소년들이 자기의 정서 및 대인관계를 건강하게 형성할 경우에 이런 관계 속에서 심리적인 내면의 안정감을 갖게 되고, 타인과 세상을 공감하며 받아들일 수 있는 매우 관용적인 태도를 습득할 수 있게 된다. 자신과 타인의 정서 이해가 바탕이 된다면 분노의 문제를 보다 더 합리적으로 다룰 수 있게 된다(강신덕, 1997).

뇌 정화하기는 뇌 감정의 영역인 구피질의 영역을 더욱 새롭게 정비하는 단계로서 구피질에 저장되어 있던 과거의 부정적인 감정들을 정화하며, 앞으로 다가오게 될 감정적인 문제를 긍정적이며 적극적으로 처리할 수 있는 힘과 능력을 기르는 과정이다. 이것은 내 감정의 주인이 되면서 뇌의 자정능력을 키우는 과정인 것이다(이승헌, 2002).

감정적 기억은 사실적인 기억에 감정이 더해진 것이고 강하게 뇌의 편도에 저장되어 비슷한 상황이 될 경우에 재생된다. 대개 편도에 기억된 감정들로 인해 불안, 긴장, 두려움 속에 살게 되므로 우선 감정을 정화해 주어야 한다. 감정의 세 가지 처리방식으로는 표출, 억제, 릴리스가 있는데, 릴리스 방법으로 뇌에서 감정을 정화하는 것이 바람직하다고 한다. 릴리스는 감정적인 기억과 정보에서 감정의 에너지를 없애며 사실적인 기억과 정보로 만드는 것을 말한다(이승헌, 2002). 릴리스의 원리는 한 개의 신경회로에서 특성이 다른 두 개의 정보를 처리할 수 없는 뇌의 생리를 이용한 방식이다.

분노가 일어날 때나 자신에게 강한 감정이 일어날 때에 이미지 스토리를 통한 정보 바꾸기와 회로도 수련방법을 하게 되면 순간적인 감정폭발도 지연시키고 가라앉힐 수 있게 된다. 즉, 긍정적인 사고를 기르기 위하여 이미지 스토리를 통해 정보 바꾸기라든지, 사물마다 고유하게 가지고 있는 에너지의 모양을 가리키는 회로도 수련이다. 우선 이완한 다음에 뇌의 회로를 무심하게 눈으로 따라서 가다 보면 뇌 속의 복잡한 감정과 생각들이 정돈되며, 뇌와 의식은 그것에 해당되는 회로가 나타내는 조화로우며 안정된 에너지 상태로 바뀌게 되는 것이다. 특히 강한 감정의 상태에서 헤어 나오기 힘들 경우에 도움이 된다.

③ 행동영역

분노로 인한 공격적인 행동의 패턴은 대부분 빈약한 자기 관리 및 사회적 기술 습득의 부족에서 비롯된다고 본다. 또한 분노를 적절히 표현하지 못한다는 것은 부적절한 사회화나 초기의 학습적인 경험 때문이라고 할 수 있다.

기존의 분석기준에서는 행동에 해당되는 영역은 실질적인 분노 조절 훈련으로 구성되어 있다. 하지만 뇌교육 분노 조절 과정에서는 자신감을 신장시키며, 긍정적인 미래의 자아상을 바라보게 하고 분노 조절의 의지를 확인시키는 활동으로 구성되어 있다. 자아존중감이 낮으면 자기 몰입적 사고를 하므로 분노 상황에 대해 왜곡된 인지를 하기가 쉽다. 한편 강신덕(1997)은 개인적인 자기존중감과 의미 있게 관련되어 있을 때에 분노하게 된다고 설명하였다. 즉, 자아존중감이 불안정하다면 일상생활의 결과를 자아존중감과 관련지어서 지각함으로써 분노하게 된다는 것이다. 자아존중감은 자신감과도 밀접하게 관련되어 있기 때문에 뇌통합하기나 뇌주인 되기의 과정을 통해서 자신감을 키울 수 있다고 한다.

2. 뇌 작용과 분노

1) 감정과 뇌과학

(1) 감정의 진화

뇌과학에서는 감정을 포유류의 뇌에서 변연계를 중심으로 조직되는 즐겁거나 불쾌한 마음의 상태라고 말하고 있다. 기본적인 감정들은 정도와 수준의 차이는 있지만 포유류가 진화하면서 공통적으로 가지게 된 감정들이라고 할 수 있다. 예를 들어 사랑은 자식을 먹이고 보살피기 위해서 뇌의 회로가 진화되면서 갖게 된 감정이다. 즉, 일차적인 감정들은 모든 인간들이 공통적으로 가지게 되며 살아남는 데에 꼭 필요한 뇌의 정보처리 방식인 것이다. 아무리 고립된 오지의 사람들을 만나도 우리는 웃음으로 인사를 한다. 이러한 웃음은 인간 사이에 공통의 감정적인 표현이기 때문이다. 또한 인간이 태어난 지 며칠 지나지 않아서 배우지 않았는데도 미소를 지을 수 있으며 3개월 내에 소리 내어 웃을 수 있는 이유는 아기가 웃는 것이 부모와 자녀 사이에 매우 중요한 연결고리를 만들어 주는 역할을 하고 있기 때문이다. 뇌의 구조와 연결해서 보면 일차적인 감정들은 변연계, 특히 편도와 앞쪽 대상과의 작용으로 이루어진다고 한다. 이차적인 감정은 학습을 통해서 사물이나 사건과 상황에 연결되어 있는 감정들이다. 사물과 사건을 파악하며 예전의 기억들을 분석하는 것에 발달된 대뇌피질 때문에 인간

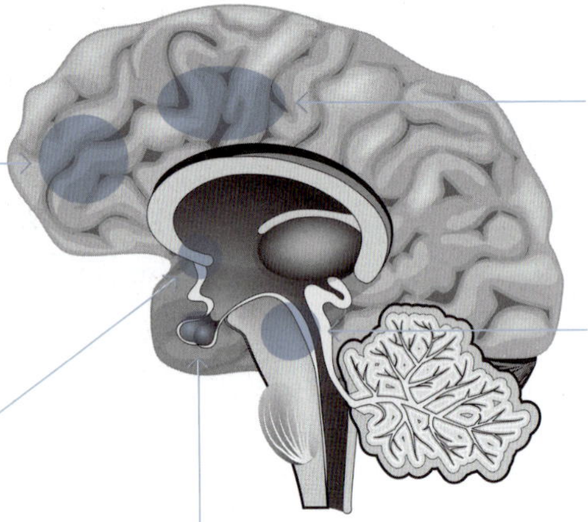

그림 7-3 **감정 관련 뇌의 측면 구도**
자료 : Body & Brain(2020).

의 감정들은 더욱 복잡하게 고도로 발달해 오고 있다.

(2) 감정과 이성 및 신체의 관계

감정과 이성의 진화 과정에서 감정은 이성의 반대인지 살펴볼 때, Antonio Damasio의 연구에 의하면 감정은 이성적이고 도덕적인 판단에도 매우 중요하다고 본다. 다른 연구에서도 인간의 수행 능력은 변연계를 중심으로 한 감정회로와 비교하며 판단하는 전두엽의 협력이 얼마만큼 잘 이루어지는가에 달렸다는 것을 설명하고 있다. 또한 기억에서 감정을 빼놓을 수 없다. 인간이 아무리 어떠한 인상적인 사실을 접한다고 하더라도 영혼의 경험이라고 할 수 있는 감정적인 사건들이 없다면 그것은 곧 잊혀지게 되어 자신의 것이 아닌 것으로 된다. 즐거운 일을 더 잘 기억하게 되는 것은 장기기억을 저장하는 해마와 편도가 서로 연결되어서 인간의 기억을 좌우하기 때문이라고 할 수 있다. 외부 위협에 대하여 적절히 반응하기 위한 감정인 분노와 공포는 시냅스의 생성과 해체에도 영향을 주어서 기억력도 떨어뜨리게 한다. 정서가 안정될수록 두뇌의 발달과 학습이 잘 이루어진다는 최근의 연구결과들에서도 감정은 이성의 반대가 아님을 밝히고 있다.

인간이 자신의 감정을 제대로 이해하지 못하는 이유, 때때로 자신이 생각해봐도 이해할 수 없는 감정을 보이는 이유는 감정처리의 회로와 논리처리의 회로가 상호 작용을 하지만 분리되어 있기 때문이라고 할 수 있다. 시각적인 자극은 시상을 통해서 대부분 대뇌의 시각피질로 전달하게 된다. 하지만 짧고 빠른 경로를 통해서 일부분의 시각자극이 편도에 전해진다. 시각피질에서 물체를 파악한 후에 해마에서 기억을 저장하고 출력하여 이전의 사건기억과 맞추어 판단하기도 전에 벌써 편도에서 감정반응이 시작된다. 물론 반대로 기억이나 사물에 대한 판단이 역으로 감정을 만들어내기도 한다. 분노는 대부분 사물과 상황이 무엇인가를 파악하고 판단하게 되면 일어난다. 그러므로 감정반응은 빠른 편도 쪽 경로와 느린 피질 쪽 경로의 정보들이 서로 경쟁하면서 합쳐진 결과인 것이다.

편도의 자극은 호르몬 분비와 자율신경을 조절하는 영역들로 이어져서 혈압이 올라가고 심장은 더 빨리 뛰게 된다. 무섭다든지, 이성에게 흥분할 경우 기본적인 신체의 반응은 비슷하다. 흥분으로 분비된 호르몬은 신경자극과 더불어서 뇌의 회로에서 주의를 환기시키며 집중력을 올리게 된다. 이러한 이유로 우리는 잘 싸우거나 도망칠 수 있으며, 연인의 행동 하나하나에 더 적극적으로 대처할 수 있게 된다는 것이다. 이와 같이 감정은 뇌와 신체에 생리적 변화를 가져온다고 한다. 감정이 얼굴표정과 호흡 및 맥박 같은 신체적인 반응들로 표현되는 것과는 반대로 몸의 상태 또한 감정에도 영향을 미치게 된다.

(3) 동기부여와 감정회로

인간의 장·단기적인 동기부여와 행동은 감정에 의존하고 있다. 불쾌한 상황을 피하기 위한 두뇌회로는 편도를 중심으로 한 뇌실 주변 시스템으로 벌주기 회로라 불리는 회로를 말한다. 그러나 쾌락으로 인간의 행동을 촉진하게 하는 것은 주로 내측 전뇌다발이라고 하는 뇌의 한 부위에서 이루어진다. 도파민 같은 천연 마약 성분들이 작용하는 배쪽 피개부는 주된 역할을 하고 편도와 전두엽피질 및 시상이 보조역할을 한다. 이러한 두 가지 서로 반대되는 감정 처리회로의 결과로 인해 인간은 본능적인 충동을 억제하며 고통받을지도 모르는 상황과 경험을 피하게 된다. 또 행동억제 시스템도 있는데 이 회로는 싸울 것인가 도망칠 것인가라는 판단이 불가능해져서 남은 행동이 단지 수동적으로 굴복하는 것밖에 다른 것은 없는 것으로 판단될 경우에 작동한다. 지속적인 스트레스로 무기력해지거나 건강이 나빠지는 상황이 바로 이 회로 때문이라고 할 수 있다.

이런 감정처리 회로들을 통해 인간이 움직인다. 인간이 목표를 위해서 인내하며 성취하는 것도 또한 이러한 두뇌회로가 있으므로 가능한 것이다. 하지만 비슷한 기본회로를 가지고도 사람들마다 다른 반응을 보이는 이유는 현재의 감정이 예전에 반복되었던 감정이거나 판단과 선택이 누적되었기 때문이다.

2) 뇌 인식과 감정 조절

감정이라고 하면 희로애락을 떠올리게 될 것이다. 인간은 사랑과 기쁨 및 즐거움이 넘치는 삶을 추구하며 살아간다. 넘치면 걱정하거나 근심하지 않고 오히려 모자라는 것이 문제가 될 뿐이다. 그 모자라는 자리를 꿰차고 들어오는 것이 바로 슬픔, 짜증, 우울, 분노, 공포와 같은 것들이다. 인간은 슬픔이 지속되면서 우울 상태에 빠지고, 짜증이나 공포가 지속되면서 분노하게 된다. 이런 경우 기억력이 떨어지며, 쉽게 피곤해지고, 깊은 수면에 빠지지 못하며, 공부나 일에 집중을 하지 못한다. 이런 현상에 대해 편도핵의 신경회로가 활성화되어 부정적인 감정이 의식되며, 이때 앞쪽 대상피질 영역은 여러 가지 많은 사건들 중에서 부정적인 감정에만 주목하게 되므로 시상이 이러한 신경회로를 계속 점화시키기 때문이라고 설명하고 있다.

(1) 감정 조절의 기능

인간은 갈등과 감정이 복받치는 순간에 통제 불능이 되고 만다. 리타 키터는 감정 조절이 제기능을 하지 못하는 이유에는 두 가지의 패턴이 있다고 말한다. 첫 번째는 신피질에서 대뇌변연계로 향하는 신호가 너무 약하거나 방향이 정해지지 않아서 편도체가 지시하는 행동에 압도당하게 되는 경우이고, 두 번째는 외부의 자극이 없는데도 편도체가 환기되며 신피질이 활성화되는 경우이다. 첫 번째의 경우는 어렵지 않게 찾아볼 수 있고 두 번째의 경우는 흔하지 않다. 특히 성인에 비해서 영유아들이 감정을 폭발시키는 경우가 많은데, 이는 신피질로부터의 신호가 미약하고 산만하기 때문이라고 볼 수 있다. 이곳의 세포는 성인이 되어야 성숙해지므로 영유아들의 감정조절은 성인보다 훨씬 어렵다. 이에 비해서 편도체는 태어나면서부터 어느 정도 완성되어 있으므로 상대적으로 편도체의 지시에 쉽게 압도당한다고 한다. 물론 성인이라고 해서 편도체의 지시에 압도당하지 않는 것은 아니다. 피질은 사용하면 할수록 성숙하기 때문에 어려서부터 감정조절을 배우지 못하면 성인이 되어서도 그 부분이 잘 성장하지 않아서 감정조절이 어려워지게 된다.

(2) 뇌 인식과 스트레스 및 우울증

삶을 살아가는 동안 극심한 스트레스를 경험하게 되는 경우가 있다. 정신적 외상 후 스트레스 장애라고 불리는 이런 상태는 구체적인 경험과 뚜렷하게 연결되어 있고, 기억 중에서 가장 좋지 않은 기억의 부류에 속한다. 이처럼 특수한 종류의 기억으로부터 오게 되는 조건반사의 공포는 의식적인 통제가 매우 어렵다고 본다. 특히 일정한 강도로 편도체에 각인되면 몸이 먼저 반응하게 되는 것에 따라서 감각이 완전하게 재현되며 정신적인 외상을 다시금 경험하게 되는 것이다. 트라우마는 정신적인 외상이 의외로 심각하거나 장시간에 걸쳐서 이루어지면 스트레스 호르몬에 의해서 기억을 담당하고 있는 해마의 활동이 억제되거나 손상될 수 있다.

뇌와 우울증에 관해 살펴보면, 인간은 감정이 극에서 극으로 치다르게 되면 자신의 존재를 불신하게 된다. 자신은 가치가 없는 존재이며, 누구에게도 사랑받지 못하고 그 누군가를 사랑할 수도 없다고 생각하게 되는 것이다. 또한 피로감,

불면, 고통, 기억력 감퇴, 식욕부진에 시달리며 사고에 대하여도 무뎌지게 된다. 삶에 대한 어떠한 의미도 찾지 못하고 심각해지면 마치 자신이 죽었다는 생각까지도 하게 된다. 우울증 환자의 뇌는 건강한 뇌에 비해서 활동이 급격하게 둔화되는, 특히 전두엽의 일부분이 활성화되지 않는 것을 관찰할 수 있다고 한다.

한편 분노나 슬픔을 억누르지 않고 언어화하게 되면 감정이 완화된다는 연구 결과들이 대두되고 있다. 정서와 인지(언어) 및 뇌의 관계에 대한 연구에서 감정이나 정서의 언어적인 표현이 긍정적인 효과가 있음이 밝혀졌다. 감정을 언어화하게 되면 뇌의 정서를 담당하고 있는 부위인 편도체의 활동은 약화되고 배쪽 전두피질 부위가 활성화되기 때문에 언어화하지 않았을 경우에 비해서 정서의 강도, 특히 그중에 분노가 약화되었다. 이러한 결과는 전통적인 상담이나 심리치료 효과의 원인 가운데 일부분을 밝혀주고 있다.

3) 분노의 심리적 과정과 호르몬 작용

고영인(1994)에 의하면 분노의 심리적 과정은 가장 먼저 분노를 유발시키는 선행사건이 존재한다고 설명한다. 이 단계에서 인간의 뇌는 이러한 여러 가지 선행사건에 대하여 각종 정보를 감각을 통해 받아들인다. 그 사건과 관련되어 있는 시각적인 정보 외에도 청각적인 정보, 미각과 후각 정보, 체감각 정보들은 각 기관의 감각세포들로 전달된다고 한다. 이렇듯 각 기관의 감각세포들로부터 받아들인 정보들은 각 감각의 신경을 거쳐서 시상하부로 보내지게 되는 것이다. 시상하부에서부터 각각의 감각 정보들은 일차적인 감각 피질과 감각적인 연상 피질로 연결된다. 시각과 관련되어 있는 자극은 후두엽에서 처리되고, 청각과 관련된 자극은 측두엽, 체감각 정보들은 두정엽에서 주로 처리되고 있고, 미각 및 후각과 관련된 자극은 측두엽의 아래에서 주로 처리되고 있다.

여러 가지 감각적 정보들은 각기 다른 곳에서 처리되며 분석되고, 해석되기도 하지만, 때때로 연합적으로 처리되기도 한다. 다양한 감각에서 오는 정보들은 더 높은 수준의 처리를 위하여 합쳐지는 것이다. 연합 영역에서는 근접한 다른 감각센터에 속해 있는 연합세포군들과 확실한 한계가 없어서 서로 혼합되어 있으며, 다른 기관을 통해서 들어오게 된 정보까지도 연합하고 정돈함으로써 하나의 뜻 있는 의사가 형성되는 데 기본적인 역할을 하게 된다고 하겠다. 모두 형태적 연상 중추에서 이런 감각 간의 연합이 이루어지는 것이라고 할 수 있다(박만상, 2007).

하나의 사건으로 들어오게 된 다양한 정보라든지 자극은 이것이 생명을 위협하는 자극인가 생명을 유지시키기 위한 자극인가 원초적인 선과 악에 대해 변별을 하게 된다. 이렇게 판별된 정보들은 시상하부의 분노 프로그램으로 전달된다. 예를 들면 분노 유발의 심리적인 과정 중에서 첫 단계로 들어오는 정보나 자극이 자신을 향한 분노 감정이 섞인 것이라면 이는 생명 위협이 되는 위험한 정보나 자극이 될 수 있으므로 그에 따라서 원초적인 악으로서 판별이 될 수 있다고 한다. 즉, 시상하부의 분노 프로그램으로 전달되어서 분노 정서에 대한 반응을 무조건적으로 불러일으킬 수 있다는 것이다. 높은 온도나 역겨운 냄새 및 엽기적인 장면 등의 여러 감각적인 정보들은 모두 개인에게 분노와 불쾌감을 일으키게 하고 활성화시킬 수 있는 자극이라고 보고 있다(고영인, 1994). 하지만 분노의 유발에는 본능적이고 무조건적인 반응만이 작용하는 것은 아니다. 다양한 정보나 자극들 중 피질하체계에 의해서 매개되는 자극들에 대한 고전적 조건화 반응과 신피질에 의해서 매개되는 상황적 맥락에서의 자극들에 대해 인지적인 평가들이 정서적인 반응을 지배하게 된다는 것이다. 이것은 분노 유발의 심리적 과정 중 두 번째 단계인 인지와 사고의 개입 단계가 정서적 반응을 좌우하는 중요한 역할을 한다는 것을 의미한다.

분노 유발의 두 번째 단계에서는 분노를 유발하는 사건에 대해서 인지 및 사고가 개입한다. 분노 유발의 심리적 과정에서 인지 개입은 분노 사건에 대한 일차적인 판단으로 개입하고, 분노 유발의 심리적인 과정 내내 감정을 통제한다거나 조절하며, 판단을 재평가하는 등의 역할을 수행한다(고영인, 1994). 이와 같이 인지의 영향이 끼치지 않는 원초적이며 본능적인 분노도 존재하고 있지만, 어떠한 정서적인 반응과 생리적인 반응을 결정한다는 것은 그 사건에 대하여 개인적인 판단, 즉 그 사건을 어떻게 받아들이느냐에 따라서 결정된다.

특히 Dollard의 좌절-공격 이론은 분노 유발 과정에서 인지와 사고의 개입과 아동의 분노 경험을 잘 설명하고 있다. 욕구좌절 이론에 의하면 개인이 무엇인가를 원하는 욕구가 좌절되거나 만족하지 못할 경우 분노는 쉽게 각성될 수 있다고 한다. 또한 욕구 좌절의 종류로는 결핍, 갈등, 상실 등이 포함되고 아동의 생활에서 좌절을 경험하게 되는 것은 정서적인 공격성, 다시 말해 분노 증가를 촉진시키는 한 요인인 것이다(서수균, 2004). 뇌과학적 차원에서 보면, 욕구 만족에 대하여 긍정적인 기대라든지 좌절은 뇌의 인지적인 기능과 매우 밀접하게 관련되어 있고, 보상-수반성 과정을 계산하는 신피질 영역의 신경역학적인 활동으로부터 일어난다고 설명하고 있다.

욕구 좌절과 분노의 상황에서 인간은 턱을 앙 다문다거나 욕을 하는 등의 반응을 보이게 된다. 기대에 대한 좌절은 분노와도 연결되어 있다. 목표 반응이 방해를 받게 되면, 공격성이 바로 따라 온다. 여기에서 좌절의 수준이 높아질수록 공격성의 수준도 따라서 높아진다. 이는 욕구의 강도가 얼마나 좌절되었는가와 직접적인 연관이 있다. 이러한 좌절은 외부적인 방해로부터 일어날 수도 있지만, 개인적인 성취가 실패되었을 때도 일어날 수 있다고 한다. 특히 아동기에는 전두엽에서 일어나는 가지치기와 수초화 현상을 기초로 하여 계속적으로 전두엽을 발달시켜 가는데, 이 과정에서 자신에 대한 개념도 전문화되고 명확하게 정립되어 가기 시작한다.

한편 성취에 대한 기대가 높으면 높을수록 성취가 실패되었을 경우에 더 높은 강도의 좌절감을 불러일으키게 된다. 더불어 좌절감은 정서적 공격성인 분노를 불러일으킨다. 그러므로 높은 자아 개념과 자아 불일치는 특히 아동기에 자기 성취와 관련된 부분에서는 더 큰 분노를 느낄 수 있다고 할 수 있다.

전전두피질이 발달한다고 하는 것은 뉴런이 증식하며, 주로 쓰이게 되는 분야와 관련된 시냅스의 연결이 보다 세밀해지고 공고해진다는 것을 의미한다. 뇌실벽 주위에서 세포 분열을 통해서 뉴런이 증식하는 과정은 임신 6개월을 전후로 대략적으로 완료된다(박만상, 2007).

뉴런의 증식은 출생 이전에 모두 완료되기는 하지만 수상돌기와 축색이나 시냅스의 가지치기와 수초화는 대부분 출생 후에 이루어진다고 한다. 정교한 뇌 회로의 발달은 생후 첫 1년 동안에 매우 빠른 속도로 발달하며 아동기 동안에도 발달이 지속된다는 것을 발견하였다. 이러한 뇌 회로의 발달은 뉴런 사이의 시냅스 연결이 증가하는 것과 피질하 수초화 과정이 성숙하는 것이 포함된 것이다. 아동의 뇌 크기와 무게가 성인 수준과 비슷하지만 시냅스의 밀도는 성인보다 높다는 것은 뇌 회로의 정교화 과정은 10대에 이르러서도 계속적으로 진행되고 있음을 시사하고 있다. 따라서 전전두피질의 발전이 아동기에서 계속적으로 이루어짐을 알 수 있다. 아동기에 다양하고 풍부한 경험을 통해 뇌를 활성화하게 되면 수초와 수상돌기의 가지가 많아지고 연결이 발달하게 된다는 것이다(김유미, 2002).

분노 과정의 세 번째 단계는 분노가 유발되는 단계로서 개인이 분노를 경험하게 되는 단계이다. 주로 분노의 유발과 경험 단계에서 가장 중요한 구성요소로 손꼽히는 것은 편도라고 할 수 있다. 편도는 감각적인 체계에서 운동적 체계 및 자율적 체계와 내분비적 체계로 가는 입구이고 출구가 되는 해부학적 통로를 갖는다고 한다. 또한 편도는 시각적, 신체적, 청각적, 미각적 체계가 서로 연합되는 신피질 영역으로 연결된다. 여기에서 각 감각과 신경으로 들어오게 된 다양한 정보들은 다형태적 연상 중추에 이르게 되며, 이것들이 편도와 내후각피질에 연결되어 정서를 유발시킨다. 이때 다시 내후각피질은 해마, 구상화와 연결되며 기억과 공간적 사고가 정서와 관련된다. 그리고 내분비 반응 역시 편도의 작용에 영향을 미치고, 운동 반응 또한 마찬가지라고 할 수 있다. 이처럼 여러 가지 뇌의 영역들의 작용으로 인해서 편도는 정서를 유발하며, 그 결과 신체에서는 자율 반응이 나타나게 된다(김경희, 2004). 편도가 분노라는 정서를 경험하는 과정에서 여러 가지 뇌의 구조들이 영향을 미치게 된다. 분노 정서를 유발하는 반응의 신경전달 물질로는 프로락틴, 에스트로겐, 테스토스테론, 노르에피네프린, 도파민, 노르아드레날린, 세로토닌 등이 있다. 이러한 신경전달 물질은 공격성이나 적대감, 분노를 증가시키는 것으로 알려져 있다(민성길, 2003).

한편 분노 정서를 조절하는 데 도움을 주는 신경전달 물질 중에서 대표적인 것이 세트토닌이다. 여러 생화학적 연구들은 공격성이나 폭력적인 행동들이 뇌의 세로토닌계 신경전달 물질과 관련되어 있음을 보여주고 있다. 사람에게 있어서 정상인에서의 우울증과 충동조절 장애 등과 관련해서도 저하된 세로토닌이 공격성과 충동성 표현 및 특히 자해적인 행동과 연관된다는 결과가 밝혀져 있다. 세로토닌의 경로를 살펴보면 솔기핵에서 시작되어 전두엽으로 작용된다. 세로토닌은 우울증과 공격성 및 경계성 장애에 대해 분노와 연관성이 있음을 유추해 볼 수 있다.

분노 유발의 심리적인 과정 네 번째 단계에서는 분노 유발 과정으로 인해 신체 생리적인 반응이 나타나고, 사고와 인지 과정을 통해서 분노를 표현하게 된다. 분노는 분노 표출, 분노 조절, 분노 억제 중 한 가지로 나타나게 된다. 분노 정서를 경험하며 이에 따른 신체 생리적인 반응이 나타나는 것은 개인이 조절하기가 힘든 차원이지만, 분노 정서를 표출하거나 조절하거나 억제하는 등 행동적으로 분노를 표현하는 과정에서는 인지와 사고의 개입이 일어나고 이러한 과정은 개인의 노력에 따라서 조절할 수 있다고 볼 수 있다.

분노 정서가 유발되면 시상하부 속에 노르아드레날린이 방출된다(이시형, 2010). 그에 따라서 동공은 확대되며, 산소 소모는 증가한다. 또한 혈압이 상승하고 심장 박동 수는 증가하며, 분노 상태에서 말초와 내장의 혈관 유통이 일반적으로 감소하고 근육으로부터의 유통은 증가하므로 근육수축력은 증대하며 흉부에 홍분 등이 야기된다. 대부분의 경우에 얼굴이 상기되는 현상도 나타난다(민성길, 2003). 그 외에 분노는 소화기관의 활동을 억제시키고 위액의 분비를 감소시키거나 중단시키며, 침의 분비를 감소시킨다. 분노 정서를 억제할 경우 신체 활동이나 운동 충동의 억제 결과로서 땀의 분비가 촉진되고, 교감적으로 각성되도록 한다.

분노 유발의 심리적인 과정 다섯 번째 단계에서는 개인이 분노를 표현한 후 정신적 건강이나 신체적 건강과 같은 개인의 내적인 부분에서 영향을 받으며, 인간관계 등의 외적인 부분에도 영향을 받게 되어 그 양상이 달라진다고 한다. 분노가 생길 경우 동반되는 일반적이고 신체적이며 생리적인 변화로, 심장박동수가 증가하며 혈압이 상승하고, 위액의 분비가 억제된다(강신덕, 1997). 또한 계속적인 분노의 경험은 스트레스 장애의 기초가 될 수도 있고, 이런 스트레스는 불안을 증가시키고, 잘못된 분노 표현으로 인해서 대인관계에서 만족할만한 성취감를 습득하지 못할 수도 있으며, 이러한 실패를 통해 사회적인 기술의 결핍과 긍정적인 사회성 강화가 저하되므로 개인이 우울감을 느끼게 될 수 있다(고영인, 1994).

3. 뇌 발달과 전두엽

1) 감정과 화학반응

감정과 행동의 화학적인 면을 이해하기 위한 두 가지 측면은, 화학반응을 통하여 몸에 화학물질을 분비하기 위해 뇌에서 벌어지게 되는 일과 이러한 화학물질의 분비가 몸에 미치는 영향이다. 여기에서 무엇보다도 중요한 것은 인간은 화학적인 존재이고, 생화학 반응이 산물이라는 점이라고 하겠다. 세포 하나에서부터 기분, 신념, 행동, 인지, 감각, 감정, 심지어 우리가 경험하고 배우는 모든 것이 화학적이라고 할 수 있다.

뇌에서 어떠한 생각을 활성화하게 되면 인간의 몸은 그에 따라서 느낌과 반응을 일으키는 물질을 만들어 내게 된다. 이러한 과정에서 인간의 몸은 뇌와 세포 및 혈류를 타고 지나가는 화학물질이 그 농도에 적응하게 된다고 한다. 혹시 어떤 것이 규칙적이며 지속적이고 편안한 몸의 화학적인 상태를 바꾸게 된다면 인간은 불편함을 느낀다. 그럴 경우 인간은 화학적인 균형을 다시 찾기 위하여 의식적·무의식적으로 노력을 다하게 된다.

어떠한 생각을 활성화하게 되면 인간의 신체에서는 격렬한 싸움과 도주 반응을 시작했을 때와 비슷한 일이 생긴다. 여러 가지 화학물질을 생산함으로써 활성화된 생각에 대해 반응한다. 인간의 몸은 신경전달 물질과 펩티드 및 호르몬이라는 세 가지 수단을 통해서 화학적으로 의사소통을 하게 된다. 즉, 어떤 생각을 할 경우 시냅스에서 신경전달 물질이 작동하여 그것이 어떤 특정한 개념이라든지 기억에 연결되도록 신경망을 활성화한다.

어떤 기억이나 감정적인 요소를 동반하게 되고, 펩티드는 화학적으로 이러한 감정을 만들어 낸다. 또한 중뇌의 시상하부는 여러 종류의 펩티드를 생산함으로써 우리가 하는 모든 생각이나 경험하게 되는 모든 감정들은 펩티드를 통하여 그에 상응하는 화학적인 표식을 갖게 된다. 이러한 이유로 변연계 또는 중뇌를 정서뇌라고 부른다. 중뇌는 성 호르몬뿐만 아니라 창의성을 키우고 경쟁심을 자극하는 화학적인 물질을 만드는데, 이것은 우리의 감정적인 성향과 사고를 발동시키는 화학물질을 생산하는 데 중추가 된다고 할 수 있다.

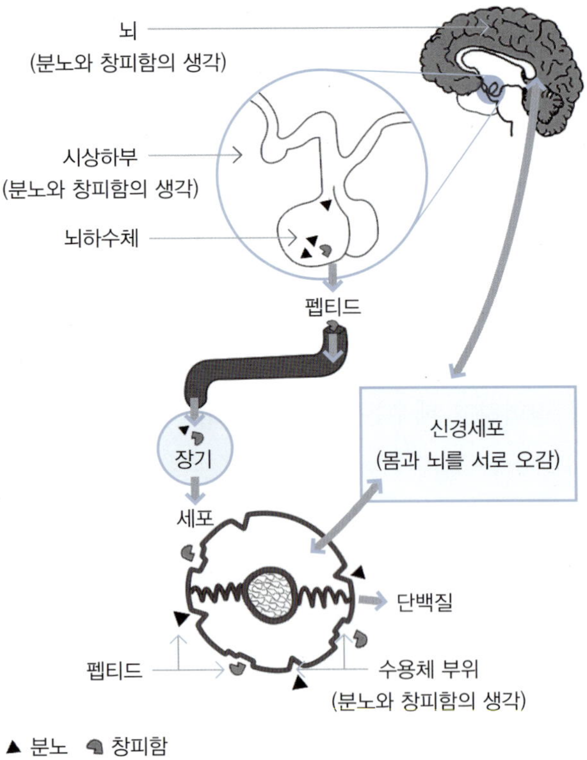

그림 7-4 뇌와 몸의 신경화학적 자기감시체계
자료 : 김재일(2019).

어떤 생각을 할 때, 그 생각과 관련된 화학물질은 혈액으로 분비되면서 우리 몸을 활성화한다. 이는 부신피질자극호르몬과 글루코코티코이드라는 화학물질을 생산하기 위해 부신을 자극하고, 일단 몸이 달아오르게 되면 뇌나 세포의 화학물질 농도를 조절하기 위하여 우리의 몸은 음순환고리를 통해서 의사소통하게 된다고 한다.

과학자들은 편도체에 의해서 인간의 가장 기본적이며 원시적인 4가지의 감정이 나타난다고 생각했다. 초기의 뇌 관련 연구에서 과학자들은 동물의 편도체에 전기 자극을 가해서 동물들의 느낌이나 행동을 관찰해 왔다. 동물들의 기본적인 반응은 항상 분노, 두려움, 슬픔, 기쁨이었다. 얼마 후에 신경과학이 더 발달하게 되면서 이 모델에는 놀람, 혐오, 경멸 등의 세 가지 감정이 추가되었다. 이에 놀람은 공포의 반응과 연관되어 있고, 혐오와 경멸은 화나 공격성과 연관되어 있음을 알 수 있었다.

소프트웨어(감정과 경험)와 하드웨어(뇌구조)를 통해서 인간은 비교적 다른 사람들과 비슷한 감정으로 인지하고 행동할 수 있게 된다. 신경망은 그것과 관련되어 있는 감정적인 요소를 갖고 있다. 펩티드는 혼합된 감정에 상응하는 화학물질을 만들어 내는데, 일단 결합될 경우 향신료처럼 더욱 깊고 풍부한 맛을 낸다고 한다. 신경망에 저장되어 있는 과거의 다양한 경험과 연결된 감정을 다시 만들기 위해서 화학물질의 종류와 비율 등이 결정된다. 감정이 어떤 것이든지 일단 신호를 전달하면 싸움과 도주 반응 같은 결과를 가져온다. 이제 뇌하수체는 같이 분노의 화학물질을 분비하기 위해서 다량의 펩티드를 만들어낸다. 이 펩티드는 혈류로 방출되어 몸의 여기저기로 이동하면서 세포의 수용체 부위와 내분비계가 이러한 감정과 일치하는 화학물질이 무엇인가를 찾아내서 그것들을 자신들 쪽으로 끌어들인다. 우리가 감정을 더 많이 경험하면 할수록 세포에 경험한 감정을 위한 수용체의 부위가 많아진다. 이는 분노라는 생각과 느낌이 어떻게 화학적 신호가 되어서 세포 차원에 우리 몸을 활성화하는지 보여주는 것이다.

세포는 신경이 아닌 뇌의 화학적 순환고리를 통하여 몸과 의사소통한다. 인간의 몸은 생산된 화학물질을 다 써버리고 나면 부족한 것을 다시 채우려고 한다. 인간의 몸은 분노의 화학물질이 날뛰는 것을 좋아한다. 그 이유는 이것이 인간이 살아 있음을 느끼게 만들고, 인지능력과 활력을 높여주기 때문이다. 또한 이러한 느낌은 매우 익숙하므로 분노를 느낀다는 것은 자기 자신을 재확인할 수 있는 방법이기도 하다. 만약 우리가 거의 평생 동안 분노를 경험하면서 살아 왔다면 이러한 화학물질 역시 우리의 몸속에 계속적으로 존재해왔을 것이다.

우리 몸의 가장 중요한 생물학적 기능 중 하나는 항상성의 유지이다. 그러므로 인간의 몸은 그 화학적인 지속성을 유지하기 위하여 할 수 있는 일은 무엇이든지 할 것이다. 즉, 몸이 마음을 통제한다고 볼 수 있다. 그리고 화를 낸다거나 좌절한다거나 슬퍼하게 될 때, 결국에는 우리에게 미치는 영향을 생각해 보아야 한다. 인간의 모든 감정적인 태도는 외부의 어떤 것에 의해서 일어나는 것이 아니다. 그것은 바로 고정된 신경구조에 따라서 현재 상황을 인지한 결과일 뿐만 아니라 자신의 느낌에 얼마나 많이 중독되었는가를 보여주고 있다.

분노를 느끼는 상황에서 벗어난다든지 이러한 느낌과 관련된 기억을 묻어두게 된다면 비슷한 마음으로 생각하며 분노를 느끼는 것을 멈출 수 있을 것이다. 하지만 자기 자신을 정의하는 사고와 반응을 일으키는 상황과 환경에서 벗어난 후에도 계속해서 같은 방식으로 느낀다. 이에 세포가 원하는 화학물질을 만들어내고 있던 지속적으로 계속된 자극에서 벗어난다면 평소와 같은 화학물질을 얻을 수 없게 된 세포는 기억의 잠재력을 활용하게 된다.

2) 뇌를 통한 감정 인지

감정은 어떤 원리로 작동하는 것인지 알아보자. 보통 감정을 인지하는 나침반을 뇌라고 한다. 뇌 연구자들은 수수께끼인 감정과 뇌의 인지 관계를 파악하고자 계속적으로 뇌 연구에 대해 파고들고 있다.

지금까지 감정과 뇌의 관계에 관한 연구들은 주로 특정한 감정과 뇌 부위 사이의 상관 관계를 설명하는 데 초점이 맞추어져 있었다. 특정한 감정을 느낄 경우에 뇌의 어떤 부위가 활성화된다거나 혹은 뇌의 어느 부위가 손상된다거나 자극을 받을 때에 정서적인 변화가 생기게 된다는 내용이다. 연구에 있어 많은 진전이 있었다. 하지만 여전히 감정을 탐구하고 다루는 길은 너무 멀고도 험하다. 특정한 뇌의 활동은 우리로 하여금 왜 특정한 감각을 느끼게 만드는지 설명하지 못하고 있는 상태이다. 편도체 신경세포들의 활동이 공포를 불러일으키는 이유라든지, 또는 어떤 뇌 부위의 활동이 행복감을 느끼게 하는지 등의 내용이다.

다시 말하자면 뉴런의 움직임이 감정을 만든다고 하더라도 수억 개의 뉴런이 보내고 있는 전기신호는 어떻게 감정을 만들어내는지에 대해서는 자세하게 모른다는 것이다. 실제 뇌 안을 들여다보면 감정을 담당하고 있는 뇌 부위와 인지와 학습을 관장하는 뇌 부위가 매우 복잡하게 얽혀 있다. 그러므로 두뇌가 어떠한 방법으로 작동하는지를 모두 밝혀낸다 하더라도 '왜'라고 하는 근본적인 질문은 여전히 미지수로 남을지 모른다는 것이다. 하기야 눈 깜짝할 사이에 일어나는 미묘하고도 복잡한 인간의 감정들을 칼로 무 자르듯 분석하고 연구하는 일은 결코 쉽지 않을 것이기 때문이다.

감정은 자극에서 시작한다. 먼저 눈의 망막에 포착된 후, 뇌의 시각피질이 사물이나 대상의 존재를 파악하면 감정과 관련된 뇌의 다양한 영역이 자극과 반응을 일으키게 되고 기쁨이나 슬픔 등의 다양한 감정을 느끼게 된다.

인간의 감정 변화에 반응하고 있는 뇌 부위는 대뇌 변연계로 깊숙한 곳에 위치한 편도체이다. 변연계는 하나의 덩어리가 아니라 기쁨과 슬픔 및 행복과 분노 등 여러 가지 감정을 관여하는 신경망이 고리처럼 연결되어 있다. 편도체는 감정의 관문으로서 크기는 비록 작지만 각 부분이 각자 다른 감정을 관장하는 상당히 복잡한 구조를 이루고 있다. 그렇기 때문에 적절한 자극에 자물쇠가 열리듯이 반응하게 되고 감정의 여러 가지 반응을 이끌어내기도 한다. 감정 반응의 마지막 단계에서는 호르몬 작용으로 기분을 좌지우지하는 도파민과 세로토닌 등 호르몬의 분비가 시작되어 얼굴에 근육이 변화하게 된다. 웃는다거나 찌푸리는 등 표정이 바뀌고 손사래를 친다거나 도망가는 등 특정한 행동이 취해진다.

한편 전전두피질의 일부 영역도 감정을 유발시킨다. 전전두피질은 매우 복잡한 감정 자극인 죄의식이라든지 동정심 등 사회적인 감성에 관여한다. 개인적인 경험으로 기억되어 있는 감정 자극에도 전전두피질이 작용한다. 전전두피질은 자기를 인식하거나, 행동을 계획하며, 불필요한 행동을 억제하기도 하고, 문제 해결을 위한 전략을 수립하며, 의사결정을 하는 등 인간이 동물과 구별되는 능력에 관여하고 있

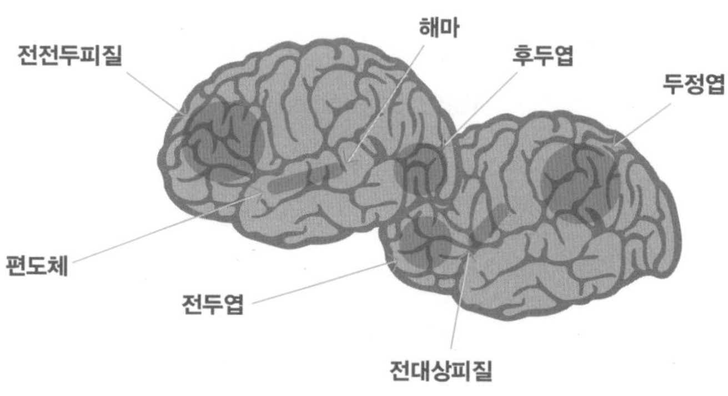

그림 7-5 **감정을 관장하는 편도체와 감정 조절과 상호 작용하는 전전두피질**
자료 : 김영훈, 아카데미 블로그.

다. 감정을 관장하고 있는 변연계 도파민 시스템과도 직결되어 있다고 한다.

편도체가 감정을 관장하는 것이라면 전전두피질은 이런 감정들을 조절하며 상호 작용한다. 예를 들면, 우리가 불안과 우울이나 분노와 같은 불쾌한 감정을 느낄 경우, 편도체와 오른쪽 전전두피질이 활성화하게 된다. 이와 반대로 낙천적이고 열정적이며 기력이 넘치는 긍정적인 감정 상태에 있을 때에는 편도체와 왼쪽의 전전두피질이 활기를 띠게 된다. 이는 오른쪽 전전두피질이 활발해지면 고민과 불행이 많아지며, 왼쪽 전전두피질이 활발해지면 열정과 행복감이 넘친다고 할 수 있다. 만약에 극단적으로 오른쪽 전전두피질 쪽만 활성화되는 경우 우울증이나 불안장애가 나타날 수 있다. 가끔 우울증이나 조울증 환자에게 자살 충동이 생기는 원인은 전전두피질과 편도체의 연결망이 약해지게 되면서 두 기관의 상호 작용에서 오류가 발생하기 때문이라고 한다.

흥미로운 것은 인간이 자극을 정확하게 파악하기도 전에 편도체는 이미 활성화되어 거의 무의식적으로 감정 자극에 반응한다는 점이다. 물론 사람마다 희로애락을 대하는 반응은 각각 다르다. 이는 편도체가 유전적으로 강한가, 약한가의 차이에 따라서 반응이 각기 다르게 나타난다고 할 수 있다. 예를 들어, 외상 후 스트레스 장애자는 이성적인 판단을 담당하는 전두엽의 기능이 급격히 떨어지지만 반대로 감정을 관장하고 있는 편도체의 반응이 높게 나타나서 공포감을 보다 더 크게 느끼게 된다. 편도체가 손상되면 공포영화를 보아도 겁먹지 않으나 편도체가 발달한 사람은 감정이 풍부하므로 사회적 네트워크에도 더욱 많은 관심을 보인다는 것이다.

Matthew Lieberman은 인간이 감정을 표현하는 과정에서 편도체와 오른쪽 전전두피질이 서로 영향을 미치는 방향으로 작동한다고 설명한다. 분노나 슬픔을 말로 표현하는 것을 통해서 편도체의 활동이 현저하게 줄어들게 되고 절제된 사고를 관장하고 있는 오른쪽의 전전두피질은 더욱 활성화되어 격한 감정은 누그러뜨려 진다는 것이며, 슬플 때는 슬프다고, 화날 때는 화났다고 솔직하게 말하는 것이 감정을 조절하는 데 효과적이라고 볼 수 있다.

(1) 인간의 감정 조절에 관여하는 4개의 뇌 신경섬유

조장희(2013)는 인간의 감정 조절에 관여하고 있는 4개의 뇌 신경섬유를 발견하였다. 분노, 우울, 슬픔 등 부정적인 감정에 관여하는 신경섬유와 기쁨, 행복, 웃음, 보상, 사랑 등 긍정적인 감정에 관여하는 3개의 신경섬유를 새롭게 찾아내었다. 그 가운데 긍정적인 감정에 관여하고 있는 3개의 신경섬유가 맡고 있는 감정의 종류는 조금씩 다르다는 것을 파악한 것이다. 기존에는 보이지 않았던 세밀한 혈관과 신경줄기들을 볼 수 있게 되면서 존재와 기능이 막연하게 알려져 있었던 감정 조절에 관여하는 신경섬유의 정확한 위치를 찾아내게 되었다. 4개의 뇌 신경섬유의 발견을 통해서 인간이 어떻게 웃고, 울며, 기분이 좋거나 나빠지는지 등 다양한 감정의 작용을 알아낼 수 있는 근거를 찾게 되었다고 할 수 있다.

(2) 감정에 관한 뇌의 기전

감정 표현은 우리 몸에서 나오는 감각 신호인지, 대뇌피질의 광범위한 활동 양식인지, 그것도 아니면 다른 그 무엇인지에 대해 알아보면, 화가 치밀어 오르는 상황에서 화남과 관련된 모든 생리적인 변화를 없애려고 시도한다. 요동치는 심장이 조용해지며 긴장 및 근육이 이완되고 상기된 얼굴이 냉정을 되찾게 된다. 생리적인 반응이 없는 상태에서 화를 내는 것은 어려운 일이며, 비록 감정이 신체의 생리적인 변화로 인해 발생할지라도 생리적인 증후가 없을 경우에는 감정을 느낄 수 없음을 의미하지는 않는다는 것이다.

Canon-Bard의 이론에 따르면 감각 및 정보는 대뇌에 입력되면 특정한 신체 변화를 유발하게 된다. 또한 자극-반응의 신경회로에는 감정이 빠져 있다고 주장하고 있다. 감각 수용체로부터 또는 대뇌피질로부터 신호가 시상에 도달하게 되면 감정이 발생하는 것이다. 말하자면, 감정은 생리학적인 반응과는 관계없이 시상의 활성화 양상에 의해서 결정된다. 울기 때문에 슬픔을 느끼게 되고 울지 않는다면 슬픔도 사라지게 된다. 기본 감정 이론을 살펴보면, 인간에게 내면화된 것으로 여겨지는 일반적인 기본 감정은 분노, 공포, 역겨움, 행복, 놀라움, 슬픔 등이 있다. 신경학적 관점에서 볼 때 기본 감정은 다른 것과 구별되는 고유의 신경회로가 있을 것으로 가정할 수 있다고 한다. 예를 들면, 슬픔은 내측 전전두엽과 관련이 있고, 공포는 편도와 관련이 있다는 것이다.

감정이란 무엇인가? 과학자들은 감정이 그 자체로 감정 요소가 있든지 없든지 간에 마치 빌딩 블록이 빌딩을 구성하는 것처럼 감정도 그와 같이 구성되었다고 믿고 있다. 감정의 본질이나 감정과 느낌의 구별 및 감정과 의사 결정과 같은 뇌 기능의 관계 등에 대하여 연구하였다. 감정의 본질과는 별개로 감정의 신경기전에 대한 쟁점은 다음과 같다. 각 감정이 특정한 뇌 능력의 활성화나 뇌 네트워크라든지 혹은 더 광범위한 뉴런의 네트워크에 의해서 나타날 수 있는지는 행동 관찰, 병변과 질병 효과, 생리학적 기록 등의 통합적인 연구에 달려 있다. 감정이 몸과 신체 상태를 변하게 하며, 그러한 느낌은 같은 몸, 신체에서 기인한다. 몸의 정동 상태가 자연스러운 감정의 종류 자체에 의해서 긍정이나 부정, 혹은 중립 감정으로 표지하기 때문이라고 할 수 있다.

(3) 편도체 자극 및 손상의 효과

인간이 편도체 손상에 의해서 감정 표현의 인식에 대한 장애가 발생한다는 것에 많은 연구자들이 동의하고 있으나, 감정 중에서도 어떠한 감정이 영향을 받는지에 대하여는 견해가 일치하지 않고 있다. 다른 연구에서는 공포, 슬픔, 분노, 혐오 등의 반응이 결핍된다고 보고 있는데 이러한 결핍의 다양성은 부분적인 뇌 손상의 차이 때문이라고 볼 수 있다. 양측의 손상 부위가 반드시 같을 수 없고, 보통 편도체가 손상되면 다른 뇌 구조의 손상이 동반된다고 한다. 물론 편도체를 포함하고 있는 뇌 부위의 병변이 있을 때에 가장 흔한 증상으로는 얼굴 표정에서 공포를 인지할 수 없음 이라는 것이다.

분노와 공격성의 연관성을 보면, 분노는 기본 감정으로 절망, 스트레스, 마음의 상처 등이 우리의 마음을 분노케 한다. 한편 공격성은 감정은 아니지만 분노에 의한 행동 결과로 나타나게 된다. 편도체와 공격성의 관계를 살펴보고 공격성의 형태에 따라서 각각 다른 신경 구조에 의해 조절된다고 본다. 공격성은 뇌의 단일한 부분에 의한 것이 아니고 다양한 복합적인 원인을 갖고 있는 행동이다.

공격성에 영향을 주는 한 요인으로 남성호르몬 또는 안드로겐의 수치를 꼽을 수 있다. 어떠한 경우든지 공격성에 대하여 신경생물학적인 요소가 있다는 증거가 있는데, 원숭이 실험에서 우두머리 원숭이의 양측 편도체를 제거한 결과 최하위 서열이 되었다. 이는 사회적인 위치를 유지하기 위해 정상적인 공격성과 편도체가 중요하다는 것을 보여주는 것이다.

3) 전두엽과 분노 관리

미래 사회는 융합의 시대이며 사람과 사람 사이의 융합을 위해서는 감정을 잘 조절하고 표현할 수 있는 '감정조절능력'과 '대인관계기술능력'이 꼭 필요하다. 분노, 공포, 쾌락 등의 일차적 정서와 기쁨, 슬픔, 동정심 등의 고차원적 정서가 일어나며, 분노의 감정을 느끼고 이 감정을 어떻게 처리해야 하는지를 판단하고 행동하게 하는 뇌 부분이 바로 전두엽이다. 또한 전두엽은 계획을 세우고, 의사결정을 하고, 논리적인 사고를 하는 등의 다른 뇌 부분이 담당하는 거의 모든 기능을 조정하고 총 지휘하는 리더뇌로서의 역할을 하기 때문에 미래 사회는 이 전두엽이 발달한 사람이 성공할 수 있다고 말할 수 있다.

전두엽을 설명하는 단어를 고르라면 '충동조절'과 '의지'를 들 수 있다. 전두엽은 우리 의지를 한 가지 일이나 생각에 집중할 수 있게 하며, 충동 조절은 이로 인해 마구잡이식 행동을 막을 수 있게 한다. 전두엽의 발달이 사춘기를 거쳐 20대 중반까지 계속된다는 사실이 1999년 〈네이처〉지에 실린 기사에서 증명되고 있다. 때문에 10대들이 충동적인 이유 중 하나는 전두엽이 아직 발달 중이기 때문이다.

1930년대 후반 반사회적 성격장애를 가지고 있는 사람들의 대부분이 약물치료를 받고 있었고, 이들 중 전두엽 절단수술을 받은 환자들의 결과는 충동을 통제할 수 없었으며, 많은 환자들이 사소한 일에 심하게 성질을 냈고 유아적인 화나 삐침이 이들에게서 공통적으로 나타나는 증세를 보였다. 의사소통기술 또한 시간이 지날수록 점점 더 퇴화되었다. Joe Dispenza 박사는 전두엽에 손상을 입었을 때 나타나는 증상으로 한 가지 일에 집중하지 못하고, 감정적으로 동요하는 경향이 있다고 지적하고 있다.

뇌 영상 의학 분야의 최근 연구를 보면 전두엽의 활동이 적을수록 충동적이고 지나치게 감정적으로 행동하는 경향이 커진다고 한다. Richard Davison 박사의 연구 결과도 전두엽 활동이 활발할수록 의식적으로 충동적인 행동 반응을 통제할 수 있는 능력이 커진다고 설명하고 있다.

이와 같이 전두엽은 대뇌신피질을 이루는 4개 엽 중 가장 크며 우리의 중앙통제기관으로 기능한다. 주의를 집중하고 마음의 폭풍을 잠재워서 우리의 지각중추가 우리 외부세계와 연결하도록 돕는 일을 한다. 즉, 전두엽을 잘 사용할 때 마음속의 분노와 괴로움울 조정하여 통제와 평화를 얻을 수 있다고 할 수 있다(Joe Dispenza, 2019).

4. 뇌 발달과 교육

1) 우뇌 발달의 중요성

우리의 뇌는 좌뇌와 우뇌로 나뉜다. 좌뇌는 논리, 분석, 합리적 사고를 담당하고, 우뇌는 감성적·창의적인 사고를 담당한다. 좌뇌는 언어, 문자, 기호, 분석, 계산, 이해, 추리, 판단, 구성, 입체 인식(우뇌와 동일), 논리적 사고를 담당하는데, 주로 지식과 판단력, 사고력을 지배하기 때문에 논리뇌, 언어뇌 혹은 지성뇌라고도 불린다. 그리고 우리 몸 우반신의 운동기능과 시야를 담당한다.

우뇌는 음악, 회화, 도형, 색체, 이미지, 비언어적 관념, 공간인식, 입체 인식, 상상과 창조, 비논리적 감정 등을 담당하며, 우뇌의 기능은 이미지화 기능, 초고속 대량 기억기능, 초고속 연산기능, 공진, 공명기능이라고 말할 수 있다. 이와 같이 우뇌는 주로 오감의 느낌을 주관하되 오감의 느낌을 느낌 자체로 기억한다.

Roger Sperry 박사는 인간의 두뇌는 우뇌와 좌뇌로 구분되며 그 기능이 다르지만, 특히 3세 때에는 우뇌가 80%, 좌뇌가 20%를 차지하여 좌뇌보다 우뇌가 발달하는 시기이므로 어린 시절에는 충분히 우뇌를 자극하는 감성적 활동을 경험해야 한다고 강조하고 있다. 즉, 좌뇌는 오감의 느낌을 언어로 저장하는데, 아직 좌뇌 발달이 활발하지 않고 우뇌 발달로 오감을 느낌 자체로 기억하는 영유아들은, 짠맛은 알지만 '짜다'는 말을 하지 못하며, 또한 '짜다'는 말을 못 알아들어도 짠 것에 대해서 느낌적으로 알 수 있기 때문이다.

이와 같이 좌뇌는 7세 이후 학교 교육에 의해 자연스럽게 발달하므로 7세 이전에는 마음껏 뛰어 놀고 경험하며 우뇌 개발에 도움을 주어야 하지만, 우리의 교육 현실은 영유아기에 조기교육이나 영재교육의 열풍으로 인지학습이 요구되는 좌뇌 교육으로 많이 치우쳐 있다. 또한 성인이 된 후에도 현대인의 업무는 주로 우뇌보다 좌뇌를 많이 사용하게 되면서 인위적으로 좌뇌의 발달을 더욱 자극하는 현실 속에 살고 있다.

현 교육 풍토에서 우뇌는 좌뇌보다 소외되거나 부각되지 못하고 있는 실정이지만, 1981년 우뇌 연구로 노벨상을 수상한 미국의 Roger Sperry 박사는 우뇌의 중요성을 강조하고 있다. 그의 연구에 의하면 기억용량과 정보처리능력에 있어서 우뇌는 좌뇌에 비해 천 배의 뛰어난 능력을 가지고 있으며, 이러한 우뇌를 활용하면 매일 200단어 이상 암기가 가능하다고 한다. 실제 스위스의 언어학자 John의 경우에는 116개국을 마스터하는 데 1개 국어당 3주를 넘지 않았으며, 고고학자 Schliemann도 영어를 배우는 데 6개월, 기타 언어를 마스터하는 데 3주를 넘지 않았다고 한다.

또한, 속독력에 있어서도 우뇌는 좌뇌에 비해 400배의 높은 결과를 보이는데, 좌뇌를 사용할 때 분당 500자를 보는 것에 비해 우뇌는 분당 최고 20만 자까지 볼 수 있다고 한다. 연산능력에 있어서도 우뇌는 좌뇌에 비해 300배의 높은 차이를 보이는데, 좌뇌를 사용할 때 10분이 걸리는 미적분 문제를 우뇌를 사용할 때 2~3초면 풀 수 있다.

우뇌의 능력이 이와 같이 뛰어난 이유는 좌뇌가 논리적 틀이라면 우뇌는 무한

대에 가까운 상상력과 이미지를 담는 그릇이기 때문이다.

이와 같이 뇌는 담당영역과 발달시기가 다르고 또한 우뇌 발달의 중요성이 부각되고 있기 때문에 영유아기에는 좌뇌 중심의 교육보다는 우뇌가 충분히 발달할 수 있도록 기다려주어야 한다. 또한 인위적으로 좌뇌의 발달을 자극하는 우리의 현실 속에서 좌뇌와 우뇌를 연결해 주는 융합 작업을 위해서는 우뇌를 의식적으로 사용하여 전체 뇌의 균형을 유지시켜 뇌의 잠재력을 향상시키는 것이 중요하다. 즉, 우뇌가 활성화할 때 좌뇌도 더 발달될 수 있기 때문이다.

한쪽으로 치우친 발달보다는 좌뇌와 우뇌 모두 충분한 자극과 학습에 의해 개인의 적성과 소질을 바탕으로 모두 골고루 발달되는 온머리 교육이 이루어지도록 노력해야 한다.

2) 부모 양육방식과 분노 조절

자녀의 분노 조절에 대해 부모가 미치는 영향을 살펴보면, 자녀의 뇌 발달 중에서 중요한 감정 시스템은 부모의 양육방식에 따라서 결정된다는 사실이 밝혀지고 있다. 많은 뇌과학자들은 영유아기 부모와 주고받은 상호 작용은 성인이 된 후에 행복하며 풍요로운 삶을 살 수 있게 만드는 뇌의 시스템과 신경전달물질을 결정한다고 설명한다.

이성의 뇌는 본능 및 감정의 뇌에 쉽게 제압당하게 된다. 자녀가 신체적, 정신적으로 위협을 느끼거나 스트레스를 받게 되면 파충류 뇌와 포유류 뇌로 이루어진 하위 뇌의 충돌 상황에서 상위 뇌인 이성의 뇌를 무력화하게 된다. 바로 이때 자녀는 겁먹은 동물처럼 행동하게 될 것이다. 싸우거나 도망치는 등의 반응을 보이고 화를 내거나 떼를 쓰고 아니면 그와 반대로 잔뜩 움츠러들게 된다. 부모가 폭력적이라면 자녀 뇌의 시스템과 신경전달물질은 폭력적으로 세상에 적응하며 변화되기 시작한다. 이렇게 된다면 하위 뇌는 과잉 공격, 과잉 경계나 두려움 및 과잉 방어를 하는 방법으로 굳어지게 될 수 있다.

영유아기 부모와의 상호 작용이 추후 체뇌의 감정 시스템 발달을 결정한다. 이를 설명하면, 하위 뇌는 분노, 두려움, 탐색, 분리불안, 보호의 역할을 담당하게 된다. 하위 뇌에서 가장 중요한 경보체는 편도체로서 편도체는 자녀가 경험하는 모든 감정의 의미를 해석할 수 있다. 편도체에서 뭔가를 위압적으로 인식하게 되면 그 정보가 뇌의 시상하부로 전달되어 시상하부에서는 스트레스 호르몬을 분비하게 되고 상대방과 싸우거나 도망칠 준비를 하게 만들기도 한다.

하위 뇌는 인간이 태어날 때부터 잘 발달된 상태이지만 상위 뇌는 20대 중반이 될 무렵까지도 완전하게 발달하지 않는다고 한다. 상위 뇌 중에서도 전두엽은 타인에게 관심을 두게 하며, 대뇌피질 상부는 자신의 감정과 사이에 거리를 두게 만든다. 자녀의 전두엽과 대뇌피질은 아직도 발달하는 중이기 때문에 자녀의 변연계는 다른 뇌의 개입 없이도 독자적으로 두려움, 울음, 웃음 등의 감정을 조절할 수 있다. 자녀는 감정을 조절할 수 있는 뇌가 아직은 준비되지 않았으므로 가설을 세운다거나 논리적인 추론을 한다거나 자신의 관점에 객관적으로 거리를 둔다거나 앞으로의 다가올 일을 전혀 예상할 줄 모른다. 자녀에게는 '지금, 여기'만이 존재하는 것이다. 자녀의 사고도 나름대로 논리를 따르는 것이라고 하지만 그것 역시 자기중심적이라고 볼 수 있다.

영유아기는 상위 뇌가 하위 뇌와 아직 통합하지 못한 상태이기 때문에 다양한 상황을 상대적으로 파악한다거나 무엇이 더 중요한지에 대해 우선순위를 정하는 등의 사고를 하는 것은 어려우므로 즉각적인 감정 반응에 사로잡히게 된다. 그러한 결과로 자제력을 잃고 갑자기 화를 낸다거나, 올바른 결정을 내리지 못한다거나, 전반적으로 공감능력 및 자기 이해력이 부족한 모습을 보인다. 그러므로 부모는 자녀가 감정의 미로에서 빠져나올 수 있도록 자녀와 함께하며, 자녀에게 부족한 정보를 제공하고, 자녀가 다른 차원에서 상황을 바라볼 수 있는 지도가 필요하다. 즉, 자녀의 뇌는 아직 감정을 조절할 수 있는 준비가 되지 않았기 때문에 부모의 역할이 더욱 중요하다고 할 수 있다.

이렇듯 부모의 양육방식에 따라서 자녀의 뇌나 스트레스 반응 시스템은 긍정적으로 바뀔 수도 있다. 또한 부모는 자녀가 스스로 자신의 감정을 조절하며 이성적으로 분노와 불안을 다스리고 자제할 수 있는 신경회로를 갖추도록 도와 줄 수 있다. 그렇지만 자녀가 하위 뇌의 강렬한 감정과 원시적인 충동을 다스릴 수 있는 도움을 충분히 받지 못하게 된다면, 스트레스 상황을 보다 더 효과적으로 처리할 수 있는 신경회로가 발달할 수 없게 된다. 만약 그렇게 된다면 남을 배려한다거나 자신의 감정을 스스로 돌아볼 수 있는 능력을 키우지 못하게 되는 것이다.

부모와 자녀의 관계에서 중요한 호르몬 중에 하나인 옥시토신은 출생 시에 분비되어서 산모와 아기의 유대감을 높이는 역할을 한다. 오피오이드는 부모나 보호자가 자녀를 사랑스럽게 어루만지거나 품에 따스하게 안아줄 때 생성된다고 한다. 자녀를 따뜻하고 세심하게 보살펴주면 옥시토신과 오피오이드가 분비되어 부모-자녀 간에 유대감이 강화된다. 그러나 부모가 자녀의 애착 욕구를 제대로 이해하지 못하고, 자녀를 그냥 내버려 두거나 학대하게 되면 오피오이드와 옥시토신 분비는 차단되며 그 결과로 인해 자녀는 지속해서 분비되는 스트레스 호르몬에 시달리게 된다. 이러한 과정에서 자녀의 뇌에는 영구적인 변화가 일어나게 된다. 또한 감정을 다스리는 뇌 기능 발달에 있어서는 전적으로 부모의 영향이 크다. 문제 해결, 친절, 자각, 감정이입, 스트레스 대처능력과 비슷한 고차원적인 상위 뇌 기능은 선천적인 것이 아니라고 본다. 부모의 양육방식이나 태도는 자녀의 뇌기능 발달에 큰 영향을 미친다. 따라서 자녀가 떼를 쓸 경우 자녀가 하는 말에 귀를 기울여주고 안아주며 달래주는 것이 매우 필요하며 중요하다.

부모가 자녀에게 자상한 반응을 보이면, 자녀의 뇌 안에서는 스트레스를 극복하며 분노를 조절하고, 동정심과 친절을 유발하게 되는 연결고리가 만들어진다. 이런 연결이 생성된 자녀는 자라면서 원만한 대인관계를 유지하면서 자신의 꿈을 실현하고자 하는 동기와 의지를 가질 수 있도록 만든다. 더불어 마음의 평화를 경험하고, 사람들과 사랑하며, 화합해 가며 함께 더불어 살아가는 사람이 된다. 따라서 부모는 상위 뇌가 하위 뇌를 더욱 효과적으로 잘 다스릴 수 있는 능력을 우리 자녀가 갖출 수 있도록 도와야 한다.

자녀가 떼를 부릴 경우에는 일단 달래주어야 한다. 자녀가 격한 감정을 잘 조절하도록 부모가 달래줄 때, 상위 뇌와 하위 뇌를 연결하고 있는 상하 회로가 만들어지게 된다. 시간이 지나게 되면서 이 회로는 극히 자연스럽게 하위 뇌인 분노, 불안, 두려움과 같은 원시적인 충동을 제어하게 된다. 상하 회로가 생성된 자녀는 화가 났을 때에 원시적인 행동은 하지 않으며 생각을 할 수 있게 된다.

학습과제

1. 뇌의 구조와 연령별 뇌 발달의 특징을 요약해 보자.
2. 분노의 심리적 과정과 호르몬 작용에 대하여 설명해 보자.
3. 전두엽이 분노 조절에 미치는 작용에 대하여 설명해 보자.
4. 우뇌의 중요성과 분노 관리를 위한 부모의 양육방법에 대해서 설명해 보자.

PART 2

분노 관리에 대한 융합과 소통

CHAPTER 8

분노 관리에 대한 융합

인간은 사회적 동물이다. 사회를 기반으로 성장하고 살아간다. 분노는 이러한 사회와의 상호 작용의 결과이다. 따라서 분노 관리는 사회와의 융합된 관계에서부터 이해하여야 한다.

이 장에서는 분노 관리의 융합적 개념, 분노 관리 준비에 대해 설명한다.

+ 분노 관리의 융합적 개념을 파악한다.
+ 분노 관리 준비에 대해서 제시할 수 있다.

건강한 생활을 원하는가? 만약 그렇다면, 먼저 화를 억제하는 방법을 알아야 한다. 인간은 사회를 기반으로 성장과 성숙을 하면서 살아간다. 또한 사람이 접하는 분노는 인간의 삶 가운데 상호 작용의 결과인 것이다. 그러므로 행복한 삶을 위해서는 사회와의 융합된 관계에서부터 출발되어야 하며, 분노 관리의 필요성을 요하는 것이다. 아무리 건강한 행복과 성장을 추구해도 분노를 제대로 다스리지 못하면 모든 것이 연기에 휩싸이게 되는 것이다. 이 장에서는 분노 관리의 융합적 개념, 분노 관리의 원칙, 분노 관리의 준비에 대해서 살펴보고자 한다.

1. 분노 관리의 융합적 개념

세상은 빛의 속도로 가속화되고 있다. 인공지능시대에 인간의 생활에서 커뮤니케이션은 행복의 척도를 가름한다 해도 과언이 아니다. 이렇게 빠르게 변화되는 과정을 공감하면서 현재를 맞이하고 있는 것이다. 그렇기에 지금 이 순간 우리에게 '분노 관리의 융합'이라는 것은 매우 중요한 의미를 담고 있다. 시대의 변천 과정에 대해 살펴보자면, 1990년의 아치, 1993년의 베로니카, 1995년의 알타비스타와 야후, 1998년의 구글, 한국의 다음과 네이버 등은 상당히 익숙하면서도 한편으로는 역사 속으로 살아진 포털사이트들이다. 초기 검색엔진 서비스는 사용자를 모으기 위해 무한경쟁을 시작했고, 이를 바탕으로 정보서비스 지향 인터넷이 활성화되기 시작했다. 그리고 점차 인터넷 서비스는 구매, 게임, 교통, 레

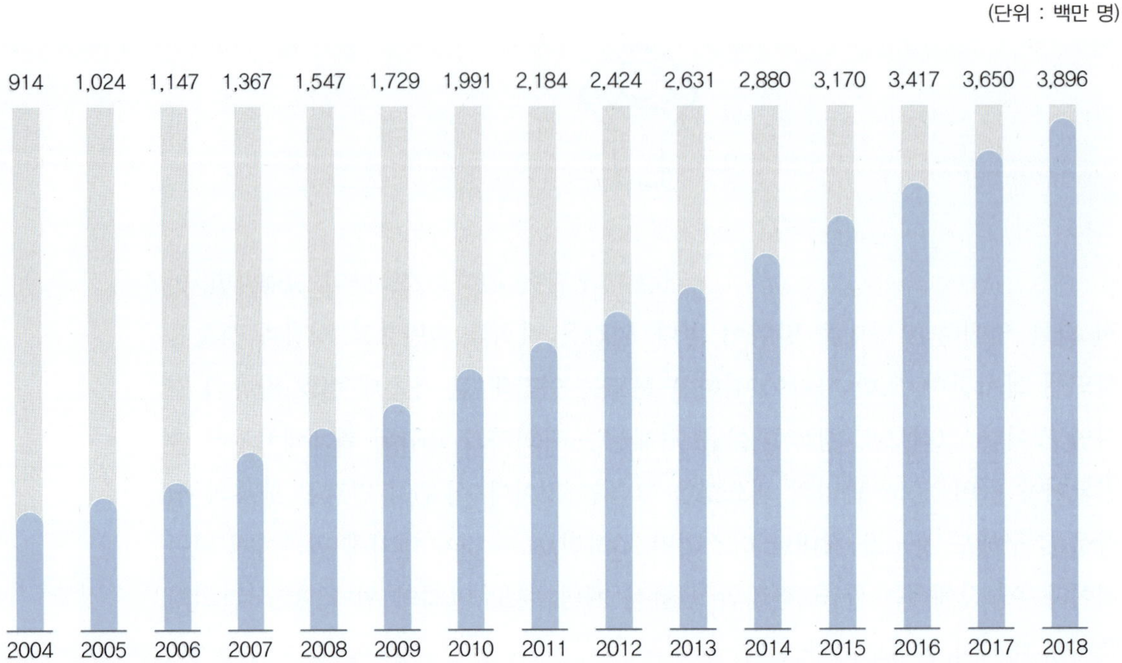

그림 8-1 **전 세계 인터넷 이용 인구 추이(2004~2018)**
자료 : 국제전기통신연합, 스타티스타(statista) 그래픽 재인용.

저를 포함한 거의 모든 산업에 보급되어 갔다. 다음 [그림 8-1]은 세계의 인터넷 이용자 수를 나타내고 있다.

이 인터넷의 진화는 정보의 보급 속도와 더불어 의사소통방법을 발전시켜 왔다. 초기의 인터넷은 서버/클라이언트 등의 사용자의 일방적인 액세스 서비스 개념에서 시작되었다. 즉, 인간과 기계 사이의 일방향 커뮤니케이션이었던 것이다. 하드웨어와 소프트웨어의 발달로 접근성과 서비스 품질이 향상됨에 따라 전 세계 인터넷 이용자 수는 폭발적인 증가, 이른바 '폭풍성장'을 경험하고 있다. 세계 인터넷 인구는 2005년 10억 명을 넘어선 이후 2018년 말 세계 인구의 절반을 넘어선 것으로 추정되었다.

최근에는 SNS 소셜 네트워크 서비스와 같이 누구나 서비스 제공자가 될 수 있는 구조가 되었다. 서서히 실시간형 서비스로 진화해 장소에 구애받지 않는

커뮤니케이션이 가능해지고 있다.

과거 30년간의 분석으로부터 10년 후 인터넷의 미래를 보면, 인터넷은 미래의 에너지만큼 인간의 생활과 뗄 수 없는 것이 된다. 또한 협력적 참여의 성격을 키워 국가 간 경계가 없는 공통의 글로벌 시스템으로 나아갈 것으로 기대된다.

최근 스마트폰, 태블릿 PC, 클라우드 컴퓨팅으로 대표되는 모바일 ICT (Information Communication Technology)의 개발로 원격업무(스마트 워크)가 도입되고 있다. 향후 유비쿼터스 기술은 공간정보 및 e-러닝 등 다양한 방법으로 시간과 장소를 불문하고 다양한 개인에게 맞춤형 서비스를 제공함으로써 보다 고도의 유비쿼터스 환경을 실현할 것으로 기대된다.

전통적인 가족제도가 해체되어 경쟁이 치열하고 복잡하며 빠르게 변화하는 사회에 사는 현대인들에게 분노를 잘 관리하고 올바른 방향으로 대처하는 것은 매우 중요하다. 근본 원인에 대처하는 것부터 증상을 파악하고 대처하는 것까지 괴멸적인 결과를 초래할 수 있는 분노 관리방법을 살펴보자.

전겸구(2010)는 분노 관리의 의미를 다음과 같이 정의했다. 첫째, 분노 관리는 부정적으로 화를 없애는 것이 아니라, 적극적으로 행복한 삶을 추구하는 것이다. 많은 사람들은 분노를 억제하기를 바란다. 그러나 분노는 우리의 삶에서 생산적이고 필요한 기능을 가지고 있다. 즉, 진정한 분노 관리는 단순히 우리의 감정을 네거티브(-)에서 중립(0)으로 바꾸는 것이 아니라 네거티브에서 포지티브(+)로 바꾸는 것이다.

둘째, 분노를 잘 다스리기 위해서는 원리를 이해하고 실천하는 것이 필요하다. 수영을 잘 하려면 원리를 이해하고 열심히 연습해야 하듯이 분노 관리 또한 원리를 이해하고 열심히 연습해야 한다. 게다가 인간의 습관은 단기간에 고쳐지지 않기 때문에 완전한 숙달에 지속적인 노력을 기울여야 한다.

셋째, 인간은 보편적인 존재다. 따라서 분노 관리는 모든 신체적·심리적·사회적·정신적 수준도 고려해야 하지만, 그 영역은 너무 넓어 모두를 상대할 수 없기 때문에 분노의 뿌리인 심리적 수준에 우선권을 둘 필요가 있다. 우리가 심리적 기준을 우선시해야 하는 이유는 분노가 근본적으로 심리적 현상이기 때문이다. 나아가 심리적으로 마음을 바꾸는 것만으로도 효과적으로 분노를 다스릴 수 있다. 따라서 심리적인 수준은 분노 관리의 첫 번째, 그리고 근본적인 수준이다.

저자들이 수 년 동안 성난 내담자들과 상담한 결과, 많은 분노관리사들이 연구 증거 이상의 개입방법을 선호하는 것으로 나타났다. 예를 들어 우울증이나 불안 증상을 나타내는 치료에서 인지행동요법 교육을 받은 유능한 인지치료사와 상담한 적이 있다. 인지 치료법은 대부분의 내담자들이 부정적인 생각을 많이 가지고 있다고 가정할 때 이러한 내담자들을 매우 높은 수준의 불안감에 노출시킨다. 그런 다음 분노관리사가 개입하여 환경을 완화하고 내담자를 긍정적인 생각과 행동으로 바꾸기 위해 논박, 반박 등의 치료기법을 적용한다. 이러한 사례들은 분노 관리를 계획할 때 내담자, 환경, 치유자의 선호를 고려하는 것이 중요하다는 것을 시사한다.

우리는 여기에서 제시하는 분노 관리 방법과 프로그램들이 분노 장애를 가진 많은 내담자에게 유용할 것으로 기대한다. 치료자 스스로 치료 상담 계획의 목표를 달성하기에 합리적이면서 자신의 개인 취향에 적합한 부분을 선택해 보라. 모든 관리 기술은 내담자를 개인 또는 집단으로 도와주는 데 적용될 수 있을 뿐만 아니라 그들 가족에게도 활용될 수 있다.

2. 분노 관리 준비

분노 관리의 목적은 분노를 수동적으로 제거하기 위한 것이 아니라, 적극적으로 행복한 삶을 추구하는 것이다.

분노 관리를 효과적이고 성공적으로 적용하기 위해서는 사전에 분노 관리를 준비하고, 변화에 대한 평가와 동기부여의 강화, 강력한 치료적 동맹의 발전, 분노경험의 인식 등에 대처할 필요가 있다.

사례를 들어보자면, 최강희가 2016년 MBC 인기드라마 〈영광스러운 유혹〉에서 보여준 '분노 게이지의 변화'가 화제가 됐다. 이것은 평범하고 소탈한 생활에 행복했던 신은수가 남편의 횡령 사건에 연루돼 억울한 누명을 쓰고 '공포녀'가 됐고, 딸의 사고를 더욱 악랄하게 갚는 '보복녀'가 됐고, 거짓 눈물을 흘리는 '진실녀'가 되어 강서에게 화를 내고, 강일주의 잘못을 알고 '살벌녀'가 된 과정을 그린 드라마이다. 이와 같이 분노는 어떤 이유로 시작되고 발전하여 극한 상황으로 전개된다. 우선, 우리는 변화에 대한 평가와 동기를 개선하고, 강한 치료적 동맹 개발을 하며, 분노 경험에 대한 인식을 높이는 것을 살펴보고자 한다.

1) 변화에 대한 평가와 동기부여 증진

변화를 평가하고 동기를 부여하는 것은 분노 장애를 가진 내담자와 작업하는 데 있어 첫 번째이자 가장 중요한 단계다(Howard & Raymond, 2002).

일부 내담자들은 분노의 폭발로 인한 문제들을 인식하고 바꾸고 싶어 한다. 그러나 불행히도 이런 경우는 극히 드물다. 내담자 중 상당수는 자신들에게 잘못이 없다고 보고 분노의 부정적인 결과를 보지 못했다. 그들은 "날 좀 내버려 둬!", "관심 없어", "어머니가 혐오스러워", "나도 어쩔 수 없어" 등의 반응을 보였다.

따라서 분노 관리를 준비하는 첫 번째 단계는 내담자가 변화를 위해 평가하고 내담자의 통찰력과 동기 부여를 촉진하는 것이다.

(1) 변화를 위한 평가

내담자가 변화에 대한 준비가 되어 있지 않다면, 그의 분노를 완화시키기 위한 방법이 없다. 종종 내담자들의 분노는 몇 가지 장점을 가지고 있지만, 강한 분노의 반응은 그들이 대가를 지불하고 있다는 것을 느끼게 할 필요가 있다. 많은 내담자들은 단순히 분노가 그들의 문제라는 것을 이해하지 못한다. 그들은 배우자, 자녀, 부모, 상사 등을 변화시키는 데 도움을 주고 싶어 한다. 그들은 다른 사람들을 진정한 분노의 근원으로 본다.

따라서 분노관리사의 첫 행동의 일차적인 목표는 분노 문제가 자기 자신의 문제라는 것을 깨닫게 하는 것이다. 즉, 이 문제에 대한 책임을 지는 것이 분노 관리에 대한 준비의 첫 단계라는 것이다.

물론 분노관리사들은 대개 내담자들과는 다른 시각에서 임상 문제에 빛을 비춘다. 그러나 이러한 차이는 분노의 경우에 크게 증가하는데, 내담자들은 반복적으로 다른 사람들을 원망하고 비난하기 때문이다. 분노관리사들은 내담자들로 하여금 자신이 문제에 대한 소유의식을 갖고 있다는 것과 궁극적으로 변화해야 하는 사람은 자신이라는 것을 깨닫게 하지만, 그 차이는 그들을 불편하게 하고 공감에 제한을 받게 한다. 분노관리사들이 내담자들에게 동정심을 갖고 지각한 것에 대해 '고통'을 인정하고 개입 초기에는 공감해야 한다는 현실을 받아들여 자신의 관점에서 문제를 바라보아야 한다는 점을 강조하고 싶다. 이런 공감적 연대가 이뤄지면 장기간에 걸쳐 성공적인 상담이 이뤄질 가능성이 높아진다. 분노 치료의 첫 번째 목표는 대화자와 치유자의 응집력과 저항력을 높여 원활한 상담 가능성을 높이는 것이다.

(2) 동기의 향상

Howard & Raymond는 내담자의 모티베이션(motivation)을 높이는 데 있어 4가지 가능성을 제시했다. 즉 사실의 재검토, 단기적 결과와 장기적 결과의 차이에 대한 인식, 정화의 부정적인 역할 이해, 내담자의 저항을 줄이는 방법이다.

① 사실 재검토

과학적으로 검증된 분노 사실을 의사와 함께 재검토하는 것은 매우 유용하므로 다음과 같은 점에 유의해야 한다.

- 분노는 가족, 동료, 영업직원 등과의 인간관계 트러블과 관련이 있다. 분노에는 두 가지 결과가 있다. 이미 존재하는 새로운 분쟁을 야기하거나 분쟁을 악화시키는 것이다.

- 심장 혈관 질환이나 뇌졸중, 암 등의 의학적인 문제는 화를 잘 내는 사람이 더 많다는 증거가 많다. 분노에 관한 대부분의 연구에서는 분노를 느끼는 사람의 사망률이 상승하는 것이 명확하게 나타나고 있다.
- 분노는 부정적 평가(남을 싫어)로 이어지고 친구관계, 사회적 파트너십, 가족의 행복, 업무 달성, 가석방의 기회, 수용시설 밖으로 나가는 기회에 악영향을 미친다.
- 사람들은 화를 내는 사람을 싫어하고 피해서 소외감을 느끼게 된다. 화가 난 사람은 사교모임에 초대받을 가능성이 낮고 사람들의 주의를 딴 데로 돌리기 위해 분노와 얽힌 인간관계 갈등이 많다.
- 결국 분노는 자존심을 낮춘다. 왜냐하면 분노 환자도 분노의 악영향을 인식하고 있기 때문이다.
- 분노는 종종 사랑받고 존경받는 자에 대한 증오심 어린 말과 육체적 공격을 유발한다.
- 분노는 변덕스러운 운전이나 기타 변덕스러운 행동과 관련되어 있어 결과적으로 법적 논란이 일어난다.
- 분노는 분노와 관련된 '자동적인' 행동으로 이어져 결국 재산 파괴로 이어진다.
- 분노는 직업상의 불만과 적응의 혼란, 생산성 향상, 직장에서의 실패 가능성으로 이어질 뿐 아니라 동료와의 문제도 일으킨다.
- 분노는 통증 역치가 낮고 통증에 대한 내성이 낮다는 증거가 있다.
- 분노는 장기적으로는 성취도를 낮추고 불필요한 자멸 리스크를 선택하는 등의 부적절한 리스크로 이어질 수 있다. 또, 사회적 상황에서 의사결정이 불충분한 경우도 있다.
- 화가 난 사람은 부정적인 감정을 관리하는 수단으로 알코올이나 다른 약물에 유혹되기 쉽다.
- 매우 분노가 심하면, 그것은 파괴력이 높고 분명하지 않은 명확한 사고를 가져와 우리 자신의 도덕 규범을 위반하고 살인이나 치정 범죄와 같은 심각한 범죄를 저지를 수 있다.

이러한 사실을 제시하면서 우리가 소망하는 것은 분노를 참는 것이 파괴적으로 표현하는 것보다 더 가치 있다는 명확한 인식을 하도록 하는 것이다.

② 단기적 결과와 장기적 결과의 차이에 대한 인식

내담자는 물론 분노관리사가 분노의 단기와 장기 결과 사이의 차이점을 이해하는 것은 매우 중요하다. 분노 반응은 대체로 단기적으로 강화되며, 종종 내담자가 원하는 것을 얻게 될 수 있다. 화가 나서 배우자, 자녀, 또는 직원에게 소리를 질렀는데, 즉각적인 결과가 주어진다면 화내는 효과가 있는 것이다. 화를 내면 대체로 상대방이 순응하게 되고, 권력과 존경에 대한 왜곡된 지각을 갖게 된다. 목표 대상이 되는 사람은 어떤 지각된 처벌(예 : 공격, 창피, 실직)을 피하기 위해 단지 응해 주는 것이다. 그러나 이러한 시나리오는 장기적으로 인간관계에서 치명적인 대가를 치르도록 하고 배우자, 친구, 고용주, 그리고 직원 사이에 불신을 조장한다.

대부분의 화난 내담자는 분노의 장기적, 단기적 차이점에 대해서 고려하지 않는다. 내담자에게 자신의 어린 자녀가 화를 내고 종종 소리를 지르는 부모와 5~10년 동안 어떻게 살아왔는지 물어본다면 무엇이라고 대답할지 물어보라. 자주 자신을 무시하고 정당한 대우를 받지 못한 직원이 무슨 말을 할 것인지 물어보라. 남편에게 자신의 아내가 소리칠 때마다 어땠는지, 그리고 5년 또는 10년 동안 서로 화를 내는 관계를 유지했을 때 아내는 무슨 말을 할 것인지 물어보라. 내담자가 상대방의 분노의 표적이 된다면 어떤 느낌일지 물어보라. 그리고 그러한 경우에 미래가 자신들에게 어떻게 느껴질지 물어보라.

이와 함께 내담자에게 분노의 장기적인 의학적 부작용에 관해서 교육하는 것은 아주 도움이 된다. 전술한 바와 같이 분노는 심장병, 뇌졸중 등 각종 위험을 증가시킨다는 분명한 증거가 있다. 하지만 이러한 결과가 발생하기에는 시간이 많이 걸리기 때문에 사람들은 그러한 병들을 분노에 연결시키지 못한다.

③ 정화의 부정적 역할 이해

내담자에게 정화(카타르시스, catharsis)는 일반적으로 정신 건강에 좋은 결과로 알려져 있다. 하지만, 정화가 이 분노 감정과 행동을 더 증가시킬 수 있다. 이러한 현상은 놀랄 만한 것인데, 인기 있는 대중문화에서는 분노 표출을 강조했기 때문이다. 그러나 수십 년간의 과학적인 연구 결과는 이와 같은 통속적인 견해에 반대하는 증거를 제시했다.

Ebbesen 등(1975)은 해고당한 100명의 항공 우주 엔지니어와 면담을 한 결과, 그중 몇몇에게 정화 모델에 근거해서 분노와 쓰라린 감정을 촉발시키기 위해서 가령 '회사가 당신을 공평하게 대하지 않아 왔던 것이 있다면 무엇인가?'와 같은 질문을 했다. 정화 모델에서는 면담하는 도중에 분노를 표출하는 기회를 주었기에 이런 사람은 분노를 덜 느낄 것이라고 예언했다. 하지만 그 반대의 경우가 발견되었다. 실제 분노감을 표출한 엔지니어들은 그들의 분노감을 표출하지 않는 내담자와 비교해서 더 많은 분노를 나타났다.

울분을 뿜아내기, 기분 전환하기 등과 같은 정화는 일시적으로 기분을 좋게 할 것이다. 하지만 이것은 분노를 강화할 가능성이 있다. 아이와 배우자, 피고용자 같은 표적 대상은 종종 그들이 원하는 것에 순응할 것이다. 그래서 분노한 사람은 자신이 원하는 것을 얻을 것이고 다음번에도 분노를 통해서 다른 사람의 행동을 통제할 것이다.

내담자에게 최소한의 진실을 가르치는 것이 필요하다. 즉, 분노를 통해서 반응을 하게 되거나 화를 내는 방식으로 행동을 하게 되면 실제로 내담자는 분노 반응을 연습하는 것이다. 다음에 비슷한 문제에 직면하게 되면 또다시 화를 낼 가능성이 높다.

분노를 통해서 문제가 해결된다고 생각하기에 연습한 패턴을 쉽게 반복하게 된다. 그러나 사실은 진정한 문제가 발생한 상황에서 오래 지속적이고 개방적이며 협동적인 관계를 만들어 내지는 못한다. 동시에 내담자에게 당신이 대안적인 방법, 자기주장 기술, 이완 기법, 인지적 재구조화 기술을 가르쳐서 자신의 분노를 쌓아 둘 필요가 없다는 것을 그들에게 알려 주는 것이 중요하다.

정화에 대한 대안적인 방법은 분노를 억지로 짓누르는 것이 아니다. 분노를 경미한 불쾌 수준으로 감소시켜서 분노를 경험하는 사람이 혐오적인 감정을 수용 가능한 방식으로 표현하는 것을 배우는 것이다.

④ 내담자 저항 감소방법

양가 감정은 어떤 것에 대한 다양한 양립적인 태도를 가지는 것을 말한다. 예를 들어, 내담자는 그들의 분노가 야기하는 문제에 대해서 알지만 동시에 그들의 분노감이 적절하고 정당하다고 믿을 수 있다. 그러므로 어떤 내담자는 분노에 관해서 당신이 제시하는 사실을 수용할 수 있지만, 어떤 내담자는 당신이 아무리 당신의 메시지를 지혜롭게 제시해도 반박할 것이다.

상담 도중에 제시하는 메시지를 내담자가 수용할 수 있는가에 관한 것은 종종 그 메시지를 제시하는 태도와 관련이 있다. 예를 들면, 분노관리사는 "당신은 당신의 분노에 관해서 반드시 작업을 해야 해요! 당신이 보고한 것에 근거하면 분명히 당신의 분노 때문에 당신의 연인 관계에 어려움이 있습니다. 이것은 분명하고 당신 역시 그렇게 확신할 것이라고 저는 믿습니다"라고 말할 수 있다. 이렇게 제시하면 내담자는 공격당하고 오해받은 느낌이 들고, 분노관리사가 상대방의 편을 든다고 시비를 걸 수도 있다. 이런 말은 내담자의 자유와 개인의 선택을 제한하는 것으로 인식될 수도 있다. 그러므로 내담자는 자신의 견해를 방어하려는 시도로서, 왜 자신의 분노가 적절하고 정당한 것인가에 대한 이유를 댈 것이다. 또는 미래에도 정당할 것이라고 주장하면 변화해야 할 이유가 없다. 내담자는 쉽게 경직되고 '벽에 부딪히게' 된다. 내담자는 분노를 감소시키는 것이 가장 좋다고 확신하기보다는 자신의 원래 입장을 더 견고히 한다. 그렇다면 분노관리사는 내담자의 저항을 증가시키지 않고 납득시킬 사례를 어떻게 제시할 수 있을까?

우리는 그 답이 분노 표현방식에 있다고 생각한다. 분노관리사가 강제적이며 수용할 수 없을 정도로 강하고 일방적인 메시지를 전달하면, 내담자는 그에 대해서 저항 반응을 일으킨다. 그 처방은 내담자와 싸우지 않는 분위기에서 내담자가 양면을 고려할 수 있도록 격려해 주는 수용적인 방식으로 메시지를 제시하는 것이다. 이러한 상황에서 내담자는 양가 감정을 해결하고 변화하는 쪽으로 움직일 것이다.

하지만 내담자는 분노관리사의 지식적인 근거를 존경할 가능성이 있지만, 자유와 선택 또한 원한다는 것을 기억한다. 그러므로 분노관리사는 분노의 부정적인 면을 이야기하는 것을 격려하는 방식으로 메시지를 전달하고, 절대 직접적으로 내담자가 분노를 포기해야 한다는 방식으로 말을 해서는 안 된다. 예를 들면 다음과 같다.

- 분노관리사의 초기 탐색 : "당신과 당신 여자 친구 사이에 언쟁이 아주 심각한 것처럼 들리는군요. 그것에 대해서 말해 주세요."
- 분노관리사 : "당신은 이것이 당신의 대인 관계에 어떻게 영향을 미칠 것이라고 생각하나요?"
- 분노관리사 : "비록 당신이 옳았다고 생각하고 있지만, 소리를 지르는 것의 불리한 면이 있었나요?"
- 분노관리사 : "당신은 당신의 여자 친구가 당신을 다르게 보기 시작했다고 생각하나요?"
- 분노관리사 : "당신은 당신의 관계가 지속될 것이라고 생각하나요?"

목표는 내담자가 변화를 준비하는 실행 단계로 전진하게 하는 것이라는 것을 기억하는 것이 중요하다. 그들 안에서 이러한 메시지는 어떤 변화를 시도하려고 하지 않는다. 오히려 목표는 내담자의 저항을 감소시키면서 분노에 대한 부정적인 손실에 대한 인식을 증가시키는 데 있다. 결국 어떤 내담자는 저항과 결부시키거나 역설적인 의도를 가지고 접근하는 것에 반응을 더 잘 보일 것이다. 그러기에 분노관리사는 다음과 같이 말할 것이다.

"나는 당신이 수선 가게에서 잘못 대우받은 방식에 대해서 생각할 때 가슴이 들끓은 느낌이었다고 들었습니다. 그러나 실제 당신은 충분히 화를 내지 못한 것으로 보이네요. 나는 당신이 좀 더 화가 났을 것이라고 생각해요. 결국 부당했다는 거죠! 그래서 당신은 발생한 것에 대해서 자꾸 생각하게 돼요. 매일 그것에 대해서 생각하죠! 결코 멈춰지지 않아요!"

역설은 때로는 유용한 분노 관리기법이 될 수 있다. 분노관리사가 보복적인 공격성과 적대감이 아니라, 내담자에게 진행되고 있고 과도하며 경험적인 분노감을 기술하게 하는 것이 중요하다. 분노감에 대한 기술은 분노 사건에 대한 자기 지각적인 감정이고, 생리학적인 반응이며, 지배적이고 반추적인 사고이다. 내담자가 복수하고 공격적인 반응을 상상하게 하는 것은 좋지 않다. 저항과 결부시키는 것은 직접적인 설득과 동기적 면담으로 향하게 하는 대안이고, 이러한 접근은 분노의 손실에 대해서 내담자를 설득하는 데 실패할 때 고려되어야 한다.

2) 강력한 치료적 동맹 구축

> *"세상을 움직이게 하는 것은 사랑이라기보다 오히려 상대방과 공유된 성취와 개인적인 목표를 위해서 서로 상호 의존성을 인정하는 상호 지지적인 동맹 관계다."*
>
> *– 프레드 알렌*

전술한 바와 같이 변화하고자 하는 내담자의 동기는 매우 중요하다. 즉, 동기가 높은 사람은 전문적인 자문 없이도 행동 변화를 시도한다. 그들은 열심히 책과 신문 보기, TV 뉴스 시청, 공개 강의 듣기, 성경과 코란 읽기, 종교적 예배 드리기 등 다양한 활동을 통해 자신의 행동 변화에 도움이 된다는 기술을 선택해서 자신의 행동을 변화하는 데 사용한다.

이와 함께 우리는 행동 변화와 동기 증진을 위해서 치료적 동맹 관계의 역할을 고려하는 것도 중요하다. 상담 혹은 심리 치료 과정에서 유용하게 사용되는 요인은 무엇일까에 관한 논쟁은 계속되고 있다. 실제로 심리 치료 결과에 치료자-내담자 관계의 영향을 고려하는 것은 심리 치료 연구에서 가장 오래된 주제 중 하나이다.

Freud는 치료자에 대한 내담자의 애착의 한 측면인 신경증과 그들 심리치료사에 대한 내담자의 정상적이고 우호적이며 긍정적인 감정 사이의 차이점을 연구하였다. 비록 주요한 초점은 정신 건강의 왜곡된 한 측면으로 제시되어 왔지만, Freud는 관계의 긍정적이고 현실 기반의 요인이 내담자의 신경증에 도움을 주는 유용한 치료적 파트너십을 제공한다고 생각하였다(Freud, 1923). 실제로 '작업 동맹'은 초기에 사용되어 왔던 정신분석적 논문을 기반으로 하였다. 그러나 시간이 지날수록 정신분석에서 개입의 다른 많은 형태가 발전되고 다양한 인간 문제에 도움이 되는 것이 발견되었다. 이 중 변화를 이끄는 가장 일반적인 요소는 치료자와 내담자 사이에 발전되는 애정적이고 협력적인 동맹에서 발견되었다.

이 생각의 흐름은 Rogers(1957)의 내담자 중심 치료 기법에서도 나타났다. 그의 치료 기법은 내담자와 치료자 사이의 관계에 신뢰감을 주었다. Rogers는 변화가 나타나기 위해 필수적이고 충분한 것으로서 공감, 무조건적인 긍정적 존중의 역할에 초점을 두었다. 그의 제안에 따르면 내담자와 치료자 사이의 관계가 긍정적이지 않다면 치료적 목표(예 : 분노 감소)를 성취할 가능성이 없다. 반면, 결속이 강하면 강할수록 성공적인 결과를 가져올 가능성이 크다.

동맹은 변화시키는 힘이다. 어떤 시점에서 강할 수도 있고, 다른 사람과의 사이가 깨질 수도 있고, 나중에 회복될 수도 있다. 치료적 동맹의 중요성을 지지하는 사람들은 그것을 변화의 핵심적인 힘으로 간주했기 때문에 치료 관계가 약하거나 깨지면 분노 감소 프로그램의 과제에 관해서 협조하는 데 방해가 될 것이라고 주장했다.

치료자-내담자 동맹에 대한 연구의 관심은 과거 수십년 동안 증가되어 왔다. 이는 연구자들이 어떤 심리 치료적인 입장을 취하든지 심리 치료의 효과성에 대해서 변함없는 차이를 발견할 수 없었기 때문에 지속된 면도 있었다. 몇몇 연구자들은 심리 치료가 일반적으로 효과 면에서 동일하다고 결론을 내리기도 한 반면, 그렇지 않은 연구자들도 있다.

동맹은 어렵지만 분노 감소 장면에서 작업하는 데 치료자에게 중요한 이슈임에는 분명하다. 또한 많은 내담자가 우리가 보기에는 불친절하고 비효율적이고, 설령 무능하다고 생각할 수 있는 치료자에게서도 도움을 받았다고 말한다. 따라서 치료사는 종종 내담자가 때로 "나는 이전 클리닉의 치료사가 정말 좋았어요. 그 치료사는 나이가 많든 젊든, 흑인이든 백인이든, 뚱뚱하든 마르든, 정신분석적이든 인지행동주의적이든 간에 나에게 많은 것을 가르쳐 주었어요"라고 하는 사례를 접할 수 있다. 그러한 보고는 내담자가 지각한 치료적 동맹의 중요성을 대변해 주는 결과이다.

하지만 불행하게도 우리는 작업 동맹을 형성하는 데 정반대되는 면으로 작용하는 경향이 있는 환경이나 상황에서 많은 분노를 느끼는 내담자를 만나게 될 가능성도 있다. 예를 들어, 사법적인 제도나 직원 지원 프로그램의 상담을 받도록 강제로 명령을 받는 개인은 어떤 치료자하고도 협동적인 상담 관계를 맺으려는 노력을 덜 할 것이다. 동맹이라는 문제는 내담자가 외부의 강제적인 힘에 의해서 상담을 받게 된 경우에는 조심스럽게 관심을 가져야 한다.

교도소와 같은 환경 또한 동맹 관계에 심각한 도전을 제기한다. 대부분의 교도소의 중요한 임무는 수감하고 보호해야 하는 것이기에 치료는 뒷전이다. 수감자 역시 치료자를 교도소에 관련된 직원의 일부라고 보면서 불신임하는 경향이 있다. 동맹 관계가 교도소와 같은 상황에서 확립되었다고 해도 수감이라는 상태 때문에 치료를 방해할 수도 있다. 예를 들면, 치료 회기가 건물의 특정한 지역의 안보라는 문제로 방해받거나 취소될 수 있다. 또한 특정한 치료자와의 관계를 거의 고려하지 않거나 전혀 고려조차 하지 않고 수감자의 교도소를 이리저리 이동시킬 수도 있다.

유사한 상황으로서, 청소년이 치료자를 불신하는 학교 같은 상황에서 발생할 수도 있다. 학교 심리학자, 상담자, 그리고 사회복지사는 학교를 위해서 일을 하고 있어 비밀을 보장할 수 없는 상황이기에 이러한 상황은 신뢰를 쌓는 데 방해가 될 수 있다. 분노 관리 프로그램을 교도소, 학교 또는 비슷한 환경에서 실시할 경우에는 동맹 관계를 형성하는 데 특별한 노력이 필요하다.

이와 같이 비록 동맹이 중요하게 보일 수 있지만, 성공적인 치료는 심지어 동맹 관계 실현이 어려운 환경에서도 이루어질 수 있다. 그럼에도 불구하고 우리는 분노 장애를 가진 내담자와 작업할 때 고려해야 할 중요한 요소로서 치료적인 동맹 관계는 매우 중요하다는 결론을 내릴 수 있다. 그러나 좋은 동맹은 변화를 일으키기 위한 충분 조건이거나 필수 조건이지는 않다. 그보다 동기가 높은 내담자와 효과적인 치료 기술에 내담자와 치료자 사이의 좋은 관계가 결합되면 성공적으로 분노를 줄일 수 있을 것이다.

'A의 사례'를 생각해 보자.

A의 사례

- 치료자 : 좋아요, A씨. 저는 그 문제를 지금 진짜 이해했어요. 우리의 분노 감소 계획은 2가지 부분으로 나눌 수 있어요. 첫째는 당신이 덜 민감한 반응을 하게끔 돕는 기술을 개발하는 것입니다. 둘째는 당신이 가능한 한 가장 명료한 방식으로 직원에게 피드백을 주는 기술을 개발하는 거예요.
- A : 많은 도움이 될 것으로 보이네요. 이 모든 것을 명확히 밝히면서 진행하시는 것에 대해서 감사드립니다.
- 치료자 : 감사합니다. 당신의 직원과 아내 및 자녀의 행동에 대해서 반사적인 행동을 하는 것을 줄이기 위해서 저는 당신이 각 상황을 가능한 한 사실적으로 평가하고, 당신이 말하고 행동한 것에 대해서 가장 합리적인 결과를 예상할 수 있도록 하며, 당신 아내와 직원의 행동을 어느 정도는 수용하고 용서하도록 돕기 위한 기술을 사용할 것을 제안합니다.
- A : 글쎄요, 전 잘 모르겠어요. 현실적으로는 부분적으로만 저에게 좋다는 생각이 듭니다. 전 현실적으로 문제를 보는 것과 심지어 제 직원의 어리석은 행동에 대해서 받아들이는 것에 대한 부분은 이해할 수 있어요. 하지만 왜 제가 그들을 용서해야 되지요? 무엇에 대해서요? 그들은 해야 할 일이 있어요. 전 월급을 잘 주고 있고요. 왜 제가 그들이 어리석게 행동할 때 그들을 용서해야 하지요?

A의 사례에서는 A의 반응에 따라서 모든 것 또는 몇 가지만 최종 문서화된 치료 계획으로 포함한다. 그는 '용서'라는 용어에 강한 부정적 반응을 보였다. 치료 초기 단계에서 그러한 주제를 가지고 논쟁할 이유는 거의 없기 때문에, 아마도 한동안 언급되지 않을 것이다. 치료 계획은 자연스럽고 융통성이 있어야 한

다. 대부분의 치료 계획은 치료가 진행되면서 수정이 된다.

정서적인 결속을 강화하기 위한 또 다른 방식은 치료자가 분노한 내담자에게 정확한 공감을 보여 주는 것이다. 즉, 내담자의 관점에서 문제를 이해한 방식으로 보여주는 것이다. 특히 분노한 내담자가 때로는 다른 사람에게 심각한 고통을 가한 경우에는 이해하기란 쉽지 않다. 그리고 물론 치료자는 내담자의 판단이나 행동에 필연적일 필요는 없다. 대신 치료자는 내담자의 관점에서 스트레스의 수준과 목표를 이해함으로써, 내담자의 관점에서 상황을 전달하는 것이 목적이 될 수 있다.

결론적으로 분노는 어디에나 편재해 있고, 우리는 분노를 통제하기 위해서 우리의 삶 전반에 걸쳐서 작업할 수 있다. 목표와 개입방법에 상호 동의를 하고, 분노관리사-내담자의 좋은 감정과 상호 존중을 가지는 협력적인 파트너십은 작업 관계, 치료자와 함께 변화하는 것에 대한 내담자의 동기를 증진시킬 수 있다. 변화는 분노 감소를 위해 계획된 전략에 내담자가 순응할 때 더 잘 일어난다 (Howard & Raymond, 2002).

3) 분노에 대한 자각 증진

분노 표현은 내담자 자신에 의해서 쉽게 나타난다. 하지만 분노 표현에 대한 실제 장면을 추론하는 것은 그리 쉽지 않다. 우리 인간은 일종의 부분적으로 나누어져 있는 자동적 과정에 성공적으로 기능한다. 이러한 세분화는 그중 단지 한 가지에 초점을 맞추면서 동시에 다양한 과제를 몰입하게 해준다.

예를 들어, 우리는 운전을 하는 동안 라디오를 듣고, 휴대전화로 이야기를 하고, 담배를 피우고, 함께 탄 사람과 이야기를 하고, 먹고, 심지어는 다른 차의 운전자와 싸우기도 한다. 이러한 활동이 안전에 위험은 있을지라도, 우리는 일반적으로 이러한 활동 때문에 정지 신호등, 교통 표지판, 가스 충전소를 놓치지 않는다.

똑같은 과정이 춤을 배우는 것이나 다른 운동 활동에서도 나타난다. 초기에는 춤의 스텝을 설명하는 데 많은 의식적인 주의가 요구되고 다양한 스텝을 생각한다. 그러나 수없이 반복한 후에 댄서는 개인 문제에 대해 이야기하면서도 스텝을 잃어버리지 않는다.

똑같은 자동적 처리 과정은 분노 반응에서도 작용한다. 분노 활동의 대부분은 자동적 처리 과정의 기능으로 나타난다. 하지만 우리는 우리가 그것을 알기도 전에 분노하게 된다. 우리가 어떻게, 왜 분노하게 되는지 인식하지 못하고, 우리가 이미 다양하게 반응할 수 있음에도 다른 기술에 대해서 생각해 보지 않는다. 분노 경험과 분노 표현은 단지 우연히 일어난 것처럼 보이고, 우리는 우리가 말한 것에 대해서 인식하지 못한다. 분노 행동이 반복적으로 실행할 때, 그것은 운전하고 춤을 추는 것처럼 나타나게 된다. 즉, 그것은 자동적으로 발생한다.

이러한 이유에서 내담자가 그들의 자동적 분노 반응의 경향성을 인식하도록 가르치는 것이 중요하다. 이러한 인식을 개발함에 따라서 내담자는 그들의 전형적인 분노 반응을 미리 예상할 수 있고 그것들을 예방할 수 있다. 뿐만 아니라, 그들은 대안적 인지, 감정, 행동 반응을 시작할 수 있게 될 것이다. 물론 이것은 단순화된 형태로, 그 과정은 실제 어느 정도의 시간이 걸린다. 그럼에도 내담자가 그들이 아는 것보다 더 자주 분노하게 되는 것과 그들이 의식적으로 분노하게 되는 것을 선택하는 것이 아니라는 것을 알게 하는 것이 중요하다.

분노는 수년 동안 지나면서 확립된 기능으로 발생하고, 그것에 대해서 생각하거나 그들의 결과물을 생각하지 않고 발생한다. 분노관리사가 할 일은 자동적 반응의 연결 고리를 끊는 것이다. 이를 위해 다양한 실천 기술이 요구된다. 예를 들어, 자기 관찰 기술, 분노 사건에 대한 역할극, 역할 바꾸기 및 체험하기 등 사회복지실천기술론에 등장하는 다양한 치료 기법이 활용될 수 있다.

3. 분노 사후 관리

분노는 어떤 상황에서 언제든지 재발할 수 있는 복잡한 생각의 집합체, 육체적 활동의 패턴, 운동과 언어적 행동의 한 형태다. 개별적인 분노 경험이 재현되거나 다른 사람에게 분노를 표출하지 않고 분노 감소 기간을 방해하는 것이 일반적이다. 그 후 극적인 문제들이 상당 시간 발생하며, 분노가 재발할 수 있고, 이로 인해 내담자들이 치료자를 떠나게 될 수도 있다. 이에 분노의 사후 관리로서 변화 유지하기와 자신의 분노 다루기를 다룬다. 또한 분노 다스리기의 실습을 통해 내담자의 사후 변화된 정도를 점검할 수 있도록 한다.

1) 변화 유지하기

일반적으로 문제 행동을 가진 내담자들은 자신의 이전 행동으로 돌아갈 가능성이 높다. 재발은 결국 진전이 없었다거나 진전이 적었다는 식의 치료 실패와 같은 것이 아니다. 오히려 '퇴보'와 '재발'은 진전이 이미 나타난 후에 문제 행동이 약간 혹은 거의 전부가 나타났다는 것을 의미한다. 이는 우리가 의례적으로 재발이 일어날 수 있는 모든 가능성을 고려하여 치료에서 얻은 결과를 유지하고 견고화하려는 데 초점을 두지 않았기 때문에 나타난다. 따라서 분노 관리 프로그램에서 중요한 마지막 단계는 분노가 다시 나타날 수 있는 가능성에 대비해서 변화된 내담자를 준비시키는 것이다(Howard & Raymond, 2002).

재발 방지의 기본은 대처 기술 훈련에 있다(Marlatt & Donovan, 2005). 이를 토대로 다음과 같은 분노의 사후 관리에 대처 기술을 제시한다.

- 퇴보를 이해하는 것은 진보 과정의 한 부분이므로 진보 과정에서 퇴보가 일어날 수 있다는 것을 예측한다. 우리는 재발의 가능성에 대한 인식을 높이기 위해서 분노관리사와 내담자의 상호 작용 내용을 기록한 내담자에 대한 정보 기

록지를 내담자에게 보여 준다.

- 내담자의 환경에서 자주 있든 그렇지 않든 간에 높은 위험이 될 가능성이 있는 촉발 요인(사람이나 상황)의 목록을 작성하고 명시한다.
- 분노 방지 기술을 발달시킴으로써 높은 위험이 있는 촉발 요인을 다루고, 예전의 분노 방식으로 돌아가려는 욕구에 저항하도록 한다.
- 내담자가 퇴보를 실패로 보지 않도록 하기 위해서 부득이하게 퇴보가 일어날 때, 분노로 대응하지 않도록 피해 통제 체계를 이행한다.
- 퇴보가 일어난 후에는 어떻게 처리할 것인지 방법을 계획한다.
- 새로운 촉발 요인과 부적응적인 평가가 덜 나타나고 덜 성가시게 되도록 더 균형적인 생활 양식을 만드는 방법을 배운다. 예를 들어, 내담자가 잘 먹고, 잘 자고, 효과적으로 시간을 사용하도록 돕는 것, 자유 시간에 여가를 즐기기 위해 생활 계획을 세우는 것 등이 포함된다. 만일 내담자가 잘 쉬고 다른 어려움에 빠져 있지 않다면 새로운 문제를 더 잘 다룰 수 있을 것이다.

(1) 퇴보를 다루는 방법

내담자는 통상적으로 개인이나 집단 상담에 참여하는 것을 그들이 시간이 지날수록 끊임없이 진보되고 견고해지는 수단으로 믿는다. 매주 분노를 덜 경험하고 덜 부적응적인 방식으로 표현하는 패턴을 보이는 것으로 더 많은 진보가 있기를 기대하게 된다. 물론 실제로 치료가 성공적일 때 진행 과정에서 부정적인 분노 표현은 드물어진다. 치료 중에 새로운 촉발 요인이 나타날 수 있고, 음주나 도박 등의 병리적인 행동이 문제로 나타나며, 새로운 기술을 좀 더 배우게 되고, 자동적으로 내담자의 행동의 일부가 될 수 있다. 상담 중에 새로운 기술을 배우지만, 그것이 자연스러운 실제 환경에서는 이루어지지 않을지도 모른다. 진보는 보통 다양하며 퇴보도 예상된다. 그러므로 변화 과정에 대한 실제적인 기대가 제공되는 것이 중요하다.

통상적으로 외래 치료에서는 주 1회의 상담을 하지만, 다른 입장에서는 이런 방식은 심사숙고될 수 있다. 특히 학교나 교정 기관과 상담 횟수가 내담자에게 맞추어질 수 있는 제한된 환경에서는 치료 횟수를 융통성 있게 적용할 수 있다. 더욱이 전화나 인터넷 상담도 면 대 면 상담의 부수적인 방법으로 사용될 수 있다. 따라서 퇴보를 다루는 방법 중 하나는 분노관리사와 내담자의 상담 횟수를 늘려주는 것이다. 더 자주 접촉하는 것은 분노관리사와 내담자로 하여금 특정 분노 촉발 요인에 대한 반응으로 분노를 표현하는 것을 감소하도록 더 많은 노력을 기울이게 한다. 이완, 대안적인 사고와 평가, 회피 계획, 용서와 같은 기술이 더 높은 강도와 빈도로 시연될 수 있다.

상담 회기를 늘림으로써 눈에 띄지 않지만 얻게 되는 이득은 이러한 과정이 내담자에게 주는 메시지에 있다. 상담 회기의 빈도를 늘리는 것은 그 상황이 심각하고, 내담자의 삶에서 일어나고 있는 문제가 중요하다는 것을 암시한다. 더욱이 분노관리사는 내담자를 염려하고 지지해 주고 있다는 것을 보여준다. 또한 더 많은 상담 일정은 분노관리사가 내담자와 더 열심히 일하고 있고 포기하지 않는다는 것을 보여 준다. 사실 이러한 단순한 행동은 더 많이 노력함으로써 어려움과 도전에 직면하는 것이 최선이라는 기본적인 생각을 보여 주는 것이다. 책임감이라는 문제도 잘 보여 주는데, 공교롭게도 내담자는 분노 경험과 표현을 줄이는 노력을 계속함과 동시에 분노 증가에도 핵심적인 역할을 하기 때문이다.

(2) 치료 종결을 위한 전략

치료 종결은 변화 과정에서 가장 주의 깊게 고려해야 하는 단계이다. 어떤 이유로 인한 갑작스러운 종결은 좋지 않다. 종결에 대한 결정은 특정 목표가 성취되었을 때와 내담자가 추후에 분노를 유발할 수 있는 촉발 요인을 다룰 수 있는 준비가 잘되어 있을 때, 협조적으로 이루어지는 것이 최선이다.

종결 과정 중 분노관리사는 내담자가 강한 분노가 촉발될 수 있는 위험한 상황에 대한 목록을 만들도록 한다. 내담자가 과거에 경험한 일반적인 상황과 향후에 나타날 수 있는 새로운 촉발 요인을 작성하도록 한다. 그런 다음 작성한 목록에서 각 촉발 요인에 대해 적용할 수 있는 시연을 명확하게 실행해 보도록 한다.

예를 들어, A는 고객이 '너무 어려운' 요구를 하는 것과 감독자와 이야기하는 것에 어려움이 있음을 예상했다. 그는 일반적으로 그런 요구를 '지긋지긋'하게 느꼈다. 그는 손님이 요구하는 것을 항상 손님이 더 경험 많은 사람에게 정보를 구하는 것이 아닌 불만족스러워하는 것의 의미로 생각했다. 이 경우 촉발 요인에 대한 대안적인 인지 반응이 결정되고 시연된다. 문제 해결을 통해 이러한 상황에서 최선의 선택은 감독자와 접촉하는 내담자가 즉시 그리고 협조적이고 자애롭게 행동하도록 하는 데 있음을 명시했다. 그런 다음 그가 고객을 돕기 위해 할 수 있는 것이 더 있는지는 감독자의 결정에 따를 수 있다. 이러한 각본은 고객이 덜 혹은 더 불만족스럽게 행동하는 역할극으로 몇 차례 시연된다. A는 행동 계획에 따르는 데 어려움이 있었다. 일단 비슷한 계획이 발전되고 각 촉발 요인에 대한 시연이 이루어지고 난 다음의 두 달간의 치료는 2주에 한 번으로 줄인다. 치료 횟수를 더 줄이는 것은 치료 과정에 달려 있다. 만약 변화가 유지된다면 나중에 합의한 치료 간격에 따라 추후 상담이 계획될 수 있다. A는 자신이 예전의 분노 패턴으로 돌아가고 있다거나 치료에서 배운 기술을 유용하게 사용할 수 없다고 생각될 때, 분노관리사에게 전화하여 약속을 잡기로 한다.

A의 경우는 최상의 조건에서 실시된 치료 사례를 보여준다. 그는 지적이고 동기도 있으며, 분노관리사와의 건설적인 치료 관계도 세워졌다. 더욱이 치료의 구조를 형성하는 데 장해물도 적다(상담 회기가 규정에 의해 제한되지도 않고 내담자와 분노관리사가 함께 결정할 수 있는 자유가 있었다). 많은 사람들은 교육 현장에서 일하거나 내담자가 경험할 수 있는 회기 수에 한계가 있는 치료 구조에서 일할지도 모른다. 또한 교육 현장에서 분노 치료는 개인별 형식보다는 집단 형식으로 진행될 수 있다. 집단은 구성원의 기능이 어떠한지, 어떤 구성원 변화가 있는지(새로운 구성원이 언제든지 들어올 수 있는지)에 따라 다른 반면, 다른 것은 모든 회기에서 시작과 끝 시점이 있다.

이상에서 퇴보 관리 전략과 치료 종결을 위한 전략을 다루었는데, 분명한 것은 분노의 사후 관리에 있어 가장 중요한 것은 분노 치료의 종결을 고려하는 방법과 치료의 실패로 이어지는 퇴보를 막는 방법이다.

2) 자신의 분노 다루기

일반적으로 분노로 인한 내담자들은 효과적으로 치료하기 어렵게 만드는 거친 성격을 가지고 있고, 융통성 없는 대인 관계 행동을 보이며, 세상을 지각하는 방식을 가지고 있다. 다음과 같은 일반적인 특성이나 내담자의 성격은 분노관리사를 화나게 하고 자극할 수 있다.

① 동기 부족, 양가 감정, 저항

어떤 내담자는 분노관리사와 작업하는 것에 진짜로 흥미가 없어 보이고, 다른 내담자는 자신의 목적에 대해 확신이 없고, 계속해서 그들과 함께 하려는 분노관리사의 진심 어린 노력에 저항한다. 그들은 삶의 어려움을 다루는 현재의 방법이 효과적이지 않다는 증거가 분명할 때에도 그러하다.

② 적대감, 분노

어떤 내담자는 다른 사람의 의도를 오해하거나 왜곡하는 경향이 있기 때문에 분노관리사에게 언어적으로 공격하고 매우 비판적인 태도를 보인다. 그들은 분노관리사의 훈련이나 기술, 경험, 성실성에 대해 의문을 가지고 그것들에 만족한다는 말을 거의 하지 않는다.

③ 충동성, 파괴적인 행동

이전에 문제를 유발한다고 생각했던 방식으로 자연스럽게 행동하고, 치료에서 권고했던 것에서 벗어난 행동을 하는 개인이 해당된다. 분노관리사는 일부 사례를 다룰 때, 자살이나 다른 사람에게 공격적으로 행동하는 것과 같은 위험한 행동을 중요하게 고려해야 한다.

④ 결핍, 의존, 매달리는 행동

많은 내담자는 환경을 변화시키기 위해서 스스로는 수동적인 행동을 하면서 분노관리사가 자기 삶의 모든 문제를 해결해 줄 것이라고 기대한다. 그들은 분노관리사에게 자주 확신이나 충고를 주기 원하고, 약속한 치료 시간 내에서 작업하는 것을 어려워하며, 치료와 치료 사이에 분노관리사와의 접촉을 지속적으로 시도할 수 있다.

대부분의 경우에 내담자를 향한 분노 경험과 분노 표현은 성공적인 치료를 방해할 것이다. 분노관리사의 분노는 기능적이지 않다. 분노관리사의 분노는 목표 달성에 도움이 되지 못한다. 그것은 과제를 협상하는 데 도움이 되지 않고, 분노관리사와 내담자 간의 존중의 느낌이나 온정적인 환경을 만들지도 못한다. 만일 당신이 분노관리사로서 치료 중에나 내담자를 생각할 때에 분노를 느낀다면, 그것은 치료적 동맹을 깨는 원인이 되거나 동맹을 형성하려는 노력을 방해할 것이다.

반면 분노관리사의 공감은 일반적으로 성공적인 치료 결과와 관련이 있다. 내담자가 분노관리사와 맞서서 반하는 행동을 보일 때조차도 내담자의 입장을 이해하고 인내를 보이는 것은 치료 결과를 생산적으로 만든다. 분노관리사는 분노나 고통을 느낄 때 공감하기가 어렵기 때문에 어려움에 처한다. 분노관리사는 내담자가 불완전하게 행동할 때 공감이 최선의 행동임을 깨닫는 동시에, 자신이 분노를 느끼는 것을 정당하게 여기는 것과 균형 감각을 갖기 어렵다. 그럼에도 그러한 문제는 내담자가 아닌 분노관리사에 의해서 해결되고 인식되어야 하는 문제이다.

확실히 도전적이고 쉽게 신경질을 내는 행동을 다루는 것은 감옥과 같이 더 어려운 환경에서 쉽게 볼 수 있는 것이기는 하지만 가장 적절한 치료 환경에서조차 가장 중요한 업무에 해당된다. 분노관리사의 분노 반응은 생산적이지 않을 것이다.

치료 내에서 분노 반응과 그것의 결과를 자각하도록 촉진하는 방법을 고려한다. 분노관리사는 내담자에게 분노 언어와 행동뿐만 아니라 자신의 분노 경험을 자각하도록 하는 것에서 시작한다. 이에 여기에서는 분노관리사-내담자 개입에서 분노 결과의 자각을 통한 내담자 자신의 분노를 다루는 몇 가지 방법을 제시한다(Howard & Raymond, 2002).

• **분노가 경험될 때 자기 관찰 시작하기**

앞에서 제시한 분노 활동지 또는 관찰 그래프 등을 사용하면 분노관리사는 내담자에게 분노하게 만드는 사건의 연쇄와 그런 사건이 가져오는 결과를 더 잘 이해할 수 있다.

• **오디오 혹은 비디오 테이프를 사용하는 회기**

개인의 발전을 위해 실제로 자신의 말을 들어 보고 자신의 신체 언어를 봄으로써 주기적으로 치료 회기를 검토하는 것이 좋다. 분노관리사가 치료 중 전달한 내용이 내담자에게 어떻게 반응하는지 관찰하라. 비록 직접적인 말이 의사소통에서 가장 분명한 방법이라고 하더라도, 목소리 톤, 얼굴 표정, 그리고 자세와 같은 미묘한 단서에 주의를 기울여야 한다.

• **다른 전문가의 슈퍼비전 및 피드백**

까다로운 사례는 동료와 논의하라. 분노관리사의 분노를 불러일으키는 내담자의 행동을 어떻게 다루어야 하는지 객관적인 견해를 구하라.

• **결과 고려하기**

분노관리사 자신이 담당했던 사례의 결과를 곰곰이 생각해 보라. 자신이 내담자에 대해 분노를 경험하고 부정적인 태도를 가졌던 사례를 검토하라. 이에 더하여 심각한 갈등이 있었던 내담자 사례를 생각해 보라. 이런 사례는 보통 어떻게 종결되었는가? 이러한 치료 회기는 어느 정도로 생산적이었는가? 분노가 있었던 치료와 없었던 치료는 얼마나 오랫동안 생산적으로 진행되었는지 생각해 보라.

- **까다로운 내담자의 행동에 대해 다른 방법으로 반응하는 것 연습하기**

강압적인 말과 공감적인 말 사이에서 어느 것이 더 생산적인 말인지 생각해 보라. 예를 들어, 내담자가 치료와 치료 사이에 내준 과제를 제대로 해 오지 않았을 때, 분노관리사인 당신은 강하게 말로 반응하거나 혹은 더 공감적인 경청과 반영적인 말로 반응할지도 모른다. 내담자가 반응하는 방식에 주목하고 다른 반응 방식을 시도하라. 만일 내담자가 분노관리사인 당신의 개입에 더 긍정적으로 반응한다면, 그들은 당신으로 하여금 분노를 덜 촉발할 수 있을 것이다.

학습과제

1. 분노 관리의 융합적 개념과 변화를 평가하고 동기를 부여하는 방법을 제시해 보자.
2. 강한 치료적 제휴를 발전시키는 방법과 분노의 경험에 대한 인식을 높이는 방법을 논해 보자.
3. 변화된 분노를 유지하는 방법과 자신의 분노를 다루는 방법을 설명해 보자.
4. 팀을 나누어 분노 다스리기 실습을 수행하고, 각 실습의 결과를 팀별로 토의해 보자.

CHAPTER

9

분노 관리에 대한 소통 기술

본 장에서는 분노 관리에 관한 다양한 기술을 습득하여 가정, 직장, 사회에서 다양한 분노의 대상에 대처하는 능력을 향상시키는 것을 목적으로 한다.

+ 분노 문제 해결 모델에 대해 살펴본다.
+ 의사소통 기술에 대해 살펴본다.
+ 인지 재구조화 기술에 대해 학습해 본다.
+ 용서 기술에 대해 논의해 본다.

우리는 살아가면서 분노로 인해 어떤 일을 망치고 그르치는 사람을 많이 본다. 옛말에도 "참을 인(忍) 자 셋이면 살인도 피한다"는 말이 괜히 나온 것은 아닌 것 같다. 분노로 인해 좋은 기회를 놓치지 말고 인내하며 살자. 여기에 한 좋은 일화가 있다.

매와 함께 사냥에 나간 칭기즈칸이 사냥 중에 갈증이 났고, 한두 방울 아주 조금씩 흐르는 물을 발견했다. 많은 시간이 흐른 후에 잔에 물이 차서 마시려는데 데리고 나간 매가 그 잔을 엎질렀다. 처음에는 매의 실수라 여기고 다시 물을 담는데 또 매가 잔을 엎질렀다.

세 번째! 칭기즈칸은 오른손에 칼을 쥐고 왼손에 잔을 받았다. 그런데 세 번째 또다시 매가 그 잔을 엎지르자, 단칼에 매를 베어 죽여 버렸다. 그러고 나서 물줄기 위쪽을 보게 되었는데, 맹독사가 물 위에 죽어 있었다. 칭기즈칸은 바로 후회하며 매를 금으로 박재해 늘 곁에 두고 보며 그리워했다.

훗날 칭기즈칸은 그 분노를 참고 인내함으로써 좋은 사람을 많이 얻었고 대제국을 건설하게 되었다.

이 내용은 칭기즈칸의 그 유명한 '매의 분노'의 일화이다. 이와 같이 분노는 잘 관리하면 사람들과 좋은 관계를 유지할 수 있을 뿐만 아니라 칭기즈칸과 같이 대업을 이룰 수도 있다. 이에 이 장에서는 먼저 분노 문제의 해결 모델을 제시하고, 구체적인 분노 관리 기술로서 의사소통 기술, 인지 재구조화 기술, 용서 기술 등을 다루고자 한다.

1. 분노와 의사소통

원만하고 조화로운 대인관계를 저해하는 가장 큰 요인 중 하나는 바로 인간은 감정이 격해지면 통제하기가 어렵다는 점이다. 어떤 문제가 발생했을 때 전후의 사정을 차근차근 설명하고, 자신이 느끼는 감정을 담담하게 피력하면 문제가 수월하게 풀릴 수 있다는 것은 누구나 잘 알고 있다. 그런데 이성적으로는 잘 알고 있지만 실제 상황에서는 마음이 이처럼 움직여주지 않는다. 이와 같이 원만하고 조화로운 인간관계를 위한 의사소통을 방해하는 감정으로는 열등감, 수치심, 죄의식, 분노와 적개심 등이 있으며, 이 중에서 가장 다루기 힘든 인간의 정서 중 하나가 바로 '분노'이다.

분노는 인간이 느끼는 여러 감정 중 하나로 일차적이고 보편적인 정서이다. 분노는 다른 사람과 상호 작용하는 동안에 여러 가지 형태로 자주 발생되며 사람에 따라 우울, 회피, 화, 짜증, 공격 등의 양상으로 표출된다. 즉, 분노가 제대로 표현되지 못하면 우울이나 회피 등으로 표현되기도 하며 또는 분노가 지나치게 표현되면 공격성으로 나타나기도 한다.

이와 같이 분노는 부적절하게 표현될 때 자신에게 육체적·심리적·정서적인 상해를 입히게 되거나 나아가 인간관계를 어렵게 만들고 사회적 문제를 일으키게 되는 반사회적인 성향을 표출하게 된다. 때문에 분노의 감정은 분노를 느끼는 것 자체가 문제가 되는 것이 아니라 느끼게 된 분노의 감정을 어떻게 표현하느냐가 가장 중요하게 다루어져야 한다.

특히 아동들은 욕구 좌절 혹은 신체적 고통에 의한 자극으로 분노가 발생하며, 때리거나 발로 차기 등 신체적 위협을 받았을 때와 놀리기, 험담하기나 깎아내리기 등 심리적 위협을 받았을 때 분노를 느낀다. 초등학교의 부적응 아동들은 분노를 잠재적으로 가지고 있고, 공격적인 성향이 강하며 이러한 성향 때문에 대인관계에서 공격적으로 행동하게 될 가능성이 크다. 사회문제가 되고 있는 학교 폭력이나 가출, 비행 등의 부적응문제는 정서, 특히 분노를 잘 관리하지 못하는 심리적인 부분과 밀접한 관련이 있기 때문에 아동이 일상생활에서 경험하게 되는 다양한 분노를 잘 관리하고 바람직한 의사소통방법으로 표현하고 기술을 익히는 것이 무엇보다 중요하다(이순배 외, 2016).

의사소통이란 의미를 창출하고 공유하는 상호 교류 과정으로 두 사람 이상의 사이에서 언어적·비언어적 수단을 통하여 감정이나 사실, 정보, 신념, 생각 등을 전달하고 서로의 행동에 영향을 미치는 과정을 의미한다. 의사소통이라는 단어는 '커뮤니티'라는 라틴어에서 유래되었으며 '공통' 또는 '공유'라는 뜻 외에 '전달' 및 '정보', '의미' 등의 개념을 포함하고 있다.

유아와 청소년의 분노 표현은 가정에서 부모와의 의사소통의 영향을 많이 받는 것으로 나타났다. 즉, 아동의 분노에 영향을 주는 변인에 가족 체계 요인을 고려하지 않을 수 없으며, 특히 부모와의 상호 작용에 있어 대화, 즉 의사소통은 자녀의 사회화와 교육에 중요한 역할을 한다. 채수정(2011)의 연구에 의하면 부모가 민주적이고 진실한 태도로 대화하는 방식과 권위적이고 가식적인 태도로 대화하는 방식에 따라 자녀의 분노 및 사회기술에 영향을 미칠 수 있는데, 부모의 언어적 의사소통방법이 명령지향적인 경우 자녀들의 분노 표출 정도가 높은 것으로 나타났다. 청소년기에는 분노를 적절히 조절하며 신경질을 내지 않고, 결과나 규칙을 잘 받아들이고 지키는 것을 어려워하는데 이러한 부분은 바로 부모의 언어유형에 의해서 영향을 받는다고 하였다. 따라서 부모의 의사표현기술은 유아·청소년들의 바른 분노 표현을 위해 중요한 요소이며, 바람직한 의사소통기술을 제시하는 부모 교육 프로그램을 마련하는 것이 또한 필요하다.

이와 같이 의사소통은 자녀의 교육에도 중요하지만, 올바른 의사소통 기술은 원만하고 조화로운 인간관계를 위한 핵심요소라고 할 수 있다. 왜냐하면 의사소통방법에 따라 나의 감정이 정확히 전달되기도 하고 또 오해의 소지로 잘못 전달되기도 하며, 또한 의사소통 형식에 따라 같은 내용의 말을 하더라도 상대방의 감정을 건드리거나 마음을 상하게 할 수도 있기 때문이다. 이와 같이 올바른 의사소통 기술은 사회 속에서 한 사람의 건강한 사회인으로 생활하는 데 꼭 필요한 요소이다. 더 나아가 올바른 의사소통 기술은 올바른 분노 표현과 분노 조절을 위한 핵심역량이라고 할 수 있다. 올바른 분노 표현과 분노 조절은 바로 올바른 의사소통에서부터 시작되기 때문이다. 올바른 분노 표현 기술을 익히기 위해서는 무엇보다 올바른 의사소통 기술을 익히고 훈련하는 과정이 필요하다고 할 수 있다.

2. 의사소통 유형

1) 효율적인 의사소통과 비효율적인 의사소통

의사소통은 인간의 감정이나 느낌, 생각이나 사상 등의 메시지를 언어적·비언어적인 수단을 통해 상호 간의 행동에 영향을 주고받는 강력한 매개체이기 때문에 인간의 사회활동에서 가장 기본적인 요소라고 볼 수 있다. 효율적인 의사소통은 인간관계에서 친밀감과 신뢰감을 주지만 반대로 비효율적인 의사소통은 인간관계를 저해하거나 거꾸로 촉진시킬 수도 있기 때문에 효율적인 의사소통기법을 터득하는 일은 인간관계를 개선하고 증진시키는 데 가장 기초가 된다.

비효율적인 의사소통은 원만한 인간관계를 방해하는 여러 가지 문제점을 야기시키는데 Gordon은 그 문제점을 다음과 같이 제시하고 있다(김명신, 2003).

첫째, 명령이나 강요(예 : "너는 반드시", "너는 꼭", "~해야 해")는 공포감, 심한 저항을 유발시킬 수 있고 반항적인 행동, 말대꾸를 증가시킨다.

둘째, 경고나 위협(예 : "만약 ~하지 않으면, 그때는 ~", "~하는 게 좋을 걸, 그렇지 않으면~")은 공포감, 복종을 유발시킬 수 있고 원망, 분노, 반항을 유발시킬 수 있다.

셋째, 훈계나 설교(예 : "너는 ~해야만 한다", "~하는 것이 너의 책임이다")는 상대로 하여금 자기 입장을 고집하고 방어하게 만들며 상대의 책임감을 믿지 못한다는 것을 전달한다.

넷째, 논리적인 설득이나 논리(예 : "네가 왜 틀렸냐 하면", "문제가 되는 것은", "그래, 그렇지만~")는 방어적인 자세와 반론을 유발시키고 상대로 하여금 열등감, 무력감을 느끼게 만든다.

다섯째, 비판, 비평, 비난(예 : "너는 신중하게 생각하지 않아", "너는 게을러서~")은 무능력하고 어리석고 형편없이 판단한다는 것을 암시하고 대화를 단절시키며 비판을 사실로 받아들이거나 말대꾸를 하게 한다.

여섯째, 욕설이나 조롱(예 : "그래 너 잘 났구나")은 상대로 하여금 자신을 가치 없고 사랑 받지 못한다고 느끼게 한다.

일곱째, 분석이나 진단(예 : "무엇이 잘못 되었느냐 하면~", "너는 단지 피곤한 거야.", "네가 정말로 말하려는 것은 그게 아니야")은 위협과 좌절을 주며, 상대가 궁지에 몰리고 노출되거나 불신 당했다고 느낄 수 있게 한다.

여덟째, 동정이나 위로(예 : "걱정하지 말아라", "앞으로 나아질 거야")는 상대로 하여금 이해 받지 못한다고 느끼게 하고 강한 적개심을 유발시킨다.

아홉째, 캐묻기와 심문(예 : 왜, 누가, 무엇을, 어떻게)은 질문에 답하면 종종 비판이나 해결책이 따르므로 상대는 대답하지 않거나 피하거나 대충 말하거나 거짓말을 하게 될 경향이 있다.

열 번째, 화제 바꾸기, 빈정거림(예 : "즐거운 일이나 이야기하자", "세상 일 다 해결해보시지!")은 삶의 어려운 문제를 대면하기보다 회피해야 한다는 것을 암시한다. 이러한 반응들은 비효율적인 의사소통의 형태로 서로의 대화를 방해한다.

위에서 언급된 비효율적인 의사소통의 문제점들을 제거하고 효율적인 의사소통기법을 익혀 상대방을 인정하고 지지하는 인간관계를 맺는다면 보다 신뢰감 있고 바람직한 사회적 관계를 형성할 수 있을 것이다.

활동지 01

의사소통의 걸림돌

체크리스트를 통해 나의 대화방법을 생각해 보자. '상'이 많이 나올수록 걸림돌이 많은 것이다.

순서	항목	비언어적 요소	나는 어떤가요?(상, 중, 하)
1	말할 때 눈을 마주치지 않고 피한다.	시선 맞추기	
2	친구의 말을 자주 막는다.	상대방의 말을 끊지 않기	
3	친구보다 더 많이 말한다.	경청하기	
4	친구의 감정을 염두에 두지 않는다.	감정에 초점 맞추기	
5	충고를 많이 한다.	친구의 입장에서	
6	너무 많은 질문을 한다.	잘 듣기	
7	대화할 때 멀리 떨어져 앉는다.	상대에게 몰두하는 자세와 태도	
8	주제를 계속해서 바꾼다.	상대방의 이야기 흐름 따라가기	
9	친구의 말을 듣는 것보다 내 일에 신경을 쓰고 있다.	집중하기	
10	친구가 무슨 말을 할 것인지 예측하여 상대방의 말을 충분히 듣지 않는다.	경청하기	

자료 : 이순배 재구성(2021).

활동지 02

대화능력 진단 검사

1. 나의 대화능력 진단 검사

대화랑 친구할래!	자주 그렇다	보통이다	그렇지 않다
1. 친구와 다투고 나면 먼저 말 붙이기가 어려워요.	1	2	3
2. 집에 오면 학교에서 있었던 일을 말하기가 싫어요.	1	2	3
3. 친구들은 나와 이야기하는 것을 별로 좋아하지 않아요.	1	2	3
4. 고민이 생기면 부모님보다 친구에게 말하는 것이 편해요.	1	2	3
5. 선생님께 내 생각을 말하기 힘들어요.	1	2	3
6. 친구에게 불만이 있어도 그냥 참는 편이에요.	1	2	3
7. 컴퓨터 채팅이 생활 속 대화보다 훨씬 편해요.	1	2	3
8. 친구들이 내 말을 안 들어주면 짜증이 나요.	1	2	3
9. 친구들과 대화하다 보면 괜히 자신이 없어져요.	1	2	3
10. 세상은 대화보다 힘과 돈으로 움직인다고 생각해요.	1	2	3

자신 있게 친구할래!	자주 그렇다	보통이다	그렇지 않다
11. 교실 앞에 나가면 떨려서 말이 잘 안 나와요.	1	2	3
12. 상대방의 얼굴을 똑바로 쳐다보고 이야기할 수 없어요.	1	2	3
13. 선생님께 질문하기 전에 뭐라고 하실까, 걱정하곤 해요.	1	2	3
14. 친구나 선생님이 이야기를 할 때 내 생각에 빠져 있을 때가 많아요.	1	2	3
15. 선생님 이야기를 오래 듣지 못해요.	1	2	3
16. 친구와 이야기하다 보면 꼭 말다툼을 하게 돼요.	1	2	3
17. 속으로 싫지만 그냥 '좋아!'라고 말할 때가 있어요.	1	2	3
18. 내 뜻대로 하고 싶지만 엄마의 눈치를 보며 '괜찮아요'라고 말한 적이 있어요.	1	2	3
19. 선생님이나 부모님이 나에게 말버릇이 없다고 해요.	1	2	3
20. 친구들과 대화하면서 욕을 많이 하는 편이에요.	1	2	3
21. 내가 말하면 재미있는 이야기도 재미없어지는 것 같아요.	1	2	3
22. 친구들과 대화하면서 '왕따'가 되었다고 느낀 적이 있어요.	1	2	3

대화·토론을 이끌어 볼래!	자주 그렇다	보통이다	그렇지 않다
23. 학년 초 자기 소개 시간이 정말 싫어요.	1	2	3
24. 다른 아이들과 나를 비교하면 자신이 없어져요.	1	2	3
25. 어떤 생각이나 사건, 물건에 대해 정확하게 설명하기가 힘들어요.	1	2	3
26. 남들 앞에만 서면 머릿속 생각들이 모두 지워져 버려요.	1	2	3
27. 많은 사람들 앞에서 웅변이나 연설은 절대 못 할 것 같아요.	1	2	3
28. 차분하게 토론하기 보다 자꾸 흥분하고 목소리가 커져요.	1	2	3
29. 친구의 생각에 대해 솔직한 나의 생각을 말하기가 힘들어요.	1	2	3
30. 친구나 선생님, 어른들 생각은 모두 옳은 것 같아요.	1	2	3
31. 내가 바라는 것이 있어도 대화를 통해 얻기가 힘들어요.	1	2	3
32. 친구에게 부탁하고 싶어도 자존심 때문에 말하지 않아요.	1	2	3
33. 회의를 이끄는 사회자가 되고 싶지만 자신이 없어요.	1	2	3
34. 가족회의를 한 번도 해본 적이 없어요.	1	2	3

2. 나의 대화능력 진단 검사 해석방법

대화랑 친구할래!		자신 있게 대화할래!		대화·토론을 이끌어 볼래!	
점수	나의 대화 수준은	점수	나의 대화 수준은	점수	나의 대화 수준은
10~15점	대화할 친구가 필요해요	12~17점	대화할 때 자신감이 필요해요	12~17점	자신감을 가지고 말하기 연습을 해 보세요
16~24점	좀 더 대화를 많이 해 보세요	18~26점	대화 방법을 배워야 해요	18~26점	말하기 전에 준비가 필요해요
25점 이상	대화로 더 멋진 일을 해 보세요	27점 이상	대화의 리더십으로 친구를 도와요	27점 이상	대화의 리더십으로 왕따 없는 우리 반을 만들어 봐요

2) 순기능적 의사소통과 역기능적 의사소통

Satir(1972)는 긴장상태의 의사소통방식에 대한 연구를 통해 의사소통 유형을 순기능적 의사소통과 역기능적 의사소통으로 분류하였다. 순기능적 의사소통은 상대방의 메시지를 경청하고, 명확하게 질문하고 대답하면서 상대방에게 자신의 의견을 정확하게 전달하는 것을 말한다. 반면 역기능적 의사소통은 스트레스를 받는 상황에서 자기를 보호하며, 생존하기 위해서 어떤 형태로든 대처하는 방식으로 나타나는 의사소통으로 이를 회유형, 비난형, 초이상형, 산만형, 일치형으로 분류하여 다음과 같이 설명하였다(주석진, 2020).

첫 번째 '회유형'은 다른 사람과 상호 작용 상황은 존중하나 자신의 가치나 감정은 무시한다. 자신의 감정을 숨기면서 문제 해결을 위한 노력을 하고 모든 잘못과 문제, 비난을 자신에게 돌리는 특징이 있다. 둘째 '비난형'은 '회유형'의 반대 유형으로 자기 주장이 강하고 독선적이고 명령적이며 지시적인 형태의 의사소통을 한다. 외로움과 긴장감, 패배감을 많이 느끼고 다른 사람을 잘 무시하는 경향을 보인다. 셋째 '초이성형'은 자기 자신과 다른 사람은 무시하거나 과소평가하고 원칙 중심으로 강박적인 행동을 한다. 지나치게 이성적이고 항상 자기가 옳다고 이야기한다. 넷째 '산만형'은 '초이성형'의 반대 유형으로 스트레스 상황을 유머로 회피하되 상황에 맞지 않으면 그 상황으로부터 탈피하고자 하며 생각이나 주제를 일관성 없이 자주 바꾸고 특정 주제에 집중하지 못한다. 마지막 '일치형'은 건강한 의사소통방법으로 자신과 타인, 상황 모두를 배려하고 만족시키는 유형으로 5가지 유형 중에서 가장 이상적인 유형이다. 자신의 감정을 적절하게 표현하고 높은 자존감을 가지고 있으며, 다른 사람과 조화를 이루어 건강한 대인관계를 유지한다.

이와 같이 모든 것을 자기 책임으로 돌리고 상대방이 원하는 대로 무조건 행동하는 회유형, 독선적이고 잘못을 남의 탓으로 돌리고 남의 말을 무시하는 비난형, 지나치게 이치에 맞게 비평하고 주로 부정적인 측면을 말하는 초이성형, 상황에 맞지 않는 말을 하며 비합리적이고 산만하게 의사소통을 하는 산만형은 모두 우울이나 짜증, 반항, 걱정 등의 분노의 감정을 일으키는 역기능적 의사소통방법이라고 할 수 있다.

활동지 03

Satir 의사소통 유형 검사지

다음 글을 읽고 문항의 괄호 안에 현재 자신에게 해당하는 유형을 표시하시오. 각 유형 개수를 합하였을 때 가장 많은 유형이 자신의 의사소통 유형이 된다.

a 회유형, b 비난형, c 초이성형, d 산만형, e 일치형

01. 나는 상대방이 불편하게 보이면 비위를 맞추려고 노력한다. ( )
02. 나는 일이 잘못되었을 때 자주 상대방의 탓으로 돌린다. ( )
03. 나는 무슨 일이든 조목조목 따지는 편이다. ( )
04. 나는 생각이 자주 바뀌고 동시에 여러 가지 행동을 하는 편이다. ( )
05. 나는 타인의 평가에 구애받지 않고 내 의견을 말한다. ( )
06. 나는 관계나 일이 잘못되었을 때 자주 내 탓으로 돌린다. ( )
07. 나는 다른 사람들의 의견을 무시하고 내 의견을 주장하는 편이다. ( )
08. 나는 이성적이고 차분하고 냉정하게 생각한다. ( )
09. 나는 다른 사람들로부터 정신이 없거나 산만하다는 소리를 듣는다. ( )
10. 나는 부정적인 감정도 솔직하게 표현한다. ( )
11. 나는 지나치게 남을 의식해서 나의 생각이나 감정을 표현하는 것을 두려워한다. ( )
12. 나는 내 의견이 받아들여지지 않으면 화가 나서 언성을 높인다. ( )
13. 나는 나의 견해를 분명하게 표현하기 위해 객관적인 자료를 자주 인용한다. ( )
14. 나는 상황에 적절하지 못한 말이나 행동을 자주 하고 딴전을 피우는 편이다. ( )
15. 나는 다른 사람이 내게 부탁을 할 때 내가 원하지 않으면 거절한다. ( )
16. 나는 다른 사람들의 얼굴표정, 감정, 말투에 신경을 많이 쓴다. ( )
17. 나는 타인의 결점이나 잘못을 잘 찾아내어 비판한다. ( )
18. 나는 실수하지 않으려고 애를 쓰는 편이다. ( )
19. 나는 곤란하거나 난처할 때는 농담이나 유머로 그 상황을 바꾸려 하는 편이다. ( )
20. 나는 나 자신에 대해 편안하게 느낀다. ( )

21. 나는 타인을 배려하고 잘 돌보아주는 편이다. ( )
22. 나는 명령적이고 지시적인 말투로 상대가 공격받았다는 느낌을 줄 때가 있다. ( )
23. 나는 불편한 상황을 그대로 넘기지 못하고 시시비비를 따지는 편이다. ( )
24. 나는 불편한 상황에서는 안절부절 못하거나 가만히 있지를 못한다. ( )
25. 나는 모험하는 것을 두려워하지 않는다. ( )
26. 나는 다른 사람들이 나를 싫어할까 두려워서 위축되거나 불안을 느낄 때가 많다. ( )
27. 나는 사소한 일에도 잘 흥분하거나 화를 낸다. ( )
28. 나는 현명하고 침착하지만 냉정하다는 말을 자주 듣는다. ( )
29. 나는 한 주제에 집중하기보다는 화제를 자주 바꾼다. ( )
30. 나는 다양한 경험에 개방적이다. ( )
31. 나는 타인의 요청을 거절하지 못하는 편이다. ( )
32. 나는 자주 근육이 긴장되고 목이 뻣뻣하며 혈압이 오르는 것을 느끼곤 한다. ( )
33. 나는 나의 감정을 표현하는 것이 힘들고 혼자인 느낌이 들 때가 많다. ( )
34. 나는 분위기가 침체되거나 지루해지면 분위기를 바꾸려 한다. ( )
35. 나는 나만의 독특한 개성을 존중한다. ( )
36. 나는 나 자신이 가치가 없는 것 같아 우울하게 느껴질 때가 많다. ( )
37. 나는 타인으로부터 비판적이거나 융통성이 없다는 말을 듣기도 한다. ( )
38. 나는 목소리가 단조롭고 무표정하며 경직된 자세를 취하는 편이다. ( )
39. 나는 불안하면 호흡이 고르지 못하고 머리가 어지러운 경험을 하기도 한다. ( )
40. 나는 누가 나의 의견에 반대하여도 감정이 상하지 않는다. ( )

자료 : 김영애 재구성(2004).

3. 의사소통 기술

의사소통 기술은 언어와 관련된 단순한 인지적 발달뿐 아니라 대인관계의 상황과 사회적 상황, 맥락에 대한 이해와 밀접하게 연관되어 있다. 사람들은 의사소통 기술은 저절로 발달하는 자연적인 것이라고 생각하는 경향이 많다. 그래서 의사소통 기술에 대한 관심을 보이지 않거나 특별히 의사소통을 잘하려는 노력을 하지 않는다. 그러나 의사소통 기술은 교육과 훈련을 거침으로써 더욱 효과적으로 증진시킬 수 있다.

'의사소통 기술'이란 인간관계를 맺는 구체적 기술 차원을 뜻하는 개념이다. Spitzberg & Cupach(1989)는 그것을 사람들이 의사소통 과정에서 상대를 효과적으로 다루는 과정이라고 하였고, Bochner & Kelly(1974)는 목표를 형성하고 달성할 수 있는 능력, 다른 사람과 효과적으로 협동할 수 있는 능력, 상황과 환경적 변화에 적절히 적응할 수 있는 능력이라고 하였다(엄은나, 2006).

효과적인 의사소통 기술로 오정인(1993)은 온정, 공감, 자기노출을 강조하였고, 구본영(1994)은 경청, 공감, 수용적 존중, 솔직성, 즉시성, 구체성을 강조하였다. 또한 유현숙(2002)은 경청하기, 의사표현하기, 기본 문해력을 강조하였고, 정호권(2003)은 경청, 공감, 자기 느낌 표현하기, 문제 해결을 주장하였다. 우재현(1994)은 자기 내면 이해하기, 자기 생각과 감정을 올바르게 표현하기, 상대방의 말을 경청하고 이해하기를 강조했다(엄은나, 2006). 이 중에서 공통적으로 언급된 경청과 공감, 올바르게 표현하기를 듣기 기술과 말하기 기술로 나누어 살펴보고자 한다.

1) 듣기 기술

(1) 경청하기

듣기는 의사소통의 필수 요소로서 올바른 의사소통을 위해서는 타인의 견해와 생각을 잘 들어야 한다. 적극적으로 잘 들을 때 다른 사람의 관점을 이해할 수 있고, 사고력이나 정보 수용능력을 신장시킬 수 있으며, 또한 타인의 말을 주의 깊게 듣는 태도를 습득하고 타인에 대한 공감능력을 기르게 된다. 이는 성공적인 대인관계 형성의 기초가 된다.

설기문(1997)은 경청에는 타인의 인지적 사고를 이해하고 종합하는 능력뿐만 아니라 타인의 정서적 상태를 인식하는 공감능력도 포함된다고 강조하였다. 즉, 상대방이 전하고자 하는 말의 내용과 함께 그 내면의 동기나 정서에 귀를 기울여서 듣고 이해한 내용을 동시에 말로 표현해주는 적극적인 경청의 자세가 필요하다는 것이다(서봉연 외, 2001). 아울러 상대방의 말에 대하여 고개를 끄덕이거나, 눈을 맞추거나, 관심을 보이며 간단히 대꾸하는 등의 언어적·비언어적 표현은 의사소통을 촉진하는 중요한 요소이다. 이런 행동들은 상대방과의 대화에 적극 참여하고 있다는 신호를 보냄으로써 그 화자가 말을 계속할 수 있도록 격려해준다(엄은나, 2006).

이러한 경청기술의 하위요인으로 허경호(2003)는 집중력(concentration), 주의력(attentiveness), 반응력(responsiveness) 등을 제시하였다. 양영미(2003)는 아동들에게 효과적 경청방법을 가르친 결과, 학급 내 협동심 향상뿐 아니라 수업에 대한 이해력과 학업 성적이 향상되었음을 보고하였으며, 신정희(2003)는 활동 중심의 경청 기술 훈련이 아동의 경청 및 공감 능력에 미치는 효과를 입증하는 등 여러 연구에서 효과적 의사소통을 위한 듣기 능력의 중요성이 확인되고 있다(김영희, 2015).

김영희(2015)의 연구에 의한 경청을 방해하는 주요 행동 특징을 살펴보면 다음과 같다.

① **비교하기 :** 상대방의 말을 들을 때 눈으로는 상대방을 바라보고 있지만 속으로는 끊임없이 비교하여 있는 그대로 듣지 못한다.

② **짐작하기 :** 자기 생각에 빠져 상대방이 무슨 말을 하든 있는 그대로 받아들이기보다는 말꼬리를 물고 늘어지거나 자기의 생각대로 판단해서 더이상 대화를 진행할 수 없다.

③ **내가 할 말 준비하기 :** 자기 할 말을 생각하기에 바빠 상대방의 말을 온전히 듣지 못한다. 상대방의 말이 끝나자마자 자기 주장을 쏟아 붓는다.

④ **걸러내기 :** 듣고 싶지 않은 말에 대해서는 들으려고 하지 않는다. 그래서 상대방의 말을 듣긴 하지만 있는 그대로 듣지 못한다.

⑤ **판단하기 :** 상대방에 대해 부정적인 생각으로 판단하고 들어서 제대로 듣지 못한다.

⑥ **딴 생각하기 :** 상대방에 대한 불만이 있는 경우에 다른 생각을 해서 그 상황을 회피하여 제대로 듣지 못한다.

⑦ **조언하기 :** 상대방의 문제를 해결해 주고자 하는 욕구가 강해서 상대의 말을 충분히 듣지 않고 성급하게 사사건건 충고한다. 조언을 자주 하는 사람은 상대방이 속마음을 털어놓기 어렵게 한다.

⑧ **언쟁하기 :** 상대방의 생각을 전혀 들을 생각이 없고, 상대방이 어떤 이야기를 해도 무시하며 자기 생각만 장황하게 말한다.

⑨ **상대의 말 수용하지 않기 :** 자신의 잘못을 인정하지 않고 자존심을 내세우거나 고집을 피운다. 자신의 잘못을 인정하지 않으려고 거짓말, 변명 등으로 자신을 방어하기 때문에 상대방의 이야기를 제대로 듣지 못한다.

⑩ **슬쩍 넘어가기 :** 상대방의 부정적 감정을 회피하기 위해 유머를 사용하여 웃기거나 농담을 하여 대화의 초점을 흐려 상대방의 이야기를 제대로 듣지 못한다.

⑪ **비위 맞추기 :** 상대방을 위로하거나 비위 맞추기 또는 두려워 제대로 듣지 않고 너무 빨리 동의한다. 상대방에게 자신의 생각이나 감정을 충분히 표현할 기회를 주지 못해 마음의 문을 닫는다.

⑫ **동일시하기 :** 동일시를 사용하면 말하는 사람이 상대가 아니라 내가 되어 버려 상대방이 무엇을 느끼고 생각하는지 제대로 들을 수가 없다.

스티븐 로빈스의 적극적인 경청의 8가지 기법

1. 눈 맞춤을 하라

여러분이 이야기하고 있을 때, 상대방이 쳐다보지 않으면 어떤 느낌이 드는가? 대부분의 사람들은 보통 이러한 행동을 오만 또는 관심 부족으로 해석한다.

2. 긍정적인 고갯짓과 적절한 표정을 보여라

효과적인 청취자는 현재 진행 중인 대화에 비언어적 신호로 관심을 보인다. 긍정적인 고갯짓이나 적절한 표정이 눈 맞춤에 더해지면 화자는 여러분이 정말 경청하고 있다고 생각할 것이다.

3. 주의를 산만하게 하는 행동을 피하라

관심을 표명하는 또 다른 방법은 산만한 행동을 보이지 않는 것이다. 대화 중에는 시계를 본다거나 종이를 넘긴다거나 하는 행동을 보이지 말아야 한다. 이러한 행동을 보면 화자는 여러분이 지금 매우 권태롭거나 혹은 관심이 없다고 느끼게 될 것이고, 이것은 여러분이 완전히 주의를 기울이고 있지 않다는 걸 보여주는 것이다.

4. 질문을 하라

비판적인 청취자는 자신이 들은 내용을 분석적으로 받아들이고 질문을 한다. 이러한 행동은 들은 내용에 대한 명확화, 그리고 이해의 확인 및 화자에게 여러분이 경청하고 있다는 것을 말해준다.

5. 재진술하라

화자가 이야기한 것을 여러분의 표현으로 재진술하라. 적극적인 청취자는 "내가 들은 당신의 이야기는 …", "당신의 이야기가 의미하는 바는 …"과 같은 표현을 사용한다. 상대방이 이야기한 것을 여러분의 표현으로 재진술함으로써, 스스로 이해한 내용의 정확성을 검증할 수 있다.

6. 상대방이 말하는 중에 끼어들지 마라

화자가 자신이 생각한 바를 끝까지 이야기하게 한 후에 반응해야 한다. 절대로 화자의 생각을 지레짐작해 미리 단정하지 말아야 한다. 화자가 할 이야기를 다 마치면, 여러분은 그것을 자연히 알게 될 것이다.

7. 너무 많이 말하지 마라

비록 이야기하는 것이 더 재미있고 침묵을 지키는 것이 불편하더라도 잊지 말아야 할 점은 말하는 동시에 경청할 수 없다는 사실이다. 적극적 청취자는 이러한 사실을 알고 있기 때문에 너무 많은 말을 하지 않는다.

8. 화자나 청취자의 역할을 부드럽게 바꾸어라

대부분의 대화는 화자나 청취자의 역할이 계속 번갈아 가며 바뀔 것이다. 적극적인 청취자는 이러한 전환을 매우 부드럽게 한다. 청취자의 역할은 화자가 이야기하는 것에 집중하는 것이고, 이야기를 듣는 동안 무슨 이야기를 할지 생각하여 화자에게 적절하게 반응하는 것이다.

자료 : Stephen P. Robbins(2013).

활동지 04

경청수준 자가검검

다음 문항을 읽고 자신에게 해당되는 칸에 ∨ 표시해 보자.

문항	전혀 그렇지 않다	그렇지 않다	보통이다	그렇다	매우 그렇다
1. 나는 타인의 말 듣기를 좋아한다.	1	2	3	4	5
2. 나는 내게 커다란 관심을 보이거나 호의적으로 말하는 사람에게 보다 주의를 집중한다.	5	4	3	2	1
3. 나는 타인이 말할 때 그의 어휘력과 비언어적인 의사소통 능력을 평가한다.	5	4	3	2	1
4. 나는 정신이 산만하지 않도록 한다. 주위가 산만하면 조용한 자리로 옮기도록 한다.	1	2	3	4	5
5. 타인들이 나로 하여금 이야기를 하지 못하게 방해할지라도 나는 그들에게 주의를 기울여 경청한다.	1	2	3	4	5
6. 타인이 말할 때에는 이야기가 끝날 때까지 기다려준다.	1	2	3	4	5

문항	전혀 그렇지 않다	그렇지 않다	보통이다	그렇다	매우 그렇다
7. 나는 나의 관심사를 같이 하는 사람에게 흥을 돋운다.	5	4	3	2	1
8. 타인의 말을 들으면서도 개인적인 생각으로 오락가락한다.	5	4	3	2	1
9. 나는 타인이 말할 때 그가 전하고자 하는 바를 잘 이해할 수 있도록 상대방의 비언어적 의사소통에 깊은 관심을 표한다.	1	2	3	4	5
10. 나는 다소 난해한 대화를 나눌 때 애써 아는 척을 한다.	5	4	3	2	1
11. 나는 타인의 말을 들으면서 대답할 것에 대해 골몰한다.	5	4	3	2	1
12. 나는 타인이 잘못을 저지르고 있다고 생각되면 더 충분히 설명할 수 있도록 질문을 던진다.	1	2	3	4	5
13. 나는 내 스스로 이해하지 못하더라도 상대방은 이해하도록 노력한다.	1	2	3	4	5
14. 나는 타인의 말을 청취할 때 그의 입장에서 서서 듣고 사물을 바라볼 수 있도록 노력한다.	1	2	3	4	5
15. 대화를 나눌 때 상대방의 메시지를 정확하게 이해했음을 확인시켜주기 위해 청취한 메시지를 복창한다.	1	2	3	4	5

※ 채점과 해석

각 칸에 적혀 있는 점수를 합산하여 나온 점수를 다음의 연속선상에 표시한다. 점수가 높을수록 좋은 경청수준을 가지고 있다고 해석한다.

15 —— 25 —— 35 —— 45 —— 55 —— 65 —— 75

좋지 않은 청취자 … 좋은 청취자

자료 : 주석진(2020).

활동지 05

딴청하기

1. 내용

의사소통의 기본이 되는 적극적 듣기의 중요성을 이해한다.

2. 진행 과정(딴청하기)

- 두 모둠으로 나누어 둘씩 짝지우기
- 한 사람이 '장래 희망이 무엇인지에 대하여' 말하고, 다른 사람은 '상대가 무슨 말을 하든 무시하거나 다른 말로 자르는 '딴청을 하도록 하는 과제를 제시한다(10분간).
- 두 번째 과제로 무시한 사람은 '공부하는 데 어려움'에 대하여 말하고, 무시당한 사람은 '상대가 하는 말에 적극 공감하며 열심히 들어주도록' 과제를 제시한다(10분간).
- 돌아와 소감 나누기, 적극적 듣기가 무엇인지, 어떻게 듣는 것이 필요한지에 대해 서로 나눈다.

활동지 06

들은 대로 그리기

1. 내용

정보를 이해하고, 전달하는 과정이 보는 관점에 따라, 전달하는 방식에 따라 어떻게 변화(왜곡)하는지 이해한다.

2. 진행 과정(공동체 놀이, 들은 대로 그리기)

- 4~5명이 한 모둠으로 나누어, 맨 앞 사람이 나와 준비한 그림을 보게 한다.
- 자신이 본 그림을 모둠원에게 설명해 주고 모두 자신이 들은 대로 그리게 하고, 앞에 붙이게 한다.
- 모두 관찰하게 하고 같은 그림을 보고도 어떻게 다르게 설명하였는지, 같은 설명을 듣고도, 어떻게 다르게 그렸는지 비교하게 하고 소감을 나눈다.

(2) 공감하기(반응하기)

공감은 '다른 사람이 느끼는 것을 경험할 수 있는 능력 또는 어떤 사람의 입장이나 감정적 상태에 대한 그 사람의 언어적 표현을 정확하게 예측할 수 있는 능력'을 뜻한다(이순배 재인용, 2021; 엄은나, 2006). 타인이 무엇을 느끼고 있는지를 이해하여 정서적으로 반응해주는 것은 사람들과의 관계에서 이해와 사랑을 증진시키는 의사소통의 기본 요소라고 할 수 있다(서봉연 외, 1994). 타인의 정서에 공감을 잘 하는 사람은 다른 사람의 필요나 요구, 감정신호에 민감하게 반응하며, 공감능력이 높은 유아들은 사회적으로 유능하고 또래들 사이에서 인기가 높다(Burleson & Kunkel, 2002). 이와 같이 공감은 상대의 마음을 읽고 그에 대해 반응하여 상호 작용을 촉진하고 강화하는 데 도움을 주기 때문에 효과적인 의사소통을 위해서 매우 필요한 능력이라고 할 수 있다.

최근 공감에 대한 관심이 증가되면서 많은 연구가 진행되고 있는데 높은 공감능력은 다른 사람과의 상호 작용에 긍정적인 영향을 주는 반면 낮은 공감능력은 우울과 스트레스 등 부정적인 감정을 초래하고 있으며(권정숙 외, 2016), 대인관계에 있어서 높은 공감능력을 갖추기 위한 주요 역량으로 '감성지능'이 주목받고 있다.

감성지능은 자기 자신을 포함하여 타인의 정서 상태를 정확하게 인식하고 상황에 맞게 적절하게 감정을 표현하고 조절할 수 있는 능력을 포함하며, 자신의 정서를 잘 활용하여 계획 및 목표와 잘 조절할 수 있도록 하고, 타인의 감정에 대한 감정 이입들의 능력을 의미한다(이은상, 2013). Goleman(2002)은 감성지능이 높은 사람은 스트레스를 조절하는 능력이 높고 자신의 감정을 조절, 표현하는 데 노력하기 때문에 감성지능이 낮은 사람에 비해 심리적·신체적으로 더욱 건강하며, 다른 사람과의 상호 작용에 도움이 된다고 하였다(홍자영, 2017).

공감적 반응을 위해서는 여러 가지 다양한 노력이 필요하다(주석진, 2020).

첫째, 상대방의 말을 자신의 관점에서 이해하기보다는 상대방의 관점에서 이해하려는 태도를 지니는 것이 필요하다. 둘째, 공감을 위해서는 상대방의 말 속에 담겨 있는 감정과 생각을 잘 파악하는 것이 중요하다. 셋째, 상대방의 감정과 자신에게 느껴진 감정을 잘 전달하는 것이 중요하다.

이러한 공감하기 과정은 먼저 상대방이 당면한 문제에 대해서 어떻게 생각하고 느끼는지 이야기 내용을 주의 깊게 경청하는 것에서 시작되기 때문에 경청하기 공감하기는 서로 상호 연관성에 있다고 할 수 있다.

활동지 07

공감표현 익히기

네가 한 말과 느낌을 이해해!

1. 공감표현의 수준

나 중심 이해	상대방의 이야기를 이해하기보다는 비난, 평가, 강요, 지시 등의 부정적 표현으로 자기 중심적으로 말하는 수준
진정한 이해	기본적 공감+상대방이 드러내지 않은 상대방의 감정이나 욕구를 읽어주는 수준

2. 공감표현 예시

예문	"아버지께서 생일 선물로 사 주신 휴대폰을 학교에서 잃어버렸어. 어쩌지?"
나 중심 이해	"그런 걸 잃어버리면 어떻게 하니? 잘 간수했어야지. 너! 많이 야단맞겠다."
진정한 이해	"아버지께 선물받은 휴대폰을 잃어버려서 속상하고, 아버지께 죄송하겠구나!"

3. 공감표현 익히기

예문	"저번에 짝이랑 싸웠는데 그 후로 이야기를 한 번도 한 적이 없어. 이렇게 지내는 건 불편한데…. 어쩌지?"
나 중심 이해	
진정한 이해	

자료 : 고영휘(2011).

활동지 08

기분 좋은 공감표현 찾아보기

다음 중에서 가장 기분이 좋아지는 공감적인 말을 골라 O 표시해 보고, 이유를 설명해 보자(여기에 제시된 말 이외에 해주고 싶은 말이 있으면 빈칸에 적어 보자).

1. "네가 내 말을 중간에서 가로 막으면 무척 신경질이 나!"

① "너 나한테 시비 거는 거야?"

② "내가 좀 경솔하게 네 말을 가로 막은 것 같구나."

③ "네 말을 다 듣지도 않고 중지시켜서 화가 났구나."

기타 (   )

2. "나는 요즘 내가 정말 뚱뚱하다는 것을 실감하고 있어."

① "헬스클럽 같은 데 가면 너와 같은 고민을 하는 사람을 만날 거야."

② "넌 자신이 뚱뚱하다고 생각하는구나. 그리고 그것이 몹시 신경 쓰이나 보구나."

③ "운동을 좀 해. 그러면 살이 많이 빠질 텐데..."

기타 (   )

3. "학교 갔다 오면 학원 가고, 학원 갔다 오면 숙제 해야 하고, 놀 시간도 없고 정말 지긋지긋해."

① "너는 노는 데 얼마나 시간을 보내면 만족하겠니?"

② "해야 할 일은 자꾸만 늘어나고, 놀 수 있는 시간은 없고 해서 속이 상하구나."

③ "노는 것도 좋지만, 장래를 위해서는 공부를 해야 하지 않겠니?"

기타 (   )

4. “난 왠지 한 곳에 집중할 수가 없어. 그래서 성적도 떨어지고 있어.”

① “너 큰일 났구나. 나중에 어찌 될지 불 보듯이 뻔하다.”

② “다 그런 거야. 나도 경험했기 때문에 잘 알아. 자신감을 좀 가져봐.”

③ “성적에 대한 부담 때문에 집중도 안 되어서 힘들어 하고 있구나.”

기타 (   )

자료 : 고영휘(2011).

2) 말하기 기술

말하기 기술은 자신의 내적 경험을 언어 메시지로 표현하는 능력으로, 이와 같이 말로 표현해 내는 메시지는 의사소통에서 핵심 역할을 한다.

(1) 너-전달법

일상적으로 널리 사용되고 있는 메시지 전달법으로 ‘너’를 주어로 하여 상대방의 행동에 대한 평가나 비평하는 대화방식이다. 상대방의 행동이 문제가 되어 나 자신의 감정이 불쾌해질 경우, 우리는 대부분 ‘너’를 주어로 사용하여 문제해결을 시도하려고 한다. 이때 상대방을 비난하는 입장에서 말하는 것을 ‘너-전달법(You-message)’이라고 한다(서강훈, 2013). 너-전달법은 “너는 도대체 왜 ~ 하냐?” 혹은 “너는 ~하다”는 표현방식으로 상대방을 비난하는 식으로 전달되어 두 사람의 관계 형성에 해가 되거나 상대방의 기분을 상하게 하거나 방어적이게 한다. 이와 같이 너-전달법은 의사소통에서 걸림돌이 되는 대표적인 방법이다.

(2) 나-전달법

‘너-전달법’이 일방적으로 말을 듣는 사람이 책임지고 이행해야 하는 내용을 담고 있는 메시지라면 '나-전달법'은 상대방의 행동으로 인해 자신이 어떠한 내면적 경험을 하고 있는가를 전달하는 것이다. 즉, 나를 주어로 하는 표현으로 상대방의 구체적 행동과 그 영향을 비난적이지 않은 방법으로 전달하는 메시지의 구조 형태이다. '나-전달법'은 상대방을 비난하지 않고 문제가 되는 상대방의 행동과 그 행동의 결과를 구체적이고 객관적으로 기술함으로써 그 행동이 나에게 미친 영향을 구체적으로 상대방에게 전달하는 표현법이다. 솔직한 자기 의사를 표현할 수 있기 때문에 상대방이 나를 명확하게 이해할 수 있고 의사소통을 촉진시켜주는 의사소통 기술이다.

'나-전달법'의 효과는 자신의 행동으로 인해 상대방이 어떤 감정을 느끼게 되는지 전달받을 수 있기 때문에 질책과 비난 없이 상대방의 행동을 수정할 수 있도록 도움을 줄 수 있다. 또한, 감정을 담아서 표현하는 것이므로 나 자신에 대해 상대방에게 더 잘 알릴 수 있는 효과가 있다. 만약 부모가 '나-전달법'을 통해 부모의 감정을 자녀에게 표현해 준다면 아이는 이런 부모의 모습을 통해 자신도 '나-전달법'으로 자신의 감정을 표현하는 방법을 배우게 된다.

'나-전달법'을 설득력 있게 진행하기 위해서는 '사실-감정-바람'의 3단계 공식을 사용하면 된다. 1단계에서는 상대방의 수용할 수 없는 행동에 대한 객관적인 사실을 비판 없이 말하고, 2단계에서는 상대방의 행동이나 구체적인 영향에 대한 나의 감정이나 느낌을 말하고, 3단계에서는 나의 솔직하고 구체적인 바람을 말하는 구조로 진행하면 된다.

우리는 살면서 많은 사람들을 만나고 대화를 하면서 소통하지만 사람마다 모두 마음이 다르기 때문에 다른 사람의 마음을 알기는 쉽지가 않다. 나의 감정을 솔직하게 효과적인 방법으로 표현하며, 건강한 대화를 위해 좋은 관계를 만들기 위해서 '나-전달법'을 통한 끊임없는 노력과 훈련이 필요하다.

'나-전달법'의 표현법

① 객관적인 사실(fact)
② 나의 느낌을 묘사하는 감정표현(feeling)
③ 솔직하고 구체적인 바람(want)
예) 선생님은 너희들이 너무 떠드니까(fact)
이야기를 제대로 할 수가 없어서 속상하고 서운해(feeling)
너희들이 선생님의 이야기를 잘 들어주었으면 좋겠어(want)

활동지 09

나-전달법

나-메시지로 표현하기

보기와 같이 '너-메시지'를 '나-메시지'로 바꾸어 보시오.

[보기]

너-메시지	나-메시지
1. **야!** 좀 조용히 해라. 시끄러워 죽겠잖아.	→ 네가 조용히 하면 수업을 잘 들을 수 있어서 **내가** 좋겠구나!
2. **너는** 선생님한테 칭찬을 많이 받는 아이구나.	→ 네가 선생님께 칭찬을 많이 받는 것이 **나는** 부러워.

1. 야! 너는 왜 모둠 활동에 적극적으로 참여하지 않니?
→

2. 넌 어쩜 어른한테 그렇게 예의가 없니?
→

3. 야! 너 가방 좀 제대로 놔라. 지저분해 죽겠다.
→

4. 야! 너 놀지만 말고 숙제 좀 해라.

→

5. 야! 너 왜 내 말을 귀담아 듣지 않니?

→

오늘 학교생활 중에 친구에게 했던 '너-메시지' 말을 적어 보고, '나-메시지'로 바꾸어 말해 보자.

- 너-메시지(내가 했던 말) :
- 나-메시지 :

자료 : 고영휘(2011).

4. 분노 문제 해결 모델

화가 난 사람은 인생의 어려움이나 문제를 해결할 수 있는 문제로 볼 수 없으며, 불평을 하거나 억울하다고 생각하는 것처럼 행동한다. 게다가, 그들은 가끔 문제를 피하기 위해 도박을 하거나, 마약을 하거나, 소리를 지르거나, 우울함을 느끼거나, 복수를 생각하거나, 좌절에 빠지기도 한다. 그런 대응은 분명히 문제 해결에 성공하지 못한다. 화가 난 사람들은 원치 않는 자극과 불편함을 피하기 위해 경솔하고 충동적으로 행동하는 경향이 있다. 그리고 그들은 그들 행동의 장기적인 결과와 그들이 직면하고 있는 문제들에 대해 생각할 수 없다.

심리학자들은 부정적인 정서적 안도감에서부터 심장병 환자들을 위한 건강 회복에 이르기까지 모든 것을 가지고 어린이와 성인을 돕는 방법을 개발했다. Zurilla & Goldfried(1971)는 문제 해결 이론을 인지행동학자의 치료에 적용하고 문제 해결 치료 모델을 개발했다. 해결과 적절한 대처의 가능성 없이 스트레스를 받을 때 분노가 더 자극되고 강렬해진다는 것이 기본적인 가정이며, 이를 바탕으로 문제 해결의 4단계 모델을 제시했다. 이 모델의 주된 목적은 특정 개인의 문제를 해결하는 가장 효과적인 방법을 찾는 것이며, 항상 커뮤니케이션을 통해 해결된다는 점이 특징이다. 통상 방문자와 분노관리사가 문제 해결방식의 취지에 대해 명확히 합의할 경우 실제 개입에 따른 반감을 불러일으키기보다는 분노관리사와의 동맹관계가 강화된다. 두 번째 목표는 사람들에게 재앙을 일으킬 수 있는 새로운 자극을 다루는 법을 가르치는 것이다. 여기서 이것은 부분적으로 수정되어 분노 문제를 해결하는 모델로 제시된다.

1) 상황을 명확히 정의하고 일반적으로 가능한 해결책 모색

분노로 인해 내담자가 계속 대인 관계를 어렵고 도전적인 것으로 생각한다면, 우선 그 상황을 협조적인 태도로 보도록 하며, 하나의 상황에 초점을 두고 촉발 사건을 확인하는 것이 중요하다. 이 단계에서는 문제를 유발하는 자극을 '언제-그래서(when-then)' 형식을 따르는데, 예를 들면 다음과 같다.

> *"A씨, 당신이 퇴근하고 늦게 집에 들어갈 때(when), 아내가 화를 내서(then), 심각한 싸움을 하게 되고, 그래서 더 흥분하게 된다(then)고 말했지요. 제가 이해한 것이 맞나요?"*

언제-그래서 형식을 사용하면 상황을 정도 이상으로 확대 해석하거나 비난을 하는 것과 같은 생각을 과도하게 표현할 가능성이 적다. 이를 통해 촉발 요인이 분명하게 확인되면 다양한 해결책이 나타난다. 분노관리사는 다음과 같이 말할 수 있다.

> *"당신이 싸움을 피하려고 집에 늦게 들어온 다음에 할 수 있는 것을 찾아봅시다."*

내담자가 보이는 대안 행동을 각각 적는다. 그것들을 기록하는 것은 잘 기억하게 하기 위한 것이 아니라 내담자의 사고, 행동, 문제 해결 모델을 객관화·체계화하기 위한 것이다. 분노가 있는 내담자는 흔히 자신의 문제를 분명하게 개념화하지 못한다는 것을 기억해야 한다. 이 기술의 목적 중 하나는 문제 해결 과정을 가르치는 것이다. 그래서 분노관리사가 회기 내내 철저히 구조화하고 조직화하는 것이 중요하다.

내담자는 대안을 분명하게 찾지 못하고, 흥분한 상태로 문제를 해결하려고 하기 때문에 자신의 문제를 자주 비효율적이고 극단적인 방법으로 해결하려는 경향이 있다. 또한 내담자는 분노관리사가 어떻게 반응하는지 관심을 기울이기도 한다. 따라서 분노관리사는 내담자가 제안하는 대안이 효율적인 것이든 비효율적인 것이든, 단순한 것이든 기이한 것이든 간에 떠오르는 모든 것을 기록한다. 또한 내담자가 제시하는 대안에 어떠한 비판이나 평가도 하지 말고 극단적인 생각이라고 강하게 반응하지 않는 것이 좋다. 단지 내담자가 말한 것을 적기만 한다.

내담자는 한두 가지의 좋지 않은 대안 행동을 내놓고 더 이상의 대안은 생각해 내지 못할 수도 있다. 이런 경우에는 다른 가능한 대안을 생각해 볼 수 있도록 친절하게 내담자를 격려한다. 예를 들면 다음과 같다.

> *"A씨, 당신이 집에 늦게 들어갔을 때 아내가 화를 냈다고 했죠. 그래서 당신이 할 수 있는 대안으로 내놓은 것 중 첫 번째는 당신이 아내에게 바보라고 하면서 조용히 하라고 말하는 것이었고, 두 번째는 아내를 무시하고 잠자러 들어간다는 것입니다. 그 외에 아내에게 말하거나 할 수 있는 다른 어떤 것이 없을까요?"*

대부분의 내담자가 계속해서 건설적인 대안을 찾을 수 있도록 격려한다. 이 예에서 주목할 것은 내담자가 찾아낸 2가지 대안이 극단적이라는 것이다. 하나는 직접적으로 대처하는 것이고, 다른 하나는 회피하는 것이다. 화가 난 내담자는 집에 늦게 들어오면서 어떻게 해야 할지를 계획할 때 서로가 동의할 수 있는 안을 만들고 설명하고 논의하는 것과 같은 대안적인 타협점을 찾기 어렵다. 당신은 "만약 다시 그런 일이 있어났을 때 그 문제를 해결할 수 있는 다른 방법이 있습니까?"와 같은 질문으로 대안을 찾을 수 있도록 도울 수 있다. 이를 통해 효율적이든 비효율적이든 일단 대안 목록이 만들어지면, 내담자에게 돌려주어서 확실하게 기록하였는지 확인하게 한 후 그 다음 단계로 넘어간다.

2) 각 대안의 결과 평가

내담자가 내놓은 각각의 대안이 가져올 수 있는 결과가 어떠한지 평가한다. 내담자는 각 경우에 따라 장단기적인 관점에서 실제로 일어날 수 있는 것이 무엇인지 생각해 본다. 예를 들면 다음과 같다.

> *"그래요, 당신의 어머니가 당신의 양육 방식에 대해 비난할 때, 그 반응으로 당신의 어머니가 양육할 때 잘못했던 것을 지적할 수 있다고 했습니다. 만약 당신이 그렇게 직접적인 반응으로 대응한다면 결과가 어떨 것 같습니까? 어머니가 어떻게 반응할까요? 만약 당신이 그렇게 한다면 장기적으로는 어머니와의 관계가 어떻게 될 것 같습니까?"*

내담자가 각 대안 행동의 결과를 더 신중하게 생각해 볼 수 있도록 의문을 제기하는 것도 분노관리사가 할 일이다. 일단 대안 행동을 했을 때 나타날 수 있는 결과에 대해 내담자가 말하는 것을 기록하라. 이 시점에서 당신은 내담자가 말하는 대안 행동의 목록을 따라가되, 그것에 대해 비난이나 비판은 하지 않도록 한다. 전체 목록을 다 훑어볼 때까지는 수용될 수 있는 것과 제거되어야 할 것을 구분하지 않는 것이 좋다.

이러한 태도로 대할 때, 대부분의 내담자는 일어날 수 있는 결과를 정확하게 평가할 수 있다. 그러나 내담자가 대안 행동의 결과를 정확하게 보지 못한다고 생각된다면, 논의와 토의를 통하여 그 결과를 평가해 볼 수 있다. 예를 들면 다음과 같다.

"B씨, 당신이 동료에게 당신의 부서 일 외에 동료 자신의 일에나 신경을 쓰라고직접적으로 말했다면 그가 당신의 부서 일에 덜 간섭하게 될 수 있습니다. 만약그 문제를 이렇게 해결했을 때 어떤 일이 일어날 수 있을까요?"

목표는 내담자와 협력하여 최상의 시나리오를 얻는 것이다. 우선 당신이 보았을 때 적절한 것이라고 판단된다면 다음 대안 행동의 결과를 파악한다. 예를 들면 다음과 같다.

"B씨, 당신이 어머니와 함께 시간을 보내지 않기로 결정했지요. 만약 당신이 그렇게 한다면 어떤 일이 일어날 수 있을까요? 장기적으로 봤을 때 어머니와 만나지 않는다면 당신의 인생에 어떤 일이 있을 수 있을까요? 더 넓게는 당신의 가족에게는 어떤 영향이 있을까요?"

각 대안 행동에 대한 결과가 파악되면 그것을 내담자에게 주어 읽어 보게 한다. 이는 내담자가 작성한 목록이 정확한지 확인해 보는 습관을 기르는 데 도움이 될 수 있다. 실제로 작성한 목록을 읽는 것이 더 중요한 이유는 각 대안에 대해 각각 다른 결과를 산출해 낼 수 있기 때문에 가능한 대안이 얼마나 되는지 보도록 하려는 것이다. 이러한 과정을 통해 내담자는 극단적인 반응과 적절한 반응을 구별할 수 있게 될 것이다.

3) 최적의 대체안 선택과 실제 실시

내담자가 작성한 목록에 동의하게 되면, 그 다음 단계에서는 대안 중에 최선의 행동으로 보이는 대안을 선택하도록 한다. 분노관리사는 내담자가 결정하도록 요구하는 것이 아니라 내담자가 선택할 수 있도록 질문을 던진다. 우선은 내담자가 기대하는 결과를 가져다주지 못할 것 같이 보이는 선택이 무엇인지 평가하는 것으로 시작할 수 있다.

> *"C씨, 이러한 대안이 아내와의 관계를 더 돈독하게 할까요? 혹은 더 많은 갈등을 일으킬까요?"*

보통 긍정적인 결과를 가져올 수 있는 두세 가지의 선택이 있는데, 이러한 선택 사항 중에서 반드시 하나를 선택해야 한다. 분노관리사가 명심해야 할 것은 당신의 내담자가 '최선의' 해결책을 선택하도록 하는 것이다. 이는 내담자의 대인 관계 기술의 수준에 달려 있다. 대안을 선택할 때 일어날 수 있는 흔한 실수는 가장 긍정적인 결과를 가져오는 대안을 선택하기는 하지만, 내담자가 그 역할을 적절하게 해낼 수 있는 기술이 없는 것이다. 예를 들어, 직장 생활이 즐겁지 않은 내담자를 상담할 때, 직장에서 책임 의식을 갖는 것이 최선의 선택이었다고 생각해 보자. 그러나 내담자가 책임 의식을 가져야 하는 이유를 알고 직장에서 받을 수 있는 비난에 적절하게 반응하는 것 등의 기술이 필요하다는 것을 받아들이지 못한다면 그 방법은 효과가 없다.

이러한 상황에서 내담자와 분노관리사는 두 가지 선택을 할 수 있다. 첫 번째는 내담자가 자신의 현재 사회 기술 수준에서 성공 가능한 대안을 선택하는 것이고, 두 번째는 내담자가 가장 원하는 선택을 성공적으로 달성하기 위해 필요한 기술을 습득하는 것이다.

4) 새로운 행동의 효과성 평가 및 실행

일단 행동의 방침이 결정되면, 내담자가 대안 행동을 하는 데 필요한 기술을 가지도록 한다. 그리고 마지막 단계는 행동을 평가하고 적응하는 것이다. 내담자는 의견 일치를 본 행동을 해 보고, 다음 상담에 와서 새로운 행동의 효과를 말하게 된다. 이것은 다양한 방법으로 실시될 수 있다. 내담자가 분노관리사에게 주요 정보를 보고하고 수용될 수도 있지만, 배우자나 자녀, 친구, 동료 등 주변 사람으로부터 더 많은 정보가 필요하다면 그들이 상담에 함께 오도록 할 수도 있다. 또한 어떤 내담자의 경우에는 분노관리사가 직접 그 행동을 관찰해야 할 수도 있다. 예를 들어, 학교, 직장, 교정 기관 혹은 집에서 분노관리사가 직접 관찰하는 것도 경우에 따라 가능하다. 이 같은 직접 관찰은 내담자가 새롭게 습득한 기술을 분노관리사가 직접 강화해 주는 기회를 제공한다. 특정 대인 관계 문제에서 성공한 경험은 다른 대인 관계 상황에도 적용할 수 있다.

5. 인지 재구조화 기술

1960년대 이래, 많은 과학적인 논문은 우울, 불안, 섭식 장애 등 내담자가 가지고 있는 다양한 문제에 대해 인지적인 개입을 사용하는 것을 지지하는 내용을 발표하였다. 여러 형태의 인지 재구조화는 Ellis(1962), Beck(1964)에 의해서 발전했고, 다양한 배경에 있는 치료자 사이에서 대중화되기 시작하였다. 인지 재구조화를 제안하는 사람들은 심리 치료와 장애에 관한 기본적인 이론을 받아들여, 치료의 효과성을 지지해 줄 수 있는 가치 있는 연구와 내담자와 함께 사용할 수 있는 도구를 확실하게 제공한다. 또한 그 연구들은 인지 치료가 효과적임을 지지해 준다.

여기에서는 인지 치료에 관한 기본적인 문제를 다루고, 특히 Beck의 관점에 초점을 두고자 한다. Beck의 인지 치료 모델은 내담자가 상황을 보다 정확하고 현실적으로 지각할 수 있도록 돕기 위해서 분노를 촉발시키는 대표적인 생각을 평가할 수 있는 기술을 가르친다. 그의 접근은 화가 난 내담자의 기본 가정과 핵심 신념을 정의하도록 하는 것이다. 한편 앞에서 분노 치료 프로그램으로 소개한 Ellis의 합리적 정서 치료 이론(REBT)은 일상생활에서 겪는 불행에 대한 반응으로서 인생관을 수용하고 이를 더 유연하게 발전시키도록 하는 것을 강조한다. 내담자는 어려움을 더 잘 견디고 요구가 줄어들게 됨에 따라 분노를 점차 덜 경험하게 될 것이다.

Beck의 인지 치료는 다음과 같은 가정에서 시작한다.

- 인간은 자신의 과거, 현재, 미래의 경험에 대해 끊임없이 인지하고 지각하며 생각하고 해석한다. 그들은 환경에 단순하게 반응하지 않고, 오히려 환경을 적극적으로 해석한다. 그러므로 인간은 그들의 사고에 대해서도 생각할 수 있다.
- 사건이나 경험에 대한 특정 사고 방식이나 사고의 본질은 감정과 행동을 넘어 강력한 영향력을 가진다.
- 시간이 지나면서 계속되는 초기의 사고는 자동적으로 나타나고, 유연하지 않다. 그래서 많은 인간의 기능처럼 대표적인 사고 반응은 뿌리가 깊어 우리가 쉽게 인식하지 못하게 된다. 그러므로 화가 난 내담자는 일상적인 사건이 일어났을 때 자신의 생각을 의식하지 못하는 것이다.
- 사고의 변화는 부적응적인 정서 경험과 표현 방식을 감소시킬 수 있도록 도울 것이다. 게다가 감정과 행동을 바꾸는 사고는 다른 수단으로 변화될 수 있지만 이러한 사고의 변화를 통해서 기능이 향상될 수 있다.
- 발달된 자각, 상념, 습관, 사고 패턴은 수정될 수 있다. 그러한 수정은 다른 사람과의 상호 작용 패턴과 화를 경험하고 표현하는 방식을 변화시킬 수 있다. 그러나 뿌리 깊은 사고와 경직된 사고는 피상적인 사고보다 바꾸기가 더 어렵다.

다양한 인지 이론가와 치료자는 여전히 이러한 기본 원리를 따르지만, 자신만의 접근법으로 분노한 내담자를 변화시킨다. 그러나 실제로 그들 간에는 유사성이 있다. 예를 들어, 화가 났을 때를 정의하고 인지적 개입을 시행하는 첫 단계에서는 내담자가 화가 났을 때 하게 되는 생각이 무엇인지를 평가한다. 비록 내담자가 분노와 관련된 다른 많은 사고를 가지고 있더라도 사고는 감정과 즉각적으로 관련된 것이 있다는 것은 인지 심리 치료를 시행할 때 매우 흥미로운 것 중 하나다. 이러한 사고의 일부는 의식적이고 지속적인 것이며, 내담자가 치료자

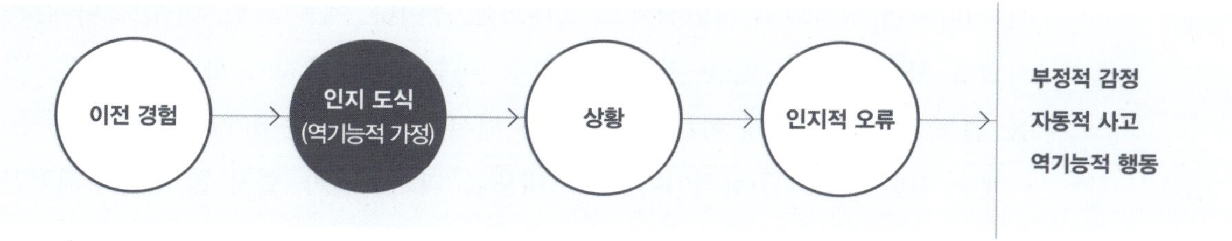

그림 9-1 Beck의 인지 모델

에게 보고하는 것이다. 다른 사고는 스치듯 지나가는 것으로, 의식적으로 자각할 수 있는 수준 아래에 있는 것으로 보인다. 이러한 전략은 분노관리사의 질문, 내담자의 자기 관찰, 역할 시연을 통해 이런 사고가 뚜렷해지도록 도울 수 있다(Howard & Raymond, 2002).

Beck의 인지 치료가 강조된 것은 실제 생활 사건에 대한 사고의 왜곡을 파악하고, 그것을 더 현실적이고 정확하게 지각하고 평가하도록 대체해 주는 것이다. [그림 9-1]의 Beck의 인지 치료 모델은 도식(인지 구조), 역기능적 가정, 인지적 오류, 자동적 사고라는 개념을 가정하고 있다.

1) 도식

우리의 마음속에는 도식이라는 인지 구조가 있다. 도식은 정보 처리와 행동의 수행을 안내하는 비교적 안정적인 인지적 틀로서 과거의 경험을 통해 형성된다. 한 개인은 도식을 통해 현실을 바라본다. 개인이 지각한 현실은 객관적인 사실이라고 할 수 없다. 현실 내의 여러 가지 자극들 중에서 도식에 부합하는 특정 자극에 선택적으로 주의를 기울이고 정보를 해석하여 처리하기 때문이다.

2) 역기능적 가정

역기능적 가정은 믿음, 규칙을 도식으로 이루고 있는 구체적인 내용으로 각 개인이 경험을 통해 자신과 타인 및 세상에 대해서 지니고 있는 일반적인 가정 중에서 지나치게 경직되고 극단적으로 절대화된 것이다. 예를 들면, 아무도 나 같은 사람을 사랑해 주지 않을 것이라는 가정, 나는 잘하는 것이 하나도 없다는 믿음, 친구 사이에 그렇게 이기적인 행동을 해서는 안 된다는 규칙과 같은 것이다.

매우 일반적이고 추상적이어서 그 내용을 파악하기가 쉽지 않지만 구체적인 상황에서의 구체적인 자동적 사고를 통해 그 모습을 드러내므로 자동적 사고를 통해 확인할 수 있다. 인지 치료에서는 자동적 사고를 파악하기 위해 구체적인 상황을 강조하는 이유가 바로 여기에 있다.

3) 인지적 오류

인지적 오류란 도식에 부합하는 부정적 경험의 동화 과정을 일컫는 말로서, 일단 도식의 내용을 이루고 있는 한 역기능적 가정이 활성화되면 현실을 제대로 지각하지 못하거나 사실 또는 의미를 왜곡하여 받아들이게 되는 것을 말한다. 대표적인 인지적 오류에는 파국화, 절대적이거나 당위적인 요구, 과잉 일반화, 독심술, 싸잡아 모욕 주기, 이분법적 사고, 성급한 결론, 과잉 확대 또는 과잉 축소, 감정적 판단, 나와 관련짓기 같은 것이 있다.

4) 자동적 사고

자동적 사고는 구체적인 상황에서 자동적으로 떠오르는 생각이나 영상, 상황이나 사건에 대한 즉각적인 해석으로, 어떤 의도나 의지 없이 자발적으로 나타나는 사고이자 역기능적 가정에서 나온 것으로서 도식에 의한 인지적 오류를 포함하는 정보 처리의 결과라고 볼 수 있다. 예를 들면, 친한 친구가 나에게 행동이 이상하다는 말을 했다고 하자. 사건이 발생하자마자 친구 사이에서는 듣기 싫은 말이나 행동을 하는 것이 아니라는 역기능적 가정이 활성화된다. 순간 머리 속으로 '친한 친구가 그런 말을 하다니, 배신자'라는 생각이 스치고 지나가면서 화가 나고 친구에게 공격적인 말과 행동으로 화를 표현하게 된다. 이 경우 당위적 진술과 이분법적 사고라는 인지적 오류가 자동적 사고로 표현되었다고 할 수 있다.

인간이라는 존재는 그들을 둘러싼 세상에 대해 끊임없이 사고하고 평가한다. 자동적 사고는 계속되는 내적 대화의 부분으로 누구에게나 자연스럽게 일어난다. 또한 자발적으로 일어나고 잠깐 스쳐 지나가며 의식적으로 자각할 수 있는 것이 아니다. 그리고 심상이나 기억의 형태로 존재하기도 한다. 대부분의 사람은 최소한의 노력으로 내적인 대화 중에 조율이 가능하며, 순간순간 일어나는 특정 사고를 정의할 수도 있다.

예를 들어, 당신은 처음 이 책을 접했을 때 사고의 형식으로 다음과 같은 자동적인 반응을 보였을 수 있을 것이다. "나는 이 책을 통해서 분노를 경험하고 있는 내담자를 더 잘 도울 수 있게 될 거야. 이 책은 반드시 내가 필요한 정보를 줄 거야"라는 긍정적인 생각이나 기대를 했을지도 모른다. 이런 경우 사고는 처음부터 끝까지 책을 읽는 행동뿐만 아니라 열정 같은 긍정적인 감정과도 관련된다. "이 책은 흥미로워. 이 책을 읽어 볼 거야"와 같은 자연스러운 사고는 중간 정도의 정서 반응과 약간의 동기와 관련이 있을 수 있다.

하지만 당신은 "내 성격은 상냥하고 감정이입이 잘되는 분노관리사의 모습에는 적합하지 않으니까 이 책은 분명히 나에게 도움이 되지 않을 거야"라는 부정적인 자동적 사고를 할 수도 있다. 물론 이러한 반응이 다른 사고로 반박되지 않으면, 당신은 책을 읽거나 추가적인 치료 기술을 발전시키기 위해 그 밖의 다른 것을 하지 않게 될 가능성이 있다.

화가 난 내담자와 진행하는 데 있어서 분노 관련 사건과 연관되어 있는 부정적이고 왜곡된 자동적 사고를 식별하는 것은 중요하다. 초기에는 내담자가 심하게 화내는 행동을 일으키는 사고에 주목하도록 돕는 것에 초점을 둔다. 더불어 화가 날 때 경험되는 자동적 사고를 정확하게 평가하는 것이 중요하다.

자동적 사고를 확인하고 논박하기 위해 역기능적 사고 기록 용지를 이용하여 자동적 사고를 기록하고 모니터해 볼 수 있다. 문제 상황에서 발생하는 자동적 사고를 사고 기록 용지에 기록하여, 그것들을 비판적으로 보는 시각을 길러 빨리 적절한 반응을 하도록 하는 것이 목표이다. 처음에는 상담자가 자동적 사고를 비판적으로 볼 수 있도록 도와주어야 하지만, 여러 번의 연습을 통해 내담자들은 자신들의 자동적 사고를 스스로 관찰할 수 있게 되고 합리적인 반응을 발달시킬 수 있게 된다.

학습과제

1. 분노의 문제 해결 모델의 각 단계를 설명해 보자.
2. 의사소통 능력을 분노를 관리하기 위한 방법으로 설명하고 그 방법을 제안해 보자.
3. 인지적 재구성 기술을 분노를 관리하기 위한 방법으로 설명하고 개입방법을 제안해 보자.

MEMO

CHAPTER

10

분노관리사

현대 사회에 들어서면서 분노는 필수적인 것이 되었다고 해도 과언이 아니다. 이에 맞서는 사회 정책으로서 지금이야말로 분노관리사가 새로운 직업으로 부상할 때이며, 이 분노관리사에게는 윤리나 도덕에 근거하는 역할 등 전문가로서의 자격이 필요하다.

+ 분노 관리 개념을 전문가의 시점에서 살펴본다.
+ 분노관리사의 역할을 검토한다.
+ 분노관리사의 윤리에 대해 논의한다.

사회복지, 심리, 임상 등 실천과 관련하여 여러 가지 실천 현장이 존재한다. 기본적으로 청소년 복지, 장애인 복지, 여성 복지, 아동 복지, 노인 복지 등 각 관련 기관에서 전문적으로 다루기도 하고 의료나 정신보건 분야에서도 실천이 이어지기도 한다. 분노 또한 사회 복지, 심리 또는 임상 실천에서 다루어져야 할 실천 영역 중의 하나이다. 이에 분노를 표현하는 내담자를 대상으로 한 분노관리사와 같은 전문가가 필요하게 되었다. 전문가는 보다 전문적인 지식과 기술을 습득해야 한다. 이러한 지식과 기술은 사회복지사 또는 심리치료사 등의 윤리 강령과 함께 실천 현장에서 발생하는 다양한 윤리적 딜레마와 마주했을 때, 윤리적 결정에 큰 기준을 제공하게 된다. 이에 이 장에서는 전문가 관점에서의 분노관리사의 개념, 분노관리사의 역할, 분노관리사의 윤리에 대해 살펴보고자 한다.

1. 분노관리사의 개념

1) 분노관리사의 정의

분노는 누구나 흔히 경험하는 정서 중 하나이지만, 분노 경향성에는 분명한 개인차가 있다. 분노를 경험하는 것과 분노라는 정서를 표현하는 것은 다른 개념으로 분노 수준이 비슷한 사람의 경우에도 그 대처방법은 다를 수 있다. 같은 수준으로 화가 난 경우라도 어떤 사람은 분노를 폭발하고, 어떤 사람은 분노를 가슴으로 삭이거나 심지어는 분노를 자각하지 못하기도 한다. 즉 분노 경험은 생리적인 반응과 더불어 느껴지는 정서적 상태인데 반해, 분노 표현은 그 화가 나는 느낌에 대한 개인의 대처방식이라는 행동적인 차원으로 볼 수 있다(안정미, 2013).

따라서 분노는 매우 분화된 인간의 정서 중에서도 핵심을 이루는 것으로, 개인이나 조직 혹은 사회의 적응이나 건강과 밀접한 관련이 있다. 분노는 내가 바라는 목표를 향해 나아가는 과정이 좌절될 가능성이 높거나 좌절되었지만, 그 상황을 반전시킬 통제력이 어느 정도 있다고 인식되는 상황에서 흔히 느낀다.

사람들은 분노감을 느낄 때 분노를 외부로 드러나지 못하면 억압된 분노로 남아서 내부에서 그 모습을 드러낸다. Spielberger(1985)에 따르면, 각 개인의 신체적인 특성과 성격의 특성에 따라 각 개인이 인지하는 위협에 반응하는 것이 다르고, 이에 따라 분노를 얼마나 자주, 언제 그리고 어떠한 방식으로 표현하는가가 결정된다. 즉, 그 사람의 성격과 유전적 특징, 성차, 가족 환경, 사회 환경 등에 따라 분노나 분노 반응 전략이 달라진다는 것이다.

분노관리사는 이와 같이 다양한 형태의 분노 표출을 하는 내담자를 대상으로 분노 관리를 하는 심리 또는 정신치료사이다. 따라서 심리 치료, 인지 치료, 행동 치료 등 다양한 치료에 대한 지식과 기술을 습득하여야 한다. 또한 분노관리사는 전문가로서의 전문직 윤리를 숙지하여야 한다.

하지만 분노관리사에 대한 용어 정의조차 없는 현 시점에서 이에 대한 모든 것을 망라하는 것은 매우 어려운 작업이다. 이에 여기에서는 심리치료사 또는 정신보건사회복지사의 내용을 토대로 분노관리사에 대한 역할과 전문가로서의 윤리 등을 제시하고자 한다.

2) 전문적 업무 개념

전문직(profession)의 어원은 라틴어의 'profettus'로 '공포한다', '신앙을 고백하다', '주장하다', '대학에서 가르치다'의 뜻을 지니며, 독일어의 'freier beruf'로

'자유 직업', '자유 전문 직업'으로 해석할 수 있다. 또한 웹스터(webster) 사전에서는 "엄밀한 의미에서 상업적, 기계·공업적, 농업적 또는 이와 유사한 것과는 다른 성격을 가진 사람들이 전문적으로 종사하는 하나의 직업인 동시에 그것을 하나의 소명(calling)이며, 그것으로 인해서 어떤 사람들이 다른 사람들에게 특별한 지식을 획득하고 있음을 선언하는 일"로 정의하고 있다.

한국표준직업분류에 의하면, 전문가란 물리, 생명 과학 및 사회 과학 분야에서 높은 수준의 전문적 지식과 경험을 기초로 과학적 개념과 이론을 응용하여 해당 분야를 연구, 개발 및 개선하거나, 고도의 전문 지식을 이용하여 의료 진료 활동과 각급 학교 학생을 지도하고 사업, 법률 및 사회 서비스를 제공하여 예술적인 창작 활동을 수행하는 직업 등을 포함한다.

일반적으로 전문직이라고 하면 어느 특정 분야에서 전문적 활동을 할 수 있는 이론과 기술을 갖춘 스페셜리스트(specialist)로 이해할 수 있다. 또한 전문직은 전문 조직을 활용하고 공중에 대한 신념, 자기 규제, 소명 의식, 전문적 자율성, 특수한 능력과 기술 실천가, 서비스 개발에 대한 관심, 개인적인 책임을 가져야 한다.

전문직은 첫째, 체계적인 지식과 기술을 오랜 교육과 훈련 기간을 통해서 습득하고, 둘째, 습득된 기술로 인해 얻어진 집단에의 동일시된 고유 문화가 있으며, 셋째, 그 지식과 기술이 자격 시험의 합격으로 지역 사회로부터의 권위를 인정받고, 넷째, 이 권위의 인정으로 자율성(autonomous)이 보장되고, 다섯째, 자율성과 더불어 책임과 의무를 부여하는 윤리 의식을 갖고 있으며, 여섯째, 지식과 기술이 사회적으로 유용하게 쓰이는 것으로 인해 일반 숙련공과는 다르다(김경애 외, 2015).

2. 분노관리사의 역할

1) 분노관리사의 핵심적 직무

분노를 표출하고 이를 행동으로 옮겨 사회적 문제를 양산하는 분노 가해자의 심리적·행동적 문제를 다루는 분노관리사는 다음과 같은 기본적인 지식과 기능이 요구된다.

① 심리학의 기초 이론

인간 성장 발달을 이해하는 기초 학문

② 분노 가해자의 특성에 관한 이론

분노의 원인, 증상, 결과, 이론에 관한 지식을 분노 가해자의 분노 관리에 연관시키는 능력

③ 상담에 관한 기초 이론과 실습

분노 가해자의 사회적·심리적 문제를 해결하기 위한 행동 수정이나 그 밖의 상담기법을 이용하여 그들을 다루고 관련자들을 가르치는 능력

④ 심리 평가

분노 가해자 분류와 관련된 심리 검사 도구와 검사 도구의 한계 인식

⑤ 현장 실습

분노 가해자를 위한 프로그램이나 실습에 참여

⑥ 관련자 교육

분노 가해자의 치료 과정에 대해 알고 싶어 하는 관련자에게 분노를 완화할 수 있는 방법을 지도, 상담하는 능력

⑦ 핵심적 기능

- 분노 가해자에 대한 인테이크
- 분노 가해자 및 관련자에 대한 욕구 사정
- 분노 가해자에 대한 계획 수립
- 분노 가해자에 대한 개입
- 분노 가해자에 대한 평가 및 피드백
- 개인, 가족, 집단에 대한 직접 서비스와 치료
- 사례 발견 및 탐색 활동
- 정보 제공과 의뢰
- 분노 가해자의 권리와 자격의 보호
- 분노 가해자의 신체적·정신적 건강의 촉진과 유지
- 분노 가해자의 예방적·치료적·재활적 조치
- 분노 가해자와 관련한 자료의 관리

2) 분노 관리의 기본 전제

(1) 인간으로서의 내담자

분노 가해자의 상황이 어떠하든지 간에 그들은 독자적인 인성을 소유하고 있다. 동일한 분노 특성을 보이는 사람들에게 있어서도 그 의미는 다르게 받아들여진다. 각 개인은 내담자이기 이전에 존엄성을 지닌 인간이며, 또한 그가 관계하는 사회 구성원의 일부로 보아야 할 것이다.

(2) 전인적인 치료 체계

인간은 신체적, 정신적, 사회적 존재이다. 이 모든 요소들은 상호 영향을 주고받으므로 분노를 이해하는 데 있어서, 이들 3요소의 복합적인 반응을 통합적인 관점에서 이해할 수 있어야 치료에 올바르게 접근할 수 있다.

(3) 분노에 대한 내담자와 가족의 반응

인간은 환자로서 진단이 내려지면 다양한 심리적 반응이 나타나게 되며, 이러한 심리적 정서 반응이 질병을 부인하거나 부정적인 양상을 보여 진료를 저해하거나 방해할 수 있다. 이에 분노 가해자를 환자의 병전 성격(pre-morbid personality)으로 이해함과 동시에 분노에 대해 긍정적이고 바람직하게 대처하여 건강 회복에 적극적 참여자가 될 수 있도록 지지해야 한다.

3) 분노관리사의 역할

(1) 심리평가자의 역할

분노관리사의 가장 중요한 역할로서, 분노관리사는 심리 검사나 교육 검사, 행동 관찰 등의 여러 가지 방법을 동원하여 분노 가해자가 왜 그러한 특성을 나타내며, 어떤 상황에서 특정한 행동이 나오는 가에 관한 정보를 수집하고 해석하는 역할을 수행한다. 대부분의 지능 검사가 정상인 또는 문제 행동자를 대상으로 만들어졌으므로 특별한 요구가 있는 분노 가해자에게 실시할 수 있는 검사는 찾아보기 어려운 실정이다. 따라서 분노관리사는 분노 가해자와 관련자의 특성에 대해 이해하고 심리 검사에 대한 다양한 지식을 갖고서, 그들 개개인에게 맞는 검사 항목을 구성하여 각 검사들에서 나온 결과를 종합하고 해석하는 능력을 가지고 있어야 한다.

(2) 치료자의 역할

분노관리사는 심리치료사와 같이 심리 검사, 면접, 행동 관찰 등에서 나타나는 대상자의 독특한 요구를 만족시켜 주기 위한 치료 프로그램에 자문할 수도 있고, 직접 치료에 임할 수도 있다. 다리가 부러진 사람을 병원에 보내어 치료하는 것처럼, 심리적인 문제나 행동 문제를 갖고 있는 내담자를 전문적인 심리치료사에게 보내어 치료받게 한 다음에 다시 기관으로 되돌릴 수도 있다. 하지만 어느 특정 치료 한 가지 기법만으로 모든 내담자의 행동 문제를 치료할 수 있다고 단정 지을 수는 없다.

(3) 정신 보건인에 대한 조력자의 역할

분노 가해자를 치료하는 데 필요한 사회적, 경제적 배경과 가족 배경을 조사하고, 분노 가해자 또는 분노 피해자의 사생활에 대한 정보를 수집하여 의사에게 알려준다. 그리하여 의사로 하여금 그들을 전인적으로 이해하도록 조력하는 역할을 한다.

(4) 분노 가해자의 가족에 대한 역할

분노 가해자의 정서적이고 육체적인 욕구를 그 가족원들이 이해할 수 있게 하며, 그 가족원들이 그들의 가정 복귀 계획을 받아들이고 그들의 책임을 이행할 수 있도록 돕는다.

(5) 분노 가해자에 대한 역할

- 분노 가해자의 정서적 또는 개인적 문제를 다루는 데 있어서 그를 돕기 위해서 적합한 상담 요법의 형태로 케이스 워크 서비스를 제공한다.
- 처방된 치료나 혹은 질병으로 인해 분노 가해자를 제한 또는 구속하는 것을 그들이 받아들일 수 있도록 돕는다.
- 분노 가해자의 잠재적인 능력을 최대로 개발하기 위해 지역 사회 자원 활용, 또는 사회적 환경에 적응하게 하는 관점을 가지고 그들의 미래 계획을 돕는다.

(6) 사후지도에 대한 역할

분노가 완화된 이후 가정이나 사회에서 분노 가해자가 어떻게 적응하고 있는지, 정상적인 사회인으로 기능하고 있는지를 살펴보고, 적절한 서비스를 제공한다. 또한 가정이나 지역 사회로 그 환경이 바뀐 그들의 회복 상태와 욕구를 평가한다.

(7) 교육 훈련에 관한 역할

분노관리사 자격증 과정을 학습하는 학생의 실습 지도와 새로 들어온 직원의 교육 및 재교육의 역할을 담당한다.

3. 분노관리사의 윤리

1) 직업 윤리의 필요성

전문직을 가지고 실천하는 전문직 실천가들에게는 그들의 활동을 이끌어 주는 특별한 규범과 윤리적 원칙이 필요한데, 그 이유는 사람들 사이에 해결하거나 결정해야 할 사항이 많이 있으며, 사회적으로도 큰 영향력을 끼치는 경우가 많기 때문이다. 또한 전문직에 종사하는 사람들에게는 윤리적 결정을 해야 하는 경우가 많이 생긴다. 전문가의 윤리는 바로 이런 면에서 그들에게 올바른 지침을 제공해 줄 수 있으므로, 전문적 지위를 추구하는 사람들은 전문적 윤리를 개발하고 적용하고 있다.

실천의 현장에서 전문직이 사회적으로 윤리적 갈등을 일으켜 문제가 될 소지는 다양하다. 첫째, 전문직은 과학적이고 철학적인 지식에 의존하게 됨으로써 일반직이나 사회 구성원들로부터 특수한 전문적 활동을 기대하게 되고, 고차원적인 직업윤리를 갖도록 강요받을 수 있다. 즉, 전문적 지식과 인격성이 합치하지 않을 수 있으며, 이러한 갈등은 전문가에게 긴장을 일으키게 한다. 둘째, 장기간의 교육과 실습 기간을 거치게 됨으로써, 이로 인해 경제적 시간적 투자가 많이 발생하고, 이는 가족의 기여나 개인의 노력 그리고 지식을 전수받는 과정에서의 윤리성도 필요한 것이다. 셋째, 전문직은 일반 사회에 대하여 지도성을 발휘하게 되는데, 이는 전문직 자신의 영리적 활동과 윤리와의 관계에 있어서 갈등을 유발할 수 있다. 전문직은 한편으로는 봉사자로서의 위치와 지도자로서의 위치를 동시에 갖추게 됨으로써 진정한 리더십을 구현하는 데 윤리적 갈등이 초래되는 것이다. 넷째, 전문직은 일정한 성문화된 법률적 지위를 향유하게 됨으로써 자신의 행위에 대해서는 자율적인 윤리 체계가 필요하다는 것이다. 전문직의 성문화된 지위는 전문직의 업무 영역을 법적으로 옹호해 준다는 역설적인 면이 있고 타인들은 침범할 수 없는 독특한 영역을 구축하게 되는 것이다. 따라서 올바른 윤리적 지침이 없을 경우 하나의 이익 집단으로 변질될 수도 있는 것이다.

오늘날 매스컴에서는 기업체나 정부에서 자행하는 비윤리적 행위나 위법 행위, 각 개인의 범법 행위 등을 자주 보도하고 있다. 또한 과학자, 의사, 변호사, 회계사 같은 전문직에 의해 저질러지는 비윤리적 행위도 마찬가지다. 일반적인 윤리뿐만 아니라 특히 전문적인 실천가를 위한 윤리는 최근 들어 높은 관심의 대상이 되고 있다. 모든 인간에게는 윤리적 지침이 필수이다. 그래서 최근의 전문가 윤리는 첨단 과학과 과학 혁신, 그리고 전문화 경향으로부터 인간의 가치와 도덕적 관심을 회복시키려는 열망을 강조하고 있다(김경희 외, 2015).

2) 분노관리사의 윤리

도덕과 윤리는 서로 혼용되어 사용된다. 도덕은 인간의 행위에서 무엇이 옳고 그른지에 대한 개념으로, 사람들이 행해야 하는 것과 행하지 말아야 하는 것에 대한 기본적인 사회의 가르침이다. 도덕은 주로 주변의 가족이나 동료, 사회 등으로부터 학습된다. 이와 비교하여 윤리란 사람이 사회적 관계에서 마땅하게 행동하거나 지켜야 하는 도리를 말하는 것으로 사회의 도덕과 가치에 기반을 두고 있으며, 우리는 살아가면서 이러한 윤리를 지켜야 한다. 즉, 분노관리사가 분노 치료를 수행하여 대상자가 인간다운 삶을 영위할 수 있도록 도움을 줄 수 있어야 하며, 분노관리사는 윤리를 기본으로 하여 모든 업무를 수행해야 한다. 또한 분노관리사는 인간을 대상으로 하기 때문에 인간으로서 대상자의 존엄성을 인정하고 존중해 주는 윤리성을 지녀야 한다.

분노관리사가 실무에서 분노 치료를 수행할 때에는 흔히 윤리성을 기반으로 하는 윤리적 의사 결정을 해야 하는 상황에 접하게 된다. 하지만 이러한 상황에서 윤리적 의사결정을 해야 하는 문제에 대해 분노관리사들이 어떻게 대처해야 하는지 잘 알지 못하며 그렇기 때문에 어려움을 겪는다. 분노관리사는 그들이 지녀야 할 윤리에 대한 체계적인 교육과 훈련을 받지 않은 경우가 많기 때문에 개인의 일반 상식으로 문제를 해결하려는 경우가 많다.

하지만 인간을 대상으로 업무를 수행하는 분노관리사는 윤리성을 바탕으로 발생 가능한 문제를 해결하는 모든 판단과 행동을 해야 한다. 그렇기 때문에 분노관리사는 올바른 윤리 의식과 윤리적 의사 결정에 필요한 윤리적 기준을 가지고 있어야 한다. 따라서 분노관리사는 대상자에게 치료 업무를 제공하면서 겪게 되는 윤리적 문제를 해결하기 위해 다음과 같은 윤리적 원칙이 필요하다.

(1) 자기 결정의 존중 원칙

자기 결정권이란 개인이 스스로 선택한 계획에 따라 행동 과정을 결정하는 행동 자유의 한 형태이다. 자기 결정권은 윤리 문제를 해결하는 데 중요하게 작용하는 개념이다. 따라서 자기 결정권 존중의 원칙이란 분노 가해자의 권리와 스스로의 삶을 결정할 권리를 존중하는 것으로 그들의 자율성을 최우선으로 존중해야 하는 것을 의미한다. 이것은 분노관리사가 어떠한 요양 보호 업무를 수행할 때 대상자가 원하는 바에 따라 그 서비스를 철회하거나 중단할 수 있는 근거가 된다.

다음은 자기 결정의 범위이다.

① 치료 과정

상담 과정에서 그들의 치료 과정에 나타날 생활에서의 좌절과 혼란, 그로 인한 변화를 상세히 묘사하는 것은 힘들지라도 일반적인 사고는 알릴 필요가 있다. 어떤 분노 가해자는 좌절의 위험보다 오히려 한정된 지식을 원할지도 모른다. 그리고 초기 단계에서 재정 비용이나 개인적 사항에 관해 적절한 방법으로 솔직하게 논의되어야 한다. 분노 가해자는 자기 결정을 위해 치료 절차와 치료 목표에 관한 지식을 가져야 한다.

② 분노관리사의 정보 제공

분노관리사의 전문적 발달 과정을 밝히는 것으로 분노 가해자가 전문가의 서비스를 이용하도록 원조하는 최고의 방법이다. 분노관리사는 분노 가해자에게 그들의 훈련과 교육, 특별한 전문적 기술, 다루어 왔던 문제와 분노 가해자의 형태 등에 관해 제공하여야 한다. 만일 상담이 인턴이나 준전문가에 의해 제공된다면 그것도 알려주어야 한다.

③ 치료 비용

분노 가해자의 권리에는 합리적인 재정적 동의가 포함되어 있다. 따라서 초기 단계에서 스케줄에 따른 모든 비용에 관한 정보를 제공하여 동의가 되어야 하고, 불필요한 진단이나 치료가 없어야 하며, 예기치 않은 비용은 없어야 한다는 것이다. 비용 부분은 미묘해서 초기에 명확하게 하지 않으면 분노 가해자와 분노관리사 사이의 관계에 영향을 미칠 수가 있다. 따라서 비용에 관한 고지된 동의는 분노 가해자와 분노관리사 사이의 치료 관계에 영향을 미치는 중요한 문제이다.

④ 치료 범위

어떤 분노관리사는 분노 가해자에게 대략적 치료 범위를 논의할지도 모른다. 또 다른 분노관리사는 치료가 전형적으로 복잡하고 기간이 오래 걸리며, 오래 기다려야 하므로 이론적 범위에서 논의할지도 모른다. 이들 분노관리사는 분노 가해자의 개인차로 인해 예견하는 것이 불가능하므로, 초기 단계에서 하려고 하지 않을지도 모른다. 그럼에도 불구하고 분노 가해자는 치료에 참여함으로써 최선의 이득을 인식할 때 종결한다는 기대에 관한 권리를 가진다. 종결에 관한 논의는 분노관리사와 분노 가해자 사이에 개방하여 전개되어야 하는 것이다.

⑤ 동료의 자문

일적으로 학생이나 신입 분노관리사들은 상담상의 문제나 과정을 슈퍼바이저에게 규칙적으로 자문을 얻는다. 상담가를 위해서는 상담 과정 중에 일어나는 사항을 슈퍼바이저나 다른 동료에게 이야기하는 것은 좋은 정책이지만, 분노 가해자에게는 상담 과정을 다른 사람들이 이야기한다는 측면이 되므로, 이러한 가능성을 분노 가해자에게 허락받아야 한다.

⑥ 분노 가해자의 파일에 접근할 수 있는 권리

윤리적이고 법적인 문제 사이의 갈등은 분노 가해자의 파일과 기록을 볼 수 있는 분노 가해자의 권리를 허락하느냐의 여부이다. 분노 가해자에게 그들의 파일을 보여준다는 것은 정신 건강, 상담, 재활, 교육의 분야에 영향을 주고 있는 고객 권리 운동의 측면이다. 의료 부분에서 법적 문제를 줄이는 하나의 방법은 분노 가해자의 의료 기록을 분노 가해자에게 허락하는 것이다. 그러한 접근으로 제공되는 피드백은 분노 가해자와 분노관리사에 있어 가치 있는 일이 될지도 모른다.

⑦ 진단적 낙인을 허락할 권리

분노 가해자와 파일을 공유하는 데 있어 주요 장애물은 심리학적 서비스를 보상하기 위해 분노 가해자에게 필요한 진단적 분류이다. 대부분의 분노 가해자는 낙인을 원하지 않지만 자료 제공 시 필요한 경우도 있다. 분노 가해자의 기본적 권리 중의 하나는 심리학자와 정신 의학자에 의해 분류되는 데 있어 선택의 자유이다. 심리학자는 분노 가해자의 재보증의 목적을 위해 진단될 때 분노 가해자의 동의를 획득해야 한다고 한다. 만일 치료 절차상 공식적 진단이 분노관리사와 분노 가해자의 관계에서 포함된다면, 분노 가해자의 상태에 관해서 분노 가해자와 충분한 논의가 되어야 한다.

⑧ 테이프 기록과 비디오 촬영

많은 기관이 훈련과 슈퍼비전의 목적을 위하여 상담의 기록을 요구한다. 분노 가해자는 초기 단계에서 이러한 절차에 관해 동의할 권리가 있다. 그리고 기록이 왜 필요하며, 그것이 어떻게 사용되고, 누가 그것을 볼 것인지에 관해 이해하는 것이 중요하다. 종종 분노관리사는 기록을 통해 경청 자료를 얻고, 동료로부터 자문을 얻고 다시 분노 가해자에게 피드백을 줄 수 있다. 하지만 만일 그렇게 한다면 반드시 분노 가해자의 동의를 얻어야 한다.

⑨ 개인적 관계와 고지된 동의

분노관리사가 슈퍼바이저, 학생, 고용인, 동료, 밀접한 친구, 분노 가해자와 관련된 사람을 받아들이기 전에 이중 관계로 알려진 것과 관련될지도 모르는 예기되는 분노 가해자의 문제에 관해 논의하는 것은 필수적이다. 이중 관계는 윤리적 문제와 관련되어 분노관리사에게 스트레스를 준다. 분노 가해자는 근본적으로 분노관리사가 그들의 복지에 관심을 가질 것으로 기대하는 권리를 지닌다. 이러한 관심은 치료적 거리나 책임성의 정도에 따라 부과된다. 그것은 또한 분노관리사가 역전이를 인식할 것이라는 것으로 부과된다.

⑩ 전통적 치료의 대안

분노 가해자는 대안적 원조 체계에 관해 알 필요가 있다. 따라서 분노관리사는 분노 가해자에게 대안 치료가 될 수 있는 지역 사회 자원에 관한 지식을 가져야 한다. 예를 들어 개인적 자조 집단, 개인-효율성 훈련을 위해 계획된 프로그램, 동료 자조 집단, 위기 개입 체계, 또 다른 제도 원조 체계 등이다. 치료와 대안 치료의 논의에서 어떤 분노 가해자는 대안 치료를 선택할 수도 있지만, 분노 가해자가 치료를 선택하는 결정을 재강화시켜 줄 수도 있다.

(2) 무해성의 원칙

무해성의 원칙이란, 우리가 타인에게 의도적으로 해를 입히거나 해를 입힐 위험이 있는 행위를 하지 말아야 한다는 원칙이다. 즉, 어떤 행위의 결과가 다른 사람에게 해를 끼칠 수 있다면 그 행위를 삼가야 한다는 것을 뜻한다. 요양원에 노부모를 모시고 있는데, 자녀 중 한 사람이 분노 가해자로부터의 폭행으로 인해 사망한 경우, 요양원에 계신 노부모가 충격을 받을 것을 염려하여 자녀가 그의 죽음을 알리지 말아 달라고 부탁하는 것은 이러한 무해성의 원칙이 드러난 예이다.

무해성의 원칙을 분노관리사의 입장에서 해석해 보면, 분노관리사가 분노 관리 업무를 수행하면서 내담자에게 어떠한 신체적, 정신적으로 피해를 주어서는 안 된다는 의미로 볼 수 있다.

(3) 선행의 원칙

선행의 원칙은 대상자에게 이득을 제공한다는 것이다. 선행의 원칙은 선을 목적으로 적극적으로 시행되어야 한다는 원칙인데, 단지 선을 목적으로 이루어져야 한다는 내용만을 의미하는 것이 아니라 악을 미리 예방하는 적극적인 선의 실행도 함께 포함한다. 그러나 선행의 원칙은 적극적인 선의 실행을 요구하기 때문에 때로는 공평성의 원칙이 지켜지지 않는 경우도 있다.

무해성의 원칙과 비교한다면 무해성의 원칙이 타인에게 피해를 주지 않는 범위까지라면, 선행의 원칙은 이보다 더 넘어선 대상자를 적극적으로 도와주는 행동이 요구된다는 범위까지를 말하는 것이다.

(4) 정의의 원칙

정의의 원칙은 공정함과 공평함에 관련되는 것으로 각자에게 각자의 몫을 돌려준다는 원칙이다.

학습과제

1. 분노관리사가 전문가로 분류되는 이유를 설명해 보자.
2. 상담이나 치료의 관점에서 분노관리사의 역할을 설명해 보자.
3. 분노 관리에 관한 윤리적 딜레마에 대해 논해 보자.

PART 3

분노 관리 프로그램 기술

CHAPTER

11

분노 관리 프로그램 기술

최근 분노는 모든 감정 장애의 근원이라는 인식과 함께, 분노 관리 프로그램에 대한 관심이 높아지고 있다. 요즘 분노 관리 치료 프로그램으로 자주 등장하는 감정적 행동요법, 분노 억제 프로그램, 분쟁 해결 프로그램 등을 살펴보자.

+ 합리적 정서 행동 치료 프로그램을 살펴보자.
+ 분노 조절 프로그램을 살펴보자.
+ 갈등 해결 프로그램에 대해 논의해 보자.

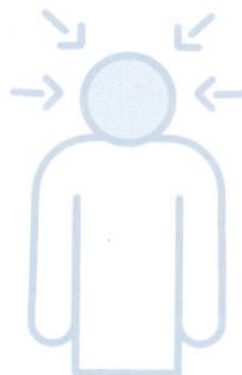

급격한 생활의 변화 속에서 살고 있는 분노 가해자와 피해자 등의 내담자들은 사회적 부적응, 부조화, 불균형과 더불어 충격적이고 파괴적인 스트레스, 적대감, 격분, 공격성으로부터 고통을 겪고 있다. 분노로 인한 부정적인 영향은 개인과 사회의 갈등과 범죄의 증가를 초래한다. 이들 내담자들은 외상 후 스트레스 장애(PTSD, Posttraumatic Stress Disorder)와 급성 스트레스 장애(ASD, Acute Stress Disorder)를 치료하기 위해 다양한 분노 조절과 분노 치료 프로그램을 적용하고 있다. 이에 이 장에서는 보편적으로 빈번히 활용되는 합리적 정서 행동 치료 프로그램, 분노 조절 프로그램, 갈등 해결 프로그램에 대해 살펴보고자 한다.

1. 합리적 정서 행동 치료 프로그램

1) 치료 목표

- 바람직하지 못한 행동 제거
- 긍정적 행동을 증가시키는 것에 초점

2) 치료기법

(1) 합리적 정서행동 치료 개요

이 치료기법은 '인지 행동 수정 치료 프로그램'이라고도 하며, 자기 파괴적인 관점을 최소화하고, 삶에 대해 좀 더 현실적인 인생 철학을 갖도록 돕는 것이다. Ellis에 의해 제시된 합리적 정서 행동 치료는 A-B-C-D-E 모형에 따라 움직인다.

- A : 개인의 삶에 일어나는 촉발적 사건(activating events)
- B : A에 대한 신념과 사고(beliefs and thoughts)
- C : B의 결과로 뒤따르는 감정과 행동(consequential emotions and behavior)
- D : 비합리적인 신념 논박(disputing the irrational belief)
- E : 그 결과로 뒤따르는 효과적인 새로운 인생 철학(effective new philosophy of life)

(2) 문제 해결 기술 훈련

이 프로그램에서의 문제는 직접적으로 효과적인 반응이 존재하지 않는 일련의 조건들을 의미한다. 즉, 문제는 박탈 상태에 있는 사람이 이전에 강화되었던 행동을 방출할 수 없는 경우에 발생한다. 예를 들어, 배고픈 사람이 이전에 음식으로 강화되었던 행동을 방출할 수 없다면, 그는 문제에 당면한 것이다. 따라서 사람들은 그것을 해결하기 위해 반응이 발생할 때까지 자신을 변화시키거나 상황을 변화시켜야 한다. 이러한 변화를 일으키는 과정을 문제 해결 과정이라 부르고, 그것이 촉진하는 반응을 해결이라 한다.

인지행동주의적 차원에서의 문제 해결이란 매일의 삶 속에서 만나는 문제를 확인하고 발견하고 효과적으로 개입하거나 적응하는 인지적-정서적-행동적 과정이라고 할 수 있다. 문제 해결의 목표는 부적응적인 반응을 일으킨 선행 사건이라는 생활 문제를 고려해야 하는 것이다. 인지행동주의에서는 선행 문제가 정의하기 어렵거나 변화하기 어려울 때만이 부적응적인 반응이 나온다고 본다. 이에 따라 문제에 대한 명확한 정의와 구체적 대안의 탐색으로 문제 해결을 할 수 있다.

(3) 자기 지시 훈련 기술

- 스스로 큰 소리로 자신에게 지시하면서 수행한다(명백한 자기 안내).
- 스스로에게 속삭이면서 과제를 수행한다(덜 명백한 자기 안내).
- 개별적으로 자신에게 지시하면서 머릿속으로 과제를 수행한다(은밀한 자기 제시).

(4) 자기 대화 관리하기

자기 대화란 스스로에게 주는 메시지를 말하며, 이렇게 스스로에게 말하는 것에는 경험에 대한 자신의 독특한 해석을 반영하고 있다.

① **1단계** 지금 바로 자신의 생각과 느낌이 무엇인지 명확히 한다.

질문 : "당신이 느끼고 생각하는 것을 다시 한 번 이야기해 볼까요?"

② **2단계** 자신의 자기 대화를 되뇌어 본다.

사고에 있어 극단적인 것에 귀를 기울인다. 절대 아니다, 할 수 없다, 항상, 모든, 완전히 등과 같은 단어의 사용에서 찾아볼 수 있는 극단적인 사고에 주의를 기울인다.

질문 : "자신의 대화를 살펴보죠. 스스로 말한 것을 확인해 보세요. 극단적인 언어가 아닌지 이 모든 것이 사실인지 살펴보지요?"

③ 3단계 자신의 상황을 객관적인 현실로 살펴본다.

사실이 확인되면 긴장을 풀고 숨을 깊게 쉰다. 그리고 사실들을 3번 크게 되풀이한다.

질문 : "자, 긴장을 풀고, 다시 한 번 소리 내어 3번 반복하세요."

④ 4단계 당신이 사실을 직시하고 부적절한 용어의 사용을 피할 때, 당신은 다르게 느끼게 될 것이고, 상황이 전처럼 나쁘지 않다는 것을 알게 되는 것이다.

질문 : "자기 대화를 바꿔 보니 어떻게 느껴지세요?"

⑤ **5단계** 상황에 대한 사실을 명심하고 당신이 할 수 있는 것이 무엇인가를 고려한다.

> 질문 : "우리 감정이란 자신의 경험에 대해 스스로 말한 것에 따라 반응합니다. 이렇게 바꾸고 나니, 당신이 인정한 것처럼 그렇게 나쁜 상황이 아니라는 것을 알게 되었죠? 자, 이제 구체적인 대안을 생각해 보고, 계획을 세워 봅시다!"

(5) 이미지 안내 기법

이미지 안내 기법은 이완된 상태에서 가장 흔히 사용된다. 여러 가지 방법이 있는데, 최면 유도, 명상, 머리부터 발끝까지 하는 근육 체계의 점진적 이완, 조용하고 유쾌하며 편안한 상황을 상상하는 것, 호흡에 집중하거나, 다른 생각을 떨쳐 버리고 "나는 편안하다"라는 말에 집중하는 것, 근사한 휴양지 혹은 지난 기억을 회상하는 것 등이다. 이런 상상은 몸을 편하게 해 주고 근육의 움직임, 생각을 자제시켜 준다. 따라서 정신적인 이미지의 힘이 자신을 지배하게 한다. 이미지 안내 기법 중의 하나인 가시화 기법은 클라이언트가 걱정을 야기하는 특정한 사건을 반복적으로 상상하고, 그것을 효과적으로 처리하기에 필요한 단계들을 마음속으로 연습함으로써, 이러한 사건들을 처리하도록 자신을 준비하는 방법을 배운다. 상상하는 것도 행동과 활동의 하나라는 점이 중요하다. 생생하고 세밀하게 상상할수록 더욱 좋다. 많은 개인들에게 가시화는 사건에 대한 공포를 감소시키고, 그들이 해야만 한다고 알고 있는 것을 할 수 있도록 능력에 대한 확신을 심어준다.

이러한 가시화 방법은 '공포가 되는 상황의 연상 → 이완을 위한 명상, 이미지화, 근육이완 → 가능한 대안 연상 → 다시 이완'의 방법으로 가능한 한 확신을 갖도록 도움을 줄 수 있다.

(6) 행동 실험

행동 실험은 클라이언트의 사고나 가정의 타당성을 직접적으로 검증하는 중요한 평가 기법으로 단독으로 사용되거나 소크라테스식 질문과 같이 사용될 수 있다. 사고와 내용에 따라 치료자가 상대역으로 역할 연기를 하거나 실제로 전화를 걸어 보거나 구인 광고를 살펴보고, 두려워하는 상태를 직접 연기해 보고, 두려워하는 상황에 함께 가 보거나 이완기법을 이용하는 등의 방법으로 이루어진다.

(7) 대처 카드

대처 카드는 가로와 세로가 3×5인치 정도 되는 카드로, 클라이언트의 손이 쉽게 닿는 곳에 붙이거나 보관하며, 이를 규칙적으로 읽거나 필요할 때 읽게 한다.

(8) 점진적 노출

목표를 여러 단계로 나누어 안도감을 갖고 과제에 임하게 함으로써 성취하는 경험을 준다.

(9) 사회성 훈련

사회성 훈련은 아동과 사회 공포증에 특히 유용하며, 그것에는 새롭고 적절한 대인 관계 행동 기술에 대한 교육, 모델링, 예행 연습, 역할 연기가 포함된다. 또한 자기 절제, 경청, 의사소통 기술, 자기주장, 공격성의 처리와 같은 기술을 배우는 것도 포함된다.

(10) 긴장 이완 훈련

불안 장애, 중독, 기타 스트레스성 장애에 매우 유용하다.

(11) 심상

감각 기관에 대한 자극 작용 없이 마음속에 떠오르는 영상, 자신의 감정을 재경험할 때, 사고가 회상된다.

(12) 모델링

배운 것을 다른 사람들이 행하는 것을 관찰함으로써 학습하는 것이다.

(13) 노출

노출(exposure)은 불안 치료에서 근본적으로 사용하는 치료 개입 방법으로서, 환자가 두려워하고 회피하려고 하는 상황에 노출시켜 줌으로써, 그것을 직면하고 그것에 더 편안해지도록 돕기 위한 것이다.

(14) 체계적 둔감화

스트레스, 불안, 공포증 및 기타 다른 장애 조건을 통제하도록 돕는 데 광범위하게 사용·적용되고 있다. 기본 방법은 근육과 마음을 이완시키도록 가르치고 현재 문제를 분석하는 것으로 치료가 시작된다. 스스로 가장 약한 불안 유발 상황에서 가장 강한 불안 유발 상황까지를 위계적으로 작성하게 한 다음 이것을 활용한다. 심신의 이완이 다 된 후, 체계적 둔감화의 과정이 시작된다. 이 과정에서 가장 약한 불안 유발 상황부터 점차적으로 강한 불안 유발 상황까지 장면들이 제시된다.

(15) 역할 연기

역할 연기(role play)는 환자의 관심이 되는 특정 상황을 그가 있는 자리에서 재현되도록 요청하는 행동 기법이다.

(16) 행동 시연

행동 시연(behavior rehearsal)은 심리 치료에서 피치료자로 하여금 치료실 내에서 어떤 역할을 시험적으로 해 보도록 함으로써 인간관계의 형성과 유지에 필요한 태도나 행동 특징을 습득할 수 있도록 하는 행동 수정의 기법이다. 흔히 치료자가 시범을 보이고 피치료자가 이를 모방한다. 역할 놀이와 같은 뜻으로 쓰이기도 한다.

(17) 사고 차단

사고 차단(thought stopping)은 강박 충동 장애에서 강박적인 사고를 조절하기 위한 치료로 사용되고 있다. 그것은 강박적인 사고 패턴이 생길 때마다 자기 자신에게 '정지'라고 말하게 하는 기법이다.

(18) 역설적 개입

역설적 개입(paradoxical intervention)은 건강하지 못한 행동을 더 많이 늘리도록 시도함으로써 그 행동의 빈도수를 줄이는 개입방법이다. 이것은 예측되는 불안과 그로 인한 문제를 없앤다. 역설적 개입의 한 예로 불면증으로 고민하는 사람에게 잠을 자지 않고 깨어 있도록 노력하라고 제안하는 것이다. 이 2가지 사례에서의 개입은 그렇게 하지 않으려고 애쓰는 것에서부터 관심의 초점을 돌리고, 그로 인해 불안을 줄이고 해소되도록 촉진한다.

(19) 귀인

귀인(attribution)은 환자가 이미 성취한 것들을 말해 주는 방법을 통해 그들이 바라는 모습이 되도록 환자를 격려함으로써 행동을 조정하고 통제하는 방법이다.

(20) 재귀인

재귀인(reattribution)은 불안과 염려스런 관심사를 단순한 스트레스 신호로 해석하는 개입방법이다. 그것은 강박 충동 장애에서 강박적 사고를 치료하는 데 매우 유용하다.

(21) 강화

강화(reinforcement)는 일반적으로 어떤 행동이 계속되거나 증가되도록 격려·지지하는 것으로 고전적 조건 형성에서는 조건 자극에 뒤따라 무조건 자극이 제시되며, 조작적 조건 형성에서는 조작적 반응에 유관하게 자극이 제시된다.

(22) 자기 평가와 자기 보상

자기 평가(self-evaluation)는 환자가 자신의 진보를 평가하는 것으로, 종종 일지 작성을 통해 이루어진다. 자기 보상(self-reward)은 치료를 받으면서 그들이 내딛은 긍정적인 발걸음에 대해 자기 자신에게 상을 주는 것이다.

(23) 최면 암시

최면 암시(hypnotic suggestion)는 심리 치료와 연결되어 있으며, 인지 행동 치료에서 환자로 하여금 깊은 이완 상태에 들어가게 하고 암시성을 높여서, 저항을 줄이고 환자가 상담에 더 쉽게 반응하도록 해 준다. 낮은 수준의 최면 현상은 깊은 긴장 이완, 깊은 몰입, 묵상과 기도, 때로는 찬양과 경배에서도 자연스럽게 발생할 수 있다.

(24) 일지 작성

일지 작성(journalling)은 치료 중에 진행되는 것을 기록하는 방법이다. 비합리적인 사고 패턴을 다루는 생각 일지뿐만 아니라, 불안, 우울증, 분노, 적개심 등을 다루는 특정한 일지와 다양한 개입방법도 포함된다.

2. 분노 조절 프로그램의 성공을 위한 기술

1) 치료 목표

- 자신이 사용하는 말과 행동, 그리고 느끼고 있는 감정 등이 무엇인지 점검할

수 있다.

- 다른 사람의 표정을 통해 감정을 알아차리는 연습을 함으로써 상대방의 입장을 배려한다는 것이 무엇인지 경험할 수 있다.
- 분노 조절 프로그램을 통해 스스로의 충동성과 공격성의 정도를 파악하고 이를 줄일 수 있다.
- 자신을 소중하게 생각하고 자신의 상황을 있는 그대로 받아들이며 그것을 긍정적인 방향으로 전환시킬 수 있다.

2) 분노란 무엇인가?

① 사람이 경험하는 정서 중 가장 핵심적인 정서(감정) 가운데 하나

- 긍정적인 정서 : 기쁨
- 부정적인 정서 : 분노, 슬픔, 무서움

② 자신이 귀하게 생각하는 사람, 물건, 가치관, 권리를 보호하기 위한 정서

부당할 때 화가 남 → 분노 표출

③ 평소보다 엄청난 에너지 발생

(예: 여성-괴력, 선택-좋은 방향과 나쁜 방향)

④ 당위적 기대가 어긋날 때 분노 발생 : 분노는 어떤 조건에서 발생할까?

- 원하지 않은 상황 : 약속 시간에 나타나지 않음, 무지, 배반, 거짓말, 모함
- 당위적 기대의 어긋남 : 우리가 갖고 있는 '해야 한다', '해서는 안 된다'. 즉, 30분까지는 괜찮지만 더 늦으면 화가 난다.
- 나의 관점 : 상대 관점으로 보면 이해
- 상황 통제 불가능 : 도대체 언제 오지, 전화도 안 받고(화남) → 3분 안에 도착할게(진정)

3) 프로그램 내용

① 1회기 : 프로그램 및 자기 소개하기

프로그램을 이해하고 자기 이해, 자기 수용, 자기 개발을 통해 자신의 특징들이 무엇인가 찾아서 자기 소개하기

② 2회기 : 신뢰감 형성하기

집단원들의 어색한 분위기를 해소하고 자유로운 상호 작용 촉진

③ 3회기 : 분노 감정 이해하기

화가 났을 때의 상황에 몰입할 수 있는 기회를 제공하여, 화가 난 상황에 대한 인지적인 인식

④ 4회기 : 분노 상황 시에 자신의 변화에 대해서 알아차리기

분노가 일어났을 때 신체적·행동적 변화 그리고 결과에 대한 이해

⑤ 5회기 : 생각 변화시키기

생각의 변화를 통하여 감정의 세계를 조절하여 통제

⑥ 6회기 : 분노 감정 표현하기

분노가 발생할 때 자신의 감정을 표현하는 방법을 배우고 적절히 대안할 수 있는 행동

⑦ 7회기 : 자기주장 경험하기

분노 상황에서 다른 사람에게 상처를 주거나 파괴적인 행동을 하지 않고 적절히 표현할 수 있는 방법 찾기

⑧ 8회기 : 자존감 강화하기

자신의 긍정적 평가로 자존감을 키우기

⑨ 9회기 : 갈등 상황 다루기

분노와 같은 갈등 상황에서 적절한 표현방법을 배우고 곤란한 상황에서도 적절하고 단호한 표현을 할 수 있도록 연습하기

⑩ 10회기 : 마무리

4) 분노 관리 기술

① 당신 자신의 분노를 긍정적으로 사용하는 방법

- 그 상황을 변화시키기 위해서 행동하기
- 목적의 중요성 감소시키기
- 목적하는 것 바꾸기

② 자녀의 분노를 긍정적으로 사용하도록 돕기

- 자녀에게 좋은 본보기 되기
- 자녀가 더욱 효과적으로 분노를 표현하도록 대화로써 지도하기
- 힘겨루기에서 벗어나기
- '느슨한 대결(FLAC)'의 방법 사용하기

태초부터 인간에게 분노란 두드러진 감정이었다. 특히 가족, 학교 및 공동체에서 일어나는 폭력이 증가함에 따라 분노를 조절하는 법을 배우는 것은 성공적인 사회 생활을 영위하기 위해서 점점 더 중요해지고 있다.

(1) 분노를 긍정적으로 사용하기

우리 모두는 때때로 화를 낸다. 자녀와 힘겨루기에 휘말려 있을 때는 더 그러하다. 분노가 항상 나쁜 것은 아니다. 분노는 좌절에 대한 자연스런 반응이다. 분노는 좌절을 일으키는 사건 또는 행동에 대해 우리가 뭔가를 하도록 동기화시키기 위해서 사용된다. 긍정적으로 분노를 사용하는 법을 배우는 것은 중요하다.

- 우리가 할 수 있은 것은 우리의 분노를 일으키는 상황을 변화시키기 위해서 어떤 행동을 하는 것이다. 자녀의 행동을 긍정적인 행동으로 바꾸어 주기 위하여 '나-전달법'과 논리적인 결과를 부과한다.
- 우리가 달성하려는 목적에 대해서 질문해 보는 것이다. 심각한 손해를 입지 않는 한도 내에서 여러분이 세운 이상과 목적의 수준을 다소간 줄여 나갈 수 있다.
- 여러분은 자녀와 함께 두 사람이 함께 중요시하는 것에 대한 관념을 바꿀 수 있다. 부모와 자녀 모두가 중요하다고 생각되고, 또한 휴식이 되며 재미있는 다른 활동을 찾아낸다.

(2) 자녀의 분노를 긍정적으로 사용하도록 돕기

사람들은 이성을 잃고 분노하는 것이 아니라 이성을 사용하여 분노하는 것이다. 자신의 4가지 목적을 얻기 위해서, 특히 힘의 목적을 얻기 위해서 분노를 이용한다.

- 부모는 분노를 표현할 때 자녀에게 좋은 역할 모델이 되도록 최선을 다한다. 부모가 불같이 화내는 것을 자녀가 본다면 자녀도 부모의 본을 따를 것이다.
- 자녀가 좀 더 적절한 방법으로 분노를 표현하도록 도와주어야 한다. 어떤 부모는 자녀에게 꼬집을 수 있는 인형을 주거나 베개를 주고 때리도록 한다.
- 힘겨루기에서 벗어나도록 한다. 특히 자녀가 떼쓰는 경우에 효과적이다. 부모가 그 장면에서 물러나 있음으로써 폭풍권에서 벗어나는 것이다. 그리고 자녀

들의 그릇된 행동에 보상을 주는 것을 피한다.

- 느슨한 대결 방법 사용하기. 느낌을 알아차리고, 아이들에게 한계점을 상기시키고, 대안을 제시하며, 필요하다면 논리적인 결과를 적용한다.

학습과제

1. 합리적 정서 행동 치료 프로그램의 내용을 잘 이해하고 적용해 보자.
2. 분노 조절 프로그램 기술의 내용을 잘 이해하고 적용해 보자.

MEMO

CHAPTER

12

대상자별 분노 관리 프로그램의 실제 I

이 장에서는 영아기·유아기·아동기의 분노 조절 프로그램을 살펴보고 각 대상에 알맞은 프로그램을 현장에서 적용할 수 있도록 한다.

+ 영아기~아동기의 분노 조절을 위한 목적과 내용을 살펴본다.
+ 영아기~아동기의 분노 조절을 위한 효과적인 접근방법을 구체적으로 살펴본다.
+ 영아기~아동기의 분노 조절을 위한 접근방법을 현장에 잘 적용할 수 있는 방법을 모색하고 논의한다.

분노 조절 관리는 자신의 분노를 다스리고 조절하여 타인에게 불편함과 해를 주지 않고 표출하도록 하는 일련의 방법을 말한다(이순배, 2021). 이에 분노 조절 관리 프로그램은 분노로 인하여 행동문제를 보이거나 내면적 어려움을 겪는 이들에게 문제 상황에 대한 적절한 대처방법을 교수하고 분노를 통제할 수 있는 방법을 습득할 수 있게 해주며, 스스로 분노상황에 대하여 관리하고 계획할 수 있는 능력을 확립시켜주는 중재 프로그램이다. 따라서 분노 조절 관리 프로그램은 분노를 효과적으로 통제하고 조절하는 여러 가지 기술을 가르치고 훈련시키는 프로그램이라고 할 수 있다.

분노 조절 관리 프로그램은 분노의 인지적이고 행동적인 요소, 분노를 관리하기 위한 인지적이고 행동적인 기술, 새롭게 습득한 기술을 적용할 수 있는 환경의 세 가지 요소를 포함한다. 분노 조절 관리 프로그램은 크게 인지·행동적 접근방식과 사회기술훈련으로서의 분노 조절 관리 프로그램으로 나누어 볼 수 있는데 분노와 관련한 프로그램은 전통적 분노 조절 관리 프로그램의 요소를 기초로 하여 사회적 기술 교수방법 등 다양한 교수 방법을 통합한 프로그램을 이용하고 있다. 분노를 조절하는 방법에는 의학적·종교적·사회문화적 접근방법들도 있다.

분노 조절 프로그램에서의 분노 조절 구성요소(Williams, 2002)를 살펴보면 다음과 같다.

첫째, 분노에 대하여 알아보면 분노를 일으키는 말이나 원인, 분노의 단서, 분노통제 신호, 분노를 줄이는 방법 등을 전체적으로 알아보는 것으로, 이는 분노에 대하여 인지적으로 이해하고, 자신의 분노 수준에 대하여 평가하는 기술을 습득하도록 도와준다.

둘째, 자기 이해하기는 자기를 존중하고, 자신에 대하여 긍정적으로 인식하고 수용하며, 자기를 칭찬하고 강화하여 자신을 변화시키는 능력을 의미한다.

셋째, 타인 이해하기는 다른 사람들의 감정을 이해하고, 자신의 관점에서 문제 상황을 판단하는 것이 아니라, 다른 사람의 관점에서 문제를 이해함을 의미한다. 이는 분노가 인지적·생리적·행동적 요소와 관련이 있다는 것을 다음 차시에 이해하는 데 있어 선행지식으로 활용된다.

넷째, 분노 조절 전략으로서 침착하기는 분노를 다루는 실제적인 방법을 의미하며, 이 영역에는 당황스러운 감정 다루기, 곤란한 상황에 대처하기, 침착함 유지하기, 이완 훈련하기 등의 기술이 포함된다.

다섯째, 합리적인 의사소통은 크게 언어적 기술, 비언어적 기술, 협상 기술, 듣기 기술을 포함하며, 다른 사람과의 문제 상황에서 화를 내거나 문제 행동을 보이는 대신 대화로 해결책을 수립하는 데 목표를 둔다. 언어적 기술은 개방형 질문, 부연 및 설명하기, 공손히 바꾸어 다시 표현하기 등의 하위 요소를 포함하며, 비언어적 기술은 상대방과 눈맞춤 및 신체적 언어를 이용하여 대화하는 것을 의미하고, 협상 기술은 상대방과 나의 공통점을 찾는 활동을 포함하며, 듣기 기술은 부연 및 설명을 요약하며 듣는 요소를 포함한다.

여섯째, 분노 상황의 문제 해결은 실제로 분노가 발생하는 문제 상황을 가지고 최상의 해결책을 수립하여, 토의하고 대안을 선택한 뒤 추후 계획을 세우는 종합적인 영역이다. 이 영역에서는 역할극, 숙제, 다툼일지 등 다양한 활동과제를 이용하여 좀 더 흥미 있는 수업 내용을 고안할 수 있다(박윤아 재인용, 2021).

1. 영아 대상 분노 관리 프로그램

1) 프로그램 목적과 내용

본 프로그램의 목적은 영아들이 부모와 함께 분노 조절 집단상담 프로그램에 참여하여 분노가 무엇인지 알게 하고, 자신과 타인의 인식에 대한 이해를 높이도록 하는 데 있다. 또한 분노를 올바르게 표현하고, 분노 감정을 다양한 방법으로 조절해봄으로써 부정적인 영향과 문제 해결을 도우며, 사회정서적으로 안정적인 성장을 할 수 있도록 하는 데 있다.

[영아 대상 분노 관리 프로그램]

회기	영역	주제	목표	활동내용
1	분노 인지	여러 가지 표정이 있어요	1. 사람은 다양한 감정을 느낄 수 있음을 안다. 2. 감정을 나타내는 말과 표정이 많이 있음을 알 수 있다.	1. 감정카드 찾아보기 2. 표정 지어 보기 3. 감정노래 부르기 4. 가장 좋아하는 감정카드를 찾아 색칠하기
2	분노 인지	화란 무엇일까요?	1. 화가 언제 나는지 알아본다. 2. 기분이 좋지 않을 때와 기분이 좋을 때의 다른 점을 알아본다.	1. 동물 짝짓기 2. 동물 표정 만들기
3	분노 인지	나 지금 화났어요!	1. 화가 났을 때 나의 마음과 행동을 알아본다. 2. 화를 표현하는 과정에서 생길 수 있는 문제점을 알아본다.	1. 화가 난 마음 알아보기 2. 화가 났을 때 변화하는 행동 알아보기(동화역할극)
4	자기 이해	나는 멋져요!	1. 나를 살펴보고 칭찬해준다. 2. 나와 다른 사람의 같은 점과 다른 점이 무엇인지 찾아본다.	1. 거울아! 거울아! 2. 얼굴과 몸에 로션 바르기 3. 손바닥, 발바닥 찍기
5	자기 이해	내가 좋아하는 것	1. 내가 좋아하는 것을 찾아본다. 2. 나의 감정을 표현해 본다.	1. 내가 좋아하는 것과 좋아하지 않는 것 소개하기 2. 나의 마음 표현해 보기 3. 나의 얼굴 그려 보기

(계속)

회기	영역	주제	목표	활동내용
6	타인 이해	친구의 마음이 아파요	1. 친구가 속상해 할 수 있다는 것을 안다. 2. 친구의 좋은 점을 찾아보고 칭찬해 본다.	1. 엄마(아빠)와 함께 길 찾아가기 2. 귓속말 전달하기
7	분노 조절 기술	화를 참아보세요	1. 화를 표현하는 바른 방법을 알아본다. 2. 화가 났을 때 침착함을 유지하는 여러 가지 방법을 익힌다.	1. 화가 났을 때 가라앉힐 수 있는 근육이완법, 호흡법 익히기 2. '얼음땡' 게임하기 3. 〈즐겁게 춤을 추다가〉 율동하기
8	분노 조절 기술	화를 표현해 보세요	1. 화를 표현하는 바른 방법을 알아본다. 2. 내가 화가 났을 때 나의 화를 행동으로 나타내 본다.	1. 화가 났을 때 나의 마음을 표현해 보기 2. 신문지 놀이하기

자료 : 이정화 재구성(2017).

2) 회기별 프로그램 계획안

① 1회기

<table>
<tr><td>회기</td><td>1</td><td>주제</td><td>여러 가지 표정이 있어요</td><td>대상</td><td>0~만 2세</td><td>소요시간</td><td>30~50분</td></tr>
<tr><td>활동목표</td><td colspan="7">1. 사람은 다양한 감정을 느낄 수 있음을 안다.
2. 감정을 나타내는 말과 표정이 많이 있음을 알 수 있다.</td></tr>
<tr><td>표준 보육과정 영역</td><td colspan="7">• 신체표현 〉 감각능력을 활용한다.
• 의사소통 〉 표정, 몸짓, 말소리로 의사를 표현한다.</td></tr>
<tr><td>활동절차</td><td colspan="5">활동내용</td><td colspan="2">준비물 및 유의점</td></tr>
<tr><td>도입</td><td colspan="5">[마음 열기]
1. 서로 인사를 나눈다.
2. 주의집중 놀이로 간단한 손유희를 한다.</td><td colspan="2"></td></tr>
<tr><td>전개</td><td colspan="5">[오늘의 활동]
1. 감정카드 찾아보기
• 여러 가지 감정을 나타내는 얼굴 카드를 보여준다.
– "화가 난 얼굴을 찾아볼까? 웃는 얼굴은 어디 있니?"
• 감정에 맞는 단어를 알려준다.
• 감정을 나타내는 다양한 말을 표현해 본다.
– "기분이 안 좋은가봐, 화가 났구나."
– "웃는 얼굴이네, 기분이 좋은가봐."

2. 표정 지어 보기
• 감정카드를 보고 다양한 표정을 지어 본다.
• 카드에 있는 얼굴표정을 따라서 흉내내 보자.
– "웃는 얼굴을 따라해 볼 수 있어? 환하게 웃으니까 너무 예쁘네."
– "화가 난 얼굴을 따라 해볼까?"

3. 감정노래 부르기
• 〈우리 모두 다같이 손뼉을〉 노래에 맞추어 다음의 가사와 동작을 한다.
– 우리 모두 웃을 때 이렇게(웃으며 박수치기)
– 우리 모두 화날 때 이렇게(화난 표정으로 발 구르기)
– 우리 모두 슬플 때 이렇게(눈물 닦기)

4. 가장 좋아하는 감정카드를 찾아 색칠하기
• 왜 카드를 골랐는지 물어본다.
– "○○가 고른 카드를 멋있게 색칠해 보자."</td><td colspan="2">• 여러 가지 얼굴표정의 감정카드

• 감정노래 가사판
• 활동지 ①
• 활동지 ②</td></tr>
</table>

마무리	1) 여러 가지 감정 카드 중에서 내가 좋아하는 카드를 골라볼까요? 2) 내가 싫어하는 카드는 어떤 카드였나요? 3) 감정카드를 보고 흉내 내어 보니 어떠했나요?
확장 활동	• 지금 자신이 느끼는 감정카드에 스티커를 붙인다. • 엄마(아빠)의 감정을 찾아 스티커를 붙인다.

② 2회기

<table>
<tr><td>회기</td><td>2</td><td>주제</td><td>화란 무엇일까요?</td><td>대상</td><td>0~만 2세</td><td>소요시간</td><td>30~50분</td></tr>
<tr><td>활동목표</td><td colspan="7">1. 화가 언제 나는지 알아본다.
2. 기분이 좋지 않을 때와 기분이 좋을 때의 다른 점을 알아본다.</td></tr>
<tr><td>표준 보육과정 영역</td><td colspan="7">사회관계 〉 나의 감정을 표현한다.</td></tr>
<tr><td>활동절차</td><td colspan="5">활동내용</td><td colspan="2">준비물 및 유의점</td></tr>
<tr><td>도입</td><td colspan="5">[마음 열기] 화는 무엇인지에 대해 그림을 보여준다.
• (울고 있는 그림을 보면서) 무엇을 하고 있나요?
• 왜 울고 있는 것일까요?
• 나는 언제 기분이 안 좋은가요?
• 나는 언제 화가 나나요?</td><td colspan="2"></td></tr>
<tr><td>전개</td><td colspan="5">[오늘의 활동]
1. 동물 짝짓기
• 동물 얼굴 중에 화난 얼굴과 웃는 얼굴을 찾아본다.
– "동물 얼굴 표정이 어떤 거 같니?"
– "웃는 얼굴은 어디 있니?"
• 감정통에서 카드를 꺼내서 웃는 얼굴과 화난 얼굴로 나누어 통에 넣어 보자.
– "화난 얼굴은 빨간 바구니에 넣어보고 웃는 얼굴은 파란 바구니에 넣어볼까?"
– "왜 빨간 통에 넣었니?, 왜 파란 통에 넣었니?"
• 화난 얼굴과 웃는 얼굴끼리 짝짓기 놀이를 한다.

2. 동물 표정 만들기
• 동물 얼굴 표정을 골라 그 특징을 이야기해 보고 동물 표정을 만들고 흉내내어 본다.
– "이 얼굴 표정은 어떤 기분일까?"
– "왜 울고 있을까?"
– "이 동물은 왜 화가 난 것일까?"
– "동물의 울음소리를 내면서 화가 난 동물 얼굴을 흉내내 볼까?"</td><td colspan="2">• 동물 얼굴카드
• 감정통
• 바구니 2개
• 활동지 ③
• 활동지 ④</td></tr>
<tr><td>마무리</td><td colspan="7">1) 감정통에 넣기를 해보니 기분이 어떠했나요?
2) 동물 울음소리 흉내를 내어 본 느낌과 기분이 어떠했나요?</td></tr>
<tr><td>확장 활동</td><td colspan="7">동물 가면 만들기를 한 후 동물농장 놀이를 한다.</td></tr>
</table>

③ 3회기

<table>
<tr><td>회기</td><td>3</td><td>주제</td><td>나 지금 화났어요!</td><td>대상</td><td>0~만 2세</td><td>소요시간</td><td>30~50분</td></tr>
<tr><td>활동목표</td><td colspan="7">1. 화가 났을 때 나의 마음과 행동을 알아본다.
2. 화를 표현하는 과정에서 생길 수 있는 문제점을 알아본다.</td></tr>
<tr><td>표준 보육과정 영역</td><td colspan="7">사회관계 〉 나의 감정을 표현한다.</td></tr>
<tr><td>활동절차</td><td colspan="5">활동내용</td><td colspan="2">준비물 및 유의점</td></tr>
<tr><td>도입</td><td colspan="5">[마음 열기]
1. 엄마가 화났을 때 얼굴을 본적이 있나요?
2. 내가 화가 난 적이 있나요?</td><td colspan="2"></td></tr>
<tr><td>전개</td><td colspan="5">[오늘의 활동]
1. 화가 난 마음 알아보기
• 손가락 인형을 만나 화가 난 나의 감정을 이야기해 본다.
– "화가 난 것 같네, 왜 화가 났을까?"
– "지금 얼굴이 어떤 얼굴인지 거울로 한 번 보자."
– "얼굴이 빨갛고, 입이 삐쭉 나오고, 눈물이 글썽 거리는구나."
– "지금 기분이 좋지 않은 것 같네. 어떻게 하면 기분이 좋아질까?"
• 아이의 기분이 좋아지면 아이가 느꼈던 감정이 무엇인지, 왜 그렇게 느꼈는지 이야기해 본다.
– "이제 기분이 좋아졌어? 왜 그렇게 화가 났었지?"
– "동생이 장난감을 망가트려 화가 났나 보다."

2. 화가 났을 때 변화하는 행동 알아보기
• 〈엄마가 화났어〉 동화를 듣고 역할극을 해본다.
• 엄마가 화났을 때 어떤 모습이었는지 물어본다.
– "엄마 얼굴은 어떻게 되었나요?", "얼굴이 빨개져요."
– "엄마 목소리는 어떻게 바뀌였나요?", "소리를 질러요, 무서워요."
• 엄마(아빠)가 화가 나면 나의 마음은 어떤지 물어본다.
• 엄마와 역할을 바꾸어 동극을 해본다.</td><td colspan="2">• 손가락 인형
• 거울

• 동화 〈엄마가 화났어〉 영상자료
• 활동지 ⑤</td></tr>
<tr><td>마무리</td><td colspan="7">1) 엄마가 왜 화가 났나요?
2) 엄마의 마음은 어떠했나요?
3) 엄마와 역할극을 해보니 어떠했나요?</td></tr>
<tr><td>확장 활동</td><td colspan="7">엄마 얼굴을 색칠해 본다.</td></tr>
</table>

④ 4회기

<table>
<tr><th>회기</th><td>4</td><th>주제</th><td>나는 멋져요!</td><th>대상</th><td>0~만 2세</td><th>소요시간</th><td>30~50분</td></tr>
<tr><th>활동목표</th><td colspan="7">1. 나를 살펴보고 칭찬해준다.
2. 나와 다른 사람의 같은 점과 다른 점이 무엇인지 찾아본다.</td></tr>
<tr><th>표준
보육과정
영역</th><td colspan="7">사회관계 〉 나와 다른 사람을 구별한다.</td></tr>
<tr><th>활동절차</th><th colspan="5">활동내용</th><th colspan="2">준비물 및 유의점</th></tr>
<tr><th>도입</th><td colspan="5">[마음 열기]
1. 나의 모습은 어떤가요?
2. 나의 얼굴과 몸을 살펴보아요.</td><td colspan="2"></td></tr>
<tr><th>전개</th><td colspan="5">[오늘의 활동]
1. 거울아! 거울아!
• 엄마(아빠)가 아기를 안고 거울을 본다.
– "엄마(아빠)랑 거울 볼까? 거울 속에 누가 있니?"
• 아기를 보고 이름을 부르며 인사한다.
– "나의 얼굴은 어떻게 생겼나요?"
– "우리 아가 얼굴 만져볼까?"

2. 얼굴과 몸에 로션 바르기
• 아기에게 로션이나 오일을 발라주며 몸을 만져준다.
– "손이 여기 있네, 엄마가 조물조물 만져줄게."
• 신체 명칭을 알려주며, 소중하다고 말해준다.
– "손도 발도 모두 소중해, 엄마는 우리 아기 사랑해."

3. 손바닥, 발바닥 찍기
• 넓게 준비된 종이 위에 나의 손을 찍어보자.
• 손을 다 찍고 나면 나의 발을 찍어본다.
– "손가락 모양은 어떻게 생겼지?"
– "발가락은 모두 몇 개일까?"
– "어느 손가락이 가장 길지?"
– "손가락 발가락으로 무엇을 그려볼까?"</td><td colspan="2">• 거울

• 로션이나 오일

• 찍기 미술도구(종이, 물감)</td></tr>
<tr><th>마무리</th><td colspan="7">1) 거울을 보니 누가 보였나요? 나를 보니 기분이 어떠했나요?
2) 엄마와 손바닥 발바닥 찍기를 해보니 어떠했나요?</td></tr>
<tr><th>확장 활동</th><td colspan="7">엄마, 아빠 손바닥과 발바닥 찍기를 한 후 아이와 비교해 본다.</td></tr>
</table>

⑤ 5회기

<table>
<tr><td>회기</td><td>5</td><td>주제</td><td>내가 좋아하는 것</td><td>대상</td><td>0~만 2세</td><td>소요시간</td><td>30~50분</td></tr>
<tr><td>활동목표</td><td colspan="7">1. 내가 좋아하는 것을 찾아본다.
2. 나의 감정을 표현해 본다.</td></tr>
<tr><td>표준 보육과정 영역</td><td colspan="7">사회관계 〉 내가 좋아하는 것을 한다.</td></tr>
<tr><td>활동절차</td><td colspan="5">활동내용</td><td colspan="2">준비물 및 유의점</td></tr>
<tr><td>도입</td><td colspan="5">[마음 열기]
1. 내가 좋아 하는 것은 무엇인가요?
2. 내가 잘하는 무엇인가요?</td><td colspan="2"></td></tr>
<tr><td>전개</td><td colspan="5">[오늘의 활동]
1. 내가 좋아하는 것과 좋아하지 않는 것 소개하기
• 내가 좋아하는 사람은 누구인가요?
• 내가 좋아하는 장난감은 무엇인가요?
• 내가 좋아하는 음식은 무엇인가요?

2. 나의 마음 표현해 보기
• 나는 기분이 좋으면 이렇게 해요.
• 나는 기분이 나쁘면 이렇게 해요.

3. 나의 얼굴 그려 보기
• 엄마가 아기의 얼굴을 그려준다.
– "코는 어디 있을까?"
– "나의 눈은 어떻게 생겼지?"
– "자 이번엔 엄마 얼굴도 그려볼까?"</td><td colspan="2">• 다양한 사람 그림이나 사진
• 장난감
• 음식 그림이나 사진

• OHP 용지
• 매직펜</td></tr>
<tr><td>마무리</td><td colspan="7">1) 칭찬을 받고 기분과 느낌이 어떠했나요?
2) 만약 혼난다면 기분이 어떨까요?</td></tr>
<tr><td>확장 활동</td><td colspan="7">내가 좋아하지 않는 것을 찾아본다.</td></tr>
</table>

⑥ 6회기

<table>
<tr><td>회기</td><td>6</td><td>주제</td><td>친구의 마음이 아파요</td><td>대상</td><td>0~만 2세</td><td>소요시간</td><td>30~50분</td></tr>
<tr><td>활동목표</td><td colspan="7">1. 친구가 속상해 할 수 있다는 것을 안다.
2. 친구의 좋은 점을 찾아보고 칭찬해 본다.</td></tr>
<tr><td>표준 보육과정 영역</td><td colspan="7">사회관계 〉 다른 사람의 감정과 행동에 반응한다.</td></tr>
<tr><td>활동절차</td><td colspan="5">활동내용</td><td colspan="2">준비물 및 유의점</td></tr>
<tr><td>도입</td><td colspan="5">[마음 열기]
친구가 화나면 친구의 마음은 어떨까요?</td><td colspan="2"></td></tr>
<tr><td>전개</td><td colspan="5">[오늘의 활동]
1. 엄마(아빠)와 함께 길 찾아가기
• 바닥에 길을 만들고 눈을 가린다.
• 아이는 눈가리개를 하고 엄마(아빠)가 손을 잡고 목소리로 길을 안내하여 길 끝까지 찾아간다.

2. 귓속말 전달하기
• 그림카드를 보고 단어를 아이에게 귓속말로 알려준다.
• 아이는 귓속말을 듣고 다시 엄마(아빠)에게 말로 전해준다.
– "우리 아가 정말 잘하네, 또 한 번 해볼까?"</td><td colspan="2">• 눈가리개
• 도착지점 표시물

• 그림카드</td></tr>
<tr><td>마무리</td><td colspan="7">1) 화가 났을 때 친구의 마음은 어떤가요?
2) 친구의 마음과 같은 때는 언제였나요?
3) 친구의 마음을 알고 위로해 주어요.</td></tr>
<tr><td>확장 활동</td><td colspan="7">아이가 놀이에 익숙해지면 역할을 바꾸어본다.
– "이제 네가 말해봐. 엄마(아빠)가 따라 할게."</td></tr>
</table>

⑦ 7회기

<table>
<tr><td>회기</td><td>7</td><td>주제</td><td>화를 참아보세요</td><td>대상</td><td>0~만 2세</td><td>소요시간</td><td>30~50분</td></tr>
<tr><td>활동목표</td><td colspan="7">1. 화를 표현하는 바른 방법을 알아본다.
2. 화가 났을 때 침착함을 유지하는 여러 가지 방법을 익힌다.</td></tr>
<tr><td>표준
보육과정
영역</td><td colspan="7">• 자연탐구 〉 물체의 수량에 관심을 가진다.
• 사회관계 〉 나의 감정을 표현한다.</td></tr>
<tr><td>활동절차</td><td colspan="5">활동내용</td><td colspan="2">준비물 및 유의점</td></tr>
<tr><td>도입</td><td colspan="5">[마음 열기]
1. 화가 나면 무엇을 하고 싶나요?
2. 화가 날 때 어떻게 해야 할까요?</td><td colspan="2"></td></tr>
<tr><td>전개</td><td colspan="5">[오늘의 활동]
1. 화가 났을 때 가라앉힐 수 있는 근육이완법, 호흡법 배우기
1) 화가 났을 때 어떻게 해야 할지 알아본다.
2) 침착함을 유지하며 안정을 취하는 방법에 대해 배워본다.
• 천천히 숨을 쉬어 보자.
– “숨을 천천히 쉬어 볼까요?”
• 기분이 좋아지는 상상을 해보자.
– “가장 기분 좋았을 때가 언제였나요? 그때를 상상해 볼까요?”
• 숫자 3까지 세어 보자.
• 조용한 음악 들어보자.
– “조용한 음악을 들려 줄 거예요. 몸과 마음을 쉬어 볼까요?”

2. ‘얼음땡’ 게임하기
• 움직이다가 “얼음” 하면 움직이지 못하고 그 자리에 멈춘다. 이 활동을 통해 긴장과 이완을 반복한다.

3. 〈즐겁게 춤을 추다가〉 율동하기
• 음악에 맞추어 춤을 추다가 멈추어 보기를 반복한다. 이 활동을 통해 긴장과 이완을 반복한다.</td><td colspan="2">• 명상음악 음원

• 〈즐겁게 춤을 추다가〉 음원</td></tr>
<tr><td>마무리</td><td colspan="7">1) 활동을 해보니 기분이 어떠했나요?
2) 숨을 참아 보니 어떠했나요?</td></tr>
<tr><td>확장 활동</td><td colspan="5">숫자판에 숫자 3까지 색칠해본다.</td><td colspan="2">• 활동지 ⑥</td></tr>
</table>

⑧ 8회기

<table>
<tr><td>회기</td><td>8</td><td>주제</td><td>화를 표현해 보세요</td><td>대상</td><td>0~만 2세</td><td>소요시간</td><td>30~50분</td></tr>
<tr><td>활동목표</td><td colspan="7">1. 화를 표현하는 바른 방법을 알아본다.
2. 내가 화가 났을 때 나의 화를 행동으로 나타내 본다.</td></tr>
<tr><td>표준 보육과정 영역</td><td colspan="7">사회관계 〉 나의 감정을 표현한다.</td></tr>
<tr><td>활동절차</td><td colspan="5">활동내용</td><td colspan="2">준비물 및 유의점</td></tr>
<tr><td>도입</td><td colspan="5">[마음 열기]
화가 나면 어떻게 해야 될까요?</td><td colspan="2"></td></tr>
<tr><td>전개</td><td colspan="5">[오늘의 활동]
1. 화가 났을 때 나의 마음을 표현해 보기

2. 신문지 놀이하기
• 신문지를 마음껏 찢어보자.
– “여기 있는 신문지를 마음껏 찢어 볼까?”
• 신문지를 공으로 만들어 던져보자.
– “신문지를 둥글게 공처럼 만들어 볼까?”
– “공을 만들었으면 던져 볼까?”
• 〈떴다! 떴다! 비행기〉 노래를 불러보자.
– “엄마와 함께 신문지로 비행기를 접어볼까?”
– “비행기를 어디로 날려볼까?”
– “어디로 날리고 싶니?”</td><td colspan="2">• 신문지</td></tr>
<tr><td>마무리</td><td colspan="7">1) 신문지놀이를 하면서 공을 만들어 던지고 비행기를 날려보니 기분이 어떠했는지 이야기하기
2) 프로그램 정리하며 소감 이야기나누기
3) 작은 파티하기</td></tr>
<tr><td>확장 활동</td><td colspan="7">신문지로 배를 접어서 띄워 본다.</td></tr>
</table>

활동지 ①

영역 : **분노 인지** 반 :

주제 : **다양한 기분이 있어요** 이름 :

다양한 얼굴 표정을 살펴보고 기분을 이야기하며 끼적이기해 보세요.

활동지 ②

영역 : **분노 인지** 반 :

주제 : **표정을 따라 해요** 이름 :

여러 가지 얼굴 표정을 보고 따라 해 보세요.

화남

기쁨

아픔

행복

슬픔

놀람

활동지 ③	영역 : **분노 인지**	반 :
	주제 : **동물 울음소리를 흉내내며 놀아요**	이름 :

동물 울음소리를 흉내 내며 동물 그림을 찾아보세요.

활동지 ④

영역 : **분노 인지** 반 :

주제 : **같은 표정을 찾아 연결해요** 이름 :

같은 표정을 찾아 연결해 보세요.

활동지 ⑤	영역 : **분노 인지**	반 :
	주제 : **엄마, 아빠 얼굴을 꾸며요**	이름 :

엄마, 아빠 얼굴을 꾸며 보세요.

활동지 ⑥

영역 : **분노 조절 기술** 반 :

주제 : **숫자 3을 색칠해 보아요** 이름 :

숫자를 읽어 보고 숫자의 모양을 확인하며 색칠해 보세요.

3 삼 셋

2. 유아 대상 분노 관리 프로그램

1) 프로그램 목적과 내용

유아 분노 조절 프로그램의 목적은 만 3~5세의 유아를 대상으로, 유아들이 다양한 감정을 이해하며 그중 자신의 분노를 자연스럽게 받아들일 수 있도록 하여 분노 발현을 이해하도록 하는 데 있다. 또한 모든 감정이 소중하다는 것을 기초로 타인의 감정을 존중하고 화가 나면 어떻게 행동해야 하는지 생각해 봄으로써 분노와 공격성을 위한 대처 기술을 배우고 스스로 대안을 모색하는 과정을 익히도록 한다.

유아의 공격성과 초등학교 저학년과 중학생의 분노 조절 프로그램의 연구(이선종, 2019; 이정환, 2017; 김효진, 2016)를 재구성한 유아 분노 조절 프로그램은 효과적인 분노 표현방식으로 화를 표현하는 방법과 분노 조절을 위한 소통의 기술을 익히게 하는 데 그 목적이 있다.

이를 위한 회기별 구성 내용으로는, 1회기는 날씨의 변화처럼 감정도 자연스러운 변화임을 이해하며, 2회기는 다양한 감정을 아우르는 대표적인 정서 어휘가 있음을 인식하게 한다.

3, 4회기는 분노를 느끼는 나의 느낌과 감정을 다양하게 탐색해 보며, 5회기는 자신의 탐색을 통해 타인의 마음을 공감해 보게 한다. 이를 통해 나의 감정이 소중하듯 다른 사람의 감정도 소중하고, 모든 감정이 소중하다는 것을 이해하게 한다. 6회기는 분노를 조절할 수 있는 다양한 분노 조절방법을 익히며, 7, 8회기는 효과적으로 화를 표현하는 방법과 분노 조절을 위한 소통의 기술을 익히게 한다.

[유아 대상 분노 관리 프로그램]

회기	영역	주제	목표	활동내용
1	정서 이해	여러 가지 마음	1. 나는 여러 가지 마음을 가지고 있음을 안다. 2. 여러 가지 다양한 마음에는 각각 이름이 있음을 안다. 3. 나의 감정을 알고 상황에 맞게 표현할 수 있다.	1. 마음 사진에 이름표를! 2. 내 마음을 찾아봐! 3. 마음아! 너랑 친해지고 싶어!
2	정서 이해	감정을 묶을 수 있어요	1. 다양한 감정을 아우르는 대표적인 정서어휘가 있음을 인식할 수 있다. 2. 다양한 감정 표현의 가능성을 이해하고 표현할 수 있다.	1. 감정 바구니 2. 감정 기차 3. 감정 런닝맨
3	분노 인지	• 화란 뭘까? • 나의 화는 이렇게 생겼어요!	1. 화가 나는 느낌과 상황을 알고 표현할 수 있다. 2. 화가 나는 경험, 느낌, 생각을 설명할 수 있다. 3. 분노를 표현해야 하는 이유를 인지할 수 있다.	1. 손가락 게임 2. 내가 화가 날 때는? 3. 비커 실험
4	분노 인지	분노할 때 내 모습이 달라져요	1. 불안을 느끼는 다양한 상황을 알고 표현할 수 있다. 2. 불안을 느낄 때 몸에서 나타나는 변화(신체적, 정서적, 행동적 변화)를 알고 상황에 맞게 표현할 수 있다. 3. 자신의 생각을 글자와 비슷한 형태나 글자, 다양한 미술재료와 도구로 표현할 수 있다.	1. 화를 낼 때 내 모습이 달라져요 2. 분노를 표현하는 3가지 방법
5	자기 이해/타인 이해	나를 알고 남을 이해해요	1. 나를 알고 소중히 여기는 마음을 가질 수 있다. 2. 자신과 타인에 대한 감정을 이해할 수 있다.	1. 나를 칭찬해요! 2. 나도 그래! 3. 동물가족
6	분노 조절 전략	화가 날 때 침착함을 유지해요	1. 내 안의 화를 인식하고 상황에 맞게 표현하기 위해 노력해야 함을 알 수 있다. 2. 화가 날 때 침착함을 유지할 수 있는 다양한 방법을 익히고 활용할 수 있다. 3. 자신의 생각을 글자와 비슷한 형태나 그림으로 표현할 수 있다.	1. 화 온도계 2. 타임아웃

(계속)

회기	영역	주제	목표	활동내용
7	분노 조절 기술 1	화 표현하기	1. 나의 감정을 알고 상황에 맞게 다양한 방법으로 분노를 표출해 볼 수 있다. 2. 자신의 생각을 글자와 비슷한 형태나 글자 또는 다양한 미술 재료와 도구로 표현할 수 있다.	1. 내 안의 화 표현하기 1 : 신체적 표현 2. 내 안의 화 표현하기 2 : 정서적 표현
8	분노 조절 기술 2	분노 조절을 위한 소통의 기술	1. 친구와의 갈등을 긍정적인 방법으로 해결할 수 있다. 2. 분노 조절을 위한 합리적인 소통의 기술을 익힐 수 있다.	1. 경청을 위한 활동 2. I-message(나-전달법) 알기

2) 회기별 프로그램 계획안

① 1회기

<table>
<tr><td>회기</td><td>1</td><td>주제</td><td>여러 가지 마음</td><td>대상</td><td>만 3~5세</td><td>소요시간</td><td>50분</td></tr>
<tr><td>활동목표</td><td colspan="7">1. 나는 여러 가지 마음을 가지고 있음을 안다.
2. 여러 가지 다양한 마음에는 각각 이름이 있음을 안다.
3. 나의 감정을 알고 상황에 맞게 표현할 수 있다.</td></tr>
<tr><td>누리과정 영역</td><td colspan="7">• 사회관계 〉 나를 알고 존중하기 〉 나의 감정을 알고 상황에 맞게 표현하기
• 의사소통 〉 듣기와 말하기 〉 자신의 경험. 느낌. 생각 말하기</td></tr>
<tr><td>활동절차</td><td colspan="5">활동내용</td><td colspan="2">준비물 및 유의점</td></tr>
<tr><td>도입</td><td colspan="5">[마음 열기]
1. 손유희 – 오늘의 날씨는?
2. 노래 부르기 – 날씨
3. 동화 – 감정이 변해요
4. 오늘의 날씨 알아보기
• 화창한 날씨, 비오는 날씨, 눈 오는 날씨, 흐린 날씨 등 다양한 날씨가 있고 수시로 날씨가 변하듯, 우리의 마음에도 여러 가지 마음의 날씨가 있고 수시로 변할 수 있다는 것은 인식한다.
• 우리의 여러 가지 마음에는 다양한 이름이 있다는 것을 안다.</td><td colspan="2">• 동요 음원
• 동화 〈마음이 변해요〉 PPT
• 다양한 날씨 사진
• 감정단어카드</td></tr>
<tr><td>전개</td><td colspan="5">[오늘의 활동]
1. 마음 사진에 이름표를!
• 다양한 얼굴 표정이 그려진 사진을 보고 각각의 사진에 감정 이름표를 붙여준다.
• 마음에는 여러 가지 감정이 있고 감정을 나타내는 다양한 이름이 있음을 안다.

2. 내 마음을 찾아봐!
• 지금 내 마음을 어떤지 표현해 본다.
– 내 마음을 색으로 표현한다면 어떤 색일까?
– 내 마음을 동물로 표현한다면 어떤 동물이 생각날까?
• 내 마음을 나타내는 색깔과 동물을 찾아보고 색깔과 동물에 해당하는 마음 이름표를 찾아본다.

3. 마음아! 너랑 친해지고 싶어!
• 마음에 이름표를 달아주는 이유는 내 마음과 친해지기 위해서임을 이야기한다. 내 마음과 친해지기 위해 매일 내 마음에 이름표를 달아주고 불러주도록 약속한다.</td><td colspan="2">• 활동지 ①
• 활동지 ②

• 여러 색깔카드
• 여러 동물 사진
• 감정이름표</td></tr>
<tr><td>마무리</td><td colspan="7">[오늘의 약속]
매일 내 마음에 이름표를 달아주고 불러주도록 약속한다.</td></tr>
<tr><td>확장 활동</td><td colspan="7">오늘의 마음 날씨 그려보기</td></tr>
</table>

② 2회기

<table>
<tr><td>회기</td><td>2</td><td>주제</td><td>감정을 묶을 수 있어요</td><td>대상</td><td>만 4~5세</td><td>소요시간</td><td>50분</td></tr>
<tr><td>활동목표</td><td colspan="7">1. 다양한 감정을 아우르는 대표적인 정서어휘가 있음을 인식할 수 있다.
2. 다양한 감정 표현의 가능성을 이해하고 표현할 수 있다.</td></tr>
<tr><td>누리과정 영역</td><td colspan="7">• 사회관계 〉 나를 알고 존중하기 〉 나의 감정을 알고 상황에 맞게 표현하기
• 의사소통 〉 듣기와 말하기 〉 자신의 경험, 느낌, 생각 말하기
• 신체운동·건강 〉 신체활동 즐기기 〉 기초적인 이동동작, 제자리운동, 도구를 이용한 운동하기</td></tr>
<tr><td>활동절차</td><td colspan="5">활동내용</td><td colspan="2">준비물 및 유의점</td></tr>
<tr><td>도입</td><td colspan="5">[마음 열기]
이전 회기 활동과 연계 : 얼굴 표정 보고 감정 맞추기</td><td colspan="2">• 다양한 얼굴 표정의 감정사진</td></tr>
<tr><td>전개</td><td colspan="5">[오늘의 활동]
1. 감정 바구니
• 다양한 감정카드를 보고 내가 아는 감정과 모르는 감정을 각각의 바구니에 담으면서 이야기 나눈다.
• 바구니속의 감정카드를 긍정적인 감정과 부정적인 감정으로 나누어서 이야기해 본다.

2. 감정 기차
• 비슷한 감정끼리 묶어서 대표정서를 기차 앞에 이름 붙이기
– 즐겁다, 반갑다→기쁨
– 속상하다, 소외감을 느낀다→슬픔

3. 감정 런닝맨
• 내 감정은 무엇인가?
– 유아들 등 뒤에 감정이름표를 붙인다.
– 유아들이 〈즐겁게 춤을 추다가〉를 부르면서 돌다가 멈추게 되면 만난 친구에게 내 감정이 무엇인지 물어본다.
– 친구가 표정과 신체로 힌트를 주면 등 뒤에 감정이 무엇인지 맞춘다.
– 등 뒤의 감정을 모두 맞추게 되면 비슷한 감정단어를 가진 유아들끼리 모둠으로 모인다.
– 그 모둠에 붙어 있는 대표정서카드의 이름을 외친다.</td><td colspan="2">• 바구니 2개
• 감정카드

• 감정카드
• 대표정서카드

• 등 뒤에 붙일 수 있는 감정이름표
• 대표정서카드</td></tr>
<tr><td>마무리</td><td colspan="7">활동에 참여하면서 재미있었던 점이나 새롭게 알게 된 점 등에 대해 이야기 나누기</td></tr>
<tr><td>확장 활동</td><td colspan="7">대표정서카드 바구니 속에 감정카드 담아서 분류해 보기</td></tr>
</table>

③ 3회기

<table>
<tr><td>회기</td><td>3</td><td>주제</td><td>• 화란 뭘까?
• 나의 화는 이렇게 생겼어요!</td><td>대상</td><td>만 3~5세</td><td>소요시간</td><td>50분</td></tr>
<tr><td>활동목표</td><td colspan="7">1. 화가 나는 느낌과 상황을 알고 표현할 수 있다.
2. 화가 나는 경험. 느낌. 생각을 설명할 수 있다.
3. 분노를 표현해야 하는 이유를 인지할 수 있다.</td></tr>
<tr><td>누리과정 영역</td><td colspan="7">• 사회관계 〉 나를 알고 존중하기 〉 나의 감정을 알고 상황에 맞게 표현하기
• 의사소통 〉 듣기와 말하기 〉 자신의 경험·느낌·생각 말하기
• 자연탐구 〉 탐구과정 즐기기 〉 탐구과정에서 서로 다른 생각에 관심 갖기</td></tr>
<tr><td>활동절차</td><td colspan="5">활동내용</td><td colspan="2">준비물 및 유의점</td></tr>
<tr><td>도입</td><td colspan="5">[마음 열기]
이전 회기 활동과 연계 : 대표적인 정서인 분노 속에 들어가는 여러 감정들을 찾아보고 이야기 나눈다.</td><td colspan="2"></td></tr>
<tr><td>전개</td><td colspan="5">[오늘의 활동] 내가 느끼는 분노감정 찾아보기
1. 손가락 게임
• 억압적인 상황 체험하기
– 두 명씩 짝을 지어 악수하듯 손을 맞잡은 상태에서 엄지손가락을 이용하여 상대방의 엄지손가락을 3초 동안 누르면 이기는 게임이다.
– 누군가 힘을 발휘하여 나의 마음을 표현하지 못하게 누르면 느끼는 불편한 감정인 화가 날 수 있음을 이야기한다.

2. 내가 화가 날 때는?(화가 나는 상황 이야기하기)
예) 내가 싫어하는 말은 무엇인가?
예) 일주일 동안 화가 났던 경험은?

3. 비커 실험
• 화를 참지 말고 표현해야하는 이유를 알아본다.
• 화가 나는 상황을 그림으로 한 장씩 보여준다.
• 첫 번째 그림을 보면서 비커 2개(A, B)에 빨간색 물감물을 채운다.
• 두 번째 그림을 보면서 ㉠ A비커 물감물 위에 물감물을 더하여 채운다. ㉡ B비커 앞의 물감물을 깨끗이 비우고 다시 채운다.
• 여러 그림을 보는 동안에 A비커는 빨간 물감물이 넘치게 되지만 B비커는 빨간 물감물이 여전히 조금 채워져 있다.
• 이와 같이 화를 참아서 폭발하는 것이 분노라고 설명해 준 뒤 그때그때 화가 날 때 표현해서 부정적 감정을 비워야 하는 이유를 설명한다.</td><td colspan="2">• 화가 나는 상황 그림
• 비커 2개
• 빨간 물감물 2개
• 빈 통 1개</td></tr>
<tr><td>마무리</td><td colspan="5">화가 날 때 어떻게 표현할까?</td><td colspan="2">• 활동지 ③</td></tr>
<tr><td>확장 활동</td><td colspan="7">나의 화를 그림으로 표현해 보기</td></tr>
</table>

④ 4회기

<table>
<tr><td>회기</td><td>4</td><td>주제</td><td>분노할 때 내 모습이 달라져요</td><td>대상</td><td>만 3~5세</td><td>소요시간</td><td>50분</td></tr>
<tr><td>활동목표</td><td colspan="7">1. 불안을 느끼는 다양한 상황을 알고 표현할 수 있다.
2. 불안을 느낄 때 몸에서 나타나는 변화(신체적, 정서적, 행동적 변화)를 알고 상황에 맞게 표현할 수 있다.
3. 자신의 생각을 글자와 비슷한 형태나 글자, 다양한 미술재료와 도구로 표현할 수 있다.</td></tr>
<tr><td>누리과정 영역</td><td colspan="7">• 사회관계 〉 나를 알고 존중하기 〉 나의 감정을 알고 상황에 맞게 표현하기
• 의사소통 〉 읽기와 쓰기에 관심 가지기 〉 자신의 생각을 글자와 비슷한 형태나 글자로 표현하기
• 예술경험 〉 창의적으로 표현하기 〉 다양한 미술재료와 도구로 자신의 생각과 느낌 표현하기</td></tr>
<tr><td>활동절차</td><td colspan="5">활동내용</td><td colspan="2">준비물 및 유의점</td></tr>
<tr><td>도입</td><td colspan="5">[마음 열기] 분노란?
• 분노는 누구나 느끼는 정상적인 감정이다.
• 분노는 나를 보호하기 위한 감정이다.
• 분노를 느끼는 것은 나쁜 일이 아니다.
• 분노를 느끼는 것은 건강한 것이다.
• 분노는 가벼운 짜증에서부터 강한 흥분상태까지 이르는 감정이다.
• 이러한 분노를 경험할 때는 신체적, 정서적, 행동적 변화가 일어난다.</td><td colspan="2"></td></tr>
<tr><td>전개</td><td colspan="5">[오늘의 활동]
1. 화를 낼 때 내 모습이 달라져요
• 분노를 경험할 때는 신체적, 정서적, 행동적 변화가 일어난다(얼굴, 몸, 목소리).
• 나는 화날 때 주로 어떤 변화가 일어나는지 이야기 나누고 화난 내 모습을 그림으로 표현해 본다.
• 화를 내면 뇌가 망가져요
– 화가 났을 때 내 뇌는 어떻게 반응하는지 살펴본다.
– 화는 생각하는 뇌를 움직이지 못하게 한다.

2. 분노를 표현하는 3가지 방법
• 분노 억제(소극적 표현) / 분노 표출(공격적 표현) / 분노 조절(자기주장적 표현)에 대해서 알아본다.
• 나의 분노 표현방법에 대해 이야기하고 표현하기</td><td colspan="2">• 분노 얼굴과 몸 사진

• 분노의 3가지 표현 사진</td></tr>
<tr><td>마무리</td><td colspan="7">분노는 누구나 경험하는 보편적인 감정으로 나쁜 것이 아니며, 분노를 잘못 표현했을 때 나와 상대방에게 피해를 줄 수 있음을 깨닫게 한다.</td></tr>
<tr><td>확장 활동</td><td colspan="7">역할놀이 : 화가 나는 상황을 역할극으로 표현해 본다.</td></tr>
</table>

⑤ 5회기

<table>
<tr><td>회기</td><td>5</td><td>주제</td><td>나를 알고 남을 이해해요</td><td>대상</td><td>만 3~5세</td><td>소요시간</td><td>50분</td></tr>
<tr><td>활동목표</td><td colspan="7">1. 나를 알고 소중히 여기는 마음을 가질 수 있다.
2. 자신과 타인에 대한 감정을 이해할 수 있다.</td></tr>
<tr><td>누리과정 영역</td><td colspan="7">• 사회관계 〉 나를 알고 존중하기 〉 나를 알고 소중히 여기기
• 사회관계 〉 더불어 생활하기 〉 친구와 서로 도우며 사이좋게 지내기
• 사회관계 〉 더불어 생활하기 〉 가족의 의미를 알고 화목하게 지내기
• 신체운동·건강 〉 신체활동 즐기기 〉 기초적인 이동동작, 제자리운동, 도구를 이용한 운동하기</td></tr>
<tr><td>활동절차</td><td colspan="5">활동내용</td><td colspan="2">준비물 및 유의점</td></tr>
<tr><td>도입</td><td colspan="5">[마음 열기]
새노래 〈우리가족〉 부르기</td><td colspan="2"></td></tr>
<tr><td rowspan="3">전개</td><td colspan="5">[오늘의 활동]
1. 나를 칭찬해요!
• 거울을 보며 나의 장점과 잘하는 것을 칭찬해 보고, 자랑스러운 나를 소중히 여기도록 한다.
• 릴레이로 친구의 장점을 칭찬해 보면서, 친구에 대한 이해를 도우며 서로 사이좋게 지낼 수 있도록 한다.</td><td colspan="2">• 거울</td></tr>
<tr><td colspan="5">2. 나도 그래!(공감 게임)
• 모두 의자에 앉는다.
• 한 사람씩 일어나 “나는 ~할 때,~한 기분이었어.”라고 말하면 비슷한 감정을 느꼈었던 유아들은 자리에서 일어나 “나도 그래!”라고 공감하면서 서로 의자를 바꾸어 앉는다.
• 의자를 바꾸어 앉는 즐거움과 함께 나도 같은 감정을 느꼈다는 공감을 통해 타인을 이해하는 경험을 갖는다.</td><td colspan="2">• 의자</td></tr>
<tr><td colspan="5">3. 동물가족
• 여러 종류의 동물사진을 살펴본 후, 자신과 가족의 특성에 맞는 동물사진을 고른다.
• 동물사진을 붙인 후 가족의 동물 밑에 호칭을 쓴다(아버지, 어머니 등).
• 각 가족 구성원별로 고른 동물에 대해 이유를 표현한다.
• 가족의 의미를 알고 화목하게 지낸다.</td><td colspan="2">• 활동지 ④</td></tr>
<tr><td>마무리</td><td colspan="7">오늘 친구와 함께 공감의 감정을 느끼며 활동을 한 후의 생각을 이야기해 본다.</td></tr>
<tr><td>확장 활동</td><td colspan="7">우리가족을 동물가족으로 그려 본다.</td></tr>
</table>

⑥ 6회기

<table>
<tr><td>회기</td><td>6</td><td>주제</td><td>화가 날 때 침착함을 유지해요</td><td>대상</td><td>만 3~5세</td><td>소요시간</td><td>50분</td></tr>
<tr><td>활동목표</td><td colspan="7">1. 내 안의 화를 인식하고 상황에 맞게 표현하기 위해 노력해야 함을 알 수 있다.
2. 화가 날 때 침착함을 유지할 수 있는 다양한 방법을 익히고 활용할 수 있다.
3. 자신의 생각을 글자와 비슷한 형태나 글자로 표현할 수 있다.</td></tr>
<tr><td>누리과정 영역</td><td colspan="7">• 사회관계 〉 나를 알고 존중하기 〉 나의 감정을 알고 상황에 맞게 표현하기
• 의사소통 〉 읽기와 쓰기에 관심 가지기 〉 자신의 생각을 글자와 비슷한 형태나 그림으로 표현하기</td></tr>
<tr><td>활동절차</td><td colspan="5">활동내용</td><td colspan="2">준비물 및 유의점</td></tr>
<tr><td>도입</td><td colspan="5">[마음 열기] 명상하기
명상음악을 들으면서 편안한 마음을 갖도록 한다.</td><td colspan="2">• 명상음악 음원</td></tr>
<tr><td>전개</td><td colspan="5">[오늘의 활동]
1. 화 온도계(화 인식하기)
• 세로로 긴 온도계를 그려 넣고 6등분(0도, 20도, 40도, 60도, 80도, 100도로 설정)하여 가로로 길게 선을 그어 나눈다.
• 화가 나는 상황을 한 가지씩 포스트잇에 그림으로 그리거나 적는다.
• 화난 정도에 따라 자신이 느끼는 온도 높이에 포스트잇을 붙인다.
• 같은 상황인데, 다른 온도에 붙어 있는 내용을 서로 비교하여 살펴본다.

※ 생각해 보기
• 우리는 다양한 상황에서 화가 난다.
• 같은 상황에서도 화가 나는 온도가 다름을 인식한다.

2. 타임아웃(화 조절하기)
화를 가라앉힐 수 있는 가장 쉽고 효과적인 방법으로 화가 났다는 신호를 알아차린 즉시 그 상황에서 빠져나온다.
1) 정서적 타임아웃
• 천천히 숨쉬기 : 화가 날 때 천천히 숨쉬는 방법을 배워서 근육을 이완시킨다.
• 숫자 세기 : 화가 나는 상황이 되었을 때 숫자를 1~10까지 천천히 세어 보거나 거꾸로 세어 본다.
• 즐거운 장면 떠올리기 : 신나고 즐거웠던 일을 상상하면서 화가 나는 상황이 되면 그때를 떠올려 보도록 연습한다.
2) 신체적 타임아웃
• 운동하기 • 음악 듣기
• 산책하기 • 책 보기</td><td colspan="2">• 화 온도계

• 활동지 ⑤</td></tr>
<tr><td>마무리</td><td colspan="7">화를 조절하는 방법 중 나에게 잘 맞는 방법 찾아보기</td></tr>
<tr><td>확장 활동</td><td colspan="7">가족과 함께 가정에서도 화 온도계에 스티커를 붙여 본다.</td></tr>
</table>

⑦ 7회기

<table>
<tr><td>회기</td><td>7</td><td>주제</td><td>화 표현하기</td><td>대상</td><td>만 3~5세</td><td>소요시간</td><td>50분</td></tr>
<tr><td>활동목표</td><td colspan="7">1. 나의 감정을 알고 상황에 맞게 다양한 방법으로 분노를 표출해 볼 수 있다.
2. 자신의 생각을 글자와 비슷한 형태나 글자 또는 다양한 미술 재료와 도구로 표현할 수 있다.</td></tr>
<tr><td>누리과정 영역</td><td colspan="7">• 사회관계 〉 나를 알고 존중하기 〉 나의 감정을 알고 상황에 맞게 표현하기
• 의사소통 〉 읽기와 쓰기에 관심가지기 〉 자신의 생각을 글자와 비슷한 형태나 그림으로 표현하기
• 예술경험 〉 창의적으로 표현하기 〉 다양한 미술 재료와 도구로 자신의 생각과 느낌 표현하기
• 신체운동·건강 〉 신체활동 즐기기 〉 신체 움직임 조절하기</td></tr>
<tr><td>활동절차</td><td colspan="5">활동내용</td><td colspan="2">준비물 및 유의점</td></tr>
<tr><td>도입</td><td colspan="5">[마음 열기] 명상하기
명상음악을 들으면서 편안한 마음을 갖도록 한다.</td><td colspan="2">• 명상음악 음원</td></tr>
<tr><td rowspan="2">전개</td><td colspan="5">[오늘의 활동]
1. 내 안의 화 표현하기 1 : 신체적 표현
감정이 정화되는 활동을 통해 자연스럽게 부정적인 감정을 해소시키며 분노를 조절하는 다양한 방법이 있음을 알게 한다.
• 맨발의 트위스트 : 〈그대로 멈춰라〉 노래에 맞추어 맨발로 신문지 위에 올라서서 신나게 발을 문질러서 가장 많은 조각을 내는 사람이 이기는 게임이다.
• 분노풍선 터트리기 : 풍선 위에 화가 났던 상황을 사인펜으로 그린 뒤 크게 불어 터트려 본다.
• 분노공 : 신문지 위에 화가 났던 상황을 그림으로 그리거나 글로 써서 꼭꼭 뭉쳐서 공으로 만들어 본 뒤 앞의 벽면에 힘껏 던져 본다.
• 분노비행기 : 색종이에 화가 났던 상황을 그림으로 그리거나 글로 써서 비행기를 접어본 뒤 멀리멀리 날려본다.</td><td colspan="2">• 신문지
• 풍선
• 색종이
• 사인펜
• 색연필
• 〈그대로 멈춰라〉 음원</td></tr>
<tr><td colspan="5">2. 내 안의 화 표현하기 2 : 정서적 표현
• 하트 신문지 마술 : 신문지를 접은 뒤 유아들이 엄마가 미울 때를 말하면 그 말을 따라하면서 가위로 신문지를 잘라준다(이때 유아들의 부정적인 정서가 해소되는 효과가 있다). 자른 신문지를 펼치면 하트가 보이게 되는데 하트를 보여주며 엄마의 사랑을 이야기해 준다.</td><td colspan="2">• 신문지
• 가위</td></tr>
<tr><td>마무리</td><td colspan="7">분노 표출을 위한 재미있는 신체활동을 한 뒤 느낌 이야기하기</td></tr>
<tr><td>확장 활동</td><td colspan="5">부모님께 그림편지 쓰기</td><td colspan="2">• 활동지 ⑥</td></tr>
</table>

⑧ 8회기

회기	8	주제	분노 조절을 위한 소통의 기술	대상	만 5세	소요시간	50분
활동목표	1. 친구와의 갈등을 긍정적인 방법으로 해결할 수 있다. 2. 분노 조절을 위한 합리적인 소통의 기술을 익힐 수 있다.						
누리과정 영역	• 사회관계 〉 나를 알고 존중하기 〉 나의 감정을 알고 상황에 맞게 표현하기 • 사회관계 〉 더불어 생활하기 〉 친구와의 갈등을 긍정적인 방법으로 해결하기 • 의사소통 〉 듣기와 말하기 〉 상황이 적절한 단어를 사용하여 말하기 • 예술경험 〉 창의적으로 표현하기 〉 신체, 사물, 악기로 간단한 소리와 리듬 만들어 보기 • 자연탐구 〉 생활 속에서 탐구하기 〉 물체의 위치와 방향, 모양을 알고 구별하기						
활동절차	활동내용					준비물 및 유의점	
도입	**[마음 열기]** 명상하기 명상음악을 들으면서 편안한 마음을 갖도록 한다.					• 명상음악 음원	
전개	**[오늘의 활동]** **1. 경청을 위한 활동** 1) 박수로 보물친구 찾기 • 박수소리를 듣고 보물을 숨기고 있는 친구를 찾아본다. • 보물친구에게 가까이 가면 대중들이 박수를 크게, 멀어지면 박수소리를 작게 쳐 준다. 보물친구를 찾아 머리에 손을 얹으면 환호성을 쳐 준다. • 보물친구를 찾기 위해 박수의 크고 작은 소리를 잘 들으면서 경청의 습관을 익힌다. 2) 다양한 가족 미로 두 사람이 짝을 지어 한명은 안대를 하고 다른 사람이 말해 주는대로 집을 연필로 그려서 찾아간다. 다양성을 인정하고 경청의 중요성을 직접 느껴본다. **2. I–message(나–전달법) 알기** • 주어를 "너는"에서 "나는"으로 바꾸기 • 나의 감정을 잘 찾아서 표현하기 • 화가 나는 여러 가지 상황의 그림을 보고, I–message를 이용하여 긍정적인 의사소통 방법 경험하기					• 활동지 ⑦ • 화가 나는 상황 그림	
마무리	오늘 활동 후 느낌 나누어 보기						
확장 활동	귓속말 듣고 옆 친구에게 전달하기 활동을 통해 경청을 연습한다.						

활동지 ①

영역 : **정서 표현** 반 :

주제 : **여러 가지 감정사진** 이름 :

여러 가지 다양한 얼굴 표정의 감정사진을 찾아보세요.

활동지 ②

영역 : **정서 인식** 반 :

주제 : **감정 이름표** 이름 :

내 마음속의 여러 가지 감정의 이름표를 찾아보세요.

기쁜	슬픈
고마운	속상한
신나는	미운
감사한	무서운
사랑스러운	놀란
만족스러운	짜증나는
편안한	실망스러운
행복한	화난

활동지 ③

영역 : **분노 인지** 반 :

주제 : **화가 날 때는 어떻게 표현할까?** 이름 :

화가 났을 때 어떻게 표현하면 좋을까요? 올바른 표현법을 그림으로 표현해 보세요.

→

→

→

활동지 ④

영역 : **자기 이해, 타인 이해** 반 :

주제 : **나를 알고 남을 이해해요** 이름 :

여러 가지 동물 사진을 살펴본 뒤 자신과 가족의 특성을 나타내는 동물을 찾아보세요.

활동지 ⑤

영역 : **분노 조절 전략** 반 :

주제 : **화가 날 때 침착함을 유지해요** 이름 :

화를 조절하는 방법 중 나에게 잘 맞는 방법을 찾아보세요.
화가 날 때 하고 싶은 것에 ○ 표시를 해보세요.

1. 1부터 10까지 숫자 세어 보기

2. 친구들과 즐거운 시간 갖기

3. 신나는 음악 듣고 따라 부르기

- 노래 제목 :
- 음악을 듣고 따라 부르며 몸으로 표현하기

4. 좋아하는 운동하기

- 좋아하는 운동 :
- 좋아하는 운동을 몸 동작으로 나타내기

활동지 ⑥

영역 : **분노 조절 전략** 반 :

주제 : **부모님께 그림편지 쓰기** 이름 :

부모님께 하고 싶은 말을 글, 그림으로 표현해 보세요.

활동지 ⑦

영역 : **분노 조절 기술** 반 :

주제 : **다양한 가족 미로 그림** 이름 :

두 사람이 짝을 지어 한 명은 안대를 하고 다른 사람이 말해 주는 대로 연필로 집을 그려서 찾아보세요.

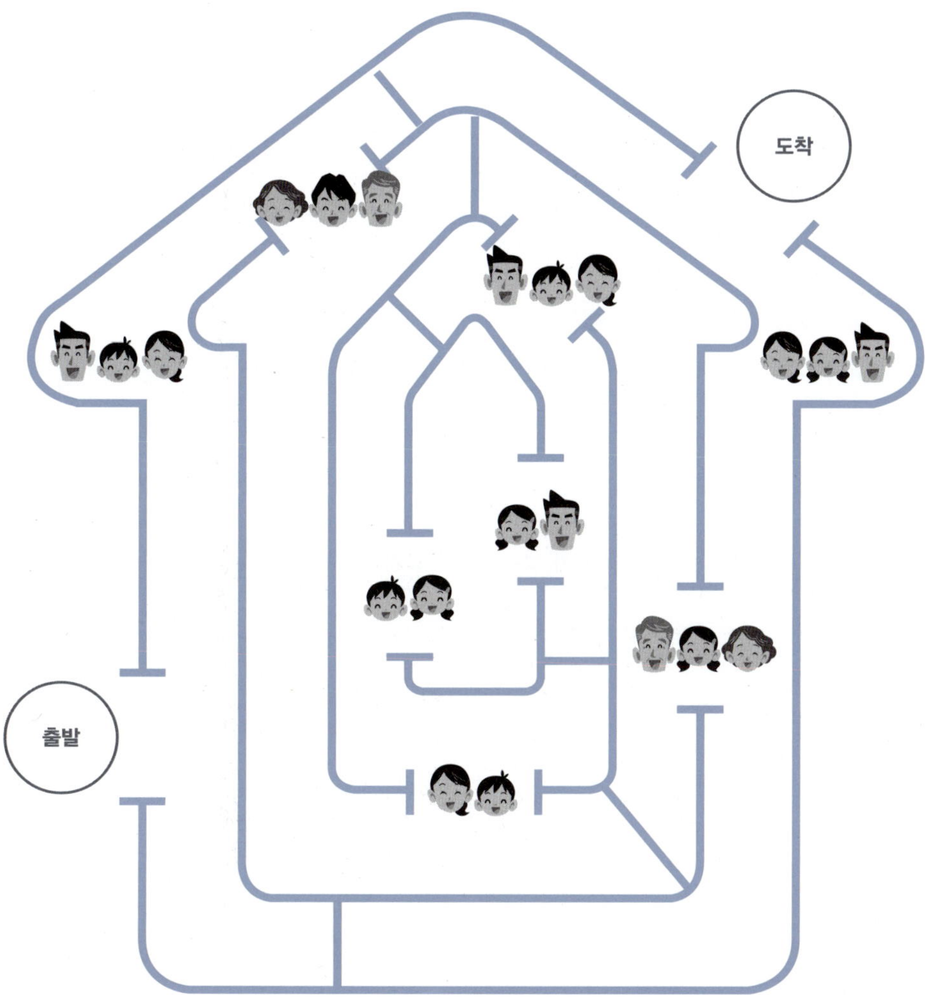

3. 아동 대상 분노 관리 프로그램

1) 프로그램 목적과 내용

아동 분노 조절 프로그램의 목적은 초등학교 취학 아동을 대상으로, 인지·정서·행동의 영역을 기초로 아동들이 다양한 감정 중 화(분노)를 인식하고 분노를 긍정적인 방법으로 표출하기 위한 다양한 방법과 의사소통기술을 제시하고자 하는 데 있다.

본 프로그램은 초등학생의 분노 조절 프로그램을 연구한 선행연구(김현숙, 2017: 신은진, 2009)를 재구성하여 분노를 인식하는 인지영역, 마음으로 이해하고 표현하는 정서영역, 분노를 긍정적으로 표현하는 행동영역로 나누어 실행하였다.

[아동 대상 분노 관리 프로그램]

회기	영역	주제	목표	활동내용
1	인지	화를 바르게 알고 이해해요	1. 프로그램을 안내하고 화를 바르게 알고 이해할 수 있다. 2. 자신의 화의 정도를 확인하고 평가해 볼 수 있다.	1. 여러 가지 감정 2. 화는 무엇인가? 3. 감정도표 4. 화 스펙트럼
2	인지	화를 알아차려요	1. 화가 나는 느낌과 상황을 알고 표현할 수 있다. 2. 분노를 표현해야 하는 이유를 인지할 수 있다.	1. 화날 때 내 몸이 달라져요 2. 나는 화나면 이렇게 행동해요 3. 마음 온도계
3	인지	화를 표현해요	1. 나의 감정을 인식하고 긍정적으로 화를 표출하는 방법에 대하여 살펴볼 수 있다. 2. 자신의 생각을 다양한 방법으로 표현할 수 있다.	1. 화산폭발실험 2. 화(분노)를 표현하는 3가지 방법
4	정서	친구마음을 이해해요	1. 다양한 타인의 마음을 인식하고 이해하고 공감하는 방법을 배운다.	1. 착시 2. 방석 바꾸기 3. 친구 얼굴 그리기 4. 릴레이 그림

(계속)

회기	영역	주제	목표	활동내용
5	정서	나의 마음에 이름표를	1. 마음속 분노에 대한 개념을 이미지화 할 수 있다. 2. 분노 조절 관리를 위한 프로그램을 이해하고 적용할 수 있다.	1. 분노 이미지화 2. 대표감성 찾기 3. 감성일기 쓰기
6	행동	나의 마음을 전달해요	1. 화를 표현하는 다양한 방법을 통해 부정적인 정서를 순화할 수 있다. 2. 나-전달법을 통해 긍정적인 상호 작용을 위한 의사소통 기술을 익힐 수 있다.	1. I-message(나-전달법) 2. 분노 비행기 3. 분노배 4. 신문지 트위스트
7	행동	화 예방접종	1. 화를 긍정적으로 바르게 표현하는 방법을 통해 바람직한 분노 표현방법을 익힐 수 있다.	1. 화 예방접종 알아보기 2. 화 예방접종 역할극해 보기 3. 화 예방접종 훈련하기
8	행동	나는 분노 조절 능력자	1. 분노를 조절할 수 있는 다양한 방법을 익히고 실제에 적용할 수 있다.	1. 심호흡하기 2. 긴장 이완하기 3. 구구단 외기 4. 숫자 세기 5. 자신에게 말하기

2) 회기별 프로그램 계획안

① 1회기

<table>
<tr><td>회기</td><td>1</td><td>주제</td><td>화를 바르게 알고 이해해요</td><td>대상</td><td>초등학생</td><td>소요시간</td><td>50분</td></tr>
<tr><td>활동목표</td><td colspan="7">1. 프로그램을 안내하고 화를 바르게 알고 이해할 수 있다.
2. 자신의 화의 정도를 확인하고 평가해 볼 수 있다.</td></tr>
<tr><td>활동절차</td><td colspan="5">활동내용</td><td colspan="2">준비물 및 유의점</td></tr>
<tr><td>도입</td><td colspan="5">[마음 열기]
1. 프로그램 목적과 활동 안내하기
2. 이름이나 별칭 정하기
(나의 강점이 나타나게 나의 별칭을 정하도록 한다.)</td><td colspan="2">• 별칭 이름표</td></tr>
<tr><td>전개</td><td colspan="5">[오늘의 활동]
1. 여러 가지 감정
• 애니메이션 영화 〈인사이드 아웃〉 속 캐릭터를 통해서 여러 가지 표정과 다양한 감정들을 찾아본다.

2. 화는 무엇인가?
• 여러 가지 얼굴표정의 사진을 보며 다양한 감정이 있다는 것을 안다.
• 여러 가지 감정이 모여서 대표감정이 있다는 것을 안다.
예) 즐겁다, 반갑다→기쁨
예) 속상하다, 소외감을 느낀다→슬픔

3. 감정도표

• 감정도표를 보며 위로 올라갈수록 각성수준이 높으며, 파란색 감정은 기분 좋은 감정/빨간색 감정은 기분이 좋지 않은 감정임을 인식한다.

4. 화 스펙트럼
약이 오른다 – 짜증이 난다 – 속이 상한다 – 가슴이 답답하다 – 어쩔 줄을 모르겠다 – 무언가 치밀어 오른다 – 천불이 난다 – 뚜껑이 열렸다 – 폭발해 터졌다
• "화가났다"는 말 속에는 가볍게 '약이 오른다'에서부터 '폭발한다'까지 다양한 감정이 포함되어 있음을 안다.</td><td colspan="2">• 영화영화 〈인사이드 아웃〉 편집본
• 활동지 ①

• 다양한 얼굴사진
• 감정카드와 대표감정카드

• 감정도표

• 화 스펙트럼</td></tr>
<tr><td>마무리</td><td colspan="7">감정도표와 화 스펙트럼으로 우리는 여러 가지 감정을 다양하게 느낄 수 있음을 안다.</td></tr>
<tr><td>확장 활동</td><td colspan="7">영화 〈인사이드 아웃〉에서 인상 깊은 캐릭터 표현해 보기</td></tr>
</table>

② 2회기

<table>
<tr><td>회기</td><td>2</td><td>주제</td><td>화를 알아차려요</td><td>대상</td><td>초등학생</td><td>소요시간</td><td>50분</td></tr>
<tr><td>활동목표</td><td colspan="7">1. 화가 나는 느낌과 상황을 알고 표현할 수 있다.
2. 분노를 표현해야 하는 이유를 인지할 수 있다.</td></tr>
<tr><td>활동절차</td><td colspan="5">활동내용</td><td colspan="2">준비물 및 유의점</td></tr>
<tr><td>도입</td><td colspan="5">[마음열기]
분노 검사지 체크하기</td><td colspan="2">• 활동지 ②</td></tr>
<tr><td>전개</td><td colspan="5">[오늘의 활동]
1. 화날 때 내 몸이 달라져요
• 얼굴 : 얼굴이 빨개진다, 머리가 아프다, 머릿속이 멍해진다, 표정이 굳는다, 현기증이 난다, 어지럽다, 얼굴이 화끈거린다
• 몸 : 몸이 굳는다, 소화가 안 된다, 입술·손 또는 온몸이 떨린다, 심장박동이 빨라진다, 어깨가 뻐근하다, 손에 땀이 난다, 주먹을 불끈 쥔다, 힘이 빠진다, 속이 더부룩하다, 가슴이 답답하다
• 목소리 : 커진다, 날카로워진다, 떨린다, 차가워진다, 욕·비난·비아냥거림으로 중얼중얼한다

2. 나는 화나면 이렇게 행동해요
• 화나는 상황에서 주로 어떤 행동을 하는지 알아본다.
예) 머리가 띵해요, 땀이 나요 등

3. 마음 온도계
• 화가 나는 상황을 생각하고 화난 정도에 따라 자신이 느끼는 온도 높이를 표시한다. 이때의 몸의 변화와 했던 행동을 적어 본다.

※ 생각해 보기
• 우리는 다양한 상황에서 화가 난다.
• 같은 상황에서도 화가 나는 온도가 다름을 인식한다.</td><td colspan="2">• 활동지 ③</td></tr>
<tr><td>마무리</td><td colspan="7">화가 난 내 모습 그려보기</td></tr>
<tr><td>확장 활동</td><td colspan="7">가정에서 가족들과 마음온도계를 붙여 보는 연계활동하기</td></tr>
</table>

③ 3회기

<table>
<tr><td>회기</td><td>3</td><td>주제</td><td>화를 표현해요</td><td>대상</td><td>초등학생</td><td>소요시간</td><td>50분</td></tr>
<tr><td>활동목표</td><td colspan="7">1. 나의 감정을 인식하고 긍정적으로 화를 표출하는 방법에 대하여 살펴 볼 수 있다.
2. 자신의 생각을 다양한 방법으로 표현할 수 있다.</td></tr>
<tr><td>활동절차</td><td colspan="5">활동내용</td><td colspan="2">준비물 및 유의점</td></tr>
<tr><td>도입</td><td colspan="5">[마음 열기]
오늘 내 느낌을 포스트잇에 적어서 붙여 보기</td><td colspan="2">• 포스트잇</td></tr>
<tr><td>전개</td><td colspan="5">[오늘의 활동]
1. 화산폭발실험
• 화가 나는 상황에서 바로 표출해야 하는 이유를 알아본다.
– 2개의 화산을 만든 뒤 화가 난 여러 상황 그림을 보면서 용암(빨간색 물감물)을 한 장에 한 번씩 붓는다.
– 그림을 보면서 A화산은 빨간색 물감물에 빨간색 물감물을 더하여 채운다.
– B화산은 그림을 볼때마다 통을 비워가며 물감물을 다시 붓는다.
– A화산은 계속 빨간색 물감물을 부어서 넘치게 되지만, B화산은 빨간색 물감물을 비우면서 붓기 때문에 여전히 조금씩 채워지게 된다.
• 화를 참아서 폭발하는 것은 분노라고 설명해 준 뒤 화가 날 때 표현해서 부정적 감정을 비워야 하는 이유를 설명한다.

2. 화(분노)를 표현하는 3가지 방법
• 분노억제(소심이), 분노표출(버럭이), 분노 조절(솔직이)에 대해서 알아본다.
• 나의 분노표현 방법을 이야기하고 표현하기</td><td colspan="2">• 화산 모형 2개
• 색이 다른 물감물 2개
• 빈 양동이

• 활동지 ④
• 활동지 ⑤</td></tr>
<tr><td>마무리</td><td colspan="7">• 분노란 무엇인지 생각하기
– 분노는 누구나 느끼는 정상적인 감정이다.
– 분노는 나를 보호하기 위한 감정이다.
– 분노를 느끼는 것은 나쁜 일이 아니다.
– 분노를 느끼는 것은 건강한 것이다.
– 분노는 가벼운 짜증에서부터 강한 흥분 상태까지 이르는 감정이다.</td></tr>
<tr><td>확장 활동</td><td colspan="7">가족들의 분노표현 방법을 알아본다.</td></tr>
</table>

④ 4회기

<table>
<tr><td>회기</td><td>4</td><td>주제</td><td>친구 마음을 이해해요</td><td>대상</td><td>초등학생</td><td>소요시간</td><td>50분</td></tr>
<tr><td>활동목표</td><td colspan="7">다양한 타인의 마음을 인식하고 이해하고 공감하는 방법을 배운다.</td></tr>
<tr><td>활동절차</td><td colspan="5">활동내용</td><td colspan="2">준비물 및 유의점</td></tr>
<tr><td>도입</td><td colspan="5">[마음 열기]
1. 눈싸움 : 서로 쳐다보면서 먼저 눈 깜박이는 사람이 지는 게임을 한다.
2. 서로의 얼굴을 쳐다보며 공감의 분위기를 만든다.</td><td colspan="2"></td></tr>
<tr><td rowspan="4">전개</td><td colspan="5">[오늘의 활동]
1. 착시 : 똑같이 봐도 다르게 느끼고 생각할 수 있다는 것을 인식한다.
</td><td colspan="2">• 착시그림</td></tr>
<tr><td colspan="5">2. 방석 바꾸기 : 한 사람씩 느꼈던 감정을 이야기하며 같은 감정을 느꼈던 친구들 모두 일어나서 방석을 바꿔서 앉는다.</td><td colspan="2">• 방석</td></tr>
<tr><td colspan="5">3. 친구 얼굴 그리기
• OHP 필름을 친구 얼굴에 대고 그 위에 유성매직으로 친구의 얼굴을 그린다.
• 친구 얼굴을 유심히 쳐다보며 얼굴을 그리면서, 타인에 대한 공감과 이해를 돕는다.</td><td colspan="2">• OHP 필름
• 유성매직</td></tr>
<tr><td colspan="5">4. 릴레이 게임
• 한 사람에 30초씩 친구와 함께 그림을 릴레이로 이어서 그리면서 이야기를 만들어본다.
• 함께 완성하는 공동체 활동을 통해 협력하는 자세를 기른다.</td><td colspan="2">• 전지
• 크레파스</td></tr>
<tr><td>마무리</td><td colspan="7">오늘 활동을 통해 느낀 점을 나누어 본다.</td></tr>
<tr><td>확장 활동</td><td colspan="7">화나게 한 상대방에게 용서의 편지 쓰기</td></tr>
</table>

⑤ 5회기

회기	5	주제	나의 마음에 이름표를!	대상	초등학생	소요시간	50분

활동목표	1. 마음속 분노에 대한 개념을 이미지화할 수 있다. 2. 분노 조절관리를 위한 프로그램을 이해하고 적용할 수 있다.

활동절차	활동내용	준비물 및 유의점
도입	**[마음 열기]** 명상음악 듣기	
전개	**[오늘의 활동]** **1. 분노 이미지화** • 분노를 이미지화해 본다. 예) 분노하면 떠오르는 색은?, 동물은?, 분노는 (　　　　)이다 등 **2. 대표감성 찾기** • 다양한 감정을 살펴보고, 대표하는 대표감성을 찾아내서 이름을 붙이면서 분노의 여러 가지 감성을 인식하게 한다. 감정에 이름을 붙여 주는 건 '감정'이라는 문에 손잡이를 만들어 주는 것으로 Gottman(1997)는 감정 이름을 붙이는 행동은 신경을 진정시키고 사건에서 회복하는 데 도움을 주며 이름을 붙이는 것이 하나의 전환점이 되어 진정효과를 준다고 하였다. 어린 나이에 자신을 진정하는 방법을 배운 아동은 높은 집중력과 좋은 교우관계, 높은 학업 성취, 신체가 건강한 특징이 있다.	• 활동지 ⑥ • 대표감성카드

아이가 느껴 보았을 만한 감정은?					
기쁨	행복감 명랑 반가움	고마움 황홀감 만족감	유대감 극치감 감사함	사랑스러움 쾌활함	 하늘로 붕 뜸
슬픔	절망감 실망	불행감 미안함	우울 비통함	후회스러움 기분이 처짐	
흥미	기대감 흥분	몰두감 관심	열성	재미있음	
분노	불쾌감 좌절	시기심 열받음	짜증	불만	격노
경멸	무례함	비판적	쓸쓸함	거부감	
혐오	증오감	싫어함	구역질	기피하고 싶음	
공포	두려움 겁남	예민함 무서움	경악 불안	걱정스러움 불편함	 혼란스러움

아이들의 감정 유형

	3. 감성일기 쓰기 • 다양한 감정을 대표하는 대표감성을 찾아내서 분노의 여러 가지 감성을 인식하게 한 뒤, 감성일기를 통해 감성에 이름표를 붙이고 감성 조절을 훈련한다.	• 활동지 ⑦
마무리	감성일기를 쓴 뒤 느낌을 나눈다.	
확장 활동	가정에서도 감성일기를 연계해서 쓰도록 지도한다.	

⑥ 6회기

<table>
<tr><td>회기</td><td>6</td><td>주제</td><td>나의 마음을 전달해요</td><td>대상</td><td>초등학생</td><td>소요시간</td><td>50분</td></tr>
<tr><td>활동목표</td><td colspan="7">1. 화를 표현하는 다양한 방법을 통해 부정적인 정서를 순화할수 있다.
2. 나-전달법을 통해 긍정적인 상호 작용을 위한 의사소통 기술을 익힐 수 있다.</td></tr>
<tr><td>활동절차</td><td colspan="5">활동내용</td><td colspan="2">준비물 및 유의점</td></tr>
<tr><td>도입</td><td colspan="5">[마음 열기]
명상음악 듣기</td><td colspan="2">• 명상음악 음원</td></tr>
<tr><td rowspan="4">전개</td><td colspan="5">[오늘의 활동]
1. I-message(나-전달법)
• 나를 중심으로 표현하는 방법을 알아보자.
• 주어를 “너는”에서 “나는”으로 바꾸기
• 나의 감정을 잘 찾아서 표현하기
• 화가 나는 여러 가지 상황의 그림을 보고, I-message를 이용하여 긍정적인 의사소통방법 경험하기</td><td colspan="2">• 활동지 ⑧</td></tr>
<tr><td colspan="5">2. 분노 비행기
• 신문지 위에 화가 났던 상황을 글로 써서 꼭꼭 뭉쳐 공으로 만든 뒤 멀리 날려본다.</td><td colspan="2">• 신문지
• 사인펜</td></tr>
<tr><td colspan="5">3. 분노배
• 물에 녹는 종이에 화가 났던 상황을 글로 써서 물위에 띄워 점점 녹는 모습을 관찰하며 내 안의 화난 감정도 함께 녹여본다.</td><td colspan="2">• 물에 녹는 종이
• 사인펜</td></tr>
<tr><td colspan="5">4. 신문지 트위스트
• 〈그대로 멈춰라〉 노래에 맞추어 맨발로 신문지 위에 올라서서 신나게 발을 문질러 가장 많은 조각을 내는 사람이 이기는 게임이다. 부정적인 정서를 신체활동을 통해 해소시켜 본다.</td><td colspan="2">• 신문지
• 〈그대로 멈춰라〉 음원</td></tr>
<tr><td>마무리</td><td colspan="7">활동을 한 후 후련해진 나의 마음을 친구들과 나눠본다.</td></tr>
<tr><td>확장 활동</td><td colspan="7">가정에서도 연계수업을 진행한다.</td></tr>
</table>

⑦ 7회기

<table>
<tr><td>회기</td><td>7</td><td>주제</td><td>화 예방접종</td><td>대상</td><td>초등학생</td><td>소요시간</td><td>50분</td></tr>
<tr><td>활동목표</td><td colspan="7">화를 긍정적으로 바르게 표현하는 방법을 통해 바람직한 분노표현 방법을 익힐 수 있다.</td></tr>
<tr><td>활동절차</td><td colspan="5">활동내용</td><td colspan="2">준비물 및 유의점</td></tr>
<tr><td>도입</td><td colspan="5">[마음 열기]
〈그대로 멈춰라〉 노래를 부르며 순간적으로 멈추는 활동을 경험한다.</td><td colspan="2">• 〈그대로 멈춰라〉 음원</td></tr>
<tr><td>전개</td><td colspan="5">

[오늘의 활동]
화 예방접종 : 신은진(2009) 논문을 중심으로
• 질병에 걸리기 전에 미리 예방주사를 맞는 것처럼, 화가 날 상황을 미리 연습해서 실제 상황에서 화를 바르게 표현할 수 있도록 한다.

1. 알아보기
화가 나는구나! 잠깐! 곰곰이 아니다! 제대로 표현해!

2. 역할극해 보기
• 상황을 제시하면 “곰곰이”와 “아니다” 부분으로 역할극을 해 본다.

3. 훈련하기
• 학원에 다녀와서 컴퓨터 게임을 하고 있었다. 잠시 후 형이 오더니 비키라고 말했다. 이제 막 시작했다고 기다리라고 했더니 머리를 때렸다. 째려보니까 아예 나를 끄집어 내렸다.

화가 나는구나!

화가 났다는 것을 빨리 알아챌 수 있는 나만의 특징 찾기
– 머리가 띵
– 입을 꾹 다묾
– 인상을 씀
– 주먹을 쥠
– 목소리가 나도 모르게 커짐
– 속으로 상대방에게 욕함
– 한숨이 나옴
– 혼자 중얼거림(예 : 씨~, 짜증나)
– 팔장을 낌
– 허리에 손을 올림

잠깐!
화내는 것 멈추기

</td><td colspan="2">• 활동지 ⑨</td></tr>
</table>

	곰곰이  **어떤 마음으로 화가 났는지 생각하기** – 당위적 생각(예 : "형이면 다야?", "힘만 세면 다야?") – 과장하기(예 : "또 저래.") 아니다! NO **달리 생각해 보기** – 증거 찾기(예 : "형이 매번 나에게 비키라고 했나? 아니야. 매번 그랬던 건 아니야.") – '다른 사람이라면?'이라고 생각하기(예 : "급히 확인해야 할 메일이나 숙제가 있었겠지. 너 아주 중요한 일을 하고 있었던 건 아니잖아?") – 다르게 설명하기(예 : "잠시만 비켜달라는 뜻이었는데 내가 짜증스럽게 기다리라고 하자 형도 화가 났나 보다.") 제대로 표현해!  **공감하여 표현하기, 솔직히 말하기, 나를 중심으로 말하기** – 나를 중심으로 말하기(예 : "내가 먼저 하고 있었는데 형이 비키라고 하고 때리기까지 하니까 짜증이 났어. 앞으로는 잠시만 비켜달라고 좋게 말하면 좋겠어.") – 공감하여 표현하기(예 : "형, 뭔가 급히 해야 할 일이 있었던 거지? 나도 학교에서 목이 엄청 마른데 앞사람이 정수기에서 물을 한 병 가득 받고 있으면 짜증이 나더라. 앞으로는 비켜달라고 정중히 말했으면 좋겠어.")	
마무리	화 예방접종 활동을 하며 어려웠던 점을 발표해 본다.	
확장 활동	가정에서도 화 예방접종 활동을 연계해서 진행해 본다.	

⑧ 8회기

회기	8	주제	나는 분노 조절 능력자	대상	초등학생	소요시간	50분
활동목표	분노를 조절할 수 있는 다양한 방법을 익히고 실제에 적용할 수 있다.						
활동절차	활동내용					준비물 및 유의점	
도입	**[마음 열기]** 명상음악 듣기					• 명상음악 음원	
전개	**[오늘의 활동]** **1. 심호흡하기** • 허리, 등, 목이 일직선이 되도록 한 후 눈을 감는다. • 두 손을 살짝 배 위에 놓고 입을 다문다. • 배를 풍선이라고 생각하고 바람을 넣듯이 큰소리를 내며 천천히 코로 들이쉬며 배가 볼록 나오도록 한다. 2~3초 정도 머물다가 천천히 큰소리로 내쉬면서 배가 쏙 들어가도록 한다. • 화가 가라앉을 때까지 숨을 들이마시고 내뿜는 과정을 연속적으로 한다. **2. 긴장 이완하기** • 눈을 감고 편안한 자세로 깊게 규칙적으로 숨을 내쉰다. • 양손은 주먹을 꼭 쥐어 양손 근육을 긴장했다가 긴장을 풀고 손과 팔이 이완되는 것을 느껴본다. • 두 다리를 모아 들고 힘을 주었다 다시 천천히 풀어주고 다리 근육에 힘을 주어 이완되는 느낌을 비교한다. • 아랫배 근육에 힘을 주어 홀쭉하게 만든 후 가만히 있다가 다시 천천히 풀어주고 아랫배 근육에 힘을 주었을 때와 풀어졌을 때 느낌을 비교한다. • 이어서 가슴→어깨→목→입→코→눈→양눈썹→이마 순으로 긴장과 이완을 반복하며 느낌을 비교한다. • 마지막으로 천천히 복식호흡을 하면서 포근하면서 편안한 침대에 누워있는 상상을 한다. 포근한 이불, 따뜻한 침대바닥, 꽃 향기 등을 상상해본다. **3. 구구단 외기** • 눈을 감고 2단부터 구구단 하나에 2~3초간 머무르면서 같은 속도로 천천히 외운다. **4. 숫자 세기** • 화가 나는 상황이 되었을 때 숫자를 1~10까지 천천히 세어보거나 거꾸로 세어본다.						

	5. 자신에게 말하기 • 화가 나는 상황에서 스스로에게 말해보자. "서두르지 말자. 흥분하지 말자. 내가 무슨 실수를 했나? 친구가 기분 나쁜 일이 있었나 보다. 나는 화를 다스릴 수 있어." 등을 말해서 화나는 마음을 가라앉힌다.	
마무리	나의 분노 조절에 효과가 있는 방법을 친구들에게 소개해 본다.	
확장 활동	다양한 분노 조절방법을 가정에서도 연계해서 진행해 본다.	

활동지 ①

영역 : **인지** 반 :

주제 : **화를 바르게 알고 이해해요** 이름 :

여러 가지 표정을 그려 보세요.

활동지 ②

영역 : **인지** 반 :

주제 : **분노 검사지** 이름 :

아래 분노 검사지를 체크해 보세요.

화(분노) 검사지

이름		학년/반		성별	남·여

(여러분이 일상생활에서 얼마나 화를 잘 내고 어떻게 표현하고 있는지를 알아보기 위한 것이므로 아래의 각 문항을 잘 읽고, 일상생활에서 흔히 느끼고 있는 자신의 성격적 경향을 가장 잘 나타내주는 것을 하나 골라서 V 표시하세요.)

평소에 나는	전혀 그렇지 않다	가끔 그렇다	자주 그렇다	거의 언제나 그렇다
화를 쉽게 냅니다.	0	1	2	3
불같은 성격입니다.	0	1	2	3
성미가 급합니다.	0	1	2	3
다른 사람의 잘못 때문에 내가 방해를 받을 때는 화가 납니다.	0	1	2	3
어떤 일을 잘하고도 인정을 못 받을 때는 화가 납니다.	0	1	2	3
흥분을 잘하는 성격입니다.	0	1	2	3
화가 많이 날 때면 심한 욕을 하기도 합니다.	0	1	2	3
다른 사람 앞에서 내 잘못이나 결점을 지적받으면 좌절을 느낍니다.	0	1	2	3
좋은 일을 하고도 나쁜 평가를 받으면 화가 머리끝까지 납니다.	0	1	2	3

활동지 ③

영역 : **인지** 반 :

주제 : **마음 온도계** 이름 :

화가 나는 상황을 생각하고 화난 정도에 따라 자신이 느끼는 온도 높이를 표시해 보세요.

마음 온도계

화나게 했던 일		마음 온도계	내 몸의 반응	했던 행동
		10	머리	
	높은 수준	9	눈	
		8	눈썹	
		7	턱	
		6	입술	
	중간 수준	5	목	
		4	어깨	
		3	다리	
	낮은 수준	2	마음	
		1	목소리	

활동지 ④	영역 : **인지**	반 :
	주제 : **분노 표출방법 검사지**	이름 :

해당되는 분노 표출 유형에 체크하고 나의 유형을 소심이, 솔직히, 버럭이 중에서 찾아보세요.

분노 표출방법 검사지

구분		나는 화가 났을 때	해당 여부
버럭이			
↓	1	목소리를 크게 높힙니다.	
	2	욕을 합니다.	
	3	문을 쾅 닫는 식의 행동을 합니다.	
	4	다른 사람들과 말다툼을 합니다.	
	5	참지 못하고 화를 냅니다.	
	6	화가 나면 주위에 있는 물건을 집어 던집니다.	
	7	소리를 크게 지릅니다.	
소심이			
↓	8	화난 표정을 짓습니다.	
	9	마음속에 화를 담아둡니다.	
	10	다른 사람들과 말을 하지 않습니다.	
	11	사람들을 피합니다.	
	12	토라지거나 잘 삐칩니다.	
	13	상대방의 시선을 피합니다.	
	14	화나게 한 사람을 속으로 비판합니다.	

구분		나는 화가 났을 때	해당 여부
솔직이			
↓	15	화를 가라앉히려고 노력합니다.	
	16	흥분하지 않으려고 합니다.	
	17	나를 화나게 한 사람을 이해하려고 합니다.	
	18	다른 사람들에게 인내심을 갖고 대합니다.	
	19	화가 나더라도 지나친 말과 행동을 하지 않습니다.	
	20	내가 화난 이유를 꼼꼼히 생각합니다.	
	21	편안한 마음을 가지려고 합니다.	

활동지 ⑤

영역 : **인지** 반 :

주제 : **솔직이가 되자!** 이름 :

우리 모두 솔직이가 되어 봅시다.

소극적 행동 (소심이)	**주장행동 (솔직이)**	**공격적 행동 (버럭이)**
자신의 생각을 표현 못하고 다른 사람에게 피해를 주지 않음	다른 사람에게 피해를 주지 않으면서 자신의 생각을 표현함	자신의 생각을 표현하지만 다른 사람에게 피해를 줌

다음에 제시된 행동을 보고, 주장행동은 '주', 소극적 행동은 '소', 공격적 행동은 '공'으로 적어보세요.

행동	주·소·공
급식을 받아서 먹고 있는데 옆에 친구가 맛있는 반찬을 말도 없이 집어 간다. "내놔라, 나쁜 놈아!"	공
같은 반 친구가 내가 아끼는 새 연필을 쓰겠다며 들고 간다. "아 안 되는데… 알았어."	
짝이 듣기 싫은 별명을 계속 부르면서 놀리고 도망간다. "나 약올리려고 그러는 것 같은데, 그만해. 기분 나빠."	
같은 반 친구가 나를 따돌리고 나와 놀지 말라고 한다. "네가 그렇게 잘났냐? 맞장 한 번 뜰래?"	
모둠별 발표 시간이 다 되었는데 한 친구가 참여하지 않고 따로 놀고 있다. "너 때문에 우리 모둠 점수 못 받아도 좋아? 이 바보야!"	
친구가 숙제를 하지 않아 나의 것을 보여달라고 한다. "걱정되는 네 마음은 알겠는데, 그건 옳지 않아. 대신 내가 도와줄게."	

활동지 ⑥

영역 : **정서** 반 :

주제 : **분노의 이미지화** 이름 :

분노를 이미지화해 보세요.

'분노'란 [ ]이다.

- **이미지화**

- **왜냐하면**

활동지 ⑦

영역 : **정서** 반 :

주제 : **감성일기** 이름 :

다양한 감정을 대표하는 대표감성을 찾아내서 분노의 여러 가지 감성을 인식하게 한 뒤 감성일기를 통해 감성에 이름표를 붙이고 감정 조절을 훈련해 보세요.

감성일기

오늘 하루 내 마음은 ______________ (했)습니다.

왜냐하면

1. 언제

2. 어디서

3. 누구와

4. 무슨 일(말과 행동)

잠시 눈을 감고 그때 내 마음을 떠올려 봅니다.
그리고 혼자 독백하듯이 혼자 되내어 봅니다.

"아, 그때 내 마음이 ______________ 했구나."
지금 내 마음은 ______________ 합니다.

기쁨 행복감, 고마움, 사랑스러움, 황홀감, 감사함, 만족감, 반가움, 기대감, 흥분 등
슬픔 절망감, 불행함, 우울함, 미안함, 실망, 우울, 후회 등
분노 불쾌감, 시기심, 짜증, 불만, 좌절, 열받음 등
경멸 무례함, 씁쓸함, 거부감, 비판적 등
혐오 증오감, 싫어함, 기피하고 싶음 등
공포 두려움, 예민함, 경악, 걱정스러움, 무서움, 겁이 남, 불안감, 불평함, 혼란스러움 등

활동지 ⑧

영역 : **행동** 반 :

주제 : **나–전달법** 이름 :

나를 중심으로 표현하는 방법을 알아세요.

1. 나–전달법으로 표현한 다음 예를 보고, 연습해 봅시다.

"난 지금 책을 조용히 읽고 싶은데 옆에서 너무 시끄럽게 떠들어서 책을 읽을 수가 없어 힘들구나."

우리를 화나게 하는 것들	하고 싶은 말을 나 전달법으로 표현해 보세요.
예) 친구가 내 공을 빼앗아갔을 때	"나는 네가 공을 가져가서 화가 났어."

2. 나–전달법을 배우고 사용한 후 느낀 점, 좋았던 점, 아쉬웠던 점을 써봅시다.

활동지 ⑨	영역 : **행동**	반 :
	주제 : **화 예방접종**	이름 :

질병에 걸리기 전에 미리 예방접종을 맞는 것처럼 화가 날 상황을 미리 연습해서 실제 상황에서 화를 바르게 표현할 수 있도록 해 보세요.

화가 나는 상황 설정

화가 나는구나! 	화가 났다는 것을 빨리 알아챌 수 있는 나만의 특징 찾기
잠깐! 	화내는 것 멈추기
곰곰이 	어떤 생각으로 화가 났는지 생각하기
아니다! 	달리 생각해 보기
제대로 표현해! 	공감하여 표현하기, 솔직히 말하기, 나를 중심으로 말하기

MEMO

CHAPTER

13

대상자별 분노 관리 프로그램의 실제 II

청년기, 성인기, 노인기에 해당하는 분노 조절 프로그램을 살펴보고 현장에서 실제적으로 적용해 볼 수 있도록 한다.

+ 청소년기 분노 조절 프로그램의 회기별 내용을 살펴보고 운영과정을 연습해본다.
+ 성인기 분노 조절 프로그램의 회기별 내용을 살펴보고 운영과정을 연습해본다.
+ 노인기 분노 조절 프로그램의 회기별 내용을 살펴보고 운영과정을 연습해본다.

청소년기, 성인기, 노인기에 해당하는 분노 조절 프로그램을 살펴보고 현장에서 적용할 수 있도록 돕는다.

1. 청소년 대상 분노 관리 프로그램

1) 프로그램 목적과 내용

본 프로그램은 청소년이 자신의 분노를 적절하게 조절하고 합리적인 대처방법을 찾을 수 있도록 인지-행동적 접근방법을 사용하여 고안된 프로그램으로 프로그램의 개입과 평가는 청소년의 분노 및 분노행동 감소에 초점을 두었다.

프로그램의 궁극적인 목적은 청소년들이 자신의 분노를 조절하고 건전하게 표현할 수 있도록 하며, 사회에 잘 적응하도록 돕는 것으로 첫째, 청소년의 인지를 재구조화 하고, 둘째, 분노에 대한 대처기술을 발달시킴으로써 분노의 자기조절 능력을 증진시키고자 한다.

프로그램의 진행은 산만해지기 쉬운 청소년들의 특성에 맞추어 구조적이고 구체적이며, 지시적인 기법을 사용하였으며, 청소년들의 흥미를 충분히 유발할 수 있도록 대부분의 프로그램 내용을 게임, 그림, 역할극, 비디오 촬영 등의 방법과 시각자료 등을 충분히 이용하도록 구성하였다.

[청소년 대상 분노 관리 프로그램]

회기	영역	주제	목표	활동내용
1	분노 인지	반가워요!	1. 프로그램의 목표, 내용을 설명한다. 2. 나를 소개한다. 3. 집단의 규칙을 정한다.	1. 프로그램 설명하기 2. 별칭 짓기 3. 나의 짝 소개하기 4. 서약서 쓰기
2	분노 인지	느낌 알아차리기	1. 여러 가지 감정 및 분노에 대하여 이해한다. 2. 자신의 분노경험을 돌아보고 참여 동기를 높인다.	1. 여러 가지 감정 이해하기(감정카드게임) 2. 자신의 화난 경험 발표하기
3	분노 인지	무엇 때문에 화가 나지?	1. 분노의 장단점과 정당한 상황을 이해한다. 2. 화가 나는 이유에 대해 알아본다.	1. 화가 나는 이유에 대해 발표하기 2. 분노 상황 이해하기(ox 게임) 3. 풍선 불기
4	자기 이해	나를 알아보기	1. 나에 대한 자기 인식을 높인다. 2. 자신의 내면적 욕구를 탐색할 수 있도록 한다. 3. 긍정적인 자아개념을 가지도록 한다. 4. 비합리적, 합리적 사고를 이해한다.	1. 자신의 장단점 찾기 2. 가장 기뻤던 일, 가장 화가 났던 일, 가장 슬펐던 일 찾기 3. 만화 그리기
5	자기 이해	새로운 나로 태어나기	1. 자신을 표현하고 자신의 문제를 극복할 수 있는 기회를 제공한다. 2. 미래에 대한 방향을 설정하여 목표성취를 위한 계기를 마련한다.	1. 빈 상자기법 2. 소망나무 꾸미기
6	자기 이해	우리가 직접 해결해요	1. 감정 표현방법을 알아본다. 2. 자기주장의 시기와 방법을 배운다.	1. 자기주장 표현법 2. I-message 배우기
7	타인 이해	생각 바꾸기	1. 상대방의 입장을 이해할 수 있다. 2. 자신의 내면을 표현해본다.	1. 만다라그리기 2. 부모님께 선물 드리기
8	분노 조절 기술	이제 잘 할 수 있지!	1. 개인의 변화와 성장을 강화해준다. 2. 자아존중감을 가지도록 돕는다. 3. 분노를 다스리는 방법을 배운다.	1. 근육이완 심호흡법 배우기 2. 편지 쓰기 3. 화를 주제로 하는 상황극 만들기

자료 : 임소영 재구성(2000).

2) 회기별 프로그램 계획안

① 1회기

<table>
<tr><td>회기</td><td>1</td><td>주제</td><td>반가워요!</td><td>대상</td><td>14~19세</td><td>소요시간</td><td>1시간</td></tr>
<tr><td>활동목표</td><td colspan="7">1. 프로그램의 목표, 내용을 설명한다.
2. 나를 소개한다.
3. 집단의 규칙을 정한다.</td></tr>
<tr><td>활동절차</td><td colspan="5">활동내용</td><td colspan="2">준비물 및 유의점</td></tr>
<tr><td>도입</td><td colspan="5">**[마음 열기]**
1. 첫 시간이므로 서로에게 인사하는 것으로 시작한다.
2. 진행자를 소개한다.</td><td colspan="2"></td></tr>
<tr><td>전개</td><td colspan="5">**[오늘의 활동]**
1. 프로그램 설명하기
• 프로그램에 대한 자세한 오리엔테이션을 진행한다.
– "집단의 규칙을 정해보자."

2. 별칭 짓기
• 자기 자신에 대한 소개를 한다.
• 자신의 별칭을 지어본다.
– "나의 별칭은 무엇으로 정하면 좋을까?"
– "별칭을 지은 이유는 무엇일까?"

3. 나의 짝 소개하기
• 이곳에서 만난 친구와 이야기를 나누고 서로 상대방을 소개해준다.
– "나의 친구는요"</td><td colspan="2">• 자기소개서 질문지
• 명찰</td></tr>
<tr><td>마무리</td><td colspan="5">**서약서 쓰기**
• 이곳에서 지켜야 할 준수사항과 규칙 등에 대해 기록한 서약서를 작성하도록 한다.</td><td colspan="2">• 서약서
• 필기도구</td></tr>
<tr><td>확장 활동</td><td colspan="7">감정카드로 일기 쓰기</td></tr>
</table>

② 2회기

<table>
<tr><td>회기</td><td>2</td><td>주제</td><td>느낌 알아차리기</td><td>대상</td><td>14~19세</td><td>소요시간</td><td>1시간</td></tr>
<tr><td>활동목표</td><td colspan="7">1. 여러 가지 감정 및 분노에 대하여 이해한다.
2. 자신의 분노경험을 돌아보고 참여 동기를 높인다.</td></tr>
<tr><td>활동절차</td><td colspan="5">활동내용</td><td colspan="2">준비물 및 유의점</td></tr>
<tr><td>도입</td><td colspan="5">[마음 열기]
우리 마음에는 어떤 감정들이 있을까요?</td><td colspan="2"></td></tr>
<tr><td>전개</td><td colspan="5">[오늘의 활동]
1. 여러 가지 감정 이해하기(감정카드게임)
• 정해진 술래는 카드에 쓰여 있는 감정을 보고 행동으로 설명하여 집단원들이 답을 알아낼 수 있도록 한다.

2. 자신의 화난 경험 발표하기
• 분노 표출방법을 적고 발표해본다.
– “나는 언제 화가 났을까?”
– “화가 났을 때 나는 어떻게 변하지?”
(운다, 소리 지른다, 때린다 등)</td><td colspan="2">• 감정카드
• 활동지 ①

• 종이
• 필기도구</td></tr>
<tr><td>마무리</td><td colspan="7">자신이 좋아하는 감정카드를 찾아보고 그 이유를 발표한다.</td></tr>
<tr><td>확장 활동</td><td colspan="7">감정카드 색칠하여 만들기</td></tr>
</table>

③ 3회기

<table>
<tr><td>회기</td><td>3</td><td>주제</td><td>무엇 때문에 화가 나지?</td><td>대상</td><td>14~19세</td><td>소요시간</td><td>1시간</td></tr>
<tr><td>활동목표</td><td colspan="7">1. 분노의 장단점과 정당한 상황을 이해한다.
2. 화가 나는 이유에 대해 알아본다.</td></tr>
<tr><td>활동절차</td><td colspan="5">활동내용</td><td colspan="2">준비물 및 유의점</td></tr>
<tr><td>도입</td><td colspan="5">[마음 열기]
1. 가족 중에 화를 제일 많이 내는 사람은 누구인가요?
2. 친구 중에 화를 제일 많이 내는 사람은 누구인가요?</td><td colspan="2"></td></tr>
<tr><td>전개</td><td colspan="5">[오늘의 활동]
1. 화가 나는 이유에 대해 발표하기
– “내가 화난 적은 언제인가?”
– “왜 화가 났을까?”

2. 분노 상황 이해하기(○× 게임)
• ○× 판을 나누어 준 후 제시하는 상황이 분노가 정당한 상황이면 ○, 그렇지 않으면 ×를 들도록 한다.
• 화의 장점과 단점에 대해 이야기 나눈다.

3. 풍선 불기
• 풍선을 불고 이야기를 나눈다.
– “풍선을 불어보니 기분이 어떤지 이야기해 볼까?”
– “풍선이 왜 터지게 되었을까?”</td><td colspan="2">• 활동지 ②

• 분노상황판

• 풍선</td></tr>
<tr><td>마무리</td><td colspan="7">• 화가 났을 때 나의 마음은 어떠했는지 이야기해 본다.
• 게임과 풍선놀이를 해본 후 소감을 나누어본다.</td></tr>
<tr><td>확장 활동</td><td colspan="7">풍선으로 여러 가지 꾸미기 활동을 해본다.</td></tr>
</table>

④ 4회기

<table>
<tr><td>회기</td><td>4</td><td>주제</td><td>나를 알아보기</td><td>대상</td><td>14~19세</td><td>소요시간</td><td>1시간</td></tr>
<tr><td>활동목표</td><td colspan="7">1. 나에 대한 자기 인식을 높인다.
2. 자신의 내면적 욕구를 탐색할 수 있도록 한다.
3. 긍정적인 자아 개념을 가지도록 한다.
4. 비합리적, 합리적 사고를 이해한다.</td></tr>
<tr><td>활동절차</td><td colspan="5">활동내용</td><td colspan="2">준비물 및 유의점</td></tr>
<tr><td>도입</td><td colspan="5">[마음 열기]
1. 나는 어떤 사람인가요?
2. 나의 좋아하는 것은 무엇인가요?</td><td colspan="2"></td></tr>
<tr><td>전개</td><td colspan="5">[오늘의 활동]
1. 자신의 장단점 찾기
• "나는 이런 사람입니다" 하고 이야기해 본다.

2. 가장 기뻤던 일, 가장 화가 났던 일, 가장 슬펐던 일 찾기
– "화가 가장 많이 났던 적은 언제니?"
– "그 때 무슨 일이 있었니?"

3. 만화 그리기
• 내가 가장 화났던 상황을 만화로 그려본다.</td><td colspan="2">• 활동지 ③

• 감정판 3개

• 종이
• 연필
• 색연필</td></tr>
<tr><td>마무리</td><td colspan="7">만화를 그린 후 서로 보고 상황에 대한 설명과 그 때의 느낌에 대해 이야기 나눈다.</td></tr>
<tr><td>확장 활동</td><td colspan="7">내가 가장 행복했을 때의 모습을 그려본다.</td></tr>
</table>

⑤ 5회기

<table>
<tr><td>회기</td><td>5</td><td>주제</td><td>새로운 나로 태어나기</td><td>대상</td><td>14~19세</td><td>소요시간</td><td>1시간</td></tr>
<tr><td>활동목표</td><td colspan="7">1. 자신을 표현하고 자신의 문제를 극복할 수 있는 기회를 제공한다.
2. 미래에 대한 방향을 설정하여 목표성취를 위한 계기를 마련한다.</td></tr>
<tr><td>활동절차</td><td colspan="5">활동내용</td><td colspan="2">준비물 및 유의점</td></tr>
<tr><td>도입</td><td colspan="5">[마음 열기]
1. 나는 무엇을 잘하나요?
2. 나의 장래 희망은 무엇인가요?</td><td colspan="2"></td></tr>
<tr><td>전개</td><td colspan="5">[오늘의 활동]
1. 빈 상자기법
• 다양한 모양과 크기의 상자를 준비해 놓고 자신이 원하는 상자를 선택한다.
• 빈 상자를 이용하여 현재 나의 모습을 그리고 상자 겉에는 다른 사람들이 나를 바라보아 주었으면 하는 모습을 그린다.
• 상자를 선택한 이유와 상지에 대한 느낌이나 그림에 대해 설명한다.
• 진실한 자신의 모습을 찾기 위해 각자가 해야 할 일에 대해 이야기해 본다.

2. 소망나무 꾸미기
• 자신만의 나무를 그려본다.
– "어떤 나만의 나무를 그리고 싶니?"
• 잎에는 자신의 장점을, 꽃이나 열매에는 자신의 희망과 꿈을 적어 보도록 한다.</td><td colspan="2">• 여러 가지 모양과 크기의 상자
• 종이
• 색종이
• 필기도구

• 종이
• 필기도구</td></tr>
<tr><td>마무리</td><td colspan="7">소망나무를 통해 자신의 강점과 꿈에 대해 서로 이야기 나눈다.</td></tr>
<tr><td>확장 활동</td><td colspan="7">미래의 나의 모습을 그려본다.</td></tr>
</table>

⑥ 6회기

<table>
<tr><td>회기</td><td>6</td><td>주제</td><td>우리가 직접 해결해요</td><td>대상</td><td>14~19세</td><td>소요시간</td><td>1시간</td></tr>
<tr><td>활동목표</td><td colspan="7">1. 감정표현 방법을 알아본다.
2. 자기 주장의 시기와 방법을 배운다.</td></tr>
<tr><td>활동절차</td><td colspan="5">활동내용</td><td colspan="2">준비물 및 유의점</td></tr>
<tr><td>도입</td><td colspan="5">[마음 열기]
1. 나의 생각이나 마음을 나타내 본적이 있나요?
2. 나는 다른 사람의 이야기를 잘 듣고 있나요?</td><td colspan="2"></td></tr>
<tr><td>전개</td><td colspan="5">[오늘의 활동]
1. 자기주장 표현법
• 화나는 상황에서 자신을 잘 표현할 수 있도록 자기 주장적 표현에 대하여 배운다.
• 공격적 표현, 수동적 표현, 주장적 표현 등 여러 가지 감정표현에 대해 알아보고 자기 주장적 표현을 연습해본 후 실연한다.
• 자신의 자기주장 표현법을 촬영하고 평가해본다.

2. I–message 배우기
• I–message에 대한 설명을 한다.
– “I–message를 사용했을 때와 그렇지 않을 때가 어떻게 다른가요?”</td><td colspan="2">• 화나는 상황에 대한 영상자료</td></tr>
<tr><td></td><td colspan="5">• 듣기의 단계를 설명한다.
• 각 모둠별로 논의된 듣기 과정을 이야기한다.</td><td colspan="2"></td></tr>
<tr><td>마무리</td><td colspan="7">두 사람씩 짝이 되어 배워 본 I–message를 연습해 본다.</td></tr>
<tr><td>확장 활동</td><td colspan="7">다른 사람에게 이야기 하는 나의 모습 그리기</td></tr>
</table>

⑦ 7회기

<table>
<tr><td>회기</td><td>7</td><td>주제</td><td>생각 바꾸기</td><td>대상</td><td>14~19세</td><td>소요시간</td><td>1시간</td></tr>
<tr><td>활동목표</td><td colspan="7">1. 상대방의 입장을 이해할 수 있다.
2. 자신의 내면을 표현해본다.</td></tr>
<tr><td>활동절차</td><td colspan="5">활동내용</td><td colspan="2">준비물 및 유의점</td></tr>
<tr><td>도입</td><td colspan="5">[마음 열기]
다른 사람의 생각이나 마음은 어떻게 알 수 있을까요?</td><td colspan="2"></td></tr>
<tr><td>전개</td><td colspan="5">[오늘의 활동]
1. 만다라 그리기
• 만다라를 그려 내 자신의 내면의 세계를 들여다본다.
• 서로가 그린 만다라 그림을 보면서 이야기를 나눈다.

2. 부모님께 선물 드리기 : “나는 부모님께 어떤 선물해드릴 수 있을까?”
• 설거지하기, 안마하기 등 내가 할 수 있는 것을 생각해 보고 실천할 수 있는 방법을 토의한다.
• 부모님께 드릴 선물 쿠폰을 만든다.</td><td colspan="2">• 도화지
• 색연필
• 사인펜</td></tr>
<tr><td>마무리</td><td colspan="7">만다라 그림활동을 하고 난 소감을 이야기 나눈다.</td></tr>
<tr><td>확장 활동</td><td colspan="7">부모님께 드릴 선물을 그려본다.</td></tr>
</table>

⑧ 8회기

<table>
<tr><td>회기</td><td>8</td><td>주제</td><td>이제 잘 할 수 있지!</td><td>대상</td><td>14~19세</td><td>소요시간</td><td>1시간</td></tr>
<tr><td>활동목표</td><td colspan="7">1. 개인의 변화와 성장을 강화해준다.
2. 자아존중감을 가지도록 돕는다.
3. 분노를 다스리는 방법을 배운다.</td></tr>
<tr><td>활동절차</td><td colspan="5">활동내용</td><td colspan="2">준비물 및 유의점</td></tr>
<tr><td>도입</td><td colspan="5">[마음 열기]
1. 화가 많이 났을 때 나는 주로 어떻게 하나요?
2. 나만의 화를 참는 법이 있나요?</td><td colspan="2"></td></tr>
<tr><td>전개</td><td colspan="5">[오늘의 활동]
1. 근육이완 심호흡법 배우기
• 화가 났을 때 자신의 감정을 가라앉힐 수 있도록 간단한 긴장이완 훈련을 설명하고 실시한다.

2. 편지 쓰기
• 10년 뒤 나에게 편지를 쓴다.
– "편지 속에서 가장 기억에 남는 단어는 무엇일까?"
– "만약 다른 사람에게 편지를 쓴다면 누구에게 쓰고 싶은가?"

3. 화를 주제로 하는 상황극 만들기
• 조원들과 화와 관련된 주제를 정하고 짧은 상황극을 만든다.
• 한 조씩 차례대로 상황극을 발표해 본다.</td><td colspan="2">• 편지지
• 필기도구</td></tr>
<tr><td>마무리</td><td colspan="7">프로그램을 마치면서 소감문을 작성하고 발표한다.</td></tr>
<tr><td>확장 활동</td><td colspan="7">가장 기억에 남는 활동 그려본다.</td></tr>
</table>

활동지 ①

영역 : **분노 인지** 반 :

주제 : **다양한 감정 낱말카드** 이름 :

다양한 감정 낱말카드를 뽑아 그 감정에 맞는 느낌을 표현해 보세요.

답답하다	재미있다	슬프다	속상하다
무섭다	두렵다	화난다	행복하다
부끄럽다	깜짝 놀라다	즐겁다	신난다
힘들다	얄밉다	설렌다	콩닥거린다

활동지 ②	주제 : **분노 인지**	반 :
	주제 : **무엇 때문에 화가 날까?**	이름 :

1. 지금 거울을 보고 거울 속에 비친 내 얼굴을 그려 보세요.

2. 화가 난 나의 얼굴을 그려 보세요.

활동지 ③	영역 : **자기 이해**	반 :
	주제 : **나 알아보기**	이름 :

나의 머릿속에 내가 좋아하는 것, 싫어하는 것, 잘하는 것 등 생각나는 것을 그려 보세요.

2. 성인 대상 분노 관리 프로그램

1) 프로그램 목적과 내용

성인 대상 분노 관리 프로그램의 목적은 다음과 같다.

첫째, 자신의 분노의 원인과 억제 및 표현의 적절정을 인식하고, 자신의 분노를 적절히 억제하며 표현할 수 있는 심리적인 능력을 기른다.

둘째, 분노로 인한 문제행동이나 심리적 어려움을 겪는 사람들에게 문제 상황에 적절히 대처할 수 있는 방법을 가르치고 분노를 조절하는 능력을 습득한다.

셋째, 프로그램 내용과 실천을 통해서 분노 해소방법이나 분노 조절 능력을 향상시키기 위해서 합리적인 사고능력, 감성적인 능력, 행동적인 능력을 기른다.

[성인 대상 분노 관리 프로그램]

회기	영역	주제	목표	활동내용
1	분노 인지	마음 나누기	1. 자기 자신에 대해 소개한다. 2. 다른 집단원과 라포를 형성한다. 3. 분노에 대해 인식한다.	1. 소개 및 프로그램 안내하기 2. 나의 감정 이야기하기
2	분노 인지	분노 감정 이해하기	1. 자신의 분노의 원인과 억제에 대해 이해한다. 2. 왜곡된 분노를 인식한다.	1. 자신의 분노표 만들기 2. 가족연상 감정 파악하기
3	자기 이해	나를 찾아 떠나는 여행	1. 나는 누구인지 파악해본다. 2. 자기 자신을 표현해본다.	1. 나 어렸을 적에 2. 성공기대 설계 그래프 그리기 3. 나를 동물로 표현하기
4	자기 인식	낮은 자존감 회복하기	1. 자신의 내면에 갈등구조를 파악한다. 2. 자기 존중감을 회복할 수 있도록 돕는다.	1. 합리적이지 못한 생각이란? 2. 자존감 항아리 꾸미기 3. 주인과 노예 되어 보기

(계속)

회기	영역	주제	목표	활동내용
5	자기 인정	나를 사랑하는 방법 찾기	1. 자신의 존재를 인정해 준다. 2. 자신의 미래에 대해 설계를 해본다.	1. 내가 나를 인정할 목록 작성하기 2. 내가 원하는 미래의 나의모습 그려보기
6	타인 이해	건강한 대인관계 맺기	1. 타인과의 관계를 이해한다. 2. 대인관계능력의 회복과 향상에 도움이 된다.	1. 만약 토끼와 거북이라면? 2. 난파선 역할극
7	분노 조절 기술	건강하게 화내기	1. 분노표현의 적절성을 인식한다. 2. 분노의 장단점에 대해 파악한다.	1. 나–전달법 2. 천사–악마놀이
8	분노 조절 기술	내 분노 감정 회복하기	1. 분노 조절능력(합리적인 사고능력, 감성적인 능력, 행동적인 능력)을 향상시킨다. 2. 심리적인 안정과 자기성찰에 도움이 된다.	1. 건강한 분노 표현방법 찾기 2. 명상음악 듣기

자료 : 김홍운 재구성(2000).

2) 회기별 프로그램 계획안

① 1회기

<table>
<tr><td>회기</td><td>1</td><td>주제</td><td>마음 나누기</td><td>대상</td><td>20~60세</td><td>소요시간</td><td>1시간</td></tr>
<tr><td>활동목표</td><td colspan="7">1. 자기 자신에 대해 소개한다.
2. 다른 집단원과 라포를 형성한다.
3. 다양한 감정에 대해 인식한다.</td></tr>
<tr><td>활동절차</td><td colspan="5">활동내용</td><td colspan="2">준비물 및 유의점</td></tr>
<tr><td>도입</td><td colspan="5">[마음 열기]
동기부여 및 프로그램 과정을 소개한다.</td><td colspan="2"></td></tr>
<tr><td>전개</td><td colspan="5">[오늘의 활동]
1. 소개 및 프로그램 안내하기
• 인사 및 자기소개하기
• 구성원들이 자신의 이름, 특기, 개성 등을 서로 발표한다.
• 구성원 각자가 자신의 별칭을 정함으로써 프로그램을 전개시키는 데에 원활성을 기한다.
• 프로그램의 주의사항과 효과성에 대해 설명한다.

2. 나의 감정 이야기하기
• 최근 내 자신이 자주 느끼는 감정과 기분에 대해 자연스럽게 이야기 나눈다.
– “최근 나의 기쁜 감정은 무엇이었나요? 이유는 무엇일까요?”
– “최근 나의 고통 감정은 무엇이었나요? 이유는 무엇일까요?”
• 서로 비슷한 감정경험이 무엇인지 찾아보고 공유한다.</td><td colspan="2"></td></tr>
<tr><td>마무리</td><td colspan="7">첫 모임에 대한 소감을 나눈다.</td></tr>
<tr><td>확장 활동</td><td colspan="7">나의 다짐(자성예언)의 시간을 갖는다.</td></tr>
</table>

② 2회기

회기	2	주제	분노 감정 이해하기	대상	20~60세	소요시간	1시간
활동목표	1. 자신의 분노의 원인과 억제에 대해 이해한다. 2. 왜곡된 분노를 인식한다.						
활동절차	활동내용					준비물 및 유의점	
도입	**[마음 열기]** 1. 나는 언제 화가 날까요? 2. 화가 나는 이유가 무엇일까요?						
전개	**[오늘의 활동]** **1. 자신의 분노표 만들기** • 분노조사표(분노원인, 분노억제, 분노표현)를 작성한다. • 분노조사표를 참고로 해서 자신의 분노 경향성을 파악해 본다. **2. 가족연상 감정 파악하기** • 가족에게서 느껴지는 감정들을 적어본다. • 가족에게서 느껴지는 좋은(긍정적인) 감정을 10가지 이상 적어본다. • 가족에게서 느껴지는 나쁜(부정적인) 감정을 10가지 이상 적어본다. • 적은 이유에 대해 발표한다.					• 종이 • 필기도구 • 활동지 ① • 활동지 ②	
마무리	나의 분노에 대해 파악해본 느낌과 생각이 어떤가요?						
확장 활동	나의 분노수준을 알아본다.						

③ 3회기

<table>
<tr><td>회기</td><td>3</td><td>주제</td><td>나를 찾아 떠나는 여행</td><td>대상</td><td>20~60세</td><td>소요시간</td><td>1시간</td></tr>
<tr><td>활동목표</td><td colspan="7">1. 나는 누구인지 파악해본다.
2. 자기 자신을 표현해본다.</td></tr>
<tr><td>활동절차</td><td colspan="5">활동내용</td><td colspan="2">준비물 및 유의점</td></tr>
<tr><td>도입</td><td colspan="5">[마음 열기]
1. 나는 어렸을 때 어떤 모습이었나요?
2. 나와 친했던 사람은 누구인가요?
3. 사이가 좋지 않았던 사람이 있었나요?</td><td colspan="2"></td></tr>
<tr><td>전개</td><td colspan="5">[오늘의 활동]
1. 나 어렸을 적에
• 어릴 적 과거 속으로 들어가 회상해본다.
– “가장 기억에 남는 오랫동안 잊힌 느낌, 사건, 경험을 머릿속에 떠올려볼까요?”
– “어떤 상황이었나요?”
– “어떤 경험을 하였나요?”

2. 성공기대 설계 그래프 그리기
• 지금부터 향후 1년, 5년, 10년에 대한 설계 그래프를 그려본다.
• 그래프를 보면서 이야기 나눈다.

3. 나를 동물로 표현하기
• 만약 나를 동물로 표현한다면 어떤 동물일지 생각해본다.
• 동물을 그려보고 이유에 대하여 설명한다.</td><td colspan="2">• 종이
• 필기도구</td></tr>
<tr><td>마무리</td><td colspan="7">어린 시절 좋지 못한 기억을 해소할 수 있는 방안에 대해 토의한다.</td></tr>
<tr><td>확장 활동</td><td colspan="7">서로 상대방을 동물로 비유해서 그려본다.</td></tr>
</table>

④ 4회기

<table>
<tr><td>회기</td><td>4</td><td>주제</td><td>낮은 자존감 회복하기</td><td>대상</td><td>20~60세</td><td>소요시간</td><td>1시간</td></tr>
<tr><td>활동목표</td><td colspan="7">1. 자신의 내면에 갈등구조를 파악한다.
2. 자기 존중감을 회복할 수 있도록 돕는다.</td></tr>
<tr><td>활동절차</td><td colspan="5">활동내용</td><td colspan="2">준비물 및 유의점</td></tr>
<tr><td>도입</td><td colspan="5">[마음 열기]
1. 내 자신이 작아진다고 느낄 때가 있나요?
2. 나에게 부족한 점은 무엇인가요?</td><td colspan="2"></td></tr>
<tr><td>전개</td><td colspan="5">[오늘의 활동]
1. 합리적인 못한 생각이란?
• 나의 생활 속에 합리적이지 못한 생각들을 찾아보고 합리적인 생각으로 바꾸는 연습을 해본다.
• 당위적인 생각을 합리적인 생각으로 바꾸어 본다.
– "내가 하는 일은 반드시 성공해야 해."
• 이분법적인 생각을 합리적인 생각으로 바꾸어 본다.
– "나는 불행한 사람이고 다른 사람들은 모두 행복하다."
• 극단적인 생각을 합리적인 생각으로 바꾸어 본다.
– "틀림없이 나는 화를 낼 수밖에 없어."

2. 자존감 항아리 꾸미기
• 나의 자존감 항아리에는 무엇이 있는지 그려본다.
• 내가 그린 자존감항아리를 소개한다.

3. 주인과 노예 되어 보기
• 영화 〈노예 13년〉을 감상한 후 노예와 주인에 대한 자신의 태도, 신념을 행동으로 표현해본다.
– "노예가 되었을 때 나의 마음과 생각은 무엇이었나요?"
– "만약 내가 주인이 된다면 어떨까요?"</td><td colspan="2">• 활동지 ③

• 종이
• 필기도구

• 영화 〈노예 13년〉 영상자료</td></tr>
<tr><td>마무리</td><td colspan="7">내가 닮고 싶은 인물에 대해 각자 발표한다.</td></tr>
<tr><td>확장 활동</td><td colspan="7">나에게 상처 주는 사람에게 편지쓰기</td></tr>
</table>

⑤ 5회기

<table>
<tr><td>회기</td><td>5</td><td>주제</td><td>나를 사랑하는 방법 찾기</td><td>대상</td><td>20~60세</td><td>소요시간</td><td>1시간</td></tr>
<tr><td>활동목표</td><td colspan="7">1. 자신의 존재를 인정해 준다.
2. 자신의 미래에 대해 설계를 해본다.</td></tr>
<tr><td>활동절차</td><td colspan="5">활동내용</td><td colspan="2">준비물 및 유의점</td></tr>
<tr><td>도입</td><td colspan="5">[마음 열기]
1. 나는 무엇을 좋아하나요?
2. 나는 무엇을 잘하나요?</td><td colspan="2"></td></tr>
<tr><td>전개</td><td colspan="5">[오늘의 활동]
1. 내가 나를 인정할 목록 작성하기
• 내 자신에게 잘하고 있다고 인정해 줄 목록을 적어본다.
• 적은 것을 다른 구성원과 서로 이야기 해본다.

2. 내가 원하는 미래의 나의 모습 그려보기
• 내가 꿈꾸는 미래의 나의 모습이 어떠할지 그림으로 그려본다.
• 그린 그림에 대해 발표해 본다.
• 지금의 나의 모습과 어떻게 다른지 발표해 본다.</td><td colspan="2">• 종이
• 필기도구

• 색연필
• 사인펜
• 종이</td></tr>
<tr><td>마무리</td><td colspan="7">미래의 나를 위해 할 수 있는 것은 무엇인지 발표한다.</td></tr>
<tr><td>확장 활동</td><td colspan="7">나를 색으로 표현한다면? 나는 무슨 색일까?</td></tr>
</table>

⑥ 6회기

회기	6	주제	건강한 대인관계 맺기	대상	20~60세	소요시간	1시간
활동목표	1. 타인과의 관계를 이해한다. 2. 대인관계능력의 회복과 향상에 도움이 된다.						
활동절차	활동내용					준비물 및 유의점	
도입	**[마음 열기]** 다른 사람의 생각이나 마음을 어떻게 알 수 있나요?						
전개	**[오늘의 활동]** **1. 만약 토끼와 거북이라면?** • 토끼가 느낄 수 있는 감정은 무엇인가요? • 거북이가 느낄 수 있는 감정은 무엇인가요? **2. 난파선 역할극** • 난파선 상황을 설정하고 역할극을 해본다. – 내용 : 바다 한가운데서 배가 조난을 당했고 오직 한 명만 탈 수 있는 상황이다. – 배역 : 노인, 정치가, 살인피의자, 아이를 안고 있는 여인, 중학교 학생 – 진행상황 1) 서로 먼저 타려고 자신의 입장을 주장함 2) 자신의 차례를 양보함 • 역할극을 해본 후 느낀 점을 발표한다.					• 역할극 의상과 소품	
마무리	나는 어느 정도 다른 사람의 마음을 이해하고 있는지 점검해 본다.						
확장 활동	토끼와 거북이 역할극을 해본다.						

⑦ 7회기

<table>
<tr><td>회기</td><td>7</td><td>주제</td><td>건강하게 화내기</td><td>대상</td><td>20~60세</td><td>소요시간</td><td>1시간</td></tr>
<tr><td>활동목표</td><td colspan="7">1. 분노 표현의 적절성을 인식한다.
2. 분노의 장단점에 대해 파악한다.</td></tr>
<tr><td>활동절차</td><td colspan="5">활동내용</td><td colspan="2">준비물 및 유의점</td></tr>
<tr><td>도입</td><td colspan="5">[마음 열기]
화를 낼 때 나의 모습은 어떤가요?</td><td colspan="2"></td></tr>
<tr><td>전개</td><td colspan="5">[오늘의 활동]
1. 나–전달법
• 나는 평소에 화를 어떻게 표현하나요?
• 나–전달법에 대해 소개한다.
• 화가 나는 상황을 제시하고 나–전달법을 연습해 본다.

2. 천사–악마놀이
• 한쪽은 천사가 되고, 다른 한쪽은 악마가 된다. 서로의 입장을 주장하고 주인공은 자기의 판단을 결정하고 행동한다.
• 역할극 실연을 위해 두 가지 입장을 생각해 본다.
• 화난 상황을 설정한 후 역할극을 통해 연습해 본다.
• 화의 양면성에 대해 이야기해 본다.
– “화를 내는 것이 좋은 이유와 좋지 않은 이유는 무엇인가요?”
– “화를 참는 것이 좋은 이유와 좋지 않은 이유는 무엇인가요?”</td><td colspan="2">• 천사와 악마 의상 등의 역할극 소품</td></tr>
<tr><td>마무리</td><td colspan="7">화가 났던 상황을 제시하고 나–전달법을 연습해 본다.</td></tr>
<tr><td>확장 활동</td><td colspan="7">나–전달법과 너–전달법을 비교해 보고 차이를 알아본다.</td></tr>
</table>

⑧ 8회기

<table>
<tr><td>회기</td><td>8</td><td>주제</td><td>내 분노 감정 회복하기</td><td>대상</td><td>20~60세</td><td>소요시간</td><td>1시간</td></tr>
<tr><td>활동목표</td><td colspan="7">1. 분노 조절능력(합리적인 사고능력, 감성적인 능력, 행동적인 능력)을 향상시킨다.
2. 심리적인 안정과 자기성찰에 도움이 된다.</td></tr>
<tr><td>활동절차</td><td colspan="5">활동내용</td><td colspan="2">준비물 및 유의점</td></tr>
<tr><td>도입</td><td colspan="5">[마음 열기]
화가 났을 때 참아본 적이 있나요?</td><td colspan="2"></td></tr>
<tr><td>전개</td><td colspan="5">1. 건강한 분노 표현방법 찾기
• 근육이완법과 심호흡법을 익힌다.
• 갈등과 문제로부터 냉정해진다.
• 분노대상자에 대한 용서하는 시간을 갖는다.
• 분노대상자에게 편지를 써 본다.

2. 명상음악 듣기
• 눈을 잠시 감는다.
• 조용한 명상 음악을 듣는다.
• 자신의 생활에서 감사한 요소를 찾아보고 발표한다.</td><td colspan="2">• 편지지
• 필기도구

• 명상음악 음원</td></tr>
<tr><td>마무리</td><td colspan="7">프로그램 참여 과정에서 느낀 소감을 발표한다.</td></tr>
<tr><td>확장 활동</td><td colspan="7">나만의 화를 참아내는 비법은 무엇인지 찾아본다.</td></tr>
</table>

활동지 ①

영역 : **분노 인지**

주제 : **나의 분노표**　　　　이름 :

나는 화가 날 때 어떻게 표현하는지 적어 보세요.

분노의 원인 상황	억제 또는 표현
부모와의 관계	
1. 사소한 잘못에도 꾸중을 하셔서	
2. 나를 믿어 주시지 않으셔서	
3. 내가 하고 싶은 일을 못하게 하셔서	
4. 나를 다른 사람과 비교(무시)하셔서	
5. 나의 대화 제의를 거절하셔서	
6. 나와의 약속을 지키시지 않으셔서	
집안 환경	
1. 집안 문제에 대한 가족토의가 없어서	
2. 가정환경이 좋지 못해서	
3. 부부싸움이 잦아서	
4. 무관심하거나 의견을 무시해서	
5. 집안 식구에게 폭력을 행사해서	
형제·자매관계	
1. 내 물건을 허락 없이 사용해서	
2. 나를 무시하는 말이나 행동을 해서	
3. 나의 도움(충고)을 거절해서	
4. 나에게 쓸데없는 간섭을 해서	
5. 자신이 해야 할 일을 나에게 미루어서	
친구관계	
1. 약속을 지키지 않아서	
2. 내가 하고 있는 일을 방해해서	
3. 나를 놀리거나 따돌려서	
4. 나를 무시하는 말이나 행동을 해서	

활동지 ②

영역 : **분노 인지**

주제 : **가족 연상 감정 파악하기** 이름 :

감정(느낌)의 종류 중에서 가족에게서 느껴지는 감정을 적어 보세요.

- 가족에게서 느껴지는 좋은(긍정적인) 감정(10가지 이상)
- 가족에게서 느껴지는 나쁜(부정적인) 감정(10가지 이상)

대상	좋은 감정	나쁜 감정

활동지 ③

영역 : **자기 인식**

주제 : **남은 자존감 회복하기** 이름 :

내가 생각하고 있는 것을 합리적으로 바꾸어 보세요.

1. 나의 생활 속에서 합리적이지 못한 생각들 찾아보기

1) 부모님과의 관계에서
2) 가정환경에서
3) 형제자매와의 관계에서
4) 친구와의 관계에서
5) 자녀와의 관계에서

2. 합리적 생각으로 바꾸어 보기

1) 당위적인 생각을 합리적인 생각으로 바꾸기

[형식] 당위적인 생각 : ( )는(은) 당연히 ( )해야만 한다.

[예문]
- 부모님은 당연히 내 부탁을 들어 주셔야 한다.
- 내가 하는 일은 반드시 성공시켜야 한다.
- 후배(동생)는 선배(형, 누나)의 말을 당연히 따라야 한다.
- 나의 자녀들은 반드시 내 의도대로 따라 주어야 한다.
- 나의 의견은 언제나 옳아야 한다.

위의 예문을 아래의 합리적인 형식의 생각으로 바꾸어 보시오.

[형식] ( )하지 않아도 된다.

-
-

2) 이분법적인 생각을 합리적인 생각으로 바꾸기

[형식] 이분법적 생각 : (   )는(은) (   )한 사람이고, (   )는(은) (   )한 사람이다.

[예문]
- 노인들은 모두 보수적인 사람이고 젊은이들은 모두 개방적인 사람이다.
- 우리나라는 지저분한 나라이고 캐나다는 깨끗한 나라이다.
- 언니(형)는 우리를 이해해 주지 않고 동생은 나를 이해해 준다.
- 우리 집은 불행하고 친구의 집은 행복하다.
- 나는 불행한 사람이고 다른 사람들은 모두 행복하다.

위의 예문들을 합리적인 생각들로 바꾸시오.

[형식] (   )하지 않아도 된다.

- ______________________
- ______________________

3) 극단적인 생각을 합리적인 생각으로 바꾸기

[형식] 극단적 생각 : 대화 중에 극단적인 언어를 사용하거나(예 : "모두가 다 그래", "틀림없이", "절대로", "분명히", "굉장히" 등) 과장된 표현을 함

[예문]
- 우리 가족들은 모두가 다 그래서 불만이야.
- 틀림없이, 나는 화를 낼 수밖에 없어.
- 절대로, 나의 고통은 해결되지 않을 거야.
- 분명히, 나는 불행한 사람이야.
- 우리 가족의 불행은 굉장히 크다고 생각해.

위의 예문들을 합리적인 생각들로 바꾸시오.

- ______________________
- ______________________

3. 노인 대상 분노 관리 프로그램

1) 프로그램 목적과 내용

노인 대상 분노 조절 프로그램의 목적은 아동 및 청소년과는 다른 노인기에 갖게 되는 부정적 감정을 개선하기 위함이다. 노인기의 분노를 연구한 많은 선행연구들은 노인기의 우울, 용서, 뇌 발달, 웃음치료 등을 다루고 있다(추정인, 2014; 명수영, 2010; 윤은영, 2008). 이를 재구성하여 노인기의 분노와 우울감, 상실감 등 부정적인 감정을 행복감과 성취감 등의 긍정적인 감정으로 전환시켜 노인기의 정신적·신체적 건강의 기술을 제시하고자 한다.

[노인 대상 분노 관리 프로그램]

회기	영역	주제	목표	활동내용
1	마음 열기	잠든 웃음 깨우기	1. 집단구성원의 목표를 세우고, 웃음으로 집단구성원 간 친밀감 형성하기	1. 시작을 웃음으로! 2. 웃음이란? 3. 웃음친구 4. 박장대소 5. 웃음댄스
2	마음 열기	내 마음 문 열기	1. 자기 개방 및 타인에 대한 이해 촉진하기	1. 지금 나의 상태는? 2. 가족 동작화 3. 노인 우울지수 검사 4. 보내지 않는 편지 쓰기 5. 노래 부르기
3	마음 불러오기	내 마음속 들여다보기	1. 상처 경험 시 어떤 반응을 보이는지 알기	1. 감정 그리기 2. 나의 인간관계 경험 돌아보기 3. 상처를 받았던 사건에 대한 이야기 4. 상처받았을 때 나의 반응 살펴보기 5. 노래 부르기

(계속)

회기	영역	주제	목표	활동내용
4	마음 불러오기	내 마음속 알아주기	1. 상처 자각 및 표현하기	1. 긍정적 에너지와 부정적 에너지 2. 빈 의자 기법 3. 분노에 대한 대처방식 평가하기 4. 노래 부르기
5	마음 드러내기	내 마음 표현해 보기	1. 감정을 드러내 보는 경험 및 위로하고 받기	1. 건강 뇌체조 2. 즐겨 부르는 내 노래 소개 3. 찰흙 활동 4. 웃음 포토제닉상
6	마음 드러내기	용서에 대해 인식하기	1. 상처 준 사람에 대한 용서를 선택하고 동화함으로써 결국 용서가 자신에게 긍정의 선물임을 인식하기	1. 용서의 이미지화 2. 왜 용서를 해야 하나요? 3. 용서에 대한 오해와 진실 4. 용서와 화해의 차이 5. 노래 부르기
7	마음 나누기	용서하기	1. 용서에 대한 활동을 통해 마음속의 힘들고 부정적인 감정을 순화시키고 밝고 긍정적인 감정으로 전환시키기	1. 타인 입장 헤아려보기 2. 따뜻한 마음 품기 3. 용서 서약서 4. 노래 부르기
8	마음 나누기	행복하기	1. 행복한 노년기를 지내기 위한 지속적인 감정관리를 위해 노력하기	1. 보물 바구니 2. 행복 스노우볼 3. 인생 희망곡선 그리기 4. 자신과 자녀에게 감사 편지 쓰기 5. 노래 부르기

2) 회기별 프로그램 계획안

① 1회기

<table>
<tr><td>회기</td><td>1</td><td>주제</td><td>잠든 웃음 깨우기</td><td>대상</td><td>노인</td><td>소요시간</td><td>50분</td></tr>
<tr><td>활동목표</td><td colspan="7">집단구성원의 목표를 세우고, 웃음으로 집단구성원 간 친밀감 형성하기</td></tr>
<tr><td>활동절차</td><td colspan="5">활동내용</td><td colspan="2">준비물 및 유의점</td></tr>
<tr><td>도입</td><td colspan="5">[마음 열기]
1. 자기소개하기 및 별명 정하기(강점이 나타나게 별명을 정한다.)
2. 프로그램 목적과 활동 안내하기</td><td colspan="2">• 별명 이름표</td></tr>
<tr><td>전개</td><td colspan="5">[오늘의 활동] 내 안의 잠든 웃음을 깨워라

1. 시작을 웃음으로!
• 재미있는 유머로 편안하고 친밀감이 형성된 분위기가 되도록 한다.

2. 웃음이란?
• 여러 다양한 감정들을 살펴보고 이 중 기쁨과 행복의 표현인 웃음을 선택하여 웃어본다.

3. 웃음친구
• 여러 가지 웃음의 종류를 살펴보면서 재미있게 다양한 웃음으로 웃음분위기를 만들어 본다.

4. 박장대소
• 이야기를 통해 박장대소를 체험한다.
예) 이야기 중 '토끼'라는 단어가 나오면 박수를 크게 치고 큰 소리로 웃는다.

5. 웃음댄스 : 〈얼굴 찌푸리지 말아요〉
• 다양한 웃음의 종류를 재미있는 웃음에 맞추어 즐겁게 웃음댄스로 표현해 본다.</td><td colspan="2">• 〈얼굴 찌푸리지 말아요〉 음원</td></tr>
<tr><td>마무리</td><td colspan="7">박장대소했을 때의 느낌을 나누어 보고, 하루에 10번씩 꼭 박장대소해 보기로 약속하기</td></tr>
</table>

② 2회기

<table>
<tr><td>회기</td><td>2</td><td>주제</td><td>내 마음 문 열기</td><td>대상</td><td>노인</td><td>소요시간</td><td>50분</td></tr>
<tr><td>활동목표</td><td colspan="7">자기 개방 및 타인에 대한 이해 촉진하기</td></tr>
<tr><td>활동절차</td><td colspan="5">활동내용</td><td colspan="2">준비물 및 유의점</td></tr>
<tr><td>도입</td><td colspan="5">[마음 열기]
1. 서로 안부나누기
2. 뇌체조: 〈숫자송〉 부르기</td><td colspan="2">• 〈숫자송〉 음원</td></tr>
<tr><td>전개</td><td colspan="5">[오늘의 활동]
1. 지금 나의 상태는?
• 파프리카를 예로 들어 자연스러운 노화와 건강을 인식한다.

2. 가족 동작화
• 가족의 관계를 그리는 '가족 동작화' 그림을 통해서 내 안의 심리적인 문제점을 살펴본다.

3. 노인 우울지수 검사
• 노인의 분노는 우울증으로 표현되는 성향이 강하기 때문에 우울지수를 체크해 본다.

4. 보내지 않는 편지 쓰기
• 내 마음을 알아보기 위해 보내지는 않지만 쓰고 싶은 내용의 편지를 써본다.

5. 노래 부르기 : 〈그대 없이는 못살아〉</td><td colspan="2">• 종이
• 필기도구

• 활동지 ①

• 편지지
• 필기도구

• 〈그대 없이는 못살아〉 음원</td></tr>
<tr><td>마무리</td><td colspan="7">'가족 동작화'와 '노인 우울지수 검사'를 통해 자신에 대해 새롭게 알게 된 점을 나누어 본다.</td></tr>
</table>

③ 3회기

<table>
<tr><td>회기</td><td>3</td><td>주제</td><td>내 마음속 들여다보기</td><td>대상</td><td>노인</td><td>소요시간</td><td>50분</td></tr>
<tr><td>활동목표</td><td colspan="7">상처 경험 시 어떤 반응을 보이는지 알기</td></tr>
<tr><td>활동절차</td><td colspan="5">활동내용</td><td colspan="2">준비물 및 유의점</td></tr>
<tr><td>도입</td><td colspan="5">[마음 열기]
1. 서로 안부나누기
2. 오장육부가 좋아하는 소리 명상(분노 조절기술)

장기가 좋아하는 소리
• 하하 ~ 하하하 〈심장〉
• 히히 ~ 히히히 〈위장, 간장〉
• 호호 ~ 호호호 〈소장, 대장〉
• 히히 ~ 히히히 〈뇌〉
• 헤헤 ~ 헤헤헤 〈폐〉
• 쓰쓰 ~ 쓰쓰쓰 〈신장〉
• 후후 ~ 후후후 〈단전〉
자료 : 추정인(2014).</td><td colspan="2"></td></tr>
<tr><td>전개</td><td colspan="5">[오늘의 활동]
1. 감정 그리기
• 다양한 감정(기쁨. 슬픔. 화남. 외로움) 중 내가 많이 느끼는 감정 찾아서 설명하기

2. 나의 인간관계 경험 돌아보기
• 지금까지 경험에서 가장 편안하고 좋은 관계를 맺었던 사람은?
• 그 사람에 대한 나의 태도는?
• 지금까지 경험에서 가장 불편하고 힘든 관계를 맺었던 사람은?
• 그 사람에 대한 나의 태도는?

3. 상처를 받았던 사건에 대한 이야기
• 상처를 받았던 일이나 경험을 나누어 보면서 나의 속 마음을 들여다 보도록 한다.

4. 상처받았을 때 나의 반응 살펴보기
• 얼굴표정
• 몸동작
• 행동 등

5. 노래 부르기 : 〈사노라면〉</td><td colspan="2">• 필기도구
• 감정카드

• 〈사노라면〉 음원</td></tr>
<tr><td>마무리</td><td colspan="7">오늘의 활동 후 느낌 나누기</td></tr>
</table>

④ 4회기

<table>
<tr><td>회기</td><td>4</td><td>주제</td><td>내 마음속 알아주기</td><td>대상</td><td>노인</td><td>소요시간</td><td>50분</td></tr>
<tr><td>활동목표</td><td colspan="7">상처 자각 및 표현하기</td></tr>
<tr><td>활동절차</td><td colspan="5">활동내용</td><td colspan="2">준비물 및 유의점</td></tr>
<tr><td>도입</td><td colspan="5">[마음 열기]
1. 서로 안부 나누기
2. 심호흡하기(분노 조절 기술)
• 허리, 등, 목이 일직선이 되도록 한 후 눈을 감는다.
• 두 손을 살짝 배 위에 놓고 입을 다문다.
• 배를 풍선이라고 생각하고 바람을 넣듯이 큰소리를 내며 천천히 코로 들이쉬며 배가 볼록 나오도록 한다. 2~3초 정도 머물다가 천천히 큰소리로 내쉬면서 배가 쏙 들어가도록 한다.
• 화가 가라앉을 때까지 숨을 들이마시고 내품는 과정을 연속적으로 한다.</td><td colspan="2"></td></tr>
<tr><td>전개</td><td colspan="5">[오늘의 활동]
1. 긍정적 에너지와 부정적 에너지
• 분노란? 누구나 느끼는 정상적인 감정. 나를 보호하기 위한 감정
• 분노를 느끼는 것은 나쁜 일이 아니고 건강한 것
• 긍정적으로 표출하는 것이 중요
• 〈말의 힘〉 동영상 시청(부정적 에너지가 우리 몸에 미치는 악영향 인식)

2. 빈 의자 기법
• 내면적 상처와 분노의 감정을 인정하고 직면하기 위한 활동이다.
• 빈 의자 기법을 통해 나의 내면적 상처와 분노의 감정을 인정하고 직면해 보도록 한다.

3. 분노에 대한 대처방식 평가하기
• 나에게 상처를 준 상대에 대해 시도했던 대처방식을 적어보고, 결과가 어떠했는지를 상기해 보면서 올바른 대처방법을 인식해 본다.
• 행동적 측면 / 감동적 측면 / 사고적 측면 중심으로 내가 시도한 노력과 결과를 알아본다.

4. 노래 부르기 : 〈눈물 젖은 두만강〉</td><td colspan="2">• 〈말의 힘〉 동영상

• 빈 의자

• 종이
• 필기도구

• 〈눈물 젖은 두만강〉 음원</td></tr>
<tr><td>마무리</td><td colspan="7">빈 의자 기법을 통해 새롭게 알게 된 사실을 나누어 본다.</td></tr>
</table>

⑤ 5회기

<table>
<tr><td>회기</td><td>5</td><td>주제</td><td>내 마음 표현해 보기</td><td>대상</td><td>노인</td><td>소요시간</td><td>50분</td></tr>
<tr><td>활동목표</td><td colspan="7">감정을 드러내보는 경험 및 위로하고 받기</td></tr>
<tr><td>활동절차</td><td colspan="5">활동내용</td><td colspan="2">준비물 및 유의점</td></tr>
<tr><td>도입</td><td colspan="5">[마음 열기]
1. 서로 안부 나누기
2. 명상</td><td colspan="2">• 명상음악 음원</td></tr>
<tr><td>전개</td><td colspan="5">[오늘의 활동]
1. 건강 뇌체조
• 뇌체조 : 머리 및 목 마사지와 두드르기, 어깨운동, 팔 벌려 가슴 펴기, 손털기, 손뼉 치기, 손바닥 비비기, 온몸 두드리기, 장운동, 단전치기, 온몸 털기 등
• 가장 기본적 뇌체조는 ‘단전치기(아랫배를 두드림으로써 따뜻해져서 수승화강 상태 유지)’와 ‘장운동(각 장기에 자극을 주어 순환이 잘 이루어져 뇌에 충분한 혈액과 산소 공급)’이 있음

2. 즐겨 부르는 내 노래 소개
• 내가 평소에 기쁘거나 슬플 때 즐겨 부르는 노래를 소개하기

3. 찰흙 활동
• 자기 자신을 찰흙으로 표현해 보기
• 고마운 이, 보고 싶은 이, 주고 싶은 것 만들기

4. 웃음 포토제닉상
• 건강하게 활짝 웃는 모습을 찍어서 시상한다.</td><td colspan="2">• 즐겨 부르는 노래의 음원

• 찰흙</td></tr>
<tr><td>마무리</td><td colspan="7">찰흙 작품을 전시한다.</td></tr>
</table>

⑥ 6회기

<table>
<tr><td>회기</td><td>6</td><td>주제</td><td>용서에 대해 인식하기</td><td>대상</td><td>노인</td><td>소요시간</td><td>50분</td></tr>
<tr><td>활동목표</td><td colspan="7">상처 준 사람에 대한 용서를 선택하고 동화함으로써 결국 용서가 자신에게 긍정의 선물임을 인식하기</td></tr>
<tr><td>활동절차</td><td colspan="5">활동내용</td><td colspan="2">준비물 및 유의점</td></tr>
<tr><td>도입</td><td colspan="5">[마음 열기]
1. 서로 안부 나누기
2. 요가</td><td colspan="2"></td></tr>
<tr><td>전개</td><td colspan="5">[오늘의 활동]
1. 용서의 이미지화

〈용서의 이미지화〉
용서란 (　　　　　)이다.
왜냐하면 :

용서란 나에게 상처를 준 상대방에 대해 갖는 슬픔, 미움, 분노 등의 감정과 생각, 행동을 이겨내고, 그럴만한 자격이 없음에도 불구하고 상대방을 사랑의 마음으로 이해하고 존중하며 잘 되기를 바라는 것이다.

2. 왜 용서를 해야 하나요?
• 용서의 본질에 대한 정확한 이해 필요
• 용서를 한다는 것은 상대에게 어떻게 하는 것을 의미하는가?
• 용서를 할 수 없도록 하는 것에는 무엇이 있는가?

3. 용서에 대한 오해와 진실
• 용서가 아닌 것에 대한 이해 필요
• 묵인이나 변명, 잊어버리기, 정당화하기, 흥분 가라앉히기, 가짜 용서

4. 용서와 화해의 차이
• 용서는 화해와 관련이 있지만 차이가 있음
• 용서는 마음속에서 보이지 않게 결단하는 개인적 행동
• 화해는 별거 후에 두 사람이 화합하려는 행동
• 진정한 화해는 양쪽에서 용서를 구하는 것, 화해를 하기 위해서는 양쪽 다 관계를 개선할 준비가 되어 있어야 함

5. 노래 부르기 : 〈만남〉</td><td colspan="2">• 〈만남〉 음원</td></tr>
<tr><td>마무리</td><td colspan="7">용서를 하는 이유가 결국 나를 위한 일임을 인식하기</td></tr>
</table>

⑦ 7회기

<table>
<tr><td>회기</td><td>7</td><td>주제</td><td>용서하기</td><td>대상</td><td>노인</td><td>소요시간</td><td>50분</td></tr>
<tr><td>활동목표</td><td colspan="7">용서에 대한 활동을 통해 마음속의 힘들고 부정적인 감정을 순화시키고 밝고 긍정적인 감정으로 전환시키기</td></tr>
<tr><td>활동절차</td><td colspan="5">활동내용</td><td colspan="2">준비물 및 유의점</td></tr>
<tr><td>도입</td><td colspan="5">[마음 열기]
1. 서로 안부 나누기
2. 명상</td><td colspan="2"></td></tr>
<tr><td>전개</td><td colspan="5">[오늘의 활동]
1. 타인 입장 헤아려 보기(공감하기)
• 착시현상 체험
• 역할극
• 상대방에 대해 질문
예) 그 사람은 삶은 어땠는가?, 나에게 나쁜 말이나 행동을 했을 때 상대방은 어떤 마음이었을까?, 나는 어떤 방식으로 그 사람을 대했나?

2. 따뜻한 마음 품기
• 편안하게 앉아 눈을 감고 심호흡하기
• 따뜻하고 평안한 느낌에 집중하기
• 나에게 상처를 준 사람을 천천히 떠올리, 다음과 같이 말하기 : “나는 ○○가 행복하고 평안하기를 소망합니다.”
• 상대방에게 따뜻한 마음을 품으니 느낌이 어떤지 말하기

3. 용서 서약서

〈용서 서약서〉
나는 ○○○를 용서합니다.

날짜 :
이름 :

4. 노래 부르기 : 〈동행〉</td><td colspan="2">• 〈동행〉 음원</td></tr>
<tr><td>마무리</td><td colspan="7">나에게 상처를 준 사람에게 선물하기</td></tr>
</table>

⑧ 8회기

<table>
<tr><td>회기</td><td>8</td><td>주제</td><td>행복하기</td><td>대상</td><td>노인</td><td>소요시간</td><td>50분</td></tr>
<tr><td>활동목표</td><td colspan="7"></td></tr>
<tr><td>활동절차</td><td colspan="5">활동내용</td><td colspan="2">준비물 및 유의점</td></tr>
<tr><td>도입</td><td colspan="5">[마음 열기]
1. 서로 안부 나누기
2. 긴장 이완하기
① 눈을 감고 편안한 자세로 깊게 규칙적으로 숨을 내쉰다.
② 양손 주먹을 꼭 쥐어 양손 근육을 긴장했다가 긴장을 풀고 손과 팔이 이완되는 것을 느껴본다.
③ 두 다리를 모아 들고 힘을 주었다 다시 천천히 풀어주고 다리 근육의 힘을 주어 이완되는 느낌을 비교한다.
④ 아랫배 근육에 힘을 주어 홀쭉하게 만든 후 가만히 있다가 다시 천천히 풀어주고 아랫배 근육에 힘을 주었을 때와 풀어졌을 때 느낌을 비교한다.
⑤ 이어서 가슴→어깨→목→입→코→눈→양눈썹→이마 순으로 긴장과 이완의 반복하며 느낌을 비교한다.
⑥ 마지막으로 천천히 복식호흡을 하면서 포근하면서 편안한 침대에 누워있는 상상을 한다. 포근한 이불, 따뜻한 침대바닥, 꽃 향기 등을 상상해 본다.</td><td colspan="2"></td></tr>
<tr><td rowspan="5">전개</td><td colspan="5">[오늘의 활동]
1. 보물 바구니
• 내가 가지고 있는 보물들을 적어서 바구니 안에 모아보기</td><td colspan="2">• 활동지 ②</td></tr>
<tr><td colspan="5">2. 행복 스노우볼
• 행복하고 감사했던 순간들을 떠올려서 스노우볼에 글이나 그림으로 표현해 본다.</td><td colspan="2">• 활동지 ③</td></tr>
<tr><td colspan="5">3. 인생 희망곡선 그리기
• 앞으로의 인생을 희망적으로 설계해 본다.</td><td colspan="2"></td></tr>
<tr><td colspan="5">4. 자신과 자녀에게 감사편지 쓰기</td><td colspan="2">• 활동지 ④</td></tr>
<tr><td colspan="5">5. 노래 부르기 : 〈나는 행복합니다〉</td><td colspan="2">• 〈나는 행복합니다〉 음원</td></tr>
<tr><td>마무리</td><td colspan="7">행복한 노년기를 지내기 위한 지속적인 감정 관리를 위해 노력하기로 약속</td></tr>
</table>

활동지 ①

영역 : **마음 열기**

주제 : **노인 우울지수 검사** 이름 :

아래 항목을 읽고, 해당되는 대답에 ○로 체크 후 총점을 계산해 보세요.

지난 일주일간 나는	예	아니오
1. 현재 나의 상황에 대체적으로 만족하나요?	0	1
2. 현재 활동량이나 의욕이 많이 떨어졌나요?	1	0
3. 현재 자신이 헛되이 살고 있다고 느껴지나요?	1	0
4. 생활이 지루하게 느껴질 때가 많나요?	1	0
5. 평소에 기분은 상쾌하나요?	0	1
6. 나에게 불길한 일이 생길 것 같아 불안하나요?	1	0
7. 대체로 마음이 즐거운 편인가요?	0	1
8. 절망적이라는 느낌이 자주 드나요?	1	0
9. 바깥에 나가기가 싫고 집에만 있고 싶나요?	1	0
10. 비슷한 나이의 다른 노인들보다 기억력이 더 나쁘다고 느끼나요?	1	0
11. 현재 살아 있다는 것이 즐겁게 생각되나요?	0	1
12. 지금 내 자신이 아무 쓸모없는 사람이라고 느껴지나요?	1	0
13. 당신은 기억력이 좋은 편인가요?	0	1
14. 지금 자신의 처지가 아무런 희망도 없다고 느껴지나요?	1	0
15. 자신이 다른 사람들 처지보다 더 못하다고 느껴지나요?	1	0
총점		

※ 우울감 척도 점수 해석 기준

1. 고위험군 : 총점이 10점 이상
2. 중증도 : 총점이 8점 이상

활동지 ②

영역 : **마음 나누기**

주제 : **보물 바구니** 이름 :

내가 가지고 있는 보물들을 바구니 안에 적어서 모아 보세요.

활동지
③

영역 : **마음 나누기**

주제 : **행복 스노우볼** 이름 :

행복하고 감사했던 순간들을 떠올려서 스노우볼에 글이나 그림으로 표현해 보세요.

활동지 ④

영역 : **마음 나누기**

주제 : **감사편지 쓰기** 이름 :

자신이나 자녀에게 감사편지를 써 보세요.

To :

REFERENCE

국내문헌

강지숙 · 신미경(2011). 질병의 수, 특성분노 및 분노표현양식이 노인의 신체화 증상에 미치는 영향 스트레스연구, 19(4): 343-350.

고명수 · 이승현(2018). 인간행동과 사회 환경. 서울 : 정민사.

고영희(2011). 공감훈련 프로그램이 초등학생의 친사회적 행동 및 심리적 안녕감에 미치는 영향. 서울교육대학교 교육대학원 석사학위논문.

곽금주(2016). 발달심리학. 서울 : 학지사.

구광현(2003). 인터넷 멀티미디어용 유아 사고력 검사 개발을 위한 기초연구. 유아교육연구, 23(4): 319-344.

권남행(2013). 청소년의 분노조절을 위한 인지행동 집단프로그램의 효과성 연구. 대구대학교 대학원 석사학위논문.

권석만(2017). 성격심리학. 서울 : 학지사.

권정숙 · 유재경 · 조혜영(2016). 예비유아교사의 공감능력과 자아인식이 창의·인성에 미치는 영향 : 스트레스 대처방식의 매개효과. 영아교육·보육복지연구, 20(1): 79-105.

권혜진 · 노은선(2000). 노년기 여성의 분노현상 : 근거이론적 접근. 정신간호학회지, 9(2): 220-230.

김귀분(2006). 귀속요인이 노인들의 삶의 질에 미치는 영향에 대한 비교 연구. 성인간호학회지, 18(2): 175-182.

김도연(2011). 청소년 대상 분노조절 프로그램의 최근 연구동향 및 뇌교육 적용 가능성 탐색. 국제 뇌교육 종합대학원 석사학위논문.

김명신(2003). 집중적·분산적으로 실시한 의사소통 훈련 프로그램이 대인관계 향상에 미치는 영향. 한국교원대학교 교육대학원 석사학위논문.

김수연(2018). 대학생의 우울과 분노와의 관계에서 역기능적 신념의 매개 효과. 학습자중심교과교육연구, 18(9): 1-21.

김숙희(2013). 정서중심 모-자녀 놀이치료 프로그램이 상호작용 및 분노조절에 미치는 효과. 대구대학교 대학원 박사학위논문.

김영애(2004). 인간관계 및 부부관계 개선을 위한 Satir 의사소통 훈련 프로그램. 서울 : 김영애가족치료연구소.

김영훈(2016). 4~7세 두뇌습관의 힘. 서울 : 예담프렌드.

김영희(2015). 초등학생의 분노조절 능력 향상을 위한 부모연계 프로그램 개발. 아주대학교 대학원 석사학위논문.

김은진(2012). 아동기 후기의 열등감이 분노에 미치는 영향. 한양대학교 대학원 석사학위논문.

김현숙(2017). 부모연계 분노조절집단상담 프로그램의 효과 : 초등학교 3, 4학년을 중심으로. 삼육대학교 대학원 석사학위논문.

김홍운(2000). 성인아이의 분노조절을 위한 집단 상담 프로그램의 개발과 적용. 충남대학교 대학원 박사학위논문.

김효진(2015). 분노조절 프로그램이 중학교 지적 장애학생의 분노 반추 및 또래관계에 미치는 효과. 공주대학교 교육대학원 석사학위논문.

노안영, 강영신(2018). 성격심리학. 서울 : 학지사.

명수영(2010). 노인을 대상으로 한 웃음치료 프로그램의 효과. 한양대학교 대학원. 임상노인전문간호학과 석사학위논문.

문경숙(2008). 청소년의 학업스트레스와 정신건강 : 자기통제 및 감정조절의 역할. 아동학회지. 29(50): 285-299.

민경현(2009). 아동이 지각한 부모간 갈등 및 어머니의 갈등대처방식과 아동의 행동문제. 한남대학교 대학원 석사학위논문.

박도식(2005). REBT를 통한 분노치료 연구. 장로회신학대학교 대학원 석사학위논문.

박용억·이동호(1996). 사회·심리적 스트레스 요인이 건강상태에 미치는 영향. 보건교육·건강증진학회지, 16(1): 61-82.

박유니(2011). 아동이 지각한 부모-자녀간 의사소통 유형 및 분노가 학교생활적응에 미치는 영향. 한양대학교 대학원 석사학위논문.

박윤아(2007). 분노조절프로그램이 정서 및 행동장애 위험아동의 공격성 및 정서적 능력에 미치는 영향. 이화여자대학교 교육대학원 석사학위논문.

박향숙(2008). 아동의 분노 체험분석. 청주교육대학교 교육대학원 석사학위논문.

박현숙·구현영(2004). 중년 여성의 분노와 건강 상태에 관한 연구. 정신간호학회지, 13(3): 245-256.

부천심리발달연구소(2007). 감정의 뇌과학. 서울 : 브레인.

서강훈(2013). 사회복지 용어사전. 이담북스.

서봉연·황상민·김정옥(1994). 사회인지 적응 능력의 향상을 위한 연구 : 대인관계향상 프로그램 개발을 중심으로. 학생연구, 29(1): 69-106. 서울대학교 학생생활연구소.

설기문(1997). 인간관계와 정신 건강. 서울 : 학지사.

송수미·현명호·윤미숙(2019). Brennan에 의한 애착유형과 분노표현방식과의 관계. 스트레스연구, 17(1): 35-44.

스티븐 로빈스(2013). 사람경영. 서울 : 시그마북스.

신은진(2009). 분노표출아동의 상담사례 : 종합적 분노조절프로그램의 적용. 진주교육대학교 교육대학원 석사학위논문.

신정희(2003). 활동 중심의 경청 기술 훈련이 아동의 경청 및 공감능력에 미치는 효과. 부산교육대학교 교육대학원 석사학위논문.

심정선(2008). 노인의 분노표현양식, 우울, 가족지지 및 삶의 질 정도관계. 경희대학교 대학원 석사학위논문.

안가연·김종운·김미희(2016). 이공계 대학생의 대인관계 스트레스와 분노표현양식 및 대처전략 간의 관계. 학습자중심교과교육연구, 16(7): 481-498.

안정미·안권순(2012). 청소년의 분노정서경험 관련 요인에 관한 연구. 청소년학연구, 19(3): 267-292.
양영미(2003). 부모-자녀간의 의사소통이 아동의 정서지능에 미치는 영향. 서울교육대학교 교육대학원 석사학위논문.
엄은나(2006). 유아의 의사소통 능력 향상을 위한 프로그램 구성 및 적용효과. 중앙대학교 대학원 박사학위논문.
오영희·김정희(2012). 원부모양육태도가 부부간 정서적 상호작용과 인지적 삶의 만족에 미치는 영향. 어린이문학교육연구, 13(1): 289-314.
오장균(2000). 한 사업장 근로자들의 스트레스, 생활습관 및 건강수준간의 관계. 대한산업의학회지, 12(1): 26-40.
윤은영(2008). 여성 노인대상 분노프로그램의 부정적 기분개선 효과. 대구대학교 재활과학대학원 석사학위논문.
윤은자(1999). 중년기의 사회 심리적 건강과 지각된 건강상태, 건강증진생활양식 이행과의 관계연구. 한국간호과학회지, 12(1): 977-900.
이선이(1996). 가정주부와 취업주부의 생활사건 스트레스와 정신건강에 관한 연구. 한국보건간호학회지, 9(2): 69-79.
이선종(2019). 정서조절 프로그램이 초등학교 저학년의 정서지능 및 분노표현에 미치는 영향. 경인교육대학원 교육전문대학원 석사학위논문.
이소현(2003). 장애 유아의 사회적 통합 촉진을 위한 사회-의사소통 능력 증진. 한국언어청각임상학회, 8(1): 300-325.
이수연(2017). 상담심리학. 서울 : 양성원.
이순배·김경희·송진영·유광수(2016). 분노관리론. 파주 : 교문사.
이윤경(2015). 아동의 분노정서가 우울과 공격성에 미치는 영향 : 분노대처방식과 자아존중감의 중재효과. 가톨릭대학교 일반대학원 박사학위논문.
이은상·김명희·김보현·민광미·배정호·성소영·이소정·이완희·홍자영(2013). 보육교사론. 서울 : 공동체.
이정숙·이현·안윤영·유정선·권선주(2010). 초등학생 분노조절 프로그램의 효과 연구. 한국아동심리치료학회지, 5(2): 67-82.
이정화(2017). 분노조절 프로그램이 유아의 공격성 감소에 미치는 영향 연구. 대진대학교 통일대학원 석사학위논문.
이지선·정옥분(2002). 부모의 정서표현 수용태도와 유아기 자녀의 정서지능과의 관계. 아동학회지, 23(1): 7-35.
이평숙(2003). 중년여성의 분노, 지각된 스트레스 및 정신건강 상태와의 관계. 대한간호학회지, 33(6): 856-864.
임소영(2000). 비행청소년을 위한 분노조절훈련 프로그램의 효과성 연구. 연세대학교 대학원. 석사학위논문.
장미희·원정숙(2009). 노인의 분노, 분노표현, 사회적 지지, 자아존중감과 우울의 관계. 정신간호학회지, 18(3): 259-268.
장은현(2019). 정신과병동 입원 청소년을 위한 인지행동치료기반 분노조절프로그램의 효과. 서울대학교 대학원 석사학위논문.
장혜순(1998). 그림이야기책을 통한 유아들의 스트레스 해소 방안. 인문과학논집 6: 45-84.
정옥분(2014). 발달심리학 : 전생애 인간발달. 서울 : 학지사.
조 디스펜자 지음. 김재일 윤혜영 옮김(2019). 꿈을 이룬 사람들의 뇌. 서울: 한언.
조선하(2017). 초등학교 아동 분노의 심리적 과정에 대한 뇌과학적 이해와 교육적 시사점. 서울교육대학교 교육

전문대학원 석사학위논문.
조아미(2014). 학교폭력에서 분노의 매개효과와 부모애착의 조절효과. 청소년학연구, 21(9): 177-199.
조유향·박윤창(2003). 일부지역 재가노인의 연령, 생활습관과 건강상태와의 관계. 한국노년학회지, 23(2): 141-153.
조태순(2007). 의사소통 교육 프로그램이 초등학생의사회적 관계 증진에 미치는 효과. 대구대학교 석사학위논문.
존 가트맨 지음. 최성애 옮김(2020). 내 아이를 위한 감정코칭. 서울 : 한국경제신문사.
주석진(2020). 4차 산업시대를 대비한 인간관계론. 서울 : 공동체.
채수정(2011). 부모의 의사소통방식이 청소년의 분노 및 사회기술에 미치는 영향. 건국대학교 교육대학원 석사학위논문.
채유경(2001). 사회적 지지 및 결과 예측적 사고가 청소년의 분노 표현방식에 미치는 조절 효과. 상담학연구, 2(1): 117-132.
채혜정(2004). 학령기 아동의 분노 경험 및 특성에 관한 연구. 아동과 권리, 8(4): 671-703.
최광현(2006). 노년기 분노현상과 노인상담. 한국기독교상담학회지, 11: 169-190.
추정인(2014). 학대피해 노인을 위한 뇌교육 활용 용서프로그램 개발 및 효과 연구. 국제뇌교육 종합대학원대학교 박사학위논문.
한명자(2018). 노인의 대인관계능력과 분노조절 능력이 집단 활동에 미치는 영향-생활만족도와 자아존중감의 매개효과 검증. 서울벤처대학원 박사학위논문.
허경호(2003). 포괄적 대인 의사소통능력 척도 개발 및 타당성 검증. 한국언론학보, 47(6): 380-426.
홍서영(2016). 감정코칭에 의한 정서·행동장애 위험유아의 분노표현 변화. 중앙대학교 대학원 석사학위논문.
홍자영 외(2017). 리딩아트의 이론과 프로그램의 실제. 서울 : 공감플러스.
홍자영(2015). 어린이집원장의 감성리더십, 교사의 감성지능, 교사효능감, 교사-유아 상호작용 간의 관계. 안양대학교 대학원 박사학위논문.
홍하남(2005). 인문계 고등학생의 스트레스와 문제행동에 관한 연구. 관동대학교 교육대학원. 석사학위논문.

국외문헌

Anderson, A. C., & Bushman, B. J.(2002). Human aggression. Annual Review of Psychology, 53, 27-51.
Averill, J. R.(1982). Anger and aggression: an essay on emotion, New York: Springer-Verlag.
Bandura, A.(1989). Human Agency in Social Cognitive Theory. American Psychologist. 44(9). 1175-1184.
Bandura, A.(1999). A social cognitive theory of personality. In handbook of personality, ed. L, Pervin, O. John. 154-96. New York: Guilford. 2nd. ed.
Bandura, A.(2001). Social cognitive theory: An Agentic perspective. Annual Review of Psychology, 52, 1-26.

Barnes, H, L., & Olson, D. H.(1982). Parent-adolescent communication scale. In D. H. Olson (Ed.), Family inventories: Inventories used in a national survey of families across the family life-cycle (33–48). St. Paul, MN: University of Minnesota Press.

Beck, A. T.(1964). Thinking and depression: Theory and therapy. Archives of General Psychiary, 10, 561–571.

Beck, A. T.(2000). Prisoner of hate: The cognitive basis of anger, hostility, and violence. New York: Pernnial.

Berkowitz, L.(1989). The frustration-aggression hypothesis: examination and reformuration. Psychological Bulletin, 106, 59–73.

Bowlby, J.(1958). The nature of the child's tie to his mother. International Journal of Psychoanalysis. 39. 35.

Bowlby, J.(1988). A secure base: parent-child attachment and healthy human development, New York: Basic Books.

Burleson, B. R.,& Kunkel,A.(2002).Parentaland peercontributions to theemotional supportskills of the child: From whom do children learn tosupport? Journal of Family Communication, 2: 81–97.

Carter, L., & Minirth, F.(1993). The Anger-Workbook. Nashville: Thomas Nelson Publishers.

Crabb, L. J.(1984). Basic principles of biblical counseling, Melbourne: S. John Bacon.

D'Zurilla, Y. J., & Go1dfried, M. R.(1971). Problem solving and behavior modification. Journal of Abnormal Psychology, 78, 107–126.

Davitz, J. R., Davitz, L. J., & Lorge, I.(1969). Terminology and concepts in mental retardation, New York: Teachers College Press.

Deffenbacher, J. L., & Lynch, R. S.(1996). Anger reduction in early adolescents, Journal of counseling psychology, 43(2), 96.

Deffenbacher, J. L., & Oetting, E. R.(1996). State-trait anger theory and the utility of the trait anger. Journal of counseling psychology. 43(2). 96.

Ebbesen, E. B., Duncan, B., & Konecni, V. J.(1975). Effects of content of verbal aggression on future verbal aggression: A field experiment, Journal of Experimental Social Psychology, 11, 192–204.

Elder, G. H., & Caspi, A.(1988). Economic Stress in lives: Developmental perspectives. Journal of Social Issues, 44, 25–45.

Ellis, A. E.(1962). Reason and emotion in psychotherapy: A therapist's guide. New York: Lyle Stuart.

Ellis, A.(1995). Changing rational-emotive therapy (RET) to rational emotive behavior therapy (REBT). Journal of Rational-Emotive and Cognitive-Behavior Therapy, 13, 85–89.

Enright, R. D., & Human Development Study Group.(1991). The moral development of forgiveness. In W. Kurtines & Gewirtz(Eds), Handbook of moral behavior and development(Vol.1, pp.123–152), Hillsdale, N.J.: Erlbaum.

Fava, M., & Rosenbaum, J. F.(1998). Anger Attacks in Depression, DEPRESSION AND ANXIETY, 8(1), 59–63.

Feindler, E. L., & Ecton, R. B.(1986). Adolescent anger control: Cognitive bahavioral Techniques. Elmsford. N.Y.: Pergamon press.

Freud, S.(1923). The ego and the id. Standard Edition of the Complete Psychological Works of Sigmund Freud. vol. XIX. London: Hogarth Press.

Galvin, K. M., & Brommel, B. J.(1986). Family Communication: Cohesion and Change (2nd ed.). New York: Harper Collins.

Gapp, R., Carter, G., & Fisher, R.(2007). Improving Performance Through an Understanding the Individual Concepts Of Attachment Style Within A System Wide Context It can be inferred that self-esteem and anxiety will play a part in the attachment process (Feeney, Noller & Hanrahan, 1994). Participants with high s. CONFERENCE PROCEEDINGS- BRITISH ACADEMY OF MANAGEMENT- CD-ROM EDITION. 2007. 10.

Hazebroek, J. F., Howells, K., & Day, A.(2001). Cognitive appraisals associated with high trait anger. Personality and Individual Differences. 30(1), 31–45.

Howard, K., & Raymond, C. T.(2002). Anger management: the complete treatment guidebook for practitioners, Atascadero, CA: Impact.

Izard, C. E.(1977). Human emotion. New York: Plenum Press.

Jewkes, R.(2002). Intimate partner violence: cause and prevention. The Lancet, 359, 1423–1429.

Jones, S. L.(1986). Psychology and the Christian faith: an introductory reader, Grand Rapids, Mich.: Baker Book House.

Lazarus, R. S.(1991). Emotion and adaptation. New York: Oxford University Press.

Lyubomirsky, S., & Nolen-Hoeksema, S.(1993). Self-perpetuating properties of dysphoric rumination. Journal of Personality and Social Psychology. 65(2). 339–349.

Lyubomirsky, S., & Tkach, C.(2004). The consequences of dysphoric rumination. In C. Papageorgiou & A. Wells (Eds.), Depressive rumination: nature, theory and treatment (pp. 21–41). Hoboken, NJ: John Wiley & Sons.

Marlatt, G. A., & Donovan, D. M.(2005). Relapse prevention: maintenance strategies in the treatment of addictive behaviors. New York: Guilford Press.

Martin, L. L., & Tesser, A.(1996). Some ruminative thoughts. In R. S. Wyer Jr.(Ed.), Advances in social cognition (Vol. 9, pp. 1–47). Mahwah, NJ: Lawrence Erlbaum.

McAll, K.(1982). Healing the family tree: his amazing gift to cure the 'incurable' told in, London: Sheldon Press.

McMinn, M. R., & Phillips, T. R.(2001). Care for the soul: exploring the intersection of psychology & theology, Downers Grove, Ill.: InterVarsity Press.

Middleby-Clements, J. L., & Grenyer, B. F. S.(2007). Zero tolerance approach to aggression and its impact upon mental health staff attitudes. AUSTRALIAN AND NEW ZEALAND JOURNAL OF PSYCHIATRY. 41(2). 187–191.

Nolen-Hoeksema, S.(1991). Responses to depression and their effects on the duration of depressive episodes. Journal of Abnormal Psychology. 100(4). 569–582.

Novaco, R. W.(1975). Anger control: the development and evaluation of an experimental treatment, Lexington, MA: DcHealth.

Novaco, R. W.(1979). The cognitive regulation of anger and stress. In P.C. Kendall & S. D. Hollon(Eds.), Congnitive behavioral interventions, Theory, research and procedures. New York: Academic Press.

Novaco, R. W.(1994). Anger as a risk factor for violence among the mentally disordered. In Monahan, J., & Steadman, H. J.(Eds.). Violence and mental disorder. Chicago, Ill: The University of Chicago Press.

Papageorgiou, C., & Wells, A.(2004). Nature, functions, and beliefs about depressive rumination. In C. Papageorgiou & A. Wells (Eds.), Depressive rumination: nature, theory and treatment (pp. 3–20). Hoboken, NJ: John Wiley & Sons.

Parrott, L.(1994). A Counseling Guide: Helping the Struggling Adolescent, Adolescence, 29(1), 248.

Potter-Efron, R. T.(2007). Rage: a step-by-step guide to overcoming explosive anger. 전승로 역(2014). 《욱하는 성질 죽이기: 행복하고 싶으면 분노를 조절하라》. 파주: 다연.

Price, V. A.(1982). Type A behavior pattern: New York. Academic Press.

Prochaska, J. O., & DiClemente, C. C.(1983). Stages and processes of self-change of smoking: Toward an integrative model of change. Journal of Consulting and Clinical Psychology, 51, 390–395.

Riley, W. T., Triber, F. A., & Woods, M. G.(1989). Anger and hostility in depression, J Nerc Ment Dis, 177, 668–674.

Robinson, T. R., Smith, S. W., & Miller, M. D.(2002). Effect of a cognitive behavioral intervention on responses to anger by middle school students with chronic behavior problems. Behavioral Disorders, 27(3), 256–271.

Rogers, C. R.(1957). The necessary and sufficient conditions of therapeutic personality change. Journal of Consulting Psychology, 21, 95–103.

Rothman, J.(1991). A model of case management: toward empirically based practice. Social Work, Nov, 520–527.

Satir, V.(1972). People Making. Palo Alto. California: Science and Behavior Book, Inc.

Schacher, S., & Singer, J. E.(1962). Cognitive, social and physiological determinants of emotional state. Psychological Review. 69. 351.

Spielberger, C. D.(1985). Personal correspondence. University of South Florida.

Spielberger, C. D., Jacobs, G. A., Russell, S., & Crane, R. S.(1983). Assessment of anger: The state-trait anger scale. Advance in Personality Assessment, 2, 159–187.

Stern, D.(1993). The role of feeling for an interpersonal self. In U. Neiser(ed.), The perceived self: Ecological and interpersonal sources of self-knowledge. Cambridge: Cambridge University Press.

Suinn, R.(2001). The terrible twos-anger and anxiety: Hazardous to your health. American Psychologist. 56(1). 27–36.

Tavris, C.(1989). Anger: The misunderstood emotion. New York: Simon & Schuster.

Taylor, J. L., & Novaco, R. W.(2005). Anger treatment for people with developmental disabilities: a theory, evidence, and manual based approach. Chichester, West Sussex, England ; Hoboken, NJ: Wiley.

Williams, K. M.(2002). Determining the effectiveness of anger management training and curricular infusion at an alternative school for students expelled for weapons. Urban Education, 37(1), 59–76.

Zaitsoff, S. L., Geller, J., & Srikameswaran, S.(2002). Silencing the Self and Suppressed Anger: Relationship to Eating Disorder Symptoms in Adolescent Females. European Eating Disorders Review, 10(1), 51–60.

INDEX

● ㅈ

저자 소개

이순배

한국보육교사교육원 원장

주요 저서 및 논문
지역사회복지론(교문사, 2016) 외 다수

홍자영

연성대학교 유아교육과 겸임교수

주요 저서 및 논문
보육교사론(공동체, 2013) 외 다수

김명희

광운대학교 정보과학교육원 아동학전공 교수

주요 저서 및 논문
언어 구성요소별 언어활동의 실제(공동체, 2015) 외 다수

신동열

대한신학대학원대학교 상담심리치료학 교수
상담심리치료학회장

주요 저서 및 논문
상담의 이론과 실제(아카데미아, 2020) 외 다수

정문경

칼빈대학교 대학원 사회복지학과 교수

주요 저서 및 논문
인간행동과 사회환경(공동체, 2019) 외 다수

백형기

서울중앙지방법원 통번역인
한국심리상담지도협회 기획·교육실장

주요 저서 및 논문
한국지역무역협정의 무역효과 연구(2019) 외 다수

분노 관리 융합과 소통의 기술

2021년 3월 5일 초판 인쇄 2021년 3월 12일 초판 발행

지은이 이순배·홍자영·김명희·신동열·정문경·백형기
펴낸이 류원식 **펴낸곳** **교문사**
편집팀장 모은영 **책임진행** 성혜진
디자인 신나리 **본문편집** 김남권

주소 (10881)경기도 파주시 문발로 116
전화 031-955-6111
팩스 031-955-0955
홈페이지 www.gyomoon.com
E-mail genie@gyomoon.com
등록 1960. 10. 28. 제406-2006-000035호
ISBN 978-89-363-2138-3(93330)
값 23,000원

잘못된 책은 바꿔 드립니다.